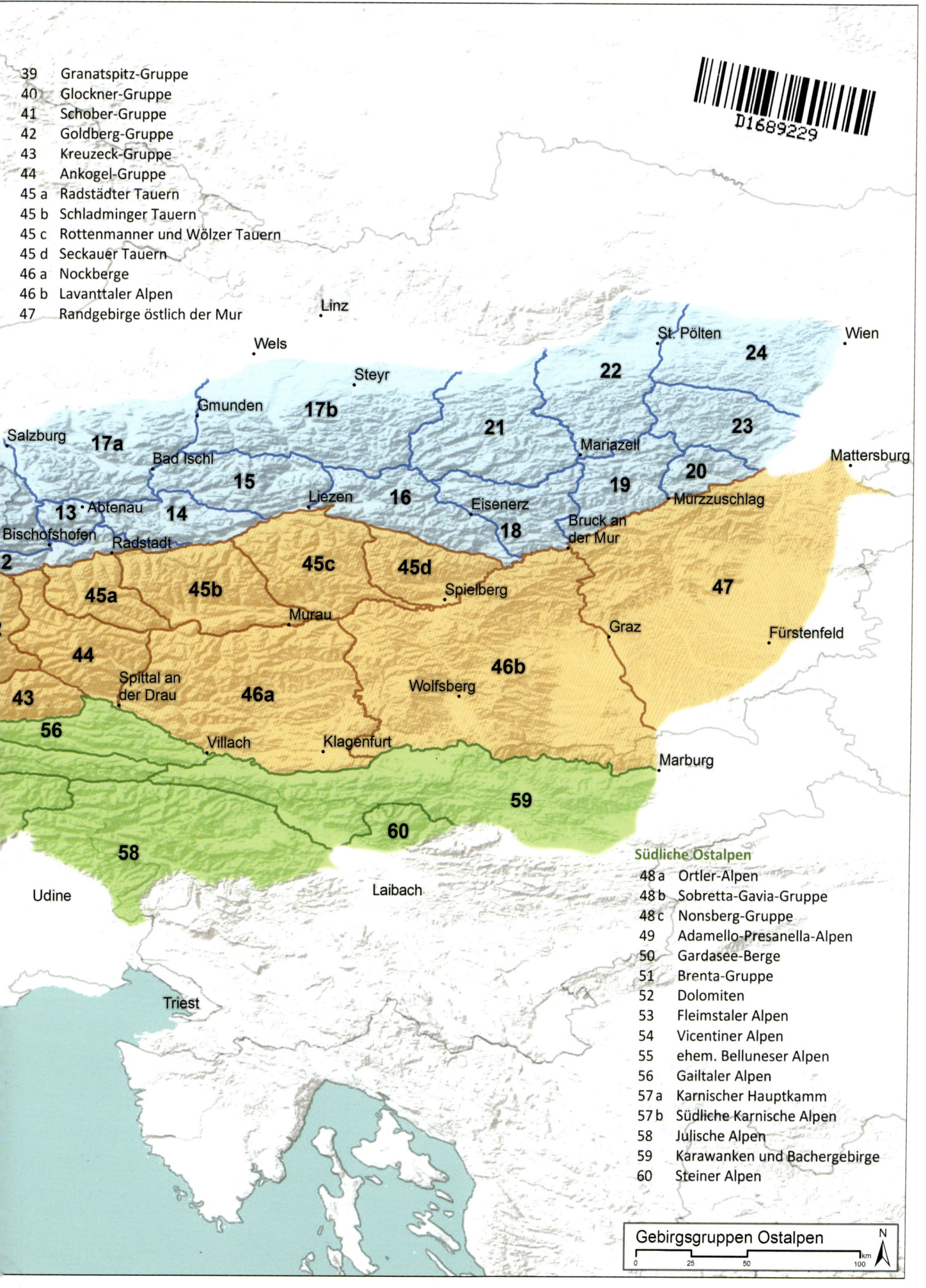

böhlau

Hoch hinaus!

Wege und Hütten in den Alpen

Herausgegeben vom
Deutschen Alpenverein, vom Österreichischen Alpenverein
und vom Alpenverein Südtirol

Band 2
Michael Guggenberger
Die Hütten, Biwaks und Aussichtswarten des Alpenvereins

2016

BÖHLAU VERLAG

KÖLN WEIMAR WIEN

Deutsche Kultur

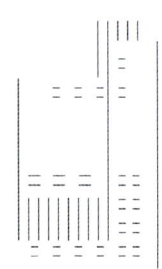

ARCHIV FÜR BAUKUNST
UNIVERSITÄT INNSBRUCK

Projektteam: Martin Achrainer, Friederike Kaiser, Stefan Ritter, Florian Trojer
Redaktion: Martin Achrainer, Stefan Ritter, Florian Trojer
Bildredaktion: Michael Guggenberger, Stefan Ritter
Lektorat und Register: Jörg Eipper-Kaiser, Michael Guggenberger, Margret Haider, Sebastian Schreieck

Wissenschaftlicher Beirat:
Dr. Michaela Frick, Innsbruck
PD Mag. Dr. Christoph Hölz, Innsbruck
Univ.-Prof. Dr.-Ing. Heinrich Kreuzinger, München
Univ.-Prof. Dipl.-Ing. Dr. Andreas Muhar, Wien
Dr. Paul Rösch, Meran
Univ.-Prof. Dr. Martin Scharfe, Marburg an der Lahn
Marco Volken, Zürich

Lenkungskreis der drei Alpenvereine:
DAV: Robert Kolbitsch, Franz van de Loo, Ludwig Wucherpfennig
ÖAV: Peter Kapelari, Helmut Ohnmacht, Robert Renzler, Oskar Wörz
AVS: Vera Bedin, Georg Simeoni, Gislar Sulzenbacher

Bibliografische Information der Deutschen Nationalbibliothek:
Die Deutsche Nationalbibliothek verzeichnet diese Publikation in der Deutschen Nationalbibliografie; detaillierte bibliografische Daten sind im Internet über http://dnb.d-nb.de abrufbar.

Umschlagabbildungen:
Erlanger Hütte in den Ötztaler Alpen, Foto Norbert Freudenthaler
Rückseite: Brandenburger Haus der Sektion Berlin, Foto Bernd Ritschel

© 2016 by Böhlau Verlag GmbH & Cie, Köln Weimar Wien
Ursulaplatz 1, D-50668 Köln, www.boehlau-verlag.com

Alle Rechte vorbehalten. Dieses Werk ist urheberrechtlich geschützt.
Jede Verwertung außerhalb der engen Grenzen des Urheberrechtsgesetzes ist unzulässig.

Korrektorat: Jörg Eipper-Kaiser, Graz
Satz: Michael Rauscher, Wien
Einbandgestaltung: hawemannundmosch, Berlin
Druck und Bindung: Balto Print, Vilnius
Gedruckt auf chlor- und säurefreiem Papier
Printed in the EU

ISBN 978-3-412-50203-4

Inhalt

Zur Einleitung	**7**
150 Jahre Hüttengeschichte	**11**
Rasanter Anstieg des Hüttenbesuchs	16
Der Erste Weltkrieg und die Folgen	18
Alpenvereinshütten in aller Welt	20
Herbergen und Skihütten	21
ÖGV und ÖTK treten dem Alpenverein bei	24
Aussichtswarten und Pavillons	24
Hütten als Politikum	26
Entwicklungen nach 1945	27
Erläuterungen zum Aufbau des Bandes	**29**
Grenzen der Liste	30
01 Bregenzerwald-Gebirge	31
Nördliche Ostalpen	**31**
02 Allgäuer Alpen	33
03a Lechquellen-Gebirge	44
03b Lechtaler Alpen	45
04 Wetterstein-Gebirge und Mieminger Kette	49
05 Karwendel	53
06 Rofan-Gebirge und Brandenberger Alpen	57
07a Ammergauer Alpen	58
07b Bayerische Voralpen	60
08 Kaiser-Gebirge	73
09 Loferer und Leoganger Steinberge	77
10 Berchtesgadener Alpen	77
11 Chiemgauer Alpen	84
12 Salzburger Schieferalpen	88
13 Tennen-Gebirge	89
14 Dachstein-Gebirge	91
15 Totes Gebirge	94
16 Ennstaler Alpen	99
17a Salzkammergut-Berge	102
17b Oberösterreichische Voralpen	104
18 Hochschwab-Gruppe	106
19 Mürzsteger Alpen	108
20 Rax und Schneeberg-Gruppe	112
21 Ybbstaler Alpen	116
22 Türnitzer Alpen	119
23 Gutensteiner Alpen	120
24 Wienerwald	124
Zentrale Ostalpen	**128**
25 Rätikon	128
26 Silvretta	131

27	Samnaun-Gruppe	132
28	Verwall-Gruppe	133
29	Sesvenna-Gruppe	135
30	Ötztaler Alpen	135
31	Stubaier Alpen	141
32	Sarntaler Alpen	148
33	Tuxer Alpen	148
34	Kitzbüheler Alpen	150
35	Zillertaler Alpen	155
36	Venediger-Gruppe	159
37	Rieserferner-Gruppe	164
38	Villgratner Berge	165
39	Granatspitz-Gruppe	166
40	Glockner-Gruppe	167
41	Schober-Gruppe	170
42	Goldberg-Gruppe	172
43	Kreuzeck-Gruppe	176
44	Ankogel-Gruppe	177
45a	Radstädter Tauern	182
45b	Schladminger Tauern	184
45c	Rottenmanner und Wölzer Tauern	187
45d	Seckauer Tauern	189
46a	Nockberge	191
46b	Lavanttaler Alpen	194
47	Randgebirge östlich der Mur	198

Südliche Ostalpen — 202

48a	Ortler-Alpen	202
48c	Nonsberg-Gruppe	204
49	Adamello-Presanella-Alpen	205
50	Gardasee-Berge	206
51	Brenta-Gruppe	206
52	Dolomiten	206
56	Gailtaler Alpen	213
57a	Karnischer Hauptkamm	216
58	Julische Alpen	221
59	Karawanken und Bachergebirge	223
60	Steiner Alpen	225

Außeralpine Gebiete — 226

Gebiete außerhalb der Ostalpen (Österreich)	226
Gebiete außerhalb der Ostalpen (Deutschland)	230
Weitere europäische Gebiete außerhalb der Ostalpen	250
Außereuropäische Gebiete	252

Abbildungsverzeichnis — 255

Register der Hüttennamen — 256

Der Autor — 279

Zur Einleitung

Hôtel Simony, nach einer Fotografie von Friedrich Simony, 1876

Im Jahr 1932 wird das Standardwerk »Die Schutzhütten des Deutschen und Österreichischen Alpenvereins« veröffentlicht. Es umfasst jedoch, wie Josef Moriggl in der Einleitung betont, trotz aller Ausführlichkeit »nicht alle vom Alpenverein erbauten oder erworbenen und gepachteten Schutzhütten, sondern nur jene, die entweder bewirtschaftet oder mit Alpenvereinsschlüssel zugänglich sind und Lager enthalten.« Alle anderen fehlen, »so insbesondere die sogenannten Sektionshütten (meist Skihütten), die nur den Mitgliedern der betreffenden Sektion zugänglich sind (Privatschloß), dann die offenen Unterstandshütten (Wetterschutzhütten) ohne Lager.« Nicht enthalten sind auch »die vom Alpenverein aufgelassenen (in andere Hände übergegangenen oder dem Verfall überlassenen) Hütten, deren Zahl nicht gering ist.«

Auch die seither veröffentlichten Hüttenverzeichnisse, wie etwa das jährlich erschienene »Taschenbuch der Alpenvereins-Mitglieder«, berücksichtigen fast ausschließlich den jeweils aktuellen Stand des Hüttenbesitzes, und Sektionshütten werden, wenn überhaupt, nur sehr bruchstückhaft aufgenommen.

Das Buch, das Sie jetzt in Händen halten, enthält dagegen neben den AV-Schutzhütten auch alle Arten anderer Alpenvereinsunterkünfte, vom offenen Unterstand und Biwak über die Jugendherberge und Talherberge bis hin zur Sektionshütte, darüber hinaus auch Aussichtswarten. Alles in allem werden beinahe 1800 Bauwerke beschrieben, denn das Buch umfasst neben den aktuellen ebenso die aufgelassenen Gebäude der Alpenvereinssektionen.

Im Laufe der Recherche gab es viel Zustimmung zum Buchprojekt, aber auch kritische Stimmen, die die Sinnhaftigkeit einer derartigen Zusammenstellung anzweifelten. Natürlich, Hüttenführer, -auflistungen und -verzeichnisse werden seit dem 19. Jahrhundert herausgegeben und

Ortler-Hochjoch-Hütte, eröffnet 1901, mit Ortler-Gipfel

in ihren Festschriften behandeln Sektionen ihre eigene Hüttengeschichte mehr oder weniger genau. Eine Übersicht, wie sie hiermit vorliegt, hat aber bisher gefehlt. Durch die Zusammenführung der Quellen ist es nun erstmals möglich, sich einen genauen Überblick über die Bautätigkeit und den Hüttenbesitz unserer Vereine von den Anfängen bis zur Gegenwart in all seiner Fülle zu verschaffen.

Die Mehrzahl der enthaltenen Gebäude, etwa 1000 Objekte, wird inzwischen längst von einem anderen Verein oder privat geführt, dient einem anderen Zweck, ist verfallen oder zerstört.

Vereinzelt sind ehemalige Unterkünfte, die dem kompletten Verfall bereits nahe waren, aus Respekt und historischem Interesse als Denkmal bewahrt worden. So listet die S. Austria bereits 1931 das Hôtel Simony und die Grobgstein-Hütte (heute eine Ruine) im Verzeichnis ihrer Unterkünfte unter der eigens geschaffenen Kategorie »Geschichtliche Unterstandshütten« auf. Beide sind durch den Geographen und Alpenerforscher Friedrich Simony, einen der Gründungsmitglieder des ÖAV, bzw. auf dessen Anregung errichtet worden. Zur Grobgstein-Hütte wird in der Austria-Festschrift von 1932 vermerkt: »Sie ist ein Museumsstück geworden, in ihrer jetzigen Ungastlichkeit für Schwärmer ein unerreichbares Ideal und Vorbild für Schutzhüttenbauten alten Stiles.« Heute finden sich von ihr im Gelände leider nur noch Spuren. Der Wildkar-Hütte (Hôtel Simony) kommt eine Sonderstellung zu, da sie bereits 1843 erbaut worden ist. Die Sektion hat sie aber so sehr in ihr Herz geschlossen, dass dieses urtümliche Refugium das Titelblatt der Jubiläumsschrift von 1887 in Form einer Vignette geradezu wie eine Reliquie ikonengleich ziert.

Das um 1835 als Unterstandshaus errichtete, dann nacheinander durch die Sektionen Klagenfurt, Mallnitz, Hannover und Hagen betreute und schließlich verfallene Mallnitzer Tauernhaus wurde von der S. Mallnitz als Denkmal rekonstruiert und im Inneren mit einigen Schautafeln zur Geschichte der Hütte und des früher als Handelsroute bedeutsamen Tauernpasses versehen. Die denkmalgeschützte, erst jüngst durch den Verein »Cunfin« renovierte ehemalige Alte Pforzheimer Hütte bei Mals in der Sesvenna-Gruppe dient jetzt unter der Bezeichnung »Chamanna Pforzheim« als Museum.

Trotz des programmatisch klaren Schwerpunkts in den Ostalpen sind die in diesem Buch beschriebenen (historischen) Bauwerke beinahe auf die ganze Welt verteilt: außeralpines Europa, Südamerika, Asien, Afrika. Die Tuk-Hut in den belgischen Ardennen, die Blisanberg-Sektionshütte bei Dörbeck (Próchnik, Polen), die Skihütte Los Azules im Skigebiet Potrero Grande in Chile, die Irene-Baude im Lauschan-Gebirge bei Tsingtau im östlichen China und das Hannover-Haus am Kilimandscharo im heutigen Tansania seien als extreme Beispiele genannt.

Die meisten der beschriebenen Alpenvereinsgebäude dienen oder dienten selbstverständlich vor allem Kletterern, Bergsteigern, Wanderern oder Skifahrern als Stützpunkte, manche aber wurden für ein sehr spezielles Publikum wie Paddler geschaffen. Dieses Buch enthält sie alle, von den höchsten ehemaligen AV-Schutzhütten, der Ortler-Hochjoch-Hütte und Monte-Vioz-Hütte auf mehr als 3500 Metern, abwärts über leichter zugängliche ostalpine Hütten wie die Tauriskia-Hütte in den Radstädter Tauern, außeralpine Mittelgebirgshütten wie die Eifelhütten und Aussichtswarten auf sanften Hügeln bis zum Paddlerheim Wien-Nußdorf an der Donau und zur niedersächsischen sektionseigenen Erich-Kürsten-Hütte, die auf Meeresniveau liegt.

Wenn auch nicht durchgängig von bergsteigerischer Bedeutung und allgemein zugänglich, so sind oder waren doch alle beschriebenen Bauwerke entweder der ganze Stolz ihres Vereins oder erfüllen bzw. erfüllten zumindest den ihnen zugedachten Zweck für den gesamten Alpenverein oder eine seiner Sektionen und Gruppen. Deshalb widmet sich dieses Buch jedem einzelnen Bauwerk – ob in den Alpen, im Harz oder den Anden, ob am Berg oder im Tal – ohne Unterschied.

So spannt sich der Bogen von den ab 1868 errichteten ersten, einfachen Alpenvereins-Schutzbauten des ÖAV und DAV über die zur Zeit des Deutschen und Österreichischen Alpenvereins (DuOeAV) erbauten und übernommenen hunderten von Hütten und Aussichtswarten bis zu den in jüngster Zeit errichteten Gebäuden unserer drei gegenwärtigen Alpenvereine AVS, DAV und ÖAV.

Aufgrund der enormen Anzahl an Gebäuden wird von jedem nur mit knappen, jedoch das Wesentlichste erfassenden Worten berichtet. Die Entstehungs- und Baugeschichte kann nur angerissen werden, selbstverständlich enthält ihre Darstellung Lücken – vor allem die jüngere Geschichte betreffend – und ist trotz aller Gewissenhaftigkeit nicht fehlerlos. Dies liegt an den vorhandenen Unterlagen, ist aber auch der enormen Datendichte geschuldet.

Die zusammengestellten Informationen stützen sich vor allem auf die Hüttengrundbücher und -standblätter, AV-Taschenbücher und Hüttenführer, aber auch auf die Mitteilungen und die Zeitschrift (Jahrbuch) des Alpenvereins, Sektionspublikationen wie Festschriften, außerdem auf Zeitungen, Landkarten, Homepages der Sektionen, Jahresberichtsbögen und den archivierten Schriftverkehr mit den Zweigvereinen. Nicht zuletzt sind aber auch viele wertvolle Auskünfte der Sektionen selbst eingeflossen. Es war wegen des enormen Arbeitsaufwandes nicht möglich alle genannten Quellen komplett auszuwerten.

Das Verzeichnis versteht sich nicht als endgültiges, vielmehr als Momentaufnahme eines »work in process« in zweierlei Hinsicht, als eine des Wissensstandes und eine der aktuellen baulichen Entwicklung.

Taschenbuch für Alpenvereins-Mitglieder 1931/32

Alte Pforzheimer Hütte mit Sesvenna-Hütte im Hintergrund

Eineinhalb Jahrhunderte Bau- und Betriebsgeschichte, 1800 Hütten und Aussichtswarten – kein Wunder, dass in den letzten Jahren einige Alpenvereinsgebäude, die noch immer als solche genutzt werden, unter Denkmalschutz gestellt worden sind. Zu Recht sind sie als kulturelles und architektonisches Erbe erkannt worden. Das Brandenburger Haus der S. Berlin in den Ötztaler Alpen, das Stubenberg-Haus der S. Graz-St.G.V am Schöckl, die Saupsdorfer Hütte der S. Sächsischer Bergsteigerbund im Nationalpark Sächsische Schweiz und die Gisela-Warte der S. Linz am Lichtenberg seien dafür als Beispiele genannt. Bei einer Reihe weiterer Gebäude läuft bereits das Unterschutzstellungsverfahren.

Stand zunächst die Sorge, mitunter auch der Ärger ob der erwarteten behördlichen Auflagen durch die Unterschutzstellung im Vordergrund, setzt sich nach und nach die Erkenntnis durch, dass der Denkmalschutz überwiegend – auch in wirtschaftlicher Hinsicht – positive Effekte mit sich bringt. Es wird schließlich die Freude an der Auszeichnung bleiben, auf die man zu Recht stolz sein kann und die es gilt, dementsprechend zu kommunizieren.

Wie sich aus Reaktionen einzelner Sektionen bereits während der Erstellung ableiten lässt, wird dieses Buch auch zur noch intensiveren Beschäftigung mit der eigenen Vereinsvergangenheit anregen, indem es das eine oder andere längst vergessene Gebäude oder Detail wieder aus dem Dunkel ans Licht bringt. In diesem Sinne: Viel Freude mit diesem *historischen* Buch und Verzeichnis der Hütten, Häuser und Aussichtswarten des Alpenvereins.

150 Jahre Hüttengeschichte

Am 27. Jänner 1867 stellt Leopold Freiherr von Hofmann in einer Ausschusssitzung des »Österreichischen Alpen-Vereines« den Antrag zur Errichtung einer Hütte. Bald wird diese Idee einer »Vereinshütte im Kaprunerthale« vom ÖAV näher diskutiert. Um – wie es die Vereinsstatuten vorsehen – »die Bereisung der Alpen zu erleichtern«, soll eine steinerne Unterkunftshütte erbaut werden, »worin der Tourist die Nacht zubringen kann, ohne, wie bis jetzt, in einer Sennhütte auf seinem Lager ober dem Geisstalle durch den Duft und die Unruhe der Bewohner desselben und nebstdem noch durch den Rauch des Herdes belästigt zu sein und ohne gelegentlich von den durch die Schäden des Daches herabfallenden Regentraufen aus dem Schlafe geweckt zu werden, und worin ihm zugleich durch das Vorhandensein eines Kochherdes die Gelegenheit geboten ist, die mitgebrachten oder aus den nahen Sennhütten bezogenen Vorräthe an Lebensmitteln durch eigene oder seiner Führer Kochkunst beliebig zu Speisen umzugestalten.«[1] Bald werden auch Vorbereitungen zur Errichtung einer weiteren Hütte am aussichtsreichen Schneeberg, dem höchsten Berg Niederösterreichs, getroffen.

Betritt der ÖAV damit zwar nicht völliges Neuland – die allerersten dokumentierten alpinen Unterkünfte, die in ihrer Funktion im weitesten Sinn heutigen Schutzhütten entsprechen, sind bereits Ende des 18. Jahrhunderts entstanden (z. B. 1799 Salm-Hütte beim Großglockner) und Schweizer Alpen-Club (SAC) sowie Club Alpino Italiano (CAI) haben, wenn auch später gegründet, etwas früher mit dem Bau von Vereinshütten begonnen. Doch eröffnet der ÖAV ein für sich neues Betätigungsfeld. Bisher hat man sich nämlich mit der punktuellen Subventionierung privater Bauprojekte begnügt.

Die Umsetzung der Vorhaben stellt sich als schwieriger heraus, als gedacht:

»Langsamer, als wir gehofft und gewünscht hatten, schritt die Angelegenheit unserer beiden Vereinshütten vor. Zwar der Gedanke, einfache Unterstandshütten für Touristen an den solcher Zufluchtsstätten bedürftigsten Punkten zu errichten, fand allseitigen Anklang. Bereitwilligst gestatteten Seine kais. Hoheit [Erzherzog Rainer], der durchlauchtigste Protector des Vereins, dass die erste Hütte auf der Bauern-Alpe im oberen Kapruner Thale mit seinem Namen geziert werde, und Graf Hoyos als Besitzer des Schneeberges, schenkte den Baugrund für die zweite Hütte (…) Aber mit dem Baue konnte nur auf Grund eines detaillirten Plans und Kostenvoranschlags begonnen werden, und bald stellte sich die Thatsache heraus, dass fast alle Gewerbeleute, welche sich bezüglich ihrer Arbeiten für die Hütten in der priviligirten Lage von Monopolisten zu befinden glaubten, ihre Anforderungen weit über die äussersten Grenzen des billiger Weise zulässigen Maasses, bis zum Dreifachen des von Fachmännern präliminirten Maximums und darüber ausdehnten. Erst die Intervention zweier dem Vereine befreundeter Architecten Wiens gab den hiernach nothwendig gewordenen Verhandlungen

1 Anton von Ruthner, Die Vereinshütten in Kaprun und auf dem Wiener Schneeberge, in: Jahrbuch des Österreichischen Alpen-Vereines, Band 3, Wien 1867, 379. – In diesem Beitrag werden Fußnoten vorwiegend zum Nachweis von Zitaten und nur vereinzelt zum Nachweis von Quellen verwendet. Generell sei auf den Band 1 dieses Werkes verwiesen, weiters auf folgende Veröffentlichungen: Deutscher Alpenverein, Oesterreichischer Alpenverein, Alpenverein Südtirol (Hg.), Berg Heil! Alpenverein und Bergsteigen 1918–1945, Köln-Weimar-Wien 2011; Aufwärts! Berge, Begeisterung und der Deutsche Alpenverein 1945 bis 2007. Begleitbuch zur Ausstellung im Alpinen Museum des Deutschen Alpenvereins München, 19. Juli 2007 bis 23. März 2008, München 2007; Anneliese Gidl, Alpenverein. Die Städter entdecken die Alpen, Wien 2007.

Der Moserboden im Kapruner Tal von der Hohenburg, Aquarell von Johann Stüdl

eine günstigere Wendung, welche einen erwünschlichen Abschluss in nächster Zukunft voraussehen lässt. Der Wunsch, noch weitere solche Bauführungen in das Werk gesetzt zu sehen, fand bereits einige Verbreitung«.[2]

Soweit der Stand der Dinge im April 1868. Nun wird rasch zur Tat geschritten, denn wenige Monate später ist die Erzherzog-Rainer-Hütte bereits benutzbar, sodass die »Wiener Zeitung« vermelden kann: »Am 6. August bestieg der Vorstand des Alpenvereines Herr Sectionschef [Leopold] v. Hofmann die Wasserfallalm; er brachte ein Fremdenbuch mit und trug seinen Namen zuerst in selbes ein.«[3]

Der Hüttenbau am Schneeberg soll bescheidener und kleiner werden, mehr die Funktion eines »Zufluchtshauses« erfüllen, »damit die Besteiger im Falle eines Unwetters, welches sie auf der Spitze oder in der Nähe überrascht, darin Schutz und, was sicher noch öfter vorkommen wird, in ihr einen vor dem Winde, der bekanntlich selbst an heitern Tagen den Aufenthalt auf den Hochspitzen häufig verleidet, geschützten Platz zum Ausruhen und zur Erholung finden.«[4] Allein, es bleibt beim Projekt. 1885 errichtet hier der Österreichische Touristenklub die Fischer-Hütte.

Diese 1867 in den wesentlichen Zügen entworfene Vorstellung zweier von ihrer Funktion her grundverschiedener Hüttentypen, der komfortableren »Unterkunftshütte« (Rainer-Hütte) und des spartanischen »Zufluchtshauses« (Projekt Schneeberg), finden sich in Abwandlungen noch heute in den Bauten von AVS, DAV und ÖAV wieder: eingerichtete AV-Schutzhütten, unbewirtschaftet oder bewirtschaftet, auf der einen, offene Unterstandshütten und Biwaks auf der anderen Seite.

»Anfangs herrschte noch einige Unsicherheit – es fehlten ja die Erfahrungen – sowohl hinsichtlich der Aufgaben wie der einzuschlagenden Wege. Im Allgemeinen huldigte man der Anschauung, dass der Alpenverein nur in der Hochregion zu bauen habe, und dass – ein echter Tourist anspruchslos sein solle. Unterstützung von Thalwegen oder ›Wirtshäusern‹ wollte man ausgeschlossen wissen«[5], resümiert Generalsekretär Johannes Emmer nach einem Vierteljahrhundert Bauerfahrung. Johann Stüdl, Gründungsmitglied des Deutschen Alpenvereins, schwebt

2 Achte (Jahres-)Versammlung am 18. April 1868, in: Jahrbuch des Österreichischen Alpen-Vereines, Band 4, Wien 1868, 449.
3 Wiener Zeitung, 2.9.1868.
4 Anton von Ruthner, Die Vereinshütten in Kaprun und auf dem Wiener Schneeberge, in: Jahrbuch des Österreichischen Alpen-Vereines, Band 3, Wien 1867, 379.
5 Johannes Emmer, Geschichte des Deutschen u. Oesterreichischen Alpenvereins, Zeitschrift des Deutschen und Oesterreichischen Alpenvereins 1894, 231.

Simony-Hütte am Dachstein, eröffnet 1877 (Druck nach Anton Paul Heilmann)

vor, dass es sich bei Alpenvereinsunterkünften »nicht um Touristenhäuser oder Alpenhotels« handeln soll, »zu deren Herstellung Baumeister oder Architekten berufen sind, sondern um einfache Hütten, wie solche unserem eigentlichen Vereinszweck entsprechen.«[6] Als Vorbild dient ihm dazu die 1868 von ihm selbst errichtete Glockner-Hütte (alte Stüdl-Hütte).

Am Beginn steht also das Bestreben des ÖAV und DAV bzw. ab 1874 des durch Fusion entstandenen Deutschen und Oesterreichischen Alpenvereins (DuOeAV), im Gebirge einfache Unterkünfte aus Stein und Holz zu errichten. Ein ebenerdiges Gebäude unter einem Pult- oder Satteldach, nicht selten direkt an den Felsen angelehnt, bietet auf engstem Raum die Möglichkeit, die Grundbedürfnisse Wetterschutz, Essen und Schlafen zu befriedigen.

Schon in den 1870er-Jahren setzt eine rege Bautätigkeit ein, wodurch sich der Hüttenbesitz des Alpenvereins vervielfacht. Früh gibt es daher Unternehmungen, die den Zweck haben, eine Übersicht der Alpenvereinsbauten zu erstellen und fortzuführen. 1875 bereits heißt es im Jahresbericht des DuOeAV, »auf die Dauer« könne »zur Erhaltung eines klaren Ueberblicks« keinesfalls eine »übersichtliche Darstellung des Zusammengehörigen entbehrt werden«. Das erste »Hütten-Grundbuch« des Vereins von 1876 enthält zunächst 20 Hütten, zu denen 1884 noch weitere 39 hinzugefügt werden.[7] Damit erreicht es jedoch keine Vollständigkeit, denn das Buch, das Sie als Leser gerade in Händen halten, listet für den selben Zeitraum bereits 30 (bis Ende 1876) bzw. 90 (bis

6 Johann Stüdl, Ueber Hüttenbau, in: Zeitschrift des DuOeAV 1877, 169–191, hier 169.
7 OeAV Archiv HÜW 1.3.

Olperer-Hütte, eröffnet 1881
(Foto Bernhard Johannes)

Hüttenausschuss des DuOeAV, 1900, vor der Veranda des »Grauen Bären« in Innsbruck

1884) Gebäude, darunter zwei Aussichtswarten, auf, freilich auch aufgelassene Bauten.

Schon nach wenigen Jahren genügen die propagierten einfachen Unterkünfte den zunehmenden Ansprüchen nicht mehr und so wird das ursprüngliche Konzept und Ideal zunehmend durch den Wunsch abgelöst, dem Touristen nicht nur Obdach, sondern durch verbesserte Ausstattung auch mehr Komfort zu bieten, also das Nützliche mit dem Angenehmen zu verbinden – sozusagen in konsequenter Weiterentwicklung des Leitspruchs »Utile Dulci«, angebracht über der Eingangstür der ersten dokumentierten im hochalpinen Raum errichteten Schutzhütte, dem »Hôtel« von Charles Blair am Montenvers bei Chamonix.

Abgesehen davon haben die Erfahrungen der ersten Jahre gezeigt, dass sich manche Standorte und Konstruktionsweisen für Schutzhütten nicht eignen, weil sie zu mannigfaltigen Schäden durch Feuchtigkeit, Lawinen und Wetter geführt haben. In der Anfangszeit der Hüttenbautätigkeit wählte man eben nicht selten nach dem Prinzip »Versuch und Irrtum« aus Unerfahrenheit gefährdete Standorte. Manche Unterkunft muss deshalb aufgegeben werden, manch andere behauptet sich trotz aller Unbilden. Das beste Beispiel dafür ist die 1882 erstmals erbaute Schwarzenberg-Hütte südlich des Wiesbachhorns, die im Laufe ihrer wechselvollen Geschichte beinahe unzählige Male – meist durch Lawinen – beschädigt oder zerstört worden ist.

Einlageblatt Nr. 4, Douglass-Hütte, des Hüttengrundbuchs 1882

Schwarzenberg-Hütte am Wiesbachhorn, um 1900

Bereits bestehende Hütten werden also in beiderlei Hinsicht, Sicherheit und Komfort, weiterentwickelt. Die von der S. Prag erbaute erste Carlsbader Hütte (Höller-Hütte) und das Untersberg-Haus der S. Salzburg (Zeppezauer-Haus) setzen 1883 mit ihrer »prächtigen und üppigen« Ausstattung neue Maßstäbe.

Wiederum erfährt der Hüttenbesitz des Alpenvereins beträchtlichen Zuwachs, sodass dem alle drei Jahre wechselnden Central-Ausschuss der Überblick erneut verloren zu gehen droht. Der Fortschritt der Bautätigkeit führt zur Einrichtung eines »Spezial-Comités« für Wege- und Hüttenfragen, das 1879 eine erste Hüttenbauordnung ausarbeitet. 1882 wird ein neues Hütten-Grundbuch angelegt und in der Generalversammlung

150 Jahre Hüttengeschichte

in Salzburg vorgestellt. In einer Holzkassette werden nun vorgedruckte Formulare sowie Pläne zu den einzelnen Hütten verwahrt. Die lose Form der Sammlung bietet allerdings Gelegenheit zu unsachgemäßer Arbeit: Blätter von aufgelassenen Hütten werden entfernt, Nummern neu vergeben, die Reihenfolge wird geändert. Einen Einblick in die auf solche Art verlorengegangenen Informationen bieten die erwähnten Nachträge im alten Grundbuch. Die Kassette bleibt bis um 1910 in Verwendung und enthält schließlich 254 Einlageblätter.[8] *Dieses* Buch umfasst hingegen bis zum Ende desselben Jahres einschließlich aller zu diesem Zeitpunkt bereits aufgelassenen Gebäude über 360 Bauwerke, also etwa ein Drittel mehr.

Schon vor 1900 entstehen einige gedruckte Hüttenverzeichnisse. 1890 liegt den Mitteilungen des Alpenvereins gar eine nicht auf die Ostalpen beschränkte, die ganzen Alpen umfassende, unabhängig von den Besitzverhältnissen zusammengestellte tabellarische Übersicht der »Schutzhütten und Unterkunftshäuser« bei.[9] Als Kriterium gilt dabei, dass die Hütten »nicht durch Wagen oder Bahn erreicht werden können«, und in der Schweiz werden wegen der Fülle nur jene Unterkünfte berücksichtigt, die »höher als 1500 Meter gelegen sind« – ein deutlicher Hinweis auf den Rückstand des privaten Fremdenverkehrswesens in den Ostalpen. 1894 erscheint die Zeitschrift des Alpenvereins als Festschrift mit einem ausführlichen statistischen Anhang, in dem die Alpenvereinshütten dementsprechende Berücksichtigung finden. Die bis Ende 1893 entstandenen Gesamtkosten für den Hüttenbau werden mit der beachtlichen Summe von etwa 880.000 Mark angegeben, wovon 70 Prozent auf die Sektionen selbst, der Rest auf die »Centralkasse« des Alpenvereins entfallen.

Johannes Emmer stellt über die Bautätigkeit bis Ende des 19. Jahrhunderts fest: »Die praktische Erschließungs-Tätigkeit war […] ungemein rege und erfolgreich gewesen, sie hatte sich auf alle Gruppen der Ostalpen erstreckt und diese mit guten Wegen und trefflich eingerichteten Hütten versehen. Es schien fast, als ob nicht viel mehr zu tun übrig sei und das Maß an Bequemlichkeit nicht mehr gesteigert werden könne.«[10]

Rasanter Anstieg des Hüttenbesuchs

Die Ausstattung der Hütten mit Proviantvorräten bewährt sich wegen weiter steigender Bedürfnisse und unpfleglichen Umgangs mit den Vorräten nicht. Dagegen wird die Bewirtschaftung der Hütten durch Pächter forciert. 1894 sind bereits 44 Prozent der 134 eingerichteten Alpenvereinshütten (also ohne offene Unterstände) bewirtschaftet, nur 15 Jahre später von 242 derartigen Hütten gar über 83 Prozent.[11] Die Schutzhütten sprechen nun ein breiteres Publikum an, sodass der Gesamtbesuch aller Hütten nach den gemeldeten Zahlen von 3.528 Personen im Jahr 1878 in den folgenden 30 Jahren auf 232.176 steil ansteigt.[12] Dem erhöhten Bedarf wird mit Erweiterungsbauten entsprochen.

Freilich gibt es auch Ausnahmen, und so wird manche Hütte wegen geringer Nutzung sogar aufgelassen. Dieses Schicksal wiederfährt zum Beispiel der Gussenbauer-Hütte bei Mallnitz, von deren Erhaltung die S. Hannover 1897 Abstand nimmt, weil sie in sechs Jahren nur von fünf

8 OeAV Archiv HÜW 1.1 (Kassette) und DAV Archiv (Pläne).
9 Beilage zu den Mitteilungen des DuOeAV Nr. 8/1890.
10 Johannes Emmer, Beiträge zur Geschichte des Deutschen und Österreichischen Alpenvereins in den Jahren 1895–1909, Zeitschrift des Deutschen und Österreichischen Alpenvereins 1909, 339.
11 Ebd., 341.
12 Ebd., 350.

Payer-Hütte, eröffnet 1875

Payer-Hütte, am Tabarettakamm thronend

Touristen aufgesucht und beinahe jährlich vollständig ausgeraubt worden ist.

Wie rasant aber im Allgemeinen der Alpinismus und damit der Bedarf an Unterkünften im Gebirge in den ersten Alpenvereinsjahrzehnten zunehmen, zeigt exemplarisch die Besteigungsgeschichte des Ortlers. 1804 erstmals bezwungen, erreichen 1871 nur 17, durch die zunehmende infrastrukturelle Erschließung 1881 bereits 183 Personen den Gipfel, und zu Beginn des 20. Jahrhunderts tragen sich mehr als 100 Personen an einem einzigen Tag ins Gipfelbuch ein.[13] Dementsprechend hoch ist der Andrang in den Schutzhütten. Um 1906 übernachten allein in der 1875 eröffneten, seit 1887 bewirtschafteten Payer-Hütte der S. Prag über 2000 Bergsteiger. Das zunächst als schlichte Unterkunft mit Pultdach kühn in 3029 Metern am Tabarettakamm errichtete Gebäude, das bereits 1876, 1885 und 1893/1894 erweitert worden ist, wird daher neuerlich vergrößert. Die Hütte erhält ein dreistöckiges Schlafhaus, das 21 Zimmer (48 Betten), Lager, Frühstückssaal, Führer- und Gesindezimmer und Vorratskammer enthält und 1909 eröffnet wird.

13 Ebd., 340.

Vision einer »Günzburger Hütte« am Fuße der Guglia Brenta (Campanile Basso, Hütte im Bild links unten)

Im selben Jahr wird über die Berliner Hütte in den Zillertaler Alpen festgestellt, sie habe sich »zu einer großen Hotelanlage entwickelt, die auch dem Verwöhntesten alle denkbaren Bequemlichkeiten bietet.«[14] In Emmers Worten klingt unüberhörbar Kritik an.

Die Baukubatur von bereits bestehenden Unterkünften wächst also gegenüber dem Nukleus, der »Urhütte«, erheblich, nicht selten um ein Vielfaches an, wodurch mitunter Komplexe entstehen, die dem Begriff »Hütte« nicht mehr gerecht werden, da sie eher einem Gasthof oder eben gar einem Hotel gleichen als einer alpinen Schutzunterkunft.

1909 werden – ohne Wetterschutzhütten – 232 Alpenvereinsunterkünfte aufgelistet. Der »Aufschwung der Alpenreisen, der von Jahr zu Jahr steigende Zustrom von Besuchern brachte (…) neue Anforderungen mit sich, und mit diesen hielt gleichen Schritt der wachsende Baueifer der Sektionen. Nicht nur manche der älteren, die früher sich auf die Pflege des Alpinismus im engeren Kreise beschränkt hatten, wandten sich nunmehr ebenfalls der praktischen Arbeit zu, auch die neuentstandenen wollten sofort an dieser sich beteiligen. Der Ehrgeiz, in den Bergen selbst sichtbare Zeugnisse des Bestehens und Wirkens aufweisen zu können, spornte den Wetteifer an, und die Vereinsleitung hatte weniger aufzumuntern, als vielmehr bedächtig zurückzuhalten, damit nicht die Kräfte überspannt würden.«[15]

Trotz allem Eifer scheitern viele Hüttenprojekte aus finanziellen, behördlichen oder anderen Gründen. Wie etwa um 1895 die »Danziger Hütte« in den Dolomiten: »Nachdem durch die endgültige Weigerung des Gemeindevorstandes von Enneberg, den zum Bau einer Hütte auf der Kleinen Fanesalpe erforderlichen Grund und Boden der Section zum Eigenthum abzutreten, das Hüttenbauprojekt gegenstandslos geworden [ist], hat die Sektion inzwischen sich darauf beschränken müssen, die Zwecke des Alpenvereins, soweit ihre eigene Thätigkeit in Betracht kommt, durch gesellige Zusammenkünfte und Vorträge zu fördern.«[16] So erinnert heute an die »Danziger Hütte« außer Bauplänen nur ein – holpriges – Gedicht, in dem es unter anderem wehmütig heißt: »Das Haus war beschlossen / Die Zeichnung gemacht, / Es hatten die Alpengenossen / Manch Opfer schon gebracht. / Wie schön war die Stelle, / Von Zirbeln umkränzt, / Welch prächtig kühle Quelle / Am Hügelfuße glänzt.«[17]

Für manchen Verein, wie beispielsweise die S. Günzburg, ist die eigene alpine Unterkunft überhaupt nur ein romantischer Traum geblieben: »Am 10. Februar 1912 veranstaltete die Sektion in dem in eine prächtige Gebirgslandschaft verwandelten Kronensaal ein alpines Winterfest mit der Idee ›Eröffnung der Günzburger Hütte im Massodi-Kar am Fusse der Guglia Brenta‹, dessen Besuch alle Erwartungen übertraf.«[18]

Der Erste Weltkrieg und die Folgen

Während viele Sektionen den Hüttenbau also vorantreiben, wird die Entwicklung von einem Teil der Alpenvereinsfunktionäre zunehmend problematisch gesehen, denn man baue »zurzeit nicht für die Hochal-

14 Ebd., 346.
15 Ebd., 339f.
16 Bericht der Sektion Danzig des Deutschen und Oesterreichischen Alpenvereins für die Jahre 1899, 1900, 1901 und 1902, Danzig 1902, 4.
17 Vom Hüttenbau auf der Fanes-Alpe (Gedicht zum Stiftungsfest 1895), Dritter Jahresbericht der Section Danzig des Deutschen und Oesterreichischen Alpenvereins für die Jahre 1894, 1895 und 1896, Danzig 1896, 6.
18 Jahresbericht der S. Günzburg 1912, 3.

Ruinen der Drei-Zinnen-Hütte vor den Drei Zinnen

pinisten sondern für den Massenbesuch, trachtet daher auch schon aus wirtschaftlichen Gründen einen solchen zu erzielen, wählt, wenn irgendwie möglich, den Bauplatz so, daß die Hütte vom Tale aus schon sichtbar ist.«[19] Der DuOeAV versucht, zunächst mit mäßigem Erfolg, durch Deckelung der Subventionen den Baueifer zu bremsen. Die Bautätigkeit der Sektionen wird jedoch schon bald durch äußere Umstände, den Ersten Weltkrieg, behindert. Es kommt zu Stagnation und schmerzlichen Verlusten, viele Alpenvereinshütten können nur sehr eingeschränkt oder gar nicht als solche genutzt, notwendige Sanierungsmaßnahmen kaum vorgenommen werden. Es herrscht Personalmangel und manche Hütten sind vorübergehend nicht erreichbar. Teilweise kommt es durch Plünderungen und unmittelbare Einwirkungen des Krieges zu (mutwilligen) Zerstörungen – wie etwa bei den Hütten an der Dolomitenfront durch militärische Nutzung geschehen.

Die Alpenvereinszeitschrift 1919 listet dennoch 323 aktuelle Schutzhütten mit zusammen 8533 Lagerstätten (Betten, Matratzenlager usw.) auf, darunter 22 offene Unterstandshütten ohne Lager, 49 ganzjährig mit Alpenvereinsschloss versehene Hütten mit Lager (Selbstversorgerhütten), 238 im Sommer bewirtschaftete und 14 ganzjährig bewirtschaftete Hütten. Die Zahlen kommen zustande, weil auch die »nunmehr im Ausland« liegenden Hütten verzeichnet werden, die dann durch Enteignungen verloren gehen. So fällt nach dem Ersten Weltkrieg eine Reihe von Hütten im Karawanken- und Bachergebirge, in den Steiner Alpen wie auch Julischen Alpen an Jugoslawien, beispielsweise das Ursulaberg-Haus der S. Klagenfurt bei Slovenj Gradec (Windischgrätz) und die Golica-Hütte der S. Krain bei Jesenice (Aßling).

Die sudetendeutschen Sektionen scheiden aus politisch-rechtlichen Gründen aus dem DuOeAV aus, werden aber in der Tschechoslowakei als selbständige »Deutsche Alpenvereine (DAV)« zugelassen. Formal vom DuOeAV getrennt, pflegen sie dennoch engsten Kontakt zu diesem und sind den Sektionen weitestgehend gleichgestellt. Nach der Errichtung des Protektorats Böhmen und Mähren durch Hitler-Deutschland (1939)

19 Emmer, Beiträge (wie Anm. 10), 340 f.

werden sie wieder offiziell in den Gesamtverein, der nun »Deutscher Alpenverein« heißt, aufgenommen. Im Zuge der Vertreibungen nach 1945 verlegen sudetendeutsche Alpenvereine ihren Sitz nach Österreich oder Deutschland und werden schlussendlich als Sektionen des Österreichischen Alpenvereins (ÖAV) bzw. Deutschen Alpenvereins (DAV) wiedergegründet (z. B. ÖAV S. Reichenberg, DAV S. Asch). In der Tschechoslowakei können weder von ihnen noch von anderen Alpenvereinssektionen Hütten weiterbetrieben werden.

Vor allem aber befinden sich durch die territoriale Neuordnung Europas nach dem Ersten Weltkrieg plötzlich viele Hütten des DuOeAV auf italienischem Staatsgebiet. Sie werden beschlagnahmt und 1924 großteils an den Club Alpino Italiano (CAI) übergeben. – Die formelle Enteignung durch den italienischen Staat folgt nach dem Zweiten Weltkrieg.

Die Südtiroler Sektionen, die sich, im Bestreben ihren Fortbestand zu sichern, 1920/1921 vom Gesamtverein gelöst haben und dennoch 1923 von den Faschisten aufgelöst worden sind, müssen – nach dem Zweiten Weltkrieg im Alpenverein Südtirol (AVS) neu formiert – Pachtung (z. B. Hochgang-Haus, 1947) und Bau neuer Hütten (z. B. Radlsee-Hütte, 1956 eröffnet) in Angriff nehmen. 1970 wird eine pauschale Entschädigungszahlung für den enteigneten Hüttenbesitz der ehemaligen Südtiroler Sektionen des DuOeAV vereinbart.

Den Großteil der in Südtirol und angrenzenden italienischen Gebieten enteigneten Alpenvereinshütten haben jedoch deutsche Sektionen errichtet. Für sie bedeuten die Besitzverluste zunächst herbe Rückschläge für ihr Bestreben im hochalpinen Raum Fuß zu fassen. Teilweise werden sie im Nachhinein finanziell entschädigt, einigen gelingt es, die Verluste durch Errichtung neuer Schutzhütten in Österreich zumindest annähernd auszugleichen.

Im Jahr 2000 sind 25 ehemalige Hütten des DuOeAV vom Land Südtirol übernommen und deren Vergabe und Führung 2015 neu geregelt worden: Die Provinz Bozen vergibt als Eigentümerin die Pacht und hat die Finanzierung und Verwaltung über. Die Hüttenwarte werden bei 17 dieser Hütten von AVS-Sektionen, bei den übrigen vom CAI bestellt. AVS und CAI kommt gemeinsam eine beratende Funktion zu.

Alpenvereinshütten in aller Welt

Geographisch zieht die Alpenvereinsbautätigkeit – wenngleich sehr vereinzelt – schon früh gewaltige Kreise. Ab 1899 richtet die S. Tsingtau, der östlichste Zweig des DuOeAV, in China mehrere Alpenvereinsunterkünfte ein. Die heutige, in der chinesischen Provinz Shandong gelegene Millionenmetropole Qingdao (Tsingtau) war bis 1914 Hauptstadt des »Deutschen Schutzgebiets Kiautschou«. Sogar nach Afrika streckt der DuOeAV zeitgleich seine Fühler aus. So ist vorübergehend die Gründung einer S. Kamerun ein Thema und die S. Hannover baut 1914 am Kilimandscharo ein Unterkunftshaus, das aber wegen des Kriegsbeginns nie als Alpenvereinsgebäude eingeweiht werden kann.

Ab den 1930er-Jahren entstehen auch in Südamerika Sektionen. Die S. Peru errichtet in den Peruanischen Anden eine Unterkunft, die Dr.-

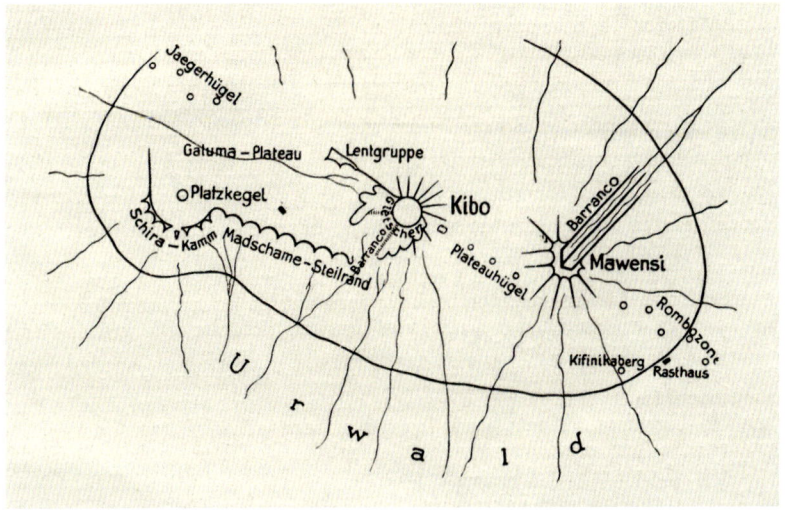

Am Fuß des Kibo, in 4900 m, sollte das »Hannover-Haus am Kilimandscharo« entstehen. Errichtet wurde es schließlich tiefer.

Hans-Kinzl-Hütte, und die S. Chile sogar mehrere Hütten. Letzterer Alpenvereinszweig lebt noch heute im Rahmen der Vereine des »Club Alemán Andino – DAV Chile« (Deutscher Andenverein Chile) fort und betreibt eine ihrer damaligen AV-Schutzhütten, das Refugio Lo Valdés, nach wie vor.

Herbergen und Skihütten

In den 1920er-Jahren fördert der Gesamtverein – zunächst mit mäßigem Erfolg – die Errichtung sogenannter Talherbergen, die schließlich gegen Ende des Jahrzehnts vielerorts eingerichtet werden, um »den Alpenvereinsmitgliedern billige Talunterkünfte zu schaffen«[20], und sich zunehmender Popularität erfreuen. In Talorten angesiedelt, sind sie willkommene Stützpunkte auf dem Weg ins Hochgebirge. Daneben werden in dieser Zeit von der S. Austria aus »Fürsorge für die eigenen Mitglieder und die anderer Alpenvereinssektionen« in Gasthöfen Alpenvereinsheime eingerichtet, die »eine schöne Metalltafel mit dem Edelweiß und der Aufschrift: ›Alpenvereinsheim des Zweiges Austria des D. u. Ö. A. V.‹« erhalten.[21]

Die Talherbergen dienen bisweilen gleichzeitig als Alpenvereins-Jugendherbergen. Diese Unterkünfte werden im Zuge der Gründung von Jugendgruppen in den 1920er-/1930er-Jahren benötigt, da nach Auffassung des DuOeAV viele bestehende Schutzhütten wegen ihrer hochalpinen Lage für »Jugendwanderungen« nicht in Betracht kommen. Zuvor hat es jedoch bereits Ende des 19. Jahrhundert vereinzelt »AV-Studentenherbergen« gegeben, die meist aus wenigen Lagern in einer dafür angemieteten oder anderweitig zur Verfügung gestellten Räumlichkeit, etwa in einer Schule oder einem Gasthaus, (saisonal) eingerichtet waren (z. B. Studentenherberge Mürzzuschlag, 1887). Um den Gedanken der Jugendherberge voranzutreiben, wird 1927 sogar eine »Musterherberge« in Schladming eingerichtet. Die Führung *dieser* Art von Herbergen hat für die Alpenvereine inzwischen keine Bedeutung mehr, weil das Jugendwandern in dieser Form nicht mehr praktiziert wird.

20 Festschrift zum 70jährigen Bestand des Zweiges Austria, D. u. Ö. A.-V. 1862–1932, Wien 1932, 93.
21 Ebd., 93f.

Auch Talherbergen stellen an manchen Orten schon nach kurzer Zeit wegen zu geringer Auslastung den Betrieb ein. So wird beispielsweise jene in Böckstein »mangels der die Eigenkosten deckenden Einnahmen infolge der geringen Besucherzahl und da der Tourist dermalen zum selben Preise wie in der Talherberge ein Bett in einem Gasthause bekommt, aufgelassen.«[22] Inzwischen haben auch Talherbergen an jahrzehntelang gut genutzten Standorten wegen rückläufiger Nächtigungszahlen ihre Pforten geschlossen.

Ebenfalls in den 1920er-Jahren wird eine große Zahl von Skihütten eröffnet. Durch das Aufkommen des Skilaufs sind bereits ab Ende des 19. Jahrhunderts erste derartige Unterkünfte eingerichtet worden (z. B. Scheiben-Hütte der S. Mürzzuschlag, 1897), eine Entwicklung, die sich nun, da das Skilaufen zunehmend zum Breitensport wird, sprunghaft fortsetzt. Meist werden zu diesem Zweck von den Sektionen oder deren Skivereinigungen über den Winter – häufig nur für eine oder wenige Saisonen – Almhütten gepachtet. Besonders viele Skihütten finden sich beispielsweise in den Bayerischen Voralpen. Vereinzelt entstehen auf diese Weise ganze »Hüttendörfer« wie etwa auf der Hinterlam in den Mürzsteger Alpen.

Gängigerweise sind diese zunächst kleinen und bescheidenen Unterkünfte freilich nur den eigenen Sektionsmitgliedern und deren Angehörigen vorbehalten, es handelt sich daher um sogenannte *Sektionshütten*, keine AV-Schutzhütten. Das wird damals vom Gesamtverein kritisch gesehen: »Die Pachtung und Errichtung von Winterhütten durch die Sektionen nimmt ständig zu. Bedauerlich ist, daß diese Hütten jeweils nur den Mitgliedern der Sektion, welche die Hütte gepachtet oder errichtet hat, zugänglich, für die große Zahl unserer Mitglieder aber verschlossen sind und daß diesen Kreisen in den beliebtesten Schigebieten außer den Talgasthäusern und einigen privaten Unterkunftshäusern keine oder nur wenige auch im Winter bewirtschafteten Schutzhütten des Alpenvereins zur Verfügung stehen.«[23]

Mitunter entwickelt sich allerdings eine sektionseigene Hütte zur AV-Schutzhütte weiter. So ist beispielsweise die ab 1925 als Sektionsskihütte geführte Priener Hütte nach ihrem Ausbau seit 1930 allgemein zugänglich und heute eine Unterkunft der AV-Kategorie I. Dagegen wird die Steirersee-Hütte, eine 1900 durch die S. Linz gepachtete Alm, ab 1922 nur noch sektionsintern genutzt, weil die neu eröffnete Tauplitz-Hütte ihre Funktion übernommen hat.

Beim Bau neuer Schutzhütten legt der Gesamtverein zu der Zeit darauf Wert, dass sie sowohl den Bedürfnissen der Sommer- wie auch Wintertouristik gerecht werden. Außerdem wird die Winteröffnung von bereits bestehenden AV-Schutzhütten angeraten: »Es wird im Vorteil der Sektionen liegen, geeignet gelegene Hütten auch im Winter zu öffnen und mit Aufsicht zu versehen. Wir sind überzeugt, daß die gesamte Winterturistik treibende Mitgliedschaft des Vereins die Errichtung allgemein zugänglicher Winterhütten in ausgesprochen beliebten Schigebieten nur begrüßen und darin keinen Widerspruch zu den Tölzer Richtlinien erblicken würde.«[24] Zum Beschluss dieser Richtlinien hat sich die Hauptversammlung des DuOeAV 1923 durchgerungen. Eine klare Abgrenzung von Gastgewerbe und Hotellerie durch Rückbesinnung auf die Beschei-

22 OeAV Archiv, JBB S. Badgastein 1933.
23 Jahresbericht des DuOeAV 1923/1924, in: Mitteilungen des DuOeAV 1924, 170–172.
24 Ebd.

Reger Skibetrieb am Stümpflinghang bei Schliersee, im Vordergrund Firstalm

denheit und Schlichtheit der frühen Alpenvereinsunterkünfte wird gefordert.

Die Wirtschaftskrise hilft gewissermaßen dabei, sich in größerer Bescheidenheit zu üben. Dennoch werden Hütten in dieser Zeit natürlich nicht rückgebaut, viele durch verschiedentliche Erweiterungen sogar größer und vielfältiger nutzbar. Von einem vollausgestatteten AV-Schutzhaus erwartet man sich um 1930 – Tölzer Bestimmungen hin oder her – einiges, »denn in einer modernen Hütte braucht man außer den Schlaf- und Wirtschaftsräumen auch noch andere Räume (Selbstversorgerraum, Schiablage, Trockenraum, Heizraum, Bad, Dunkelkammer u. a.), die viel Platz einnehmen.«[25] Derlei Unterkünfte sind teilweise sogar mit techni-

25 Josef Moriggl, in: Die Schutzhütten des Deutschen und Österreichischen Alpenvereins (hg. vom Hauptausschuß des Deutschen und Österreichischen Alpenvereins, Innsbruck 1932), X.

schen Errungenschaften wie elektrischem Licht, Fernsprecher (Telefon) oder gar Zentralheizung versehen.

ÖGV und ÖTK treten dem Alpenverein bei

In der Zeitschrift von 1929 werden – ohne die enteigneten Gebäude – 284 Schutzhütten aufgeführt. Durch den Beitritt des Österreichischen Touristenklubs (ÖTK), der seit 1945 wieder selbständig ist, und des Österreichischen Gebirgsvereins (ÖGV), der auch jetzt (wieder) als Sektion dem Alpenverein angehört, wird der Hüttenbesitz mit Beginn des Jahres 1931 noch einmal stark vermehrt; für den DuOeAV also Zeit, wieder eine neue Übersicht zu erstellen. Dazu werden 1932 sogenannte Standblätter angelegt.[26]

Im selben Jahr erscheint in Innsbruck das Buch »Die Schutzhütten des Deutschen und Österreichischen Alpenvereins«, herausgegeben vom Hauptausschuss des Alpenvereins. Der Zeitpunkt wird vom Verein als günstig erachtet, da »in der nächsten Zeit ein wesentlicher Zuwachs an Hütten deshalb nicht eintreten wird, weil ein Bedarf für neue Hütten kaum mehr vorhanden, das Hüttenbauen sehr teuer geworden ist und die vorhandenen Mittel vornehmlich für die Erhaltung und Ausgestaltung der bestehenden Hütten verwendet werden müssen.« Alles in allem beschreibt das Buch 429 Alpenvereinshütten, davon 370, also die allermeisten, zumindest zeitweise bewirtschaftet, sowie 93 durch die neuen Grenzen für den Verein »verlorene Hütten«. Den Gesamtbesitz aller Hütten des DuOeAV und seiner Sektionen gibt Josef Moriggl zum Zeitpunkt der Drucklegung des Buches mit 529 an. In dieser Zahl sind auch 25 Wetterschutzhütten und 75 Sektionshütten enthalten.

Der Hüttenbesuch ist trotz der genannten herben Verluste an altehrwürdigen Unterkünften unter Berücksichtigung der ÖGV- und ÖTK-Hütten bis Anfang 1931 auf knapp eine Million Besucher pro Jahr gestiegen. 20.266 Lager aufgeteilt auf 6.591 Betten, 10.951 Matratzenlager und 2.724 Notlager stehen zur Verfügung. Die Anzahl der in den ausgeklammerten Sektionshütten enthaltenen Lager schätzt Moriggl auf zusätzlich deutlich über tausend, das Besucheraufkommen in diesen Vereinsunterkünften auf 60.000 pro Jahr!

Aussichtswarten und Pavillons

Gar nicht berücksichtigt werden in Moriggls Statistik die sogenannten Aussichtswarten. Vom Alpenverein selbst wurde deren Errichtung nur am Rande betrieben. Vorwiegend sind bzw. waren sie Bauwerke der zu Alpenvereinssektionen umgewandelten Vereine ÖGV und ÖTK. Dennoch handelt es sich bei der 1869 erbauten und eröffneten Damberg-Warte genau genommen um das zweite vom Alpenverein (ÖAV) *selbst* errichtete Bauwerk, denn die alte Stüdl-Hütte (Glockner-Hütte) wurde 1868 von Johann Stüdl, dem Bahnbrecher und der ersten Instanz in den frühen Jahren der Alpenvereinshüttenbautätigkeit, im Alleingang realisiert.

---

26 OeAV Archiv HÜW 2.0.

Anlässlich der feierlichen Übergabe der von den Alpenvereinsmitgliedern aus Steyr realisierten Damberg-Warte an das »zahlreich versammelte Publicum« wird im Jahrbuch des ÖAV auf die Bedeutung des Bauwerks für den Tourismus und den Alpenverein hingewiesen: »Die Rundschau von diesem schmucken Thurme ist wahrhaft entzückend. Wir machen desshalb davon Erwähnung, weil es sicher Touristen gibt, die in nicht weiter Ferne und ohne viele Mühe in wenigen Tagen ein schönes Stück Erde überschauen wollen. Zugleich soll die vollendete Warte den Mitgliedern des österreichischen Alpenvereines zeigen, was vereinte Kraft vermag.«[27]

Die Beliebtheit der turmartigen Aussichtswarten unterschiedlichster Gestalt, mit und ohne Dach, zunächst meist aus Holz, später häufig dauerhafter aus Stein, Ziegel oder Eisen errichtet, die speziell in den weniger mächtigen und bewaldeten Vorgebirgen den Rundblick ins Land ermöglichen, ist eng verknüpft mit der Verbreitung gedruckter Landschaftspanoramen. Unter der eigentlichen Aussichtsplattform werden manchmal Unterkünfte eingerichtet, wodurch die Warte nebenbei die Funktion einer kleinen Hütte erhält. Beispiele dafür sind die Peilstein-Warte (Josef-Leitner-Warte) im Wienerwald und die Gisela-Warte am Lichtenberg bei Linz. Vor der Einrichtung des »Gisela-Hauses« mietete die S. Linz bereits 1879 Räumlichkeiten eines nahegelegenen Gasthofs, um für gute Unterkunft und Nachtquartier zu sorgen. Die Sektion ist »dabei von dem Gedanken geleitet, dass es eben in jeder grösseren Stadt Viele gibt, welchen der Besuch der Alpen und das Erklimmen der sogenannten ›Zehntausender‹ [in Fuß gemessen, Anm. M. G.] nicht erreichbar ist, weil es Zeit und Verhältnisse nicht gestatten, die aber dennoch einen warmen Sinn für die Natur und ihre Reize in sich tragen, welchen sie mit Vergnügen durch einen erleichterten Besuch dieser Aussichtswarte befriedigen werden, und dass andererseits gerade dadurch Anregung in manches junge Herz gelegt werden wird, welches sonst vielleicht nie Gelegenheit fände, auch diese Saite seines Gemüthslebens kräftig anklingen zu hören.«[28]

In höheren Gebirgsregionen sind derartige Warten nicht nötig, da keine Bäume die Sicht behindern, die Gipfel selbst die 360-Grad-Aussicht bieten und daher nicht zu Unrecht früher mitunter selbst als »Warten« bezeichnet worden sind. Hier werden in der Frühzeit der Alpenvereinsbaugeschichte bisweilen offene Unterstände errichtet oder betreut, die vor allem, wenn rund bzw. polygonal und luftiger angelegt, nobler als Pavillons bezeichnet werden. Sie sollen dem Wanderer bzw. Bergsteiger bei der Rast einen notdürftigen Wind- und Wetterschutz bieten, im Idealfall dem Bergsteiger aber beim Betrachten der Landschaft kaum hinderlich sein. Als Beispiele für Bauwerke dieses Typs seien der von König Ludwig II. erbaute, 1887 von der S. München übernommene Herzogstand-Pavillon und der 1914 erstmals errichtete und 2002 durch die S. Kufstein nach den Originalplänen erneuerte hölzerne Pavillon am Stripsenkopf (Stripsenkopf-Windschutzhütte) im Kaisergebirge genannt.

Manchmal ist die Gewichtung Warte – Hütte aber auch umgekehrt und über dem Dach von Schutzhütten entsteht eine hölzerne Aussichtsterrasse, in ihrer Funktion einer Warte entsprechend, wie im Falle der ursprünglichen Prochenberg-Hütte von 1888 oder der Helm-Hütte.

Damberg-Warte bei Steyr, erste Aussichtswarte des Alpenvereins

27 G. Mayr, Die Dambergwarte bei Steyr, Jahrbuch des Österreichischen Alpen-Vereines, Band 6, Wien 1870, 379.

28 Jahres-Bericht der Section Linz 1877, 1.

Taschenbuch für Naturfreunde, Ausgabe 1934. Letztes Verzeichnis der Naturfreunde-Hütten vor dem Verbot der Organisation in Österreich

Letztere wird, obwohl in 2344 Metern Höhe direkt am Gipfel des Helms situiert, bereits mit Aussichtsplattform samt Orientierungstisch geplant, von wo aus man gegen einen geringen Eintrittspreis zugunsten der Hütten- und Wegerhaltung »die prachtvolle Rundsicht geniesst, deren Glanzpunkte die Sextner Berge und die weite Thalschau sind«[29]. Der Grund dafür: Die Gipfelhütte selbst verstellt die Sicht. Trotz dieser Maßnahme ist am Tag der Eröffnung die Aussicht laut »Lienzer Zeitung« »leider nicht besonders«, weil »Wolken die Höhenzüge« verdecken. Als wolle die Natur dem Menschen aufzeigen, dass er es mit diesem Bauwerk zu weit getrieben habe.

Hütten als Politikum

Kehren wir nun mit den Betrachtungen in die 1930er-Jahre zurück. Die von der deutschen Reichsregierung verhängte sogenannte Tausend-Mark-Sperre führt in den Jahren 1933 bis 1936 zu einem Besucherrückgang in den österreichischen Alpen. Zugleich wird dadurch aber der Zustrom in den bayerischen Teil der Alpen verstärkt.

In nationalsozialistischer Zeit werden vom Alpenverein Unterkünfte des Touristenvereins Naturfreunde, der im Deutschen Reich 1933, in Österreich 1934 verboten und dessen Besitz beschlagnahmt wird, übernommen. So wird die von den Naturfreunden erbaute Wimbachgries-Hütte bei Ramsau in Bayern bereits 1934 vom Forstamt an den Alpenverein verpachtet. Hierbei handelt es sich aber um eine seltene Ausnahme, denn die *käufliche* Übernahme von Naturfreunde-Hütten lehnt der DuOeAV zu diesem Zeitpunkt noch per Beschluss ab. In Österreich werden die Naturfreunde-Hütten vom künstlichen Gebilde des Touristenvereins Bergfreunde weitergeführt, dem es aber an Mitgliedern und Substanz fehlt.

Die Situation ändert sich, als der bisher überstaatliche DuOeAV, dessen reichsdeutsche Sektionen bereits ab 1933 in den »Deutschen Reichsbund für Leibesübungen« eingegliedert worden sind, 1938, nach dem »Anschluss« Österreichs, in »Deutscher Alpenverein (DAV)« umbenannt und nach dem Führerprinzip neu geordnet wird. Der ehemalige Naturfreundebesitz wird 1938 zunächst vom Reichsverband Deutscher Jugendherbergen übernommen, mit dem der Gesamtverein, als Deutscher Alpenverein nunmehr alleinige Bergsteigerorganisation, über den Ankauf hochalpiner Stützpunkte der Naturfreunde in Verhandlungen tritt. Schließlich erwirbt er einige wenige Naturfreunde-Hütten und gibt sie an Sektionen weiter, so etwa die Tribulaun-Hütte (»Bamberger Hütte«), die wie alle nach 1945 restituiert wird.

Es folgt die zwangsweise Eingliederung aller anderen alpinen Vereine, wie des Österreichischen Alpenklubs (ÖAK) und vieler kleiner alpiner Vereine und Gesellschaften, die mit ihrem Hüttenbesitz den Bestand des Alpenvereins (vorübergehend) vermehren. Viele von ihnen werden nach 1945 wieder selbständig. Als Beispiele seien die Erzherzog-Johann-Hütte des ÖAK auf der Adlersruhe am Großglockner und die 1889 eröffnete Reißtaler-Hütte der traditionsreichen Alpinen Gesellschaft Reißtaler genannt.

---

29 Mitteilungen des DuOeAV 1891, 210.

Hüttenschild der vielfach erweiterten Rappensee-Hütte

Entwicklungen nach 1945

Nach 1945 wird der Gesamtverein (»DAV«) in Deutschland durch die Alliierten als aufgelöst betrachtet, seine deutschen Sektionen werden aus dem Vereinsregister gelöscht. Die in der sowjetischen Zone befindlichen Alpenvereinshütten werden enteignet, aber in DDR-Zeiten unter geänderten Namen wie »Herberge Junger Kumpel« (Rothwasser-Hütte der S. Wettin) oder »Heim der Freien Deutschen Jugend« (Friedrich-Schlott-Hütte der S. Dresden) teilweise als Bergsteigerunterkünfte, Wanderhütten oder Jugendherbergen weitergeführt.

In Österreich hingegen werden die einheimischen Sektionen schon bald – ab 1948 – wieder anerkannt und können ihre Hütten betreuen. Hütten außerösterreichischer Sektionen jedoch werden als »reichsdeutsches« Vermögen im Eigentum der Alliierten betrachtet, gelangen 1947 aber immerhin in Treuhandverwaltung unter dem späteren ÖAV-Vorsitzenden Martin Busch. Österreichische Sektionen übernehmen vorübergehend die Betreuung dieser Hütten.

Die in Westdeutschland nach und nach wieder zugelassenen Sektionen schließen sich 1950 zum heutigen Deutschen Alpenverein (DAV) zusammen. Ihre Hütten in Österreich erhalten sie zunächst jedoch noch nicht zurück. 1956 werden 143 Hütten an westdeutsche Sektionen zurückgegeben, im Jahr darauf 10 Hütten an ehemalige sudetendeutsche Sektionen. Obwohl einige ehemalige ostdeutsche Sektionen aus praktischen und strategischen Gründen in der Bundesrepublik Deutschland wiedergegründet werden, wird diese Regelung auf sie nicht angewandt, doch kann beispielsweise die 1953/1954 wiedererstandene S. Dresden 1956 zumindest die Verwaltung ihrer Dresdner Hütte übernehmen. 1961 erwirbt der ÖAV die noch nicht zurückgegebenen Hütten vom Staat Österreich, um sie 1967 an den DAV weiterzuverkaufen. In der Folge werden sie an Sektionen abgetreten.

Nach der Vereinigung Deutschlands 1990 kommt es zur (Wieder-)Gründung von Sektionen in Ostdeutschland. Die Enteignung der Hütten in der Ostzone wird jedoch nicht rückgängig gemacht.

Führten auch der Zweite Weltkrieg und die ersten Jahre danach aus verschiedenen Gründen zu Beschränkungen – es ging in erster Linie um die Sicherung bzw. Wiedererlangung des Bestands, die Neueinrichtung und den Wiederaufbau geplünderter und beschädigter Hütten –, so sind doch nach 1945 zahlreiche Hütten, vor allem Sektionshütten und Mit-

Josef-Pixner-Biwak beim Rauhjoch, errichtet 2002, baugleich mit dem Lalidererspitzen-Biwak (Foto Paul Ohnmacht)

telgebirgshütten, hinzugekommen, hat in den letzten Jahrzehnten der eine oder andere zusätzliche Komfort Einzug gehalten und ist die Besucherzahl insgesamt gestiegen. Dennoch ist der Geist der Richtlinien von 1923 nicht nur in Biwaks, sondern auch in einigen AV-Schutzhütten noch deutlich zu spüren.

Manche Unterkunft hat freilich heute – etwa durch die Erschließung mittels Straße oder Seilbahn, den Bau anderer Hütten und Häuser – ihren ursprünglichen Sinn längst verloren, weshalb, wie beim *Alpincenter* Glockner-Haus, ein gewisser Funktionswandel erfolgt ist. Steht die Erhaltung jedoch in keiner vernünftigen Relation mehr zum Nutzen, wird auch verkauft oder geschleift. So sind beispielsweise in jüngster Zeit die Erich-Sulke-Hütte mitten im Skigebiet von Saalbach-Hinterglemm und die Rudolfs-Hütte im Nationalpark Hohe Tauern, heute ein Berghotel, veräußert worden. Auch die Hofmanns-Hütte, in ihrer ursprünglichen Form 1834 von Erzherzog Johann an der Pasterze errichtet, 1869/1870 durch Stüdl und Carl Hofmann erneuert und in der Folge wiederholt erweitert und umgebaut, ist aufgelassen, ihr Abriss für 2016 anberaumt. Die Anzahl der AV-Schutzhütten der Kategorien I-III ist dadurch in den letzten Jahren leicht gesunken.

An neuen hochalpinen Standorten werden jetzt keine Alpenvereinshütten mehr errichtet, mehrere Hütten und Warten stehen inzwischen wegen ihrer kulturgeschichtlichen Bedeutung unter Denkmalschutz, einzelne Unterkünfte, wie beispielsweise die Stüdl-Hütte, sind in den letzten Jahrzehnten durch Neubauten am selben Ort ersetzt worden. Dabei wird zunehmend auf architektonisch ansprechende Lösungen Wert gelegt, zur Qualitätssicherung mitunter sogar zum Mittel des Architekturwettbewerbs gegriffen.

Die Erschließung der Ostalpen durch Alpenvereinshütten kann im 21. Jahrhundert – mit Ausnahme der Errichtung des einen oder anderen Biwaks wie zum Beispiel des Josef-Pixner-Biwaks beim Rauhjoch in den Ötztaler Alpen – als abgeschlossen betrachtet werden.

Erläuterungen zum Aufbau des Bandes

Zwei wichtige Anmerkungen seien vorangestellt: Hütten und Aussichtswarten, die jetzt nicht mehr vom Alpenverein betreut werden bzw. nicht mehr existieren, werden allgemein mit dem Begriff »aufgelassen/nicht mehr AV« gekennzeichnet.

Bei den aktuellen Unterkünften sollte der mitunter angebrachte Vermerk »Sektionshütte« beachtet werden. Er weist darauf hin, dass es sich beim genannten Gebäude um *keine* allgemein zugängliche Hütte im Sinne einer AV-Schutzhütte handelt.

Jedes Bauwerk ist – soweit bekannt – mit folgenden Informationen versehen:

– Gebirgsgruppe
– Eröffnungsjahr
– alternative Hüttennamen
– Höhenangabe
– Ortsbeschreibung
– Status (aktuell vom Alpenverein betreut oder aufgelassen bzw. in anderen Händen)
– besitzende oder pachtende Sektion
– Baugeschichte

Die Gliederung des Verzeichnisses folgt jener in *Gebirgsgruppen* nach der aktuellen Alpenvereinseinteilung der Ostalpen (AVE). Auf eine weitere Gebirgsunterteilung wird verzichtet, da sie für diese Zusammenstellung nicht praktikabel wäre. Die Gebirgsgruppen sind in den meisten Fällen durch Gewässer klar abgegrenzt, manchmal jedoch sind die Grenzen (noch) nicht eindeutig definiert, weshalb manches Gebäude auch einer anderen Gruppe zugeordnet werden könnte.

Innerhalb der Gebirgsgruppen sind die Bauwerke, vom ältesten aufsteigend, nach dem »Eröffnungsjahr« gereiht. Dieses ist meist ident mit jenem der feierlichen Eröffnung bzw. Einweihung als Alpenvereinsunterkunft, kann aber auch davon abweichen, sofern bekannt ist, dass die jeweilige Hütte bereits zuvor als Unterkunft zugänglich war. Steht das »Eröffnungsjahr« nicht eindeutig fest, wird die Angabe oder die vermerkte Jahreszahl durch »oder früher«, »oder später« bzw. »ca.« ergänzt. In einigen Fällen von Alpenvereinsgebäuden jüngeren Datums wird wegen fehlender Information auf eine Jahreszahl verzichtet.

Im Falle übernommener Gebäude wie jenen anderer alpiner Vereine, die erst später dem Alpenverein beitreten oder angegliedert werden, bezeichnet die Angabe des »Eröffnungsjahrs« den Zeitpunkt der erstmaligen Führung durch den Alpenverein. Das betrifft beispielsweise einige Hütten der Sektion Turner-Alpenkränzchen München (Beitritt 1912) sowie die große Zahl an Unterkünften und Aussichtswarten des Österreichischen Touristenklubs (Beitritt 1931, Austritt 1945) und Österreichischen Gebirgsvereins (Beitritt 1931).

Immer wieder wurde im Laufe der Zeit der *Hüttenname* geändert. Alternative und ehemalige Bezeichnungen werden der für diese Zusammenstellung relevantesten Namensgebung zur Seite gestellt und im Register verzeichnet.

Die Schreibweise der Namen wird in der Praxis sehr unterschiedlich gehandhabt. Hier wird, der Einheitlichkeit und Übersichtlichkeit halber, jener mit Bindestrich der Vorzug gegeben.

Wie die Gebäude zu ihren Namen gekommen sind, ist unterschiedlich. Häufig verweist die Bezeichnung auf die Lokalität, die Sektion oder einen Alpenvereinsfunktionär, der sich besondere Verdienste um die Errichtung bzw. Einrichtung gemacht hat. Die Schilderung der Entstehungsgeschichte und Erläuterung der Hüttennamen selbst wäre ein eigenes Forschungsprojekt.

Häufig weichen die *Höhenangaben* (Meereshöhe) von Quelle zu Quelle ab, bisweilen sogar stark. Dies hängt mit den unterschiedlichen Mitteln zur Höhenmessung zusammen, die den Daten zugrunde liegen, ebenso mit Druckfehlern, auch mit Auffassungsunterschieden (an der Türschwelle des Haupteingangs gemessen etc.), ja selbst, wenn auch nur geringfügig, mit den von Staat zu Staat unterschiedlichen amtlichen Bezugspunkten. Um wirklich verlässliche und vergleichbare Daten zu erhalten, müsste man häufig nachmessen. Da dies im Rahmen dieser Arbeit natürlich unmöglich gewesen wäre, fiel die Entscheidung zu Gunsten einer der verfügbaren Angaben. Die jeweilige Zahl möge daher als Näherungswert aufgefasst werden.

Die *Ortsbeschreibung* gibt – in gebotener Kürze – meist einen Berg, eine Alm oder einen See sowie eine nahe gelegene Ortschaft an. Bei dem erwähnten Ort handelt es sich in der Regel um den Talort bzw. einen der Talorte und nicht zwangsläufig um die Gemeinde, auf deren Boden das Bauwerk sich befindet. Unter Talort ist eine Siedlung zu verstehen, von der aus das jeweilige Gebäude erreicht werden kann. Auch der Staat, in dem es sich *heute* befindet, ist angegeben.

Aus der Angabe einer *Sektion* kann nicht abgeleitet werden, dass diese auch Eigentümerin des jeweiligen Gebäudes ist. Schon gar nicht kann daraus geschlossen werden, dass das jeweilige Bauwerk jetzt noch von dieser Sektion betreut wird. Die Nennung einer Sektion bedeutet nur, dass diese in einem Besitz- bzw. Betreuungsverhältnis (Eigentum, Pacht oder anderweitiges Benützungsrecht) zum Gebäude steht oder stand (»aufgelassen/nicht mehr AV«). Hat im Laufe der Zeit ein Wechsel stattgefunden, so werden Sektionen, die zuvor zuständig waren, in Klammern angeführt.

Bisweilen treten auch »Untergruppierungen« von Sektionen, wie Ortsgruppen oder Skiabteilungen, als Besitzer auf. In der Regel wird, um das Verzeichnis übersichtlich zu halten, dennoch nur die Sektion selbst angegeben. Zu beachten ist, dass manche Sektionen ihren Namen gewechselt haben. Für »Sektion«, »Zweig« oder »Alpenverein« als Namenszusatz einer Sektion wird generell die Abkürzung »S.« verwendet.

Die Angaben zur *Baugeschichte* sind stichwortartig und sehr knapp gefast, ohne jeglichen Anspruch auf Vollständigkeit. Sie enthalten auch Angaben zu Beschädigungen und Zerstörungen durch Lawinen, Brände etc. Erweiterungsbauten werden nur gestreift oder summarisch erwähnt, Sanierungsarbeiten und Umbautätigkeiten meist ausgeklammert. Angaben zu in jüngerer Zeit durchgeführten baulichen Maßnahmen fehlen bisweilen.

Eine Frage, die im Zuge der Recherche unweigerlich aufkam, ist: Ab wann zählt ein Neubau als eigenständige Hütte? Grundbedingung dafür ist, dass die neue Hütte nicht am selben Bauplatz errichtet worden ist. Die Übergänge zwischen einer neuen Hütte und einem Erweiterungsbau sind jedoch oft fließend. Die Einordnung hängt nicht zuletzt auch von der Wahrnehmung der jeweiligen baulichen Maßnahme durch die Sektion selbst ab. Zubauten werden in der Regel nicht als »eigenständige« Hütten aufgeführt. Wird allerdings nach Zerstörung der Hütte, etwa durch eine Naturkatastrophe, ein nahegelegener neuer Standort gewählt, so scheint der Neubau im Verzeichnis als eigenständige Hütte auf (z. B. alte und neue Gießener Hütte).

Grenzen der Liste

Gebäude, die bereits vor der Eingliederung von Vereinen in den Alpenverein aufgelassen worden sind, konnten nicht berücksichtigt werden. Vereinzelt finden sich im Verzeichnis hingegen Naturfreunde-Hütten, die der Alpenverein in den 1930er-Jahren (vorübergehend) übernommen hat. Ebenso sind Gebäude verschiedener kleinerer alpiner Vereine enthalten, die sich 1938/1939 dem Alpenverein anschließen mussten.

Neben den AV-Schutzhütten wurden auch Biwaks, offene Unterstände, Windschutzhütten und andere Alpenvereinsunterkünfte wie Tal- und Jugendherbergen sowie Aussichtswarten, Pavillons und Sektionshütten in das Verzeichnis aufgenommen, dagegen reine Vereinsheime ohne Unterbringungsfunktion, Geschäftsstellen, Kletterhallen etc. nicht berücksichtigt.

Bei der Auswahl der *Abbildungen* wurde Bedacht darauf genommen, eine gleichermaßen optisch ansprechende wie auch inhaltlich repräsentative Auswahl überwiegend historischer Illustrationen zu treffen.

Die treuhändige Verwaltung von Hütten nach dem Zweiten Weltkrieg in Österreich und deren vorübergehende Betreuung durch ÖAV-Sektionen wird allgemein beschrieben (siehe Seite 27–28). Auch die Enteignungen nach dem Ersten Weltkrieg, vor allem in Südtirol, werden im Verzeichnis bei den einzelnen Hütten nicht angegeben, sondern im einführenden Text beschrieben (Seite 18–20). Eine graphische Übersicht der enteigneten Hütten auf italienischem Staatsgebiet befindet sich am Ende des Buches.

Ausgelassene Stimmung vor dem »Alpenvereinshus« (Alpenvereinsheim Schnepfegg)

Nördliche Ostalpen

01 Bregenzerwald-Gebirge

»Weniger als in anderen Gruppen zeigte sich hier das Bedürfniss nach Schutzhütten, wie auch nach Wegebauten, da bei der dichten Besiedelung und der Wegsamkeit des Almengebietes die bestehenden meist trefflich gehaltenen Pfade ziemlich ausreichen; man konnte sich daher vielfach mit Weg-Markirungen begnügen, und dieser Zweig der Thätigkeit wurde auch sorgfältig gepflegt. […] Auf dem Hohen Freschen wurde 1875 durch ein Comité ein stattliches Schutzhaus (jetzt bewirthschaftet) erbaut und 1879 erhielt das Hochälpele eine (offene) Hütte, nebst einem Orientierungstisch.«

Johannes Emmer, Zeitschrift des DuOeAV 1894, 234.

1875
Freschen-Haus
Touristenhaus am Hohen Freschen, Freschen-Hütte
1846 m, A, auf der Oberen Saluver Alpe südlich des Gipfels des Hohen Freschens bei Badlaterns
aktuell, Kategorie I
S. Vorarlberg
1874/1875 mit Spenden erbaut durch ein Comité, dessen Obmann anfänglich George L. Schindler (Bregenz), später A. Madlener (Bregenz) war; 3.8.1875 eröffnet u. der S. Vorarlberg unentgeltlich ins Eigentum übergeben (die 1876 darin eine Wirtschaft eröffnen ließ); 1890 erneuert; 1902, 1924 erweitert; 1951/1952 Freschen-Kapelle errichtet; 1968–1972 umgebaut

1875
Hochälpele-Hütte
1460 m, A, am Gipfel des Hochälpelekopfs im Bödelegebiet bei Dornbirn
aktuell, Kategorie I
S. Vorarlberg
7.9.1875 eröffnet (erbaut auf Kosten des Bezirks Dornbirn der S. Vorarlberg); 1952/1953 erweitert; 1958 alter Hüttenteil abgebrochen u. durch Neubau ersetzt; 1981 saniert u. erweitert

Touristenhaus am Hohen Freschen

Lank-Hütte

1899
Canisfluh-Hütte
1950 m, D, an der Kanisfluh bei Mellau
aufgelassen/nicht mehr AV
S. Vorarlberg
1899 eröffnet

1924 oder früher
Hochberg-Hütte
1071 m, A, am Pfänder bei Bregenz
aufgelassen/nicht mehr AV
S. Lindau
Skihütte

1927
Lustenauer Hütte
1250 m, A, am Klausberg südöstlich unterhalb des Hochälpelekopfs im Bödelegebiet bei Dornbirn
aktuell, Kategorie III
S. Vorarlberg
1927 durch S. Vorarlberg Bez. Lustenau erbaut; 30.10.1927 eingeweiht als Skihütte der Skiabteilung; ab 1972 umgebaut u. saniert

1930
Jugendherberge Bregenz
430 m, A, in Bregenz
aufgelassen/nicht mehr AV
S. Vorarlberg
1930 eröffnet; um 1943 aufgelassen; nach dem Krieg wieder in Betrieb; um 1982 Brandschaden behoben

1933 oder früher
Wies-Hütte
Jugendherberge Wies-Hütte
A, im Laternsertal bei Laterns
aufgelassen/nicht mehr AV
S. Lindau
1942 Pachtende (neue Pächterin Hitlerjugend)

1937
Furx-Haus
Alpe Furx
1170 m, A, im Laternser Tal bei Laterns
aufgelassen/nicht mehr AV
S. Konstanz
1937 erstmals gepachtet als Skihütte; 18.12.1937 feierlich eingeweiht bzw. übernommen; bis in die 1940er-Jahre gepachtet; Ende 1952 neuerlich gepachtet; kurz vor Ostern 1953 abgebrannt (Ersatzobjekt: siehe Berggasthaus Alpenblume)

1937
Skihütte Weißtannen
A, am Bödele bei Schwarzenberg
aufgelassen/nicht mehr AV
S. Lindau
1.11.1937 gepachtet als Skihütte

1943
Lank-Hütte
Friedrichshafner Schi-Hütte, Friedrichshafner Hüttchen, Schi-Heim am Lank
1250 m, A, am Lank im Bödelegebiet bei Dornbirn
aktuell, Sektionshütte
S. Friedrichshafen
um 1930 erbaut; 1943 erworben; 1983/1984 erweitert

1953
Berggasthaus Alpenblume
1170 m, A, nächst dem Furx-Haus im Laternser Tal bei Laterns

aufgelassen/nicht mehr AV
S. Konstanz
1953 gepachtet (als Ersatz für das Furx-Haus); 1954 Pachtende wegen Unstimmigkeiten

1970 oder früher
Weißfluh-Jugendhütte
1450 m, A, auf der Weißfluhalpe bei Dornbirn
aktuell, Sektionshütte
S. Vorarlberg Bez. Dornbirn

1971
Hütte Au
Bergheim Au-Argenzipfel
800 m, A, in Au im Bregenzerwald
aktuell, Sektionshütte
S. Überlingen
Frühjahr 1969 Bauernhaus erworben; 1969–1971 umgebaut; 10.10.1971 feierlich eröffnet

1972
First-Hütte
1300 m, A, nahe der Weißenfluhalpe bei Bödele
aktuell, Sektionshütte
S. Vorarlberg Bez. Dornbirn
erbaut durch S. Vorarlberg Bez. Dornbirn; 1972 eröffnet

1976 oder früher
Wendelins-Hütte
Jugend- u. Rettungsheim Schuttannen
A, in den Schuttannen bei Hohenems
aktuell, Sektionshütte
S. Vorarlberg Bez. Hohenems
Ende 1960er-Jahre erbaut durch Stadt Hohenems; eine Räumlichkeit im Gebäude der S. Vorarlberg Bez. Hohenems verpachtet; adaptiert als Stützpunkt für die Jugendarbeit u. für Vereinsmitglieder

1983 ca.
AV-Heim Schnepfegg
Schnepfegg-Selbstversorgerhütte
885 m, A, auf der Schnepfegg bei Schnepfau
aktuell, Sektionshütte
S. Vorarlberg Bez. Hinterwald

1992
Haus Don Bosco
A, in Au im Bregenzerwald
aktuell, Sektionshütte
S. Pfullendorf
1953 erbaut durch Kinderdorf Vorarlberg; 1990 erworben; 1990–1992 umgebaut, renoviert u. erweitert; 23.8.1992 feierlich eingeweiht

Stuiben-Pavillon, um 1910

02 Allgäuer Alpen

»Seit Begründung des Vereins erfreut […] sich das Algäu einer eifrigen und unermüdlichen Fürsorge. Die Sektion in der Hauptstadt des bayerischen Schwabenlandes, Augsburg, hatte sich das Algäu zum »Klubgebiet« erwählt und schon im ersten Jahre für einen Steig über die Wilden Gräben zur Mädelegabel gesorgt (1870). Die Sektion gewann natürlich im Gebiet selbst zahlreiche Mitglieder […] und nahm 1871 den Namen S. Algäu an. Im selben Jahre entstand auch in Kempten eine Sektion, die sich gleichfalls Algäu nannte; es währte auch nicht lange und die beiden Bezirke Augsburg und Immenstadt konstituierten sich 1873 als selbständige Sektionen. Während nun die Muttersektion Augsburg zunächst sich zurückzog und auf die finanzielle Unterstützung der »Töchter« sich beschränkte, entspann sich zwischen den beiden Algäuer-Sektionen ein reger Wetteifer. Der Gruppe der Mädelegabel, der stolzesten Berggestalt des Algäus, wandte sich in erster Linie die Aufmerksamkeit zu.«
Johannes Emmer, Zeitschrift des DuOeAV 1894, 238.

1872
Stuiben-Pavillon
1765 m, D, am Stuibengipfel bei Immenstadt
aufgelassen/nicht mehr AV
S. Allgäu-Immenstadt (davor S. Allgäu-Kempten)
1872 erbaut durch »S. Algäu« (S. Allgäu-Kempten); stand bis zum 1. Weltkrieg (dann wurde der verwahrloste Bau zwecks Beseitigung bewusst abgebrannt)

1875
Waltenberger-Haus, altes
Unterkunftshütte an der Mädelegabel
2150 m, D, an der Mädelegabel etwas oberhalb des neuen Waltenberger-Hauses bei Oberstdorf-Einödsbach
aufgelassen/nicht mehr AV

Starkatsgund-Alpe beim Gschwender Horn, 1922 erstmals vom Alpenverein als Skihütte gepachtet

S. Allgäu-Immenstadt
1875 innerhalb von 6 Wochen erbaut; 5.9.1875 eröffnet (nach Sektions-Mitgründer u. Vorstand Anton Waltenberger benannt); nach knapp 10 Jahren aufgelassen (feucht, da am Felsen gelegen, und durch Schneedruck baufällig)

1878
Stuiben-Hütte, erste
Unterkunfthütte am Stuiben
D, an der Stelle der heutigen Ehrenschwangalm am Stuiben bei Immenstadt
aufgelassen/nicht mehr AV
S. Allgäu-Immenstadt
1871 Almhütte erbaut durch Karl Hirnbein; 1878 adaptiert durch Johann Hirnbein auf Initiative u. mit Unterstützung der S. Allgäu-Immenstadt; 11.8.1878 eröffnet (1 Zimmer genutzt, Aufsichtsrecht bei Sektion); 1892, 1912 umgebaut; im 1. Weltkrieg durch Militär belegt, dann zunehmend verfallen; 30.8.1921 abgebrannt

1881
Aussichtspavillon am Schwarzen Grat
D, am Gipfel des Schwarzen Grats bei Isny
aufgelassen/nicht mehr AV
S. Schwarzer Grat
1878 erstmals errichtet durch Verschönerungsverein »Schwarzer Grat Verein«; 1881 neugegründeter S. Schwarzer Grat übergeben; 1905 Neubau; 17.9.1905 eingeweiht; 1928 erworben durch Schwäbischen Albverein; 1967 abgebrannt (Blitzschlag); 1971 Neubau (Schwarzer-Grat-Turm)

1881
Prinz-Luitpold-Haus
Luitpold-Haus, Hochvogel-Hütte
1846 m, D, nordwestlich des Hochvogels bei Hindelang-Hinterstein
aktuell, Kategorie I
S. Allgäu-Immenstadt
1880/1881 erbaut; 4.7.1881 feierlich eröffnet (nach Prinzregent Luitpold von Bayern benannt); 1896, 1909/1910, 1936/1937 u. 1973 erweitert

Prinz-Luitpold-Haus, um 1890

Waltenberger-Haus, neues, gegen Schafalpen-Gruppe

Willers-Alpe

Ingolstädter-Hütte, um 1900

1885
Rappensee-Hütte
2091 m, D, beim Rappenseekopf bei Oberstdorf-Einödsbach
aktuell, Kategorie I
S. Allgäu-Kempten
1885 erbaut; 26.7.1885 eröffnet; 1900, 1912, 1921, 1936, 1965/1966 u. 2000 erweitert

1885
Waltenberger-Haus, neues
2085 m, D, im Bockkar westlich der Trettachspitze bei Oberstdorf-Einödsbach
aktuell, Kategorie I
S. Allgäu-Immenstadt
1884/1885 erbaut (als Ersatz für das alte Waltenberger-Haus); 12.7.1885 eröffnet; mehrfach erweitert; 7.9.2015 abgerissen; Neubau an selber Stelle

1887
Willers-Alpe
Alpenvereinszimmer Willers-Alpe, Touristenzimmer auf der Willers-Alpe
1456 m, D, auf der Willersalpe westlich des Gaishorns bei Hinterstein
aufgelassen/nicht mehr AV
S. Allgäu-Immenstadt (S. Immenstadt)
1887 Zimmer in privater Almhütte gepachtet u. eingerichtet; bis 1938 genutzt

1888
Ingolstädter Hütte
1439 m, D, am Gipfel des Immenstädter Horns bei Immenstadt
aufgelassen/nicht mehr AV
S. Allgäu-Immenstadt
1888 erbaut durch S. Allgäu-Immenstadt mit finanzieller Unterstützung der S. Ingolstadt (daher der Name); 12.8.1888 eröffnet (offene Hütte aus Holz im Blockbau); vor 1943 abgebrannt

1888
Unterstandshütte auf dem Edelsberg
Edelsberg-Pavillon
1631 m, D, am Edelsberg bei Pfronten
aufgelassen/nicht mehr AV
S. Falkenstein
1888 errichtet

Die Unterstandshütte am Hochgrat-Gipfel bei Oberstaufen

1889
Bad Kissinger Hütte
Pfrontner Hütte, Aggenstein-Hütte
1788 m, A, südöstlich des Aggensteins bei Grän
aktuell, Kategorie I
S. Bad Kissingen (davor S. Ludwigsburg, davor S. Allgäu-Kempten, davor S. Falkenstein-Pfronten)
1888 erbaut durch S. Falkenstein-Pfronten; 3.9.1889 feierlich eröffnet; 1901, 1909 erweitert; 26.12.1921 abgebrannt; 1922 Anschluss S. Falkenstein an S. Allgäu-Kempten; 1922/1923 Nothütte errichtet; Aug. 1923 eröffnet; 1927, 1932 erweitert; 1957 erworben durch S. Ludwigsburg; 1957–1962 Neubau; 23./24.6.1962 feierlich eingeweiht; 1970 erweitert; 1994 ins Eigentum der S. Bad Kissingen übergegangen; 2013 erweitert

1890
Edmund-Probst-Haus
Probst-Haus, Nebelhorn-Haus, Unterkunftshaus am Nebelhorn
1930 m, D, bei der Nebelhornbahn-Bergstation südlich des Nebelhorns bei Oberstdorf
aktuell, Kategorie II
S. Allgäu-Immenstadt
1889/1890 erbaut; 26.5.1890 eröffnet; 1912 u. 1930 erweitert

1891
Kemptner Hütte
Kemptener Hütte
1846 m, D, nordöstlich des Kratzers bei Oberstdorf
aktuell, Kategorie I
S. Allgäu-Kempten
1891 erbaut; 16.8.1891 eröffnet; 1903/1904 Erweiterungsbau; 4.7.1904 eröffnet; 1930/1931 erweitert (inkl. Abbruch des ältesten Baubestands); 19.7.1931 eröffnet; 1953 Nebengebäude mit Unterkünften fertiggestellt; 1970/1971 erweitert

1893
Tannheimer Hütte
1760 m, A, auf der Gimpelalm südöstlich des Gimpels bei Nesselwängle
aktuell, Kategorie I
S. Allgäu-Kempten
1892 Privathütte (des Dr. Schweighofer) gekauft; 1892/1893 erweitert u. adaptiert; 25.6.1893 feierlich eröffnet; 1925 erweitert

1897 oder früher
Grünten-Pavillon
1698 m, D, auf der Hochwart des Grünten bei Burgberg
aufgelassen/nicht mehr AV
DuOeAV

1898
Unterstandshütte am Hochgrat
1830 m, D, am Hochgrat-Gipfel bei Oberstaufen
aufgelassen/nicht mehr AV
S. Oberstaufen (davor Verschönerungsverein Oberstaufen)
1898 Hütte erworben sowie zehnjähriger Pachtvertrag für den Gipfel mit Löwenwirt Armin Schädler; 1900 repariert

1900
Otto-Mayr-Hütte
Mayr-Hütte
1530 m, A, auf der Füssner Alm südlich der Schlicke im obersten Reintal bei Musau
aktuell, Kategorie I
S. Augsburg
1899/1900 erbaut (Hütte war zuvor 1899 auf der Sportausstellung in München aufgestellt); 8.7.1900 eröffnet (nach dem langjährigen Vorsitzenden der Sektion, Otto Mayr, benannt); 1909 erweitert

1905
Kaufbeurer Haus
2005 m, A, im Urbeleskar bei Hinterhornbach
aktuell, Kategorie I
S. Allgäu-Immenstadt
1904 erbaut; 3./4.7.1905 eingeweiht

1908
Staufner Haus
1634 m, D, auf der Abendlauchalm nordwestlich des Hochgrats bei Oberstaufen-Steibis
aktuell, Kategorie II
S. Oberstaufen-Lindenberg (S. Oberstaufen)

Kaufbeurer Haus gegen Hochvogel

Schwarzwasser-Hütte, um 1935

1907/1908 erbaut; 20.7.1908 eröffnet; 1936 erweitert; 6.9.1936 eröffnet; 1989 umgebaut

1912
Holzgauer Haus
A, in Warth-Lechleiten
aufgelassen/nicht mehr AV
S. Holzgau
1912 aus Privatbesitz angekauft durch S. Holzgau

1920
Mindelheimer Hütte, alte
2013 m, D, neben der neuen Mindelheimer Hütte
nördlich des Gaishorns bei Oberstdorf
aktuell, Kategorie I
S. Mindelheim
1919/1920 erbaut; 29.8.1920 feierlich eingeweiht; 1925 erweitert; 2000 umgebaut u. saniert

1920
Schwarzwasser-Hütte
Schwarzwasser-Skihütte, Schwarzwasseralm-Hütte
1620 m, A, auf der Schwarzwasser-Alpe unterhalb des Gerachsattels bei Mittelberg-Hirschegg
aktuell, Kategorie I
S. Schwaben
1914–1916 Rohbau errichtet; 1920 vollendet; 17.10.1920 eingeweiht; 1938 Schlafhaus eingeweiht; 1957 Verbindungsbau errichtet

1920
Skiheim Obere Eck-Alpe
Obere Egg-Alpe
D, auf der Oberen Eckalpe
aufgelassen/nicht mehr AV
S. Memmingen

Kemptner Skihütte (Hörner-Haus), um 1965

1920 gepachtet als Skiheim durch S. Memmingen (von der Allgäuer Herdebuchgesellschaft); 1947 erweitert; 2.1.1948 eröffnet; bis 1958 gepachtet

1921
Hörner-Haus
Kempter Skihütte, Kemptner Skihütte, Ostler-Hütte
1362 m, D, am Bolsterlanger Horn bei Obermaiselstein
aufgelassen/nicht mehr AV
S. Allgäu-Kempten
26.12.1921 eröffnet; 1926, 1938 erweitert; 4.11.1944 abgebrannt; 1945 Beginn Wiederaufbau; ab 1947 wieder notdürftig bewirtschaftet; ab 1951/1952 als Skiheim geführt; 1973 erweitert; jetzt Berggasthof

1922
Bauernhaus im Wäldle
D, im Wäldle im Kleinen Walsertal bei Hirschegg
aufgelassen/nicht mehr AV
S. Ulm
1922 Bauernhaus gepachtet als Skihütte durch S. Ulm Skiabteilung

1922
Bergmoos-Alpe
D, bei Oberstaufen-Steibis
aufgelassen/nicht mehr AV
S. Konstanz
1922–1932 gepachtet als Skihütte

1922
Hündlealm-Hütte
Hündle-Hütte
1000 m, D, auf der Hündlealm bei Oberstaufen
aufgelassen/nicht mehr AV
S. Ulm
1922 Almhütte gepachtet als Skihütte durch S. Ulm Skiabteilung; 1939 Pachtende

1922
Skihütte Starkatsgund
Starkatsgund-Alpe
900 m, D, auf der Alpe Starkatsgund nordwestlich des Gschwender Horns bei Immenstadt
aktuell, Sektionshütte
S. Landsberg (früher S. Augsburg)
1922 Almhütte gepachtet u. eingerichtet als Skihütte der S. Augsburg Skiabteilung; 1933 abgegeben (privat); Alpe Starkatsgund jetzt im Winter als Skihütte Stützpunkt der S. Landsberg

1923
Hagspiel
Hagspieler Bauernhaus
D, im Weiler Hagspiel bei Oberstaufen
aufgelassen/nicht mehr AV
S. Ulm
1923 Bauernhaus gepachtet durch S. Ulm Skiabteilung

1923
Skihütte bei Immenstadt
Rabennest
D, südlich des Immenstädter Horns bei Immenstadt
aufgelassen/nicht mehr AV
S. Neu-Ulm
1923 gepachtet; 1954 aufgelassen

1923
Talherberge Oberstdorf
D, in Oberstdorf
aufgelassen/nicht mehr AV
S. Neu-Ulm
1923 eingerichtet; 1930 aufgelassen

1924 oder früher
Lanzenbach-Haus
D, bei Oberstaufen-Steibis
aufgelassen/nicht mehr AV
S. Schwaben
Skihütte

1924 oder früher
Schmalzgruben-Alpe
Alpe Schmalzgrube
1200 m, D, bei Oberstaufen
aufgelassen/nicht mehr AV
S. Weiler
Skihütte

1924
Hermann-von-Barth-Hütte
Barth-Hütte
2131 m, A, im Wolfebnerkar nördlich von Elbigenalp
aktuell, Kategorie I
S. Düsseldorf (davor Akad. Alpenverein München)
1900 erbaut durch AAVM; 6.8.1900 feierlich eingeweiht; 1912 erweitert; 1924 erworben durch S. Düsseldorf; 1928 erweitert

1925 oder früher
Haus bei der Naturbrücke
D, bei der »Naturbrücke« im Kleinen Walsertal
aufgelassen/nicht mehr AV
S. Ulm
vor 1925 für kurze Zeit angemietet durch S. Ulm Skiabteilung

1925 oder früher
Moos-Alpe
D, bei Oberstaufen
aufgelassen/nicht mehr AV
S. Schwarzer Grat (= S. Leutkirch)
Skihütte

1925 ca.
Skihütte der Ulmer Skizunft
D, bei Steibis
aufgelassen/nicht mehr AV
S. Ulm
um 1925 schließt sich Ulmer Skizunft der S. Ulm Skiabteilung an

1925
Wirts-Alm
D, an der Salmaser Höhe bei Oberstaufen-Salmas
aufgelassen/nicht mehr AV
S. Bad Saulgau
1925–1930 gepachtet durch S. Saulgau Skiabteilung

Rappensee-Hütte, 1885 erbaut und mehrfach erweitert

Noris-Hütte im Winter

1927
Skihütte Kaufbeuren
D, in Kaufbeuren-Oberbeuren
aufgelassen/nicht mehr AV
S. Kaufbeuren (davor S. Allgäu-Immenstadt)
zunächst Hütte des Ski-Clubs Kaufbeuren (1919 Ausbau der vereinseigenen Hütte); 1927 Skiclub als Skiabteilung in S. Immenstadt aufgenommen; 1934 S. Kaufbeuren gegründet u. Skiabteilung mit Skihütte übernommen; 1938 Skiabteilung wieder als eigenständiger Verein gegründet u. ausgegliedert

1929 oder früher
Anger-Hütte
Anger-Alpe, Skihütte Angeralpe
1030 m, D, im Ostertal bei Gunzesried-Säge
aktuell, Sektionshütte
S. Augsburg (davor S. Memmingen)
zunächst durch S. Memmingen genutzt; ab 1.1.1930 von S. Augsburg Skiabteilung als Skihütte übernommen

1929 oder früher
Talherberge Riezlern
Tal- u. Jugendherberge Riezlern, Kasimir-Haus
A, in Riezlern
aufgelassen/nicht mehr AV
S. Schwaben

1929
Altes Höfle
966 m, D, im Gunzesrieder Tal bei Gunzesried-Säge
aktuell, Kategorie II
S. Neu-Ulm
1929 Almhütte erworben; 1982–1984 umgebaut

1929
Landsberger Hütte
1810 m, A, am Köpfl bei der Lache oberhalb des Vilsalpsees bei Tannheim
aktuell, Kategorie I
S. Landsberg a. Lech
1928/1929 erbaut; 30.6.1929 eröffnet u. eingeweiht

1929
Noris-Hütte
1251 m, A, an der Weggabelung Baad-Bärgundtal bei Mittelberg
aufgelassen/nicht mehr AV
S. Noris
vermutlich in den 1860er-Jahren erbaut als landwirtschaftliches Anwesen; zeitweise als Gasthaus geführt; dann erworben durch S. Noris Anfang 1929; eröffnet u. eingeweiht 31.3.1929, umgebaut 1930/1931; vor 1951 zerstört (Brand)

1930 oder früher
Blässe-Alm
Alpe Blesse
D, im Gunzesriedertal bei Gunzesried
aufgelassen/nicht mehr AV
S. Mindelheim
Skihütte

1930
Altes Wäldele
Skihütte Altes Wäldele
1380 m, A, im Kleinen Walsertal
aufgelassen/nicht mehr AV
S. Würzburg
1930 gepachtet

Untere Auenalpe und Walmendingerhorn

1931 oder früher
Grünten-Haus
1536 m, D, unterhalb des Grünten-Gipfels bei Burgberg
aufgelassen/nicht mehr AV
S. Allgäu-Immenstadt
erbaut durch Karl-Hirnbein (immer noch Familienbesitz); in der privat geführten, touristischen Unterkunft hatte die S. Allgäu-Immenstadt eine Zeit lang ein AV-Zimmer mit 20 Matratzen

1931 oder früher
Sonthofer Hof
1150 m, D, bei Sonthofen
aufgelassen/nicht mehr AV
S. Allgäu-Immenstadt
vor 1937 als Sektionsunterkunft (nur für Sektionsmitglieder) aufgelassen; jetzt wird die im Sommer bewirtschaftete Alm im Winter vom Skiclub betreut

1931 oder früher
Wiedhag-Alpe
1490 m, D, bei Oberjoch
aufgelassen/nicht mehr AV
S. Allgäu-Immenstadt
vor 1937 als Sektionsunterkunft (nur für Sektionsmitglieder) aufgelassen; im Besitz einer Alpgenossenschaft

1931
Willi-Merkl-Gedächtnishütte
Jubiläums-Hütte, Winterhütte der Otto-Mayr-Hütte
1550 m, A, bei der Füssener Alm nächst der Otto-Mayr-Hütte im Reintal bei Musau
aktuell, Kategorie I
S. Friedberg (davor S. Augsburg)
1930/1931 erbaut als Winterhütte der Otto-Mayr-Hütte; 28.6.1931 eingeweiht als Jubiläums-Hütte durch S. Augsburg; nach dem Tod Merkls 1934 umbenannt; jetzt im Winter nicht mehr geöffnet

1932
Jugendherberge Moosbach
D, in Sulzberg-Moosbach
aufgelassen/nicht mehr AV
S. Allgäu-Kempten
nach Weihnachten 1932 eröffnet; 1933 aufgelassen wegen zu geringen Besuchs

1933
Oberbergmoos-Hütte
Oberbergmoos-Skihütte
D, bei Oberstaufen-Steibis
aufgelassen/nicht mehr AV
S. Friedrichshafen
26.11.1933 feierlich eingeweiht; nur wenige Jahre in Betrieb

1933
Schwarzberg-Alpe
1125 m, D, unterhalb des Tennenmooskopfs bei Gunzesried-Säge
aktuell, Sektionshütte
S. Augsburg
ab 1933 als Skihütte gepachtet

1934
Auenalp-Hütte
Skihütte Auenalpe, Auen-Hütte
1340 m, A, auf der Unteren Auenalp im Schwarzwassertal am Fuß des Hohen Ifens bei Riezlern
aufgelassen/nicht mehr AV
S. München
1934 gepachtet als Skihütte; nach 1945 aufgegeben

1934
Schiheim Steibis
800 m, D, in Oberstaufen-Steibis
aufgelassen/nicht mehr AV
S. Konstanz
1934–1936 gepachtet

1935
Alpe Alp
1321 m, D, südlich des Immenstädter Horns bei Immenstadt
aufgelassen/nicht mehr AV
S. Landsberg a. Lech
1935 eröffnet (gepachtet)

1935
Ansbacher Skihütte
1218 m, D, oberhalb von Aach (Oberstaufen-Steibis)
aktuell, Kategorie II

S. Ansbach

1934 erbaut; 9.12.1934 im fast fertigen Zustand abgebrannt; 1935 wieder aufgebaut; 1.12.1935 eröffnet

1935
Sonneck-Hütte

D, nahe der Alpe Egg bei Balderschwang-Ofterschwang
aufgelassen/nicht mehr AV
S. Heilbronn

1935 neu erbaute Skihütte gepachtet; Pacht beendet

1935
Untere Ziehen-Alpe

1200 m, D, im Falkengebiet bei Oberstaufen-Steibis
aufgelassen/nicht mehr AV
S. Lindau

1935 gepachtet als Skihütte

1936
Musauer Alm

1286 m, A, auf der Musauer Alm im Reintal bei Musau
aufgelassen/nicht mehr AV
TV Naturfreunde (1936–1945 S. Augsburg)

1907 erbaut durch Bergführer Anselm Kiechle; 1910 der S. Füssen angeboten, die sich aber gegen den Kauf entschließt (daher erworben durch Naturfreunde OG München); 1933 Verbot der Naturfreunde in Deutschland; ab 1936 als Unterkunft in Verwaltung der S. Augsburg betrieben; 1938 erworben durch S. Augsburg (2.2.1938 Kaufvertrag); 18.–19.6.1938 Hüttenübernahme gefeiert; 20.6.1944 abgebrannt

1937 oder früher
Bühl-Alm

Skihütte Bühlalm
A, bei Mittelberg
aufgelassen/nicht mehr AV
S. Nürnberg

1937 oder früher
Jugendheim Balderschwang

1045 m, D, in Balderschwang
aufgelassen/nicht mehr AV
DuOeAV/DAV

1937 oder früher
Jugendherberge Wängle

A, in Wängle
aufgelassen/nicht mehr AV
S. Reutte

Bühl-Alm, um 1935

1937 oder früher
Schwarzwasser-Alm

A, auf der Schwarzwasseralm bei Mittelberg-Hirschegg
aufgelassen/nicht mehr AV
S. Schwaben

1937 oder früher
Talherberge Oberstdorf

D, in Oberstdorf
aufgelassen/nicht mehr AV
S. Oberstdorf

vor 1943 aufgelassen

1938
Fiderepass-Hütte

Fiderepaß-Hütte
2070 m, D, am Fiderepass bei Riezlern
aktuell, Kategorie I
S. Oberstdorf

1938 erbaut; 1947 erworben durch S. Oberstdorf; 1972/1973 vergrößert u. ganz erneuert

1942
Mahdtal-Haus

1150 m, A, bei Riezlern
aktuell, Kategorie II
S. Stuttgart

1810 erbaut als Wohngebäude; 1942 erworben durch S. Stuttgart; 1966 erweitert; Jän. 1990 völlig abgebrannt; 1994/1995 Neubau; Sept. 1995 eingeweiht

1945 ca.
Käser-Alm

D, am Großen Daumen bei Bad Hindelang
aufgelassen/nicht mehr AV
S. Nürnberg

wohl 1945 gepachtet u. in Skihütte umgebaut; 1953 Pachtvertrag gekündigt

1945 oder später
Füssener Hütte
1540 m, A, nächst der Otto-Mayr-Hütte auf der Füssner Alm im obersten Reintal bei Musau
aufgelassen/nicht mehr AV
S. Augsburg
1938 Sennhütte für Gebirgsjäger erweitert u. adaptiert (bereits um 1926 diente die Füssener Alm als Winterraum der Otto-Mayr-Hütte); nach 1945 als Berghütte in Verwendung (Verwaltung S. Augsburg, Eigentum Stadt Füssen)

1945 oder später
Lappach-Alm
D, bei Balderschwang
aufgelassen/nicht mehr AV
S. Nürnberg
wohl 1945 gepachtet u. in Skihütte umgebaut; 1953 Pachtvertrag gekündigt

1945 oder später
Wankalm-Hütte
Wank-Alm, Wank-Alpe
D, am Warmatsgund im Gebiet der Schafalpenköpfe bei Oberstdorf
aufgelassen/nicht mehr AV
S. Augsburg (davor S. München)
nach dem 2. Weltkrieg gepachtet (als Ersatz für Auenalp-Hütte); zum 1.6.1956 Pachtende; durch S. Augsburg übernommen; Pacht beendet

1946
Lenzenberg-Hütte
D, bei Obermaiselstein
aufgelassen/nicht mehr AV
S. Ulm
1946 gepachtet; 1949 Pachtende

1947
Engeratsgund-Alm
D, im obersten Hintersteinertal bei Hindelang
aufgelassen/nicht mehr AV
S. Mittelfranken
1947 Alm teilweise gepachtet u. adaptiert als Bergsteiger- u. Skiläuferheim; 1955 Pacht gekündigt

1947
Ställen-Alm
1228 m, A, im Rettenschwangertal bei Oberdorf
aufgelassen/nicht mehr AV
S. Hohenstaufen
Herbst 1947 Sennhütte gepachtet u. adaptiert durch S. Hohenstaufen (von der Gutsverwaltung des Prinzen Konrad von Bayern)

1948
Bergheim Beck
Talheim Gunzesried, erstes
D, im Gunzesrieder Tal
aufgelassen/nicht mehr AV
S. Turn- und Sportgemeinde Ulm 1846 (= jetzige S. SSV Ulm 1846)
19.6.1947 Obergeschoß im Bauernhaus der Familie Beck gepachtet; 21.–22.2.1948 eingeweiht; um 1958 Pachtende

1950
Schwand-Alpe
936 m, D, südlich von Oberstaufen-Thalkirchdorf
aktuell, Kategorie II
S. Ulm
1950 gepachtet; 1950 offen; 1964 erworben; 1966/1967 umgebaut u. erweitert; 17.9.1967 eingeweiht

1950
Schwarzenberg-Hütte
1380 m, D, im Ostrachtal bei Hinterstein
aktuell, Kategorie I
S. Illertissen
1948–1950 ehemalige Bergstation einer Materialseilbahn umgebaut; 1999–2001 generalsaniert

1950
Skihütte Hausersberg
D, auf der Alpe Hausersberg im Simansgundertal bei Oberstaufen-Steibis
aufgelassen/nicht mehr AV
S. Ravensburg
8.10.1950 Almhütte für Winter gepachtet; bis 1964 gepachtet

1954
Alpe Birkach
Bergheim Birkach
1340 m, D, oberhalb der Gunzesrieder Säge bei Blaichach
aktuell, Sektionshütte
S. SSV Ulm 1846 (ehemals S. Turn- und Sportgemeinde Ulm 1846)
um 1860 erbaut; Okt. 1954 Alpe Birkach II gepachtet; um 1960 erworben

1954
Otto-Schwegler-Hütte
Ostertal-Hütte
1070 m, D, am Osteralpbergl bei Gunzesried-Säge
aktuell, Kategorie II
S. Augsburg
1953/1954 erbaut; 5.12.1954 feierlich eröffnet

1958

Bergheim Reute

Alpe Reute, Reute-Alpe, zweites Talheim Gunzesried

D, am Fuß des Mittag im Gunzesrieder Tal bei Gunzesried

aufgelassen/nicht mehr AV

S. SSV Ulm 1846 (ehemals S. Turn- und Sportgemeinde Ulm 1846)

1958 Bauernhaus gepachtet (zunächst nur oberes Stockwerk)

1958

Mindelheimer Hütte, neue

2013 m, D, neben der alten Mindelheimer Hütte nördlich des Gaishorns im Rappental bei Oberstdorf

aktuell, Kategorie I

S. Mindelheim

1952–1958 erbaut; 28.9.1958 feierlich eingeweiht; 1970/1971 erweitert; 1989/1990 Ersatzbau für den abgetragenen Erweiterungsbau errichtet

1958

Oberlanzenbach-Alpe

D, auf der Oberlanzenbachalp bei Oberstaufen-Steibis

aufgelassen/nicht mehr AV

S. Memmingen

1958 als Ersatz für die Eck-Alpe (Pachtende 1.4.1958) gepachtet (Vertrag 4.10.1958)

1961

Pleisl-Alm

A, im Hornbachtal bei Hinterhornbach

aufgelassen/nicht mehr AV

S. Vierseenland

1960 Adaptierung des Almgebäudes beschlossen; 1961 ausgebaut; 24.9.1961 eingeweiht; 2000 Pachtende

1962

Haldensee-Haus

1150 m, A, im Tannheimer Tal bei Haldensee

aktuell, Sektionshütte

S. Hohenstaufen Göppingen (S. Hohenstaufen)

1962 Bauernhaus erworben; 1976 erweitert

1964

Haus Schattwald

1100 m, A, in Schattwald im Tannheimer Tal

aktuell, Kategorie II

S. Geislingen/Steige

1964 erworben; 1995 abgebrannt; 1998 wieder benutzbar

1965

Ravensburger Haus

Berg- und Skiheim Steibis

Haldensee-Haus, 2002

950 m, D, in Steibis-Schindelberg

aktuell, Kategorie II

S. Ravensburg

1964 Rohbau erworben; 1964/1965 fertig gebaut; 5.12.1965 eingeweiht; 1984 benachbarten Stall u. zweites Gebäude erworben

1975 ca.

Häderle

1300 m, D, im Wandergebiet Hochhäderich im Naturpark Nagelfluhkette bei Oberstaufen-Steibis

aktuell, Sektionshütte

S. Isartal

Stall eines alten Bauernhauses gepachtet; nur von S. Isartal (vorwiegend OG Augsburg) als Unterkunft für Ski- oder Wandertouren genutzt

1977

Jugendbildungsstätte Burgberg

Haus Sonnenhalde

752 m, D, bei Burgberg bei Sonthofen

aufgelassen/nicht mehr AV

DAV-Bundesverband

1977 in Betrieb genommen

1977

Rottenburger Haus

760 m, D, unterhalb der Salmaser Höhe in Wiedemannsdorf bei Immenstadt

aktuell, Sektionshütte

S. Rottenburg

1966 erbaut; 14.11.1977 erworben

1978

Haus Missen

Bergheim Missen, Alte Schule Unterwilhams

854 m, D, in Missen-Wilhams am Fuße des Hauchenbergs bei Immenstadt

aktuell, Kategorie II

S. SSV Ulm 1846
1974 altes Schulgebäude (um 1900 erbaut) übernommen; 1974–1978 umgebaut; 5.11.1978 feierlich eingeweiht

1980 ca.
Walser-Hus
Walser-Haus, Schröcken am Hochtannberg
1560 m, A, in Schröcken-Schmitte
aktuell, Sektionshütte
S. Hesselberg
um 1980 gepachtet u. adaptiert

1992
Jugendbildungsstätte Hindelang
Haus Alpenhof
870 m, D, in Bad Hindelang bei Sonthofen
aktuell, Kategorie II
DAV-Bundesverband
1933 erbaut als Privathaus mit Café (Architekt: Lois Welzenbacher); im Dritten Reich Hotel; dann als Kurklinik im Besitz der LVA Baden-Württemberg; dann erworben durch Gemeinde Hindelang; 1990 erworben durch DAV u. anschließend mehrfach erweitert u. umgebaut; Juni 1992 Inbetriebnahme; unter Denkmalschutz

2007 oder früher
Berghaus Hinterreute
969 m, D, in Wertach-Hinterreute nahe dem Grüntensee im Oberallgäu
aufgelassen/nicht mehr AV
S. Schwaben
Pachtende 2007

2008 oder früher
Berghaus Kleinwalsertal
1250 m, A, in Wäldele bei Mittelberg-Hirschegg (Wäldelestr. 51) im Kleinen Walsertal
aktuell, Sektionshütte
S. Memmingen

2010 oder früher
Berghaus Wäldele
1250 m, A, in Wäldele bei Mittelberg-Hirschegg (Wäldelestr. 56) im Kleinen Walsertal
aktuell, Sektionshütte
S. Memmingen

2015 oder früher
Haus Reichenbach
D, bei Pfronten-Nesselwang
aktuell, Sektionshütte
S. Landsberg
Sektionsunterkunft in Tallage (überwiegend genutzt durch Familien und deren Kinder)

2015
Alpe Hohenschwand
D, bei Steibis
aktuell, Sektionshütte
S. SSV Ulm 1846
gepachtet (eine der ältesten Almhütten im Allgäu); Sept. 2015 eröffnet

03a Lechquellen-Gebirge

»Dicht an einem der bedeutendsten Schienensträngen, welche Menschenwitz und Menschenkraft über unsere Erde legten, an der herrlichen Arlbergbahn, ragt eine Gebirgsgruppe in die Lüfte, welche bis in die neueste Zeit nur selten einen neugierigen Wanderer auf ihren höchsten Zinnen sah. [...] Und doch findet hier jedermann, gehöre er nun dem exklusiven Orden der Gipfelstürmer oder der großen Zahl der bequemeren Alpenwanderer an, was sein Herz begehrt. Denn vom gemütlichen Alpenbummel, der aus dem Lechtale über die Freiburgerhütte und an dem tiefblauen Formarinsee oder dem ernsten Spullersee vorbei nach der Arlbergbahn führt, bis zur Erkletterung des Roten Turms oder der Kammwanderung über alle Gipfel der Wildgruppe gibt es gar viele Abstufungen, deren jede eine genußvolle Tour bedeutet.«
Karl Blodig, Aus den Bergen des Klostertals,
Zeitschrift des DuOeAV 1905, 236.

1894
Freiburger Hütte
Alte Freiburger Hütte
1875 m, A, am Formarinsee auf der Formarinalpe bei Dalaas
aufgelassen/nicht mehr AV
S. Freiburg i. Breisgau
1894 Almhütte erworben u. adaptiert; 16.8.1894 feierlich eröffnet; 1912 aufgelassen

1911
Biberacher Hütte
1846 m, A, am Schadonapass bei Sonntag
aktuell, Kategorie I
S. Biberach
1910/1911 erbaut; 8.8.1911 eröffnet u. eingeweiht; 1912, 1978/1979 erweitert

1912
Freiburger Hütte
Neue Freiburger Hütte
1931 m, A, am Rauhen Joch beim Formarinsee bei Dalaas

Formarinalpe mit der Alten Freiburger Hütte

Göppinger Hütte

aktuell, Kategorie II
S. Freiburg i. Breisgau
1911/1912 erbaut (Ersatz für aufgelassene Alte Freiburger Hütte); Anfang Juli 1912 eröffnet; 3.8.1912 feierlich eingeweiht

1912
Ravensburger Hütte
1948 m, A, am Stierkopf nördlich des Spullersees bei Lech
aktuell, Kategorie I
S. Ravensburg
1912 erbaut; 18.8.1912 eröffnet

1913
Göppinger Hütte
2245 m, A, am Gamsboden südlich der Hochlichtspitze bei Lech
aktuell, Kategorie I
S. Hohenstaufen-Göppingen (= S. Hohenstaufen)
1912/1913 erbaut; 1969 erweitert

1927
Dittes-Hütte
1900 m, A, südwestlich des Spullersees bei Klösterle
aufgelassen/nicht mehr AV
S. Ravensburg
Blockhaus erbaut als Ingenieursunterkunft während des Baus des Spuller-Kraftwerks; 1927 erworben; 29.5.1927 eröffnet

1928
Frassen-Hütte
Frassen-Haus
1725 m, A, auf der Pfannenknechtalpe am Südwesthang des Hohen Frassen bei Bludenz
aktuell, Kategorie I
S. Vorarlberg (davor S. Bludenz)

1863 als Almhütte erbaut; dann (vor 1894) durch die Herren Gassner u. Mutter aus Bludenz erworben u. als Unterkunftshütte umgebaut; 1927 von Ferdinand Gassner samt Alpe der S. Bludenz geschenkt; ab 1928 als AV-Hütte geführt; 1929 Veranda angebaut; 1983–1985 neu erbaut

1930
Wirtschaftsgebäude zur Dittes-Hütte
1850 m, A, direkt unterhalb der Dittes-Hütte bei Dalaas
aufgelassen/nicht mehr AV
S. Ravensburg
1930 Baracke erworben, adaptiert u. eröffnet

1950 oder früher
Jugend- u. Winterheim bei der Freiburger Hütte
1931 m, A, am Rauhen Joch beim Formarinsee bei Dalaas
aktuell, Kategorie I
S. Freiburg i. Breisgau
ursprünglich als Jugend- u. Winterheim eingerichtet; dient jetzt vorwiegend als Winterraum, aber auch als Ausweichquartier für die Freiburger Hütte

03b Lechtaler Alpen

»Für Bergsteiger jeder Art bieten die Lechtaler ein unerschöpfliches Gebiet. Der »Jochfink« wird aber bald bemerken, daß die Übergänge und Höhenwege in diesem Gebiete anders geartet sind als sonst irgendwo. Fast durchwegs enorm steil und sich meist in großen Höhenlagen befindend, erfordern sie fast so viel Kraft und Ausdauer wie Bergtouren in anderen Gebieten. […] Klettertouren, deren es in diesem Gebiete hervorragend schöne gibt, so daß man bald mit sogenannten Modebergen wird rechnen können, erfordern die vollständige zeitgemäße Ausrüstung, die sich nicht auf Seil und Kletterschuhe beschränken darf.«
Karl Steininger, Die Lechtaler Alpen, Innsbruck 1924, 12f.

1874
Muttekopf-Hütte
Unterkunftshütte bei dem sog. Beisselsteine
1934 m, A, am Beiselstein südlich des Muttekopfs bei Imst
aktuell, Kategorie I
S. Imst-Oberland (S. Imst)
1874 innerhalb von 2 Wochen erbaut (der Ort wurde schon früher als Lagerplatz benützt); vor Mitte 1874 eröffnet; 1883/1884 erweitert; 1892 großer Umbau; 10.9.1892 eröffnet; 1907 erweitert; 2004/2005 generalsaniert

1885
Augsburger Hütte, erste
2350 m, A, am oberen Salzplatz am Südhang des Gatschkopfs ca. 50 m oberhalb der zweiten Augsburger Hütte bei Grins
aufgelassen/nicht mehr AV
S. Augsburg
1885 erbaut; 9.8.1885 provisorisch eröffnet; 17.4.1888 zerstört (Lawine); daraufhin zunächst provisorische Schutzhütte errichtet (dann Neubau an lawinensicherer Stelle)

1886
Memminger Hütte
2242 m, A, am Unteren Sewisee nördlich der Parseierspitze bei Bach i. Lechtal
aktuell, Kategorie I
S. Memmingen
1886 erbaut (angeregt durch Sektionsvorstand Anton Spiehler); 12.8.1886 eröffnet; 1906, 1923–1925, 1938/1939, 1958 erweitert

1891
Augsburger Hütte
2298 m, A, am Südhang des Gatschkopfs bei Grins
aktuell, Kategorie I
S. Augsburg
1890/1891 erbaut (als Ersatz für erste Augsburger Hütte); 1907 erweitert; 1987–1992 Um- u. Ausbau

1896
Hanauer Hütte
1922 m, A, auf dem Parzinnbühel nächst der Dremelspitze bei Imst
aktuell, Kategorie I
S. Hanau
1895–1897 erbaut; 19.7.1897 eingeweiht; um 1907/1909, 1912, 1926 u. 1930 erweitert

1903
Ulmer Hütte
2288 m, A, am Fuß der Schindlerspitze bei Stuben
aktuell, Kategorie II
S. Ulm
1903 erbaut; 5.9.1903 eröffnet; 1914–1920, 1927/1928 erweitert

1906
Ansbacher Hütte
2376 m, A, südlich des Flarschjochs bei Pettneu-Schnann
aktuell, Kategorie I
S. Ansbach
1905/1906 erbaut; 22.7.1906 eingeweiht u. Wirtschaft eröffnet; 1989 erweitert u. saniert

1907
Simms-Hütte
Frederick-Simms-Hütte, Frederic-Richard-Simms-Hütte
2004 m, A, westlich der Holzgauer Wetterspitze bei Stockach
aktuell, Kategorie I
S. Stuttgart (davor S. Holzgau)
1907 erbaut; 5.10.1907 eröffnet (nach Frederic Richard Simms benannt, der die gesamten Baukosten trug); 1924 an S. Stuttgart verpachtet; 1938 durch S. Stuttgart erworben; 1957–1961 neu erbaut; 1981 Winterraum eröffnet

1910
Stuttgarter Hütte
2310 m, A, am Krabachjoch bei Steeg
aktuell, Kategorie I
S. Schwaben
1909/1910 erbaut; 1.8.1910 feierlich eingeweiht; 1933 baufällig; 1936 nach Wiedererrichtung eingeweiht

1911
Heiterwand-Hütte
2020 m, A, auf der Sinnesjochalm am Grubig-Jöchle bei Tarrenz
aktuell, Kategorie I
S. Oberer Neckar (davor S. Anhalt)
1911/1912 erbaut; 3.10.1911 erster Besucher; 25.7.1912 feierlich eröffnet u. eingeweiht; ab 1955 S. Oberer Neckar; 1972 Neubau

1912
Anhalter Hütte
2042 m, A, auf der Imster Ochsenalm nordwestlich der Heiterwand bei Bschlabs
aktuell, Kategorie I
S. Oberer Neckar (davor DAV, davor S. Anhalt)
1911/1912 erbaut; 26.7.1912 eröffnet u. eingeweiht; 1913 erweitert

Die 1890/1891 erbaute Augsburger Hütte, Ersatz für die von einer Lawine zerstörten ersten Hütte

Leutkircher Hütte

1912
Leutkircher Hütte
2251 m, A, nordöstlich des Almajurjochs bei St. Anton a. Arlberg
aktuell, Kategorie I
S. Leutkirch (= S. Schwarzer Grat)
1911/1912 erbaut durch S. Leutkirch (damals S. Schwarzer Grat); 7.9.1912 eröffnet u. eingeweiht; 1925, 1927 erweitert

1914
Unterstandshütte an der Seelaalm
Unterstandshütte an der Seelealp
A, auf der Seelealm bei Elbigenalp
aufgelassen/nicht mehr AV
S. Memmingen
1914 fertiggestellt; Frühjahr 1915 zerstört (Lawine)

1921
Wolfratshauser Hütte
Wolfratshausener Hütte
1753 m, A, auf der Grünalm am Grubigstein bei Lermoos
aktuell, Kategorie II

S. Wolfratshausen
1921 erbaut; 2.10.1921 eröffnet u. eingeweiht; 1923, 1929, 1960/1961, 1968–1970, 2004/2005 erweitert u. umgebaut

1922
Kaiserjoch-Haus
2310 m, A, am Kaiserjoch bei Pettnau

Lechtaler Alpen **47**

Wolfratshauser Hütte

aktuell, Kategorie I
S. Leutkirch (= S. Schwarzer Grat, davor ÖTK)
1885 erbaut durch ÖTK Innsbruck; 1921 erworben durch S. Leutkirch (damals S. Schwarzer Grat); 1921/1922 instand gesetzt; Aug. 1922 eröffnet; 1925 Dachboden ausgebaut; 1984/1985 erweitert

1924
Reuttener Hütte, alte
Raaz-Alphütte
1720 m, A, auf der Raazalpe bei Berwang-Rinnen
aufgelassen/nicht mehr AV
S. Reutte
1924 alte Sennalm adaptiert; 31.8.1924 eingeweiht; nach Fertigstellung der neuen Reuttener Hütte abgebrochen

1925
Alpenvereinsheim Rinnen
Talherberge Rinnen
1340 m, A, in Berwang-Rinnen
aufgelassen/nicht mehr AV
S. Mittelfranken
1924 als Unterkunftshaus erworben; Pfingsten 1925 feierlich eingeweiht; 1977 verkauft

1925
Steinsee-Hütte
2061 m, A, unterhalb des Steinsees im obersten Starkenbachtal bei Zams
aktuell, Kategorie I
S. Landeck
1924/1925 erbaut; Aug. 1925 eingeweiht; 1954, 1966–1968, 1983/1984 erweitert

1925
Württemberger Haus
2200 m, A, unter dem Medriolsee im obersten Medriol bei Zams
aktuell, Kategorie I

Lorea-Hütte

S. Stuttgart
1924/1925 erbaut; 14.7.1925 eröffnet; 9.8.1925 eingeweiht; 1954 Glockenturm erbaut; 1969/1970, 2005 erweitert

1927 oder früher
AV-Talherberge Rauz
Talherberge Rauzalpe, Jugend- u. Talherberge Rauz
1628 m, A, in Klösterle-Rauz
aufgelassen/nicht mehr AV
S. Vorarlberg
1927 offen; vor 1937 aufgelassen

1928
Lorea-Hütte
Otto-Reinhardt-Hütte
2022 m, A, auf der Loreaalm südöstlich des Loreakopfs bei Nassereith
aktuell, Kategorie I
S. Isartal
1927/1928 erbaut; 27.9.1928 eröffnet u. eingeweiht

1937
Edelweiß-Haus
1530 m, A, bei Kaisers
aktuell, Kategorie II
S. Stuttgart
ca. 1840 erbaut; 1896 erweitert; 1925 umgebaut zu Gasthaus Edelweiß; 16.12.1936 ersteigert durch S. Stuttgart; 1.1.1937 übernommen; 1960–1962 erweitert

1964
Reuttener Hütte
1740 m, A, auf der Raazalpe bei Berwang-Rinnen
aktuell, Kategorie I
S. Reutte
1960–1964 erbaut; 30.8.1964 eröffnet

48 Lechtaler Alpen

1976
Augsburger Biwak
Roland-Ritter-Biwak, Augsburger Biwakschachtel
2608 m, A, nahe der Parseierscharte nördlich der Eisenspitze bei Flirsch
aktuell, Kategorie I
S. Augsburg
1976 errichtet

1982
Berghaus Rinnen
1262 m, A, in Berwang-Rinnen
aktuell, Sektionshütte
S. Friedberg
um 1900 privat erbaut; 1982 gepachtet

04 Wetterstein-Gebirge und Mieminger Kette

»Während das Wettersteingebirge gegen Süd und West in schroffen Felsmauern abbricht, senkt es sich im Norden gegen den Talkessel von Garmisch-Partenkirchen in abwechslungsreichen Mittelgebirgsformationen, die zahlreiche kleinere Touren ermöglichen. Auch die beiden einzigen Täler, die tief in das Massiv einschneiden, das Rein- und Höllental, öffnen sich nach Norden. Daher bieten die hier gelegenen Ortschaften die günstigsten Standquartiere und Ausgangspunkte für grössere und kleinere Bergtouren, die durch zahlreiche Unterkunftshäuser und Weganlagen erleichtert werden.«

Alfred Steinitzer, Das Wettersteingebirge, München 1911, 8.

1873
Knorr-Hütte
2052 m, D, unterhalb des Brunntalkopfes bei Garmisch-Partenkirchen
aktuell, Kategorie I
S. München
1853/1854 erbaut (auf Anregung von Prof. Dr. Sendtner vom Forstmeister Pitzner mit Unterstützung von Angelo Knorr); Hütte ging später an das Ärar über u. verfiel; 1873 durch S. München übernommen u. neu erbaut; bald Grund erworben; 1881 erweitert; 15.8.1881 eröffnet; 1890 Schlafhaus erbaut; 1890/1891 Lawinenschaden am Schlafhaus; 1891/1892 Schlafhaus wieder hergestellt; 1913/1914, 1919/1920 erweitert

1879
Kranzberg-Hütte
1379 m, D, am Hohen Kranzberg bei Mittenwald
aufgelassen/nicht mehr AV
S. Mittenwald

Festgesellschaft vor der Anger-Hütte, vermutlich Tag der Eröffnung am 14. August 1881

1879 erbaut; 1888 durch Orkan zerstört u. wieder aufgebaut; 1892 von Sturm gänzlich zerstört u. vollständig neu erbaut; 4.6.1892 eröffnet; vor 1943 aufgelassen (an die Wehrmacht verkauft)

1881
Anger-Hütte
Alte Anger-Hütte
1366 m, D, am Reintalanger neben der Neuen Anger-Hütte bei Garmisch-Partenkirchen
aufgelassen/nicht mehr AV
S. München
1880/1881 erbaut; 14.8.1881 eröffnet; 1898 Stall für 5 Muli errichtet; 1903 Kellerneubau

1883
Brunntal-Hütte
1727 m, D, am Eingang ins Brunntal zwischen Anger- u. Knorr-Hütte bei Garmisch-Partenkirchen
aufgelassen/nicht mehr AV
S. München
1881 privat erbaut; 1883 der S. München geschenkt; existiert nicht mehr

1883
Schneefernereck-Hütte
Schirmhütte am Schneefernereck
2481 m, D, am Schneefernereck bei Garmisch-Partenkirchen
aufgelassen/nicht mehr AV
S. München
1881 privat erbaut; 1883 der S. München geschenkt; existiert nicht mehr

Alpl-Haus, alter Bau

Münchner Haus

1883
Windschutzhütte auf der Zugspitze
Schirmhütte am Westgipfel der Zugspitze
2960 m, D, am Westgipfel der Zugspitze bei Garmisch-Partenkirchen
aufgelassen/nicht mehr AV
S. München
1881 privat erbaut; 1883 der S. München geschenkt; existiert nicht mehr

1884
Wiener-Neustädter Hütte
2212 m, A, im österreichischen Schneekar der Zugspitze bei Ehrwald
aufgelassen/nicht mehr AV
ÖTK (1931–1945 S. ÖTK Gr. Wiener Neustadt)
1884 erbaut durch ÖTK Wiener Neustadt; 1.9.1884 eröffnet; 1890/1891, 1903, 1911–1913 erweitert; 7.9.1913 neue Hütte eröffnet

1891
Alpl-Haus
Alpel-Haus
1506 m, A, am Alpl bei Wildermieming
aktuell, Sektionshütte
S. München
1865 erbaut durch Mathias Seng (Bauer aus Wildermieming); dann im Besitz der Pfarrpfründe Untermieming; 17.8.1882 erworben durch Gemeinde Telfs; 1890 erworben durch S. München u. adaptiert; 30.7.1891 eröffnet; 1896 durch Lawine stark beschädigt; 1921 abgebrannt; 1924 wiederaufgebaut

1894
Höllentalanger-Hütte
Höllental-Hütte, Höllenthal-Hütte

1387 m, D, im Höllental bei Hammersbach
aktuell, Kategorie I
S. München
1893 erbaut; 16.6.1894 eröffnet; 1907, 1909, 1924/1925 erweitert; 2013 abgerissen; 2014/2015 Neubau

1897
Münchner Haus
2964 m, D, am Westgipfel der Zugspitze bei Garmisch-Partenkirchen
aktuell, Kategorie II
S. München
1894/1897 erbaut; 19.9.1897 eröffnet; 1911/1914 erweitert

1898
Alte Meiler-Hütte
2366 m, D, am Dreitorspitzgatterl neben der Neuen Meiler-Hütte bei Garmisch-Partenkirchen
aktuell, Kategorie I
S. Bayerland
1898 erbaut durch Bayerland-Mitglied Leo Meiler; 11.9.1898 eingeweiht u. der S. Bayerland geschenkt; 1905 erweitert

1898
Platt-Hütte
2525 m, D, am Platt unterhalb der Sandreiße bei Garmisch-Partenkirchen
aufgelassen/nicht mehr AV
S. München
errichtet im Zuge des Wegebaus von der Knorr-Hütte zum Gipfel; 1898 erweitert u. als Notunterkunftshütte adaptiert; existiert nicht mehr

1901
Coburger Hütte
1920 m, A, beim Drachensee bei Wildermieming
aktuell, Kategorie I
S. Coburg
1901 erbaut; 6.8.1901 feierlich eröffnet; um 1923 erweitert

1901
Hochalm-Hütte
D, unterhalb der Alpspitze bei Garmisch-Partenkirchen
aufgelassen/nicht mehr AV
S. Garmisch-Partenkirchen
1901 Instandsetzung der schadhaften Almhütte der Weidegenossenschaft Grainau (Bedingung: im Sommer für alle Bergsteiger offenzuhalten); 1901–1905 als Bergsteigerstützpunkt genutzt

1905
Höllentaleingangs-Hütte
Höllentalklamm-Hütte, Höllentalklammeingangs-Hütte, Klammeingangs-Hütte
1045 m, D, am Eingang zur Höllentalklamm bei Hammersbach
aktuell, Kategorie III
S. Garmisch-Partenkirchen (davor S. München)
1902/1903 oder 1904 erbaut; wohl 15.8.1905 offiziell eröffnet (an diesem Tag wurde jedenfalls der Weg durch die Klamm eröffnet); 1949 Abschluss der Wiederherstellungsarbeiten

1906
Kreuzeck-Haus
Adolf-Zoeppritz-Haus, Kreuzeck-Hütte
1652 m, D, am Kreuzeck unter der Alpspitze bei Garmisch-Partenkirchen
aktuell, Kategorie II
S. Garmisch-Partenkirchen
1906 erbaut; 15.8.1906 eröffnet; Mitte Okt. 1926 nach Erweiterung eröffnet; 14.8.1930 Schlafhaus eröffnet; um 1943 Hütte nicht benützbar; 10.12.1955 Wiedereröffnung (nach Beschlagnahme durch amerikanische Militärregierung); 1961 ehemaliges Schlafhaus von den Amerikanern zurückgegeben u. als zweites Schlafhaus genutzt; 1980 Schlafhaus II abgerissen

1910
Arnspitz-Hütte
Arnspitzen-Hütte
1930 m, D, südöstlich der großen Arnspitze bei Mittenwald
aktuell, Kategorie I
S. Hochland
1910 erbaut; 28.10.1910 feierlich eingeweiht

Alte Meiler-Hütte mit Öfelekopf

1911
Meiler-Hütte
Neue Meiler-Hütte
2366 m, D, am Dreitorspitzgatterl bei Garmisch-Partenkirchen
aktuell, Kategorie I
S. Garmisch-Partenkirchen (davor S. Bayerland)
1910/1911 erbaut; 16.7.1911 feierlich eröffnet; 1936 Umbau; 1970 Übernahme durch S. Garmisch-Partenkirchen beschlossen; 1998 Umbau

1913
Reintalanger-Hütte
Anger-Hütte, Neue Anger-Hütte
1366 m, D, am Reintalanger bei Garmisch-Partenkirchen
aktuell, Kategorie I
S. München
1912/1913 erbaut; 1913 eröffnet

1915
Höllentalgrat-Hütte
Grat-Hütterl, Jubiläumsgrat-Hütte
2684 m, D, am Jubiläumsweg westlich der äußeren Höllentalspitze bei Hammersbach
aktuell, Kategorie I
S. München
1914/1915 erbaut; 1962 Neubau als Biwakschachtel; 1965 Innenausbau vollendet; 2010 Neubau als Biwakschachtel

1920
Bernadein-Hütte
Bernadein-Jagdhütte
1520 m, A, bei Garmisch-Partenkirchen
aktuell, Sektionshütte
Akad. S. München (davor Akad. S. München u. AC Hoch Empor)
1920 durch Akad. S. München sowie Alpinen Club Hoch

Breitenkopf-Hütte

Empor gemeinschaftlich gepachtet; ab 1927 ausschließlich durch Akad. S. München gepachtet

1920
Waxenstein-Hütte
1384 m, D, nördlich des Waxensteins bei Garmisch-Partenkirchen
aktuell, Sektionshütte
S. München
1920 gepachtet

1921
Oberreintal-Hütte
Franz-Fischer-Hütte
1525 m, D, auf dem Oberreintalboden bei Garmisch-Partenkirchen
aktuell, Kategorie I
S. Garmisch-Partenkirchen
1921 erbaut; 23.10.1921 eingeweiht; um 1960 erweitert

1923
Trögl-Hütte
Trögl-Hütte, Forstamts-Hütte
1415 m, D, zwischen Rießerkopf und Kreuzeck bei Garmisch-Partenkirchen
aktuell, Sektionshütte
S. München
1923 als Skihütte gepachtet durch S. München Skiabteilung; nach dem 2. Weltkrieg neuerlich gepachtet; 1947/1948, 1956 erweitert

1924
AV-Jugendherberge Partenkirchen
Jugendherberge Tsingtau
D, in Garmisch-Partenkirchen (Schalmeiweg)
aufgelassen/nicht mehr AV
S. Garmisch-Partenkirchen
1924–1929 Gebäude im Schalmeiweg als Jugendherberge genutzt; ab 1929 in der Jugendherberge Tsingtau aufgegangen

1931
AV-Jugendherberge Kreuzeck
D, im Schlafhaus des Kreuzeckhauses unter der Alpspitze bei Garmisch-Partenkirchen
aufgelassen/nicht mehr AV
S. Garmisch-Partenkirchen
1931–1939 in Betrieb

1936
Breitenkopf-Hütte
2040 m, A, im obersten Igelskar am Fuß des Breitenkopfs bei Wildermieming
aktuell, Kategorie I
S. Coburg
1936 erbaut; 21.9.1936 eröffnet; erneuert

1938
Erinnerungs-Hütte
A, auf der oberen Wangalpe am Fuß der Scharnitzspitze
aufgelassen/nicht mehr AV
Akad. Alpenverein München (1938–1945 (1950) S. Akad. Alpenverein München)
Mai 1919 von Oberst Schlagintweit dem AAVM mitgeteilt, seine Familie sei bereit, 10000 Mark für den Bau einer Hütte zu stiften, wenn sie im Andenken an den im 1. Weltkrieg verstorbenen Sohn Hugo errichtet würde (daher Erinnerungs-Hütte); 1920 wird dem AAVM ein Baugrund von der Gemeinde Telfs geschenkt; 1920 erbaut; 10.10.1920 eingeweiht

1953
Stuiben-Hütte
Stuiben-Skihütte, Stuiben-Alpe
1640 m, D, auf der Stuiben-Hochfläche südlich von Kreuzeck bei Garmisch-Partenkirchen
aktuell, Kategorie I
S. Garmisch-Partenkirchen
1920 erbaut; 24.10.1920 eingeweiht; 1953 Neubau; 24.10.1953 eingeweiht

1977
Schüsselkar-Biwak
2536 m, D, auf der Schüsselkarspitze bei Garmisch-Partenkirchen
aktuell, Kategorie I
S. Garmisch-Partenkirchen
1977 erbaut

05 Karwendel

»Nicht mit Unrecht hat man die Gebiete der nördlichen Kalkalpen häufig als die Eingangspforten zu dem eigentlichen Hochgebirg, zu den centralen Gletschergruppen der Ostalpen bezeichnet. […] In dieser Hinsicht, als Eingangsroute in die Alpen, dürften die Kämme des Karwendelgebirgs mit ihren wunderbaren Thälern und Paßübergängen an Eigenart und Großartigkeit vielleicht allen anderen Gruppen der nördlichen Kalkalpen den Rang streitig machen. Nicht minder aber kommt das Karwendelgebirg, zumal bei der Richtung, welche die neuere Alpinistik eingeschlagen hat, bezüglich der in ihm ausführbaren Hoch- und Gipfeltouren für den Liebhaber des eigentlichen Bergsports als durchaus selbständige Hochgebirgsgruppe in Betracht. […] Für Hochtouren stehen zwei Hütten: Bettelwurfhütte im Hallthal und die Solsteinhütte am Zirler Mäder, erbaut von der Alpenvereinssektion Innsbruck, zu Gebote. Neue Hüttenbauten sind an der Reiterspitze, an der Seegrube unter den Kaminspitzen, auf der Pfeisalpe im oberen Gleirschthal, sowie am Halleranger im Lafatscherthal seitens verschiedener Sektionen des deutschen und österreichischen Alpenvereins geplant.«
Heinrich Schwaiger, Führer durch das Karwendel-Gebirge, 2. Aufl., München 1896, 1f, 14.

1888
Mittenwalder Hütte
Karwendel-Hütte
1515 m, D, westlich der Westlichen Karwendelspitze bei Mittenwald
aktuell, Kategorie I
S. Mittenwald
1879 erbaut als Arbeiterhütte anlässlich des Wegbaues auf die Karwendelspitze; schon bald als Touristen-Unterstand »Karwendel-Hütte« in Verwendung; 1888 adaptiert durch S. Mittenwald; 1929 erweitert; 1934 durch Neubau ersetzt; 1946 abgebrannt; 1949 Neubau eröffnet

1888
Neue Magdeburger Hütte
Magdeburger Hütte, alte Solstein-Hütte, Martinsberg-Hütte, Unterkunftshaus Martinsberg
1633 m, A, auf den Zirler Mädern am Fuß des Großen Solsteins bei Zirl
aktuell, Kategorie I
S. Geltendorf (davor DAV, davor OeAV, davor S. Magdeburg, davor privat, davor S. Innsbruck)
erbaut durch Postmeister Anton Niederkircher (mit AV-Subvention); 8.7.1888 eröffnet (durch Sektionsvorstand S. Innsbruck); anfangs als AV-Unterkunft der S. Innsbruck genutzt; dann aufgelassen u. privat als Unterkunftshaus Martinsberg betrieben; 1925 Martinsalm samt Unterkunftshaus, Jagdhütte, 2 Ställen u. Kapelle erworben durch S. Magdeburg; 25.6.1925 feierlich eingeweiht; nach 1945 ÖAV; 1968 Kauf des Haupthauses durch DAV; 1973 Haupthaus u. in der Folge Jägerhäusl u. Winterraumhütte erworben durch S. Geltendorf (im Besitz des ÖAV verblieb der größte Teil der Zirler Mähder sowie ein Almgebäude u. die Kapelle)

1894
Bettelwurf-Hütte
2077 m, A, am Eisengattergrat südlich des Kleinen Bettelwurfs bei Absam
aktuell, Kategorie I
S. Innsbruck
1893 bei der Landesausstellung in Innsbruck ausgestellt, dann auf den Bauplatz befördert; 8.9.1894 feierlich eröffnet; 20.8.1905 neues Schlafhaus eröffnet; 1904, 1925 erweitert

1898
Nördlinger Hütte
2238 m, A, auf dem Südgrad (Schoasgrat) der Reiterspitze bei Seefeld
aktuell, Kategorie I
S. Nördlingen
1898 erbaut; 16.8.1898 eröffnet; 1925 erweitert

1901
Halleranger-Haus, altes
1745 m, A, etwas vom neuen Halleranger-Haus entfernt am Halleranger bei Scharnitz
aufgelassen/nicht mehr AV
S. Schwaben
1901 erbaut; 29.6.1901 feierlich eröffnet; 1902 unterkellerte Holzhütte errichtet; 1914 zerstört (Lawine)

Bettelwurf-Hütte

Das alte Halleranger-Haus

Karwendel-Haus

1906
Lamsenjoch-Hütte, erste
1980 m, A, nahe der zweiten Lamsenjoch-Hütte bei Vomp
aufgelassen/nicht mehr AV
S. Oberland
1905/1906 erbaut; Juni 1906 eingeweiht; März 1908 zerstört (Lawine)

1908
Karwendel-Haus
Hochalm-Haus
1765 m, A, südwestlich des Hochalmsattels bei Scharnitz
aktuell, Kategorie I
S. Männer-Turnverein München
1907/1908 erbaut; 29.6.1908 feierlich eingeweiht;
1928/1929 erweitert; 2016 Unterschutzstellung geplant

1909
Hochland-Hütte
1623 m, D, nördlich der Tiefkarspitze bei Mittenwald
aktuell, Kategorie I
S. Hochland
1909 erbaut; 29.8.1909 feierlich eröffnet; 1926 erweitert
(Küche, Wärterzimmer); 1985/1986 umgebaut

1909
Lamsenjoch-Hütte, zweite
Lamsen-Hütte
1953 m, A, am östlichen Lamsenjoch bei Vomp
aktuell, Kategorie I
S. Oberland
1908/1909 erbaut (als Ersatz für erste Lamsenjoch-Hütte);
Juni 1909 eingeweiht; Sept. 1958 Umbau vollendet

1910
Niedernißl-Hütte
A, am Niedernißl bei Vomp
aufgelassen/nicht mehr AV
S. Oberland
1910 erbaut als offene Unterstandshütte (im Zuge der Errichtung des Hochnißlsteigs, um den Arbeitern Schutz zu bieten); Winter 1923/1924 zerstört (Schnee); gleich etwas größer neu errichtet

1914
Solstein-Haus
1805 m, A, am Erlsattel zwischen Großem Solstein und Erlspitze bei Zirl
aktuell, Kategorie I
S. Innsbruck
1913/1914; 15.6.1914 eröffnet; 1954 beschädigt (Lawine);
2007/2008 generalsaniert

1919
Pavillon auf der Schöttlkarspitze
Aussichtspavillon Belvedere
2050 m, D, auf der Schöttelkarspitze bei Krün
aufgelassen/nicht mehr AV
S. Hochland
Aussichtspavillon erbaut durch König Ludwig II.; 1919 gepachtet; 1928 abgebrannt

1920
Baier-Alm
Baieralm-Hütte
1390 m, A, westlich des Juifens bei Fall
aktuell, Sektionshütte
S. Lenggries (davor S. Tölz)
Ende 1920 behelfsmäßig ein Zimmer in der Almhütte adaptiert durch S. Tölz

1920
Birkhofer-Hütte
D, unweit der Hochland-Hütte bei Mittenwald
aufgelassen/nicht mehr AV
S. Hochland
1920 erworben

1920
Großherzog-Adolf-Haus
Vereinsalpe
1410 m, D, auf der Fereinalm bei Mittenwald
aufgelassen/nicht mehr AV
S. Mittenwald
1920 großherzogliches Jagdschloss gepachtet u. adaptiert;
17.7.1921 feierlich eingeweiht

1921
Hans-Mertel-Hütte
Mertel-Hütte, Unteres Soiern-Haus
1560 m, D, am oberen Soiernsee bei Krün
aktuell, Sektionshütte
S. Hochland
1921 gepachtet (ehemaliger Pferdestall König Ludwigs II.)

1921
Oberes Soiern-Haus
Soiern-Haus
1616 m, D, am Nordrand des Soiernkessels bei Krün
aktuell, Kategorie I
S. Hochland
1866 Soiern-Häuser erbaut für König Ludwig II. von Bayern; gepachtet durch S. Hochland; 1921 Oberes Soiern-Haus als Schutzhütte umgebaut; 21.8.1921 feierlich eröffnet; um 1968/1970 erweitert

1923
Falken-Hütte
Adolf-Sotier-Haus
1848 m, A, nördlich des Spielissjochs bei Hinterriß
aktuell, Kategorie I
S. Oberland
1921–1923 erbaut; 16.9.1923 feierlich eingeweiht; seit 2014 unter Denkmalschutz

1924 oder früher
Bayer-Alm
Baier-Alm
1380 m, A, am Zotenjoch südwestlich des Juifens bei Lenggries-Fall
aufgelassen/nicht mehr AV
S. Tölz
Skihütte

1924 oder früher
Birkkar-Hütte
2640 m, A, am Schlauchkarsattel westlich der Birkkarspitze bei Scharnitz
aktuell, Kategorie I
S. Männer-Turnverein München

Richtfest der Falken-Hütte, 1922

1924
Halleranger-Haus
1768 m, A, südwestlich der Hallerangeralm bei Scharnitz
aktuell, Kategorie I
S. Schwaben
1924 (als Ersatz für zerstörtes altes Halleranger-Haus);
1963 Anbau fertiggestellt

1924
Tölzer Hütte
1825 m, A, am Delpshals südöstlich des Schafreuters bei Hinterriß
aktuell, Kategorie I
S. Tölz
1922–1924 erbaut; 5.10.1924 eröffnet

1925
Aspach-Hütte
Aschbach-Hütte, kleinere
1535 m, A, am Oberen Boden (Aschbach) am Südfuß der Hohen Warte bei Innsbruck
aktuell, Sektionshütte
S. Innsbruck (davor S. Magdeburg)
1925 Unterkunftshaus plus kleines Beihäuschen erworben u. adaptiert durch S. Magdeburg; 31.8.1925 eröffnet;
1943 Brand; um 1950 verpachtet für Almzwecke; dann S. Innsbruck

1925
Aspach-Hütte
Aschbach-Hütte, größere
1535 m, A, am Südfuß der Hohen Warte bei Innsbruck
aufgelassen/nicht mehr AV
S. Magdeburg
1925 zweites Unterkunftshaus erworben u. adaptiert durch S. Magdeburg; 31.8.1925 eröffnet

Pfeis-Hütte

1925
Jäger-Häusl
1633 m, A, nahe der Neuen Magdeburger Hütte am Fuß des Großen Solsteins bei Zirl
aktuell, Sektionshütte
S. Geltendorf (davor OeAV, davor S. Magdeburg)
1925 erworben durch S. Magdeburg; nach 1945 ÖAV; dann erworben durch S. Geltendorf

1927
Pfeis-Hütte
1922 m, A, auf der Pfeisalm im Samertal bei Innsbruck-Arzl
aktuell, Kategorie I
S. Innsbruck
1925–1927 erbaut; 18.9.1927 eröffnet; ab 1988 Umbau; 2016 Unterschutzstellung geplant

1931
Enzian-Hütte
Mersi-Hütte
1115 m, A, am Südabhang der Rumer Spitze bei Rum
aufgelassen/nicht mehr AV
S. ÖGV (ab 1931 AV-Sektion)
1918 Mersi-Hütte erworben; 1919 als Enzian-Hütte eröffnet

1931
Krinner-Kofler-Hütte, alte
1407 m, D, auf der Fereinalm bei Mittenwald
aufgelassen/nicht mehr AV
S. Mittenwald
sektionseigenen Pferdestall als Unterkunftshütte ausgebaut (als Ersatz für Großherzog-Adolf-Haus); 1931 eingeweiht; ab 1933 unter der Bezeichnung Krinner-Kofler-Hütte (nach den beiden Sektionsbergsteigern, die 1932 an der Aiguille du Dru starben); 1947 abgebrannt; 1951/1952 durch Herrn von Finck wieder aufgebaut u. der S. Mittenwald verpachtet; 6.7.1952 feierlich eröffnet; März 2000 zerstört

1933
Rotwandl-Hütte, erste
Rotwand-Hütte
1530 m, A, am Niederleger bei Achenwald
aufgelassen/nicht mehr AV
S. Neuland
seit 1.1.1933 (gepachtet)

1935
Brunnstein-Hütte
1523 m, D, am Aufstieg zur Brunnsteinspitze bei Mittenwald
aktuell, Kategorie I
S. Mittenwald
1935 erbaut

1938
Alpensöhne-Hütte
Winkler-Hütte, Winkler-Almhütte
1345 m, A, am Haller Zunderkopf bei Hall
aufgelassen/nicht mehr AV
Bergsteigergesellschaft Alpensöhne (1938–1945 S. Hall Gr. BG Alpensöhne)
1908 Winkler-Almhütte durch Bergsteigergesellschaft Alpensöhne erworben; 1909/1910 adaptiert und umgebaut; Silvester 1909 bereits in Verwendung; 31.7.1910 offiziell eröffnet; 1938–1945 S. Hall Gr. BG Alpensöhne (dann wieder selbständig)

1948
Laliderwand-Biwakschachtel
2495 m, A, am Grat zwischen Laliderwand und Spitze (nahe des Ausstiegs, etwas unterhalb des Laliderspitzen-Biwaks) bei Scharnitz
aufgelassen/nicht mehr AV
S. Innsbruck Gr. Karwendler
Sept. 1948 errichtet

1954
Rotwandl-Hütte
1625 m, A, am Oberleger zwischen Juifen u. Zotenjoch bei Achenwald
aufgelassen/nicht mehr AV
S. Neuland
1954 erbaut; 27.6.1954 feierlich eingeweiht; seit ca. 2010 privat

1959
Seewald-Hütte
1582 m, A, an der Hochplatte bei Achenkirch
aktuell, Kategorie I
S. Achensee
1959 erbaut

Laliderespitzen-Biwak

1971
Laliderespitzen-Biwak
Konrad-Schuster-Biwak, Laliderespitzen-Biwakschachtel
2500 m, A, in der Scharte zwischen Laliderespitze u.
Laliderewandgipfel (etwas oberhalb des ehemaligen
Laliderewand-Biwaks) bei Scharnitz
aktuell, Kategorie I
S. Innsbruck Gr. Gipfelstürmer
1971 errichtet; 9.8.1997 neues Alu-Biwak System Polybiwak aufgestellt

1980
Reitbichl-Hütte
HTG-Reitbichl-Hütte
940 m, A, nördlich von Stans
aktuell, Sektionshütte
S. Oberland
ab Dez. 1980

1985
Halleranger-Selbstversorgerhütte
1765 m, A, beim Halleranger-Haus südwestlich der
Hallerangeralm bei Scharnitz
aktuell, Kategorie I
S. Schwaben
1985 eingerichtet

2004
Krinner-Kofler-Hütte, neue
1407 m, D, auf der Fereinalm bei Mittenwald
aktuell, Kategorie I
S. Mittenwald
2003 neu errichtet an lawinensichererem Ort; Juli 2004 eingeweiht

2015 oder früher
Aste Reitbichl
Aste-Reitbichl-Hütte, Aste-Reitbihel-Hütte
936 m, A, neben der Reitbichl-Hütte bei Stans

Erfurter Hütte

aktuell, Sektionshütte
S. Oberland

06 Rofan-Gebirge und Brandenberger Alpen

»In ungeahnter Weise hat sich in neuester Zeit der Besuch der Alpen gehoben. Gebiete, die vor wenigen Jahren noch kaum dem Namen nach bekannt waren, sind heute das Ziel unzähliger Bergwanderer.

Nicht weniger hat sich aber auch der Besuch der längst bekannten, der sozusagen ältesten Gebiete gesteigert. – Zu diesen gehört unstreitig die Rofangruppe.

Die herrlichen Naturschönheiten, die aussichtsreichen Gipfelhöhen haben schon frühzeitig das Auge des Bergfreundes auf sich gezogen und die günstige Lage, unmittelbar an der alten Verkehrsstraße, dem Innthale sowie die nächste Nähe des vielbesuchten Achensees, haben nicht wenig dazu beigetragen, dem Gebiete der Rofan immer neue Freunde und Bewunderer zuzuführen.

Besonders seit durch Erbauung der Erfurter Hütte die Frage der Unterkunft in glücklichster Weise gelöst worden ist, und seitdem zahlreiche Weganlagen den Besuch in hohem Maße erleichtern, ist die Zahl der Besucher der Rofangruppe immer mehr gestiegen.«

Heinrich Schwaiger, Führer durch die Rofan-Gruppe
(Achensee-Gebirge), München 1900, VII.

1895
Erfurter Hütte
1834 m, A, auf der Mauritzalm am Maurizköpfl bei
Maurach
aktuell, Kategorie II
S. Ettlingen (= S. Erfurt)
1.8.1895 feierlich eröffnet; 1901 erweitert (Waschküche u. Mulistall); 26.8.1905 weiterer Zubau eröffnet; 10.10.1920 abgebrannt; 1924/1925 Wiederaufbau in verkleinerter Form; Juli 1925 eingeweiht (aber schon im Winter im unfertigen Zustand in Verwendung)

Starnberger Hütte gegen Ober- und Unterammergau, um 1925

Bergländer-Heim am Pürschling, 1938

1926
Bayreuther Hütte
Rofan-Hütte
1576 m, A, auf der Bergalm östlich des Vorderen Sonnwendjochs bei Kramsach
aktuell, Kategorie I
S. Bayreuth
1908 privat errichtet; 1926 erworben; 1928 Übernahme durch S. Bayreuth abgeschlossen; 1928–1930 erweitert

1926
Guffert-Hütte
Ludwig-Aschenbrenner-Hütte
1475 m, A, zwischen Guffert u. Halserspitze bei Steinberg a. Rofan
aktuell, Kategorie I
S. Kaufering (davor S. München)
1925 erworben; 1926 eröffnet; 1957 zerstört (Brand); 1958 wiedereröffnet; 1960 umbenannt in Ludwig-Aschenbrenner-Haus; seit 2008 Eigentum der S. Kaufering

1971
Vereinsheim Niederbreitenbach
A, in Langkampfen-Niederbreitenbach
aktuell, Sektionshütte
S. Kampenwand
Bauernhaus gemietet; 1.5.1971 feierlich eröffnet; 2011/2012 renoviert

1988
Haus Steinberg
Haus Bergfried, Vereinsheim in Steinberg
1002 m, A, unterhalb der Halserspitze bei Steinberg a. Rofan
aktuell, Sektionshütte
S. Bergfried
1968 erbaut; 1988 umgebaut u. gepachtet; 2002 erworben

2005 oder früher
Schönauer Hütte
A, in Breitenbach-Schönau
aktuell, Sektionshütte
S. Gersthofen

07a Ammergauer Alpen

»Das Gebirge ist reich durch Täler und Sättel gegliedert. […] Die Gipfel sind im allgemeinen weniger schroff als in den benachbarten Hochalpen, es sind aber doch ganz beachtenswerte Felshörner und Zacken darunter. Lange gehütetes Jagdgebiet, daher verhältnismäßig wenig Turistensteige und Hütten.«

Josef Moriggl, Ratgeber für Alpenwanderer, München 1924, 141.

1911
Hörnle-Hütte
Hörndl-Hütte
1390 m, D, westlich des Vorderen Hörnles bei Bad Kohlgrub
aktuell, Kategorie II
S. Starnberg
1911 Hütte erworben; 5.6.1911 eröffnet; 1919 erweitert; ab 1969 Neubau

1911
Starnberger Hütte, alte
1675 m, D, am Laberberg-Gipfel bei Oberammergau
aufgelassen/nicht mehr AV
S. Starnberg
1910/1911 erbaut; 1942 abgebrannt (Blitzschlag)

Tegelberg-Häuser, um 1930, ehemalige königliche Jagdhäuser

1919
August-Schuster-Haus
eines der Pürschling-Häuser
1564 m, D, unterhalb des Bergländer-Heims am Pürschling bei Unterammergau
aktuell, Kategorie I
S. Bergland
1919 ehemalige Jagdhäuser König Maximilians II. gepachtet; 1935/1936 erworben; 1956 umbenannt in August-Schuster-Haus; 1970–1973 Abriss u. Neubau

1919
Bergländer-Heim am Pürschling
eines der Pürschling-Häuser
1574 m, D, am Pürschling oberhalb des August-Schuster-Hauses bei Unterammergau
aktuell, Sektionshütte
S. Bergland
Ende 1960er renoviert; ab 1976 ausgebaut

1920
Sunken-Hütte
Sunken-Diensthütte
1680 m, A, unterhalb des Frieders bei Garmisch-Partenkirchen
aufgelassen/nicht mehr AV
S. Garmisch-Partenkirchen
1920 Forstdiensthütte für Sektionsmitglieder gepachtet; bis ca. 1929 in Betrieb

1921
Tegelberg-Häuser
1707 m, D, am Tegelberg-Westgrat bei Hohenschwangau
aufgelassen/nicht mehr AV
S. Füssen
um 1850 erbaut durch König Maximilian II. (königliche Jagdhäuser); 1920 gepachtet; 1920/1921 Umbau zu alpinen Unterkunftshäusern; Juli 1921 feierlich eröffnet

1922
Brunnenkopf-Hütte
eines der Brunnenkopf-Häuser
1602 m, D, südöstlich des Brunnenkopfs bei Ettal
aktuell, Kategorie I
S. Bergland
1920 ehemaliges königliches Jagdhaus gepachtet (erbaut durch König Maximilian II.); 4.6.1922 feierlich eingeweiht; 2005 generalsaniert; unter Denkmalschutz

1922
Michl-Horn-Hütte
Untere Brunnenkopf-Hütte, Bergländer-Heim am Brunnenkopf, eines der Brunnenkopf-Häuser
1601 m, D, neben der Brunnenkopf-Hütte südöstlich des Brunnenkopfs bei Ettal
aktuell, Sektionshütte
S. Bergland
1920 ehemaliges Jagdhaus Maximilians II. gepachtet; 4.6.1922 feierlich eingeweiht; 1982 umbenannt (nach dem Hüttenwart); unter Denkmalschutz

1924
Rotmoos-Alm
Skihütte Rotmoosalpe
1206 m, D, am Frieder bei Griesen
aufgelassen/nicht mehr AV
S. Bergland
1924 gepachtet u. adaptiert als Skihütte

1927
Kenzen-Hütte 1
D, in der Kenzen nördlich der Hochplatte bei Buching
aufgelassen/nicht mehr AV
S. Füssen
1927 gepachtet (ehemalige Küchenhütte der Königshäuser in der Kenzen); Sept. 1927 eröffnet; 1930 Hütte auf Wunsch des neuen Jagdherren gegen die Jagddiensthütte (= Kenzen-Hütte 2) getauscht

1930
Kenzen-Hütte 2
1300 m, D, nördlich der Hochplatte bei Buching
aufgelassen/nicht mehr AV
S. Füssen
1867 erbaut (ehemaliges Jagddiensthüttl); 1930 gepachtet; 1931 erweitert (Aufstockung); 1936 aufgelassen

1933
Diessener Hütte
Dießener Hütte
900 m, D, auf der Reschbergwiese bei Farchant
aktuell, Sektionshütte
S. Ammersee
1933 Grundstück erworben u. Hütte erbaut durch S. Ammersee

1934
Fritz-Putz-Hütte
Bleckenau-Skihütte, Skihütte Blöckenau
1185 m, D, im Blöckenautal bei Hohenschwangau
aktuell, Kategorie I
S. Füssen
1934 erbaut als Bleckenau-Skihütte (geplant vom damaligen Sektionsvorsitzenden Fritz Putz); 1949 umbenannt in Fritz-Putz-Hütte; Anfang 1960er-Jahre erweitert

1938
Sepp-Sollner-Hütte
1600 m, D, auf der Kofelalm unterhalb des Dürrenbergs
aktuell, Sektionshütte
S. Füssen
1938 Skihütte errichtet

1950
Peißenberger Hörnle-Hütte
D, südlich des Vorderen Hörnles bei Bad Kohlgrub
aktuell, Sektionshütte
S. Peißenberg
1950 erworben; 2000 umgebaut

1976 oder früher
Biwak-Unterstand unter der Kreuzspitze
1750 m, D, unter der Kreuzspitze in den Ammergauer Bergen
aufgelassen/nicht mehr AV
DAV, BW u. Forstamt
Felsunterstand; nicht mehr existent

07b Bayerische Voralpen

»Im allgemeinen weisen die Berge sanfte Formen auf, sind von Matten und Wäldern bestanden. Nur vereinzelt tritt das Kalkgestein unverhüllt zu Tage und bildet schroffere Gipfel. Diese sind vor allem für die Münchner beliebte Ziele und dienen ihnen als Kletterschulen, während die leichteren Berge vielbesuchte Schigipfel sind. Die Unterkunftsmöglichkeiten sind reichlich, die zahlreichen Almen sind vor allen in den Schlierseer und Tegernseer Bergen während des Winters fast sämtlich als Schihütten verpachtet. Im übrigen sind alle Touren bequem von der Talstation als Tagestour zu machen.«

Bayrische Voralpen (Bearbeitung Erwin Hoferer), in: Hanns Barth (Hg.), Der Hochtourist in den Ostalpen. Band 2, 5. Auflage Leipzig 1926, 324.

1882
Heimgarten-Hütte
Heimgarten-Hüttchen, Hütte am Heimgarten
1300 m, D, am Heimgarten in der Nähe der Herzogstand-Häuser bei Kochel-Walchensee
aufgelassen/nicht mehr AV
S. Weilheim-Murnau
1882 durch S. Weilheim-Murnau adaptiert; vor 1894 aufgelassen

1882
Krottenkopf-Pavillon
Schutzhütte am Krottenkopf-Gipfel
2086 m, D, am Krottenkopf-Gipfel bei Partenkirchen
aufgelassen/nicht mehr AV
S. Weilheim (davor S. München)
1882 erbaut als Schirmhütte durch S. München (auf Kosten ihres Mitglieds Georg Ostermaier); 1890 S. Weilheim überlassen; 1898 durch Unwetter stark beschädigt

Vor der Zwiesel-Hütte, 1908

Neureut-Hütte

Herzogstand-Pavillon, um 1910

1882
Zwiesel-Hütte
1349 m, D, am Zwieselberg bei Bad Tölz
aufgelassen/nicht mehr AV
S. Tölz
im Frühjahr 1882 Windhütte erbaut

1883
Krottekopf-Hütte, erste
2000 m, D, näher beim Krottenkopf-Gipfel als die Weilheimer Hütte bei Partenkirchen
aufgelassen/nicht mehr AV
S. Weilheim
3.9.1882 Almhütte erworben; 1882/1883 umgebaut; 8.7.1883 mit kleiner Feier eröffnet; vor Weihnachten 1883 durch Schneemassen zerstört; nicht mehr aufgebaut

1883
Neureut-Hütte
1264 m, D, auf der Neureutalm bei Tegernsee
aufgelassen/nicht mehr AV
S. Tegernsee
1883 erbaut; 26.8.1883 eröffnet; 1893 renoviert; 1896 in unmittelbarer Nähe von 3 Sektionsmitgliedern privat eine bewirtschaftete Hütte (»Neureut-Hoam«) erbaut

1884
Weilheimer Hütte
Krottenkopf-Hütte, Krottenkopf-Haus
1995 m, D, am Sattel zwischen Rißkopf u. Krottenkopf bei Oberau
aktuell, Kategorie I
S. Weilheim
1884 als Ersatz für die erste Krottekopf-Hütte erbaut, jedoch an anderer Stelle (auf dem Grat); 5.7.1884 eröffnet; 1894 (Matratzenraum), 1910/1911, 1933 erweitert (Winterraum)

1887
Fahrenberg-Pavillon
Farrenberg-Pavillon
D, am Gipfel des Farrenbergs bei Kochel-Walchensee
aufgelassen/nicht mehr AV
S. München
1877 errichtet durch König Ludwig II.; 1887 mitsamt den Herzogstand-Häusern übernommen durch S. München

1887
Herzogstand-Häuser
Herzogstand-Haus
1575 m, D, südlich unter dem Herzogstand-Gipfel bei Kochel-Walchensee
aufgelassen/nicht mehr AV
S. München
1865 erbaut durch König Ludwig II.; 1887 Haus mit Nebengebäuden gepachtet; 1895, 1900, 1904, 1910 erweitert; 1.8.1958 verkauft an privat (nach der Erschließung des Herzogstands mit einem Lift)

1887
Herzogstand-Pavillon
1731 m, D, am Gipfel des Herzogstands bei Kochel-Walchensee
aufgelassen/nicht mehr AV

Benediktenwand-Hütte

Tutzinger Hütte

Tegernseer Hütte

S. München
um 1877 errichtet durch König Ludwig II.; 1887 mitsamt den Herzogstand-Häusern übernommen durch S. München

1894
Brünnstein-Haus
1360 m, D, am Südfuß des Brünnsteins bei Oberaudorf
aktuell, Kategorie I
S. Rosenheim
1893/1894 erbaut; 12.8.1894 feierlich eröffnet

1898
Benediktenwand-Hütte
1801 m, D, am Benediktenwand-Gipfel bei Lenggries
aufgelassen/nicht mehr AV
S. Tölz
1898 erbaut; vor 1943 abgebrannt

1904
Tegernseer Hütte
1650 m, D, am Sattel zwischen Roßstein und Buchstein bei Kreuth
aktuell, Kategorie I
S. Tegernsee
14.8.1904 eröffnet; 1913 erweitert

1908
Hausstatt-Alm
1327 m, D, auf der Hausstattalm nördlich der Benediktenwand bei Benediktbeuern
aktuell, Kategorie I
S. Tutzing
1907 erworben u. adaptiert als Nebengebäude der Tutzinger Hütte; März 2009 zerstört (Lawine); 2009/2010 Neubau; Sept. 2010 feierlich eingeweiht

1908
Tutzinger Hütte
1327 m, D, auf der Hausstattalm nördlich der Benediktenwand bei Benediktbeuern
aktuell, Kategorie I
S. Tutzing
1907 ehemalige »Remontenstation« des Heeres erworben (gemeinsam mit Hausstatt-Alm) u. adaptiert; 24.6.1908 eröffnet; 1917 durch Lawine verschoben; 1924, 1930, 1974 erweitert; 1999 abgerissen; 2001 Neubau fertiggestellt

1911
Wank-Haus
Wank-Huber-Haus, Alois-Huber-Haus
1780 m, D, am Wank-Gipfel bei Garmisch-Partenkirchen

Wank-Haus

Erstes Rotwand-Haus

aktuell, Kategorie II
S. Garmisch-Partenkirchen
1911 erbaut; 28.5.1911 eröffnet; 1929, 1934 erweitert; 1952 instand gesetzt

1912
Erstes Rotwand-Haus
Altes Rotwand-Haus
1600 m, D, bei der Rotwand bei Schliersee-Spitzingsee
aufgelassen/nicht mehr AV
S. Turner-Alpen-Kränzchen München
1891 eröffnet (TAK erst ab 1912 DuOeAV-Sektion); 1913 verkauft an privat (am Gipfel der Rotwand bereits 1882 Unterstandshütte durch Vorstand Josef Böcklein mit finanzieller Unterstützung des TAK erbaut = sog. Böcklein-Hütte; 1885 dem TAK geschenkt; 1909 abgerissen)

1912
Rotwand-Haus
Neues Rotwand-Haus
1737 m, D, nahe der Kümpflscharte südlich der Rotwand bei Schliersee-Spitzingsee
aktuell, Kategorie I
S. Turner-Alpen-Kränzchen München
1906/1907 erbaut; 1907 eröffnet (TAK erst ab 1912 DuOeAV-Sektion); 1947, 1966–1971, 2012–2014 erweitert

1912
Weltin-Hütte
Risserkogel-Hütte, Risserkogl-Hütte
1827 m, D, am Risserkogel bei Kreuth
aufgelassen/nicht mehr AV
S. Turner-Alpen-Kränzchen München
1888 wird dem Kranzl eine kleine Aufenthaltshütte kostenlos zur Verfügung gestellt (TAK erst ab 1912 DuOeAV-Sektion); 1951 abgerissen

Risserkogel-Hütte (Weltin-Hütte), 1922

1919
Albert-Link-Hütte
Valepp-Alm
1053 m, D, am Ostrand der Valeppalm bei Schliersee-Spitzingsee
aktuell, Kategorie II
S. München
1919 Almhütte gepachtet (1739 erbaut); 1929 erworben; 1939/1940 abgerissen u. neu erbaut; Nov. 1940 eingeweiht (nach Albert Link, S. München, Leiter der Skisportabteilung, benannt); 2014 erweitert u. saniert

1919
Larcher-Alm
1140 m, D, südlich des Wendelsteins bei Bayrischzell
aufgelassen/nicht mehr AV
S. München
1919 Almhütte gepachtet durch S. München Skiabteilung; 1940 durch SS beschlagnahmt; Pacht beendet

1920 ca.
Mühltal-Alm
Mühltaler Alm
1418 m, D, beim Brandkopf bei Lenggries

Bayerische Voralpen

Großtiefental-Alm

aktuell, Sektionshütte
S. Hochland (davor S. Isartal)
um 1920 gepachtet als Skihütte durch S. Isartal; dann gepachtet durch S. Hochland; 18.1.1925 Skihütte eingeweiht; 1993 umgebaut

1920 ca.
Skihütten am Sudelfeld
zwei Sudelfeld-Skihütten
D, am Sudelfeld bei Bayrischzell
aufgelassen/nicht mehr AV
S. Neuland
insgesamt (mit Sudelfeldkopf-Skihütte) 3 Skihütten um 1920 im Sudelfeld auf 10 Jahre gepachtet; 1925 offenbar nur noch eine der drei Hütten gepachtet

1920 ca.
Sudelfeldkopf-Skihütte
Skihütte am Sudelfeld
1450 m, D, am Sudelfeldkopf bei Bayrischzell
aufgelassen/nicht mehr AV
S. Neuland
um 1919/1920 Hütte adaptiert

1920
Großtiefental-Alm
1501 m, D, nördlich der Rotwand bei Bayrischzell
aufgelassen/nicht mehr AV
S. Bayerland
1920 als Skihütte adaptiert durch S. Bayerland Skiabteilung; dann Rauhkopf-Hütte als Ersatz erbaut

1920
Längenberg-Alm
Skihütte Längenbergalm, Winterhütte Längenberg
1220 m, D, auf der Längenbergalm bei Lenggries
aufgelassen/nicht mehr AV
S. Tölz (davor S. Tölz u. Wintersportverein Tölz)
1920 Almhütte als Winterhütte gepachtet u. umgebaut durch S. Tölz u. Wintersportverein Tölz; 28.11.1920 feierlich eingeweiht; nach 10 Jahren nur noch durch S. Tölz gepachtet

1920
Rauh-Alm
Skihütte Rauhalm, Raualm
1400 m, D, unterhalb der Seekarspitze bei Lenggries
aktuell, Sektionshütte
S. Alpiner Ski-Club München
1910 gepachtet; ab 1920 AV-Sektion

1920
Rauh-Alm
Winterhütte Rauhalm
1400 m, D, eine der Rauhalm-Hütten bei Lenggries
aufgelassen/nicht mehr AV
S. Oberland
1920 gepachtet; 1989 Pachtende

1920
Schönfeld-Alm
Untere Schönfeldalm-Hütte
1400 m, D, beim Jägerkamp auf der unteren Schönfeldalm bei Schliersee-Spitzingsee
aufgelassen/nicht mehr AV
S. München
1920 gepachtet als Skihütte; 1929 erworben; 22.12.1947 verschoben u. beschädigt (Lawine); dann aufgelassen

1920 oder später
Esterberg-Alm
1264 m, D, zwischen Wank, Hohem Fricken u. Rotem Kopf bei Farchant
aufgelassen/nicht mehr AV
S. Ammersee
1920 oder kurz danach gepachtet (vor dem Bau der Diessener Hütte)

1921
Rauhalm-Hütte
Rauh-Alm
1400 m, D, östlich des Seekarkreuzes bei Lenggries

aktuell, Sektionshütte
S. München
1921 gepachtet als Skihütte durch S. München

1921
Schellenberg-Alm
1173 m, D, auf der Schellenbergalm bei Geitau
aufgelassen/nicht mehr AV
S. Alpiner Ski-Club München
1921 gepachtet; 1929 aufgegeben

1921
Schönfeld-Alm
Skihütte Schönfeldalm
1470 m, D, auf der Schönfeldalm bei Schliersee-Spitzingsee
aufgelassen/nicht mehr AV
S. Turner-Alpen-Kränzchen München
1921 eröffnet; bis 1933 als Skihütte genutzt

1922
Arzmoos-Alm
1000 m, D, im Arzmoos bei Flintsbach a. Inn
aufgelassen/nicht mehr AV
S. Bergfried
1922 Almhütte als Skihütte gepachtet durch S. Bergfried Skiabteilung

1922
Jugendherberge Tölz
D, in der Turnhalle in Bad Tölz
aufgelassen/nicht mehr AV
S. Tölz
1922 eingerichtet (nach Vereinbarung mit dem Turnverein)

1922
Larcher-Alm
D, südlich des Wendelsteins bei Bayrischzell
aufgelassen/nicht mehr AV
S. Bergfried
ab 1922 gepachtet

1923
Jugendherberge u. Talunterkunft Tölz
D, in der Lenggrieser Straße 23 in Bad Tölz
aufgelassen/nicht mehr AV
S. Tölz
1923 als Ersatz für erste Jugendherberge eingerichtet

1923
Pförnermoos-Hütte
Moos-Hütte, Jagdhütte am Pförner Moos

Esterberg-Alm

1220 m, D, im Pförner Moos am Weg zum Wallberg bei Kreuth-Pförn
aufgelassen/nicht mehr AV
S. München
1923 Jagdhaus gepachtet als Skihütte; bis 1935 gepachtet; Pacht beendet

1923
Röthenstein-Alm
1410 m, D, unterhalb des Blankensteins bei Rottach-Egern
aktuell, Sektionshütte
S. Alpiner Ski-Club München
1923 gepachtet

1924 oder früher
Brauneck-Alm
Brauneck-Alpe
1400 m, D, am Brauneck bei Lenggries
aufgelassen/nicht mehr AV
S. Lenggries
1924 gepachtete Almhütte ausgebaut zur Skihütte

1924 oder früher
Sattel-Alm
Sottel-Alm
1135 m, D, am Sudelfeld bei Bayrischzell
aufgelassen/nicht mehr AV
S. Oberland
Skihütte; um 1929 oder später aufgelassen

1924 oder früher
Schönfeld-Alm
1470 m, D, südlich vom Jägerkamp auf der Schönfeldalm
aufgelassen/nicht mehr AV
S. Miesbach
Skihütte

Weihnachten 1926 auf der Baumoos-Alm

1924 oder früher
Seekar-Alm
Seekar-Alpe
1334 m, D, nördlich vom Seekarkreuz bei Lenggries
aktuell, Sektionshütte
S. Gleißental (davor S. Lenggries)
1924 gepachtete Almhütte ausgebaut zur Skihütte durch
S. Lenggries; 1956 wohl selbe Hütte gepachtet durch
S. Gleißental; 1956/1957 adaptiert

1924 oder früher
Trains-Alm
1540 m, A, am Südfuß des Trainsjochs bei Bayrischzell
aufgelassen/nicht mehr AV
S. Oberland
Skihütte

1924 oder früher
Trockenbach-Alm
1000 m, D, südwestlich des Trainsjochs bei Bayrischzell
aufgelassen/nicht mehr AV
S. Oberland
Skihütte

1924
Baumoos-Alm
1250 m, D, am Brünnstein bei Oberaudorf
aufgelassen/nicht mehr AV
S. Bergland
1924 alte Almhütte (eine der Baumoosalmen) gepachtet u. adaptiert; 1927 wieder abgegeben

1924
Finstermünz-Alm
Kleine Finstermünz-Almhütte
1267 m, D, südlich des Braunecks bei Lenggries
aufgelassen/nicht mehr AV
S. Bergland

1924 gepachtet u. adaptiert als Skihütte; 1972 Vertrag nicht mehr verlängert

1924
Niederaudorfer Waldalm
D, bei Oberaudorf
aufgelassen/nicht mehr AV
S. Alpenkranzl Erding (davor S. Turner-Alpenkränzchen München OG Erding)
1924 eröffnet als Skihütte des TAK OG Erding (ab 1925 selbständig als S. Alpenkranzl Erding); bis 1930 genutzt

1924
Oberaudorfer Alm
Skihütte Oberaudorferalm
1100 m, D, bei Oberaudorf
aufgelassen/nicht mehr AV
S. Turner-Alpen-Kränzchen München OG Holzkirchen (= jetzige S. Alpenkranzl Holzkirchen)
1924 eröffnet; bis 1943 als Skihütte genutzt

1924
Schwaiger-Alm
Skihütte Schwaigeralm
1100 m, D, am Rechelkopf bei Bad Tölz
aufgelassen/nicht mehr AV
S. Alpiner Ski-Club München
1924 gepachtet

1925 oder früher
Durhamer Alm
Skihütte Durchamer Alm
1300 m, D, südlich des Schweinsbergs bei Durham
aufgelassen/nicht mehr AV
S. Aibling
gepachtet (und noch eine zweite Skialm um 1926)

1925 oder früher
Grünsee-Alm
Miesbacher Hütte, erste
1375 m, D, auf der Grünseealm (Obere Haushamer Alm) im Kessel unterm Roßkopf bei Schliersee
aufgelassen/nicht mehr AV
S. Miesbach
wohl 18. Jh. Almhütte erbaut; als Skihütte adaptiert

1925 oder früher
Rottach-Alm
1140 m, D, bei Rottach
aufgelassen/nicht mehr AV
S. Edelweiß München
Skihütte

1925 oder früher
Skihütte am Spitzingsee
D, am Spitzingsee bei Schliersee
aufgelassen/nicht mehr AV
S. Männer-Turnverein München

1925 ca.
Ankel-Alm
Skihütte Ankl-Alm
1320 m, D, nördlich der Brecherspitze bei Neuhaus
aufgelassen/nicht mehr AV
S. Isartal
um 1925 als Skihütte gepachtet

1925 ca.
Schindlberg-Alm
Skihütte Schindelbergalm
1140 m, D, am Traithen bei Bayrischzell
aufgelassen/nicht mehr AV
S. Isartal
um 1925 als Skihütte gepachtet durch S. Isartal Skiabteilung; vor 1937 aufgelassen

1926 oder früher
Unterberg-Alm
Unterbergalm
D, bei Kiefersfelden
aufgelassen/nicht mehr AV
S. Wasserburg
Skihütte

1927
Bleckstein-Haus
1022 m, D, am Ostfuß des Stolzenbergs bei Schliersee-Spitzingsee
aktuell, Kategorie II
S. Männer-Turnverein München
1927 erbaut; 15.11.1927 eröffnet

1927
H.T.G.-Alm am Schönfeld
D, am Schönfeld am Südhang der Schönfeldspitze
aufgelassen/nicht mehr AV
S. Oberland
1927 von Mitgliedern der neugegründeten H.T.G. der S. Oberland dieser H.T.G. zur Verfügung gestellt, welche sie in ihre Obhut nahm (gepachtete Alm); um 1939 noch gepachtet

1928
Schuhbräu-Alm
Skihütte am Wendelstein
D, an der Ramboldplatte beim Wendelstein bei Bad

Ankel-Alm

Feilnbach
aufgelassen/nicht mehr AV
S. Edelweiß München
9.12.1928 Skihütte eröffnet

1928
Untere Firstalm
1300 m, D, auf der Unteren Firstalm bei Schliersee-Spitzingsee
aufgelassen/nicht mehr AV
S. Regensburg
1928 gepachtet durch S. Regensburg Skiabteilung; 1983 Pachtvertrag nicht mehr verlängert

1929 oder früher
Kaser-Alm
Kaseralm-Hütte
1334 m, D, am Kamm zwischen Heimgarten u. Rötelstein bei Ohlstadt
aktuell, Sektionshütte
S. Weilheim-Murnau

1929
Hintere Scharnitz-Alm
Skihütte Scharnitzalm
1420 m, D, an der Südseite der Benediktenwand bei Lenggries
aktuell, Sektionshütte
S. Turner-Alpen-Kränzchen München
seit 1929 gepachtet als Skihütte

1929
Schönfeld-Alm
D, auf der Schönfeldalm bei Schliersee-Spitzingsee
aufgelassen/nicht mehr AV
S. Schliersee
1929 gepachtet als Skihütte

1930 oder früher
Blankenstein-Almhütte
D, am Fuße des Blankensteins bei Rottach-Egern
aufgelassen/nicht mehr AV
S. Oberland
um 1930 Almhütte als Winterstützpunkt für die Jugend
gepachtet; 1938 Pachtende

1930 oder früher
Seelacken-Alm
D, bei Oberaudorf
aufgelassen/nicht mehr AV
S. Landshut
Skihütte

1930
Brauneck-Gipfelhaus
Brauneck-Gedächtnis-Hütte, Brauneck-Hütte
1540 m, D, am Gipfel des Braunecks bei Lenggries
aktuell, Kategorie II
S. Alpiner Ski-Club e.V. München
1930 erbaut; noch 1930 zur Benützung freigegeben;
21.6.1931 feierlich eingeweiht; 1933 Veranda erbaut

1931 oder früher
Brauneck-Skihütte
Finstermünz-Alm
1300 m, D, am Brauneck bei Lenggries
aufgelassen/nicht mehr AV
S. Alpenland
11.10.1925 eingeweiht (eine von zwei Skihütten in Winterpacht)

1931 oder früher
Brauneck-Skihütte
Finstermünz-Alm
1300 m, D, am Brauneck bei Lenggries
aufgelassen/nicht mehr AV
S. Alpenland
9.10.1927 eingeweiht (eine von zwei Skihütten in Winterpacht)

1931 oder früher
Watschöd
700 m, D, am Wildbarrn-Südhang bei Oberaudorf
aufgelassen/nicht mehr AV
S. Alpenkranzl

1931
Guggen-Alm
Skihütte Guggenalm
1300 m, D, am Trainsjoch bei Oberaudorf
aufgelassen/nicht mehr AV
S. Ebersberg-Grafing
1931 gepachtet

1931
Logham-Alm
Skihütte Loghamalm
1350 m, D, am Brauneck bei Lenggries
aufgelassen/nicht mehr AV
S. Bergland
1931 gepachtet

1931
Neuland-Hütte
1235 m, D, am Längenberg nördlich der Benediktenwand
bei Lenggries
aktuell, Sektionshütte
S. Neuland
1931 eröffnet

1931 oder später
Propstalm-Hütte
Probstalm-Hütte, Propst-Alm
1376 m, D, im Probstalmkessel bei Lenggries
aktuell, Sektionshütte
S. München
1930 erworben, jedoch noch nicht benützbar; erst ab 1945
volle Benützung möglich, 1947–1960 erneuert

1932
Gründ-Hütte
1195 m, D, nahe dem Hirschberg bei Kreuth
aktuell, Sektionshütte
S. Oberland
1932 gepachtet

1932
Moar-Alm
D, auf der Moaralm bei Lenggries
aktuell, Sektionshütte
S. Firnland
1932 alten Stadel gepachtet u. zur Sektionshütte umgebaut

1933
Schlierseer Hütte
1345 m, D, neben der Berggaststätte Obere Firstalm bei
Schliersee-Spitzingsee

Zeltlager bei der Gründ-Hütte, um 1935

aktuell, Sektionshütte
S. Schliersee
1.12.1933 gepachtet als Skihütte

1933 oder später
Obere Maxlrainer-Alm
D, Obere Maxlraineralm bei Spitzingsee
aufgelassen/nicht mehr AV
S. Isartal
1933 oder danach als Skihütte gepachtet

1933 oder später
Skiunterkunft im Berggasthof Duffner
D, im Rotwandgebiet bei Spitzingsee
aufgelassen/nicht mehr AV
S. Isartal
1932 oder danach als Skihütte gepachtet

1934
Haushamer Alm
Skihütte Haushamer Alm
1300 m, D, am Stolzenberg bei Schliersee-Spitzingsee
aufgelassen/nicht mehr AV
S. Turner-Alpen-Kränzchen München
1934 eröffnet; bis 1976 als Skihütte genutzt

1934
Miesbacher Hütte
D, am Spitzingsee bei Schliersee
aktuell, Sektionshütte

Roßstein-Alm

S. Miesbach
1934 erbaut

1934
Rauhkopf-Hütte
Bayerländer-Skihütte, Eugen-Oertel-Hütte
D, im Krottental an der Mündung des Kleintiefentals bei Bayrischzell
aktuell, Sektionshütte
S. Bayerland
1934 erbaut; 25.11.1934 eingeweiht
Die 1934 als Skihütte gepachtete Roßstein-Alm, 1914

1934
Roßstein-Alm
1271 m, D, am Roßstein bei Lenggries
aufgelassen/nicht mehr AV
S. Spitzstein
1934 gepachtet als Skihütte; um 1940 aufgelassen

Bayerische Voralpen

Kotalm-Hütte

1935
Holzpoint-Alm
1120 m, D, am Weg zum Hirschberg bei Scharling
aufgelassen/nicht mehr AV
S. München
1935 gepachtet als Skihütte (als Ersatz für Moos-Hütte); 1936 Pachtende

1935
Kotalm-Hütte
1210 m, D, in den Lenggrieser Bergen
aufgelassen/nicht mehr AV
S. München
1920 erbaut; 1935 gepachtet als Skihütte; Pacht beendet

1936
Scharling-Heim
Unterkunft in Scharling
D, beim Gasthaus Zum Hirschberg im Tegernseer Tal
aufgelassen/nicht mehr AV
S. München
1936 Nebengebäude des Gasthauses als Unterkunft ausgebaut (als Ersatz für Holzpoint-Alm); mit 30.3.1959 aufgelassen

1937 oder früher
Unterriß-Hütte
Unterriß-Alm
1080 m, D, in der Valepp bei Schliersee-Neuhaus
aufgelassen/nicht mehr AV
S. Neuland
1937 bereits offen (gepachtet)

1937
Längenberg-Hütte
Längental-Hütte
1100 m, D, an der Südostseite des Längenbergs im Längental bei Lenggries
aktuell, Sektionshütte
S. Edelweiß München
1937 erbaut; 12.9.1937 eröffnet; 1972 Grund erworben

1937
Untere Krainsberger Alm
Untere Krainsberg-Alm
D, im Tufftal bei Schliersee
aufgelassen/nicht mehr AV
S. Bergfried
Herbst 1937 gepachtet; 1949 aufgegeben

1938
Aiblinger Hütte
1311 m, D, am Schweinsberg-Osthang bei Bad Feilnbach
aktuell, Kategorie I
S. Bad Aibling (= S. Aibling)
1934–1938 erbaut; 23.10.1938 eingeweiht

1938
Bodenschneid-Haus
1365 m, D, auf der Rettenbachalm (Rettenbeckalm) am Nordfuß der Bodenschneid bei Neuhaus
aktuell, Kategorie I
S. Bodenschneid (davor S. Alpen-Club München 1889)
1908 (1.7.1908) Ankauf der Bodenschneidalm; 1908 Ausbau; 1908 eröffnet; 1913 erweitert; 1926 Skiveranda; ab 1938 S. Alpen-Club München

1939
Blankenstein-Hütte
Max-Schaarschmidt-Hütte
1214 m, D, am Fuße des Blankensteins bei Rottach-Egern
aktuell, Sektionshütte
S. Oberland
1938/1939 erbaut als Jugendhütte; 1939 geplante feierliche Einweihung wegen Kriegsausbruchs abgesagt; Sept. 1953 eingeweiht

1939
Sieglalm-Hütte
Sigl-Hütte
1334 m, D, am Wendelstein-Südwesthang bei Bayrischzell
aktuell, Sektionshütte
S. Oberland
1936 privat erbaut; 1939 erworben

1940
Grafenbergalm-Hütte
D, auf der Grafenbergalm in den Lenggrieser Bergen
aufgelassen/nicht mehr AV
S. München
1940 als Skihütte gepachtet durch S. München Skiabteilung (als Ersatz für Larcher-Alm); um 1945 aufgelassen

1948
Spitzing-Hütte
Spitzingsee-Hütte
1100 m, D, nahe dem Westufer des Spitzingsees bei Schliersee
aktuell, Sektionshütte
S. Bergbund
um 1935/1939 erbaut; 1948 erworben (Grund gepachtet)

1948
Taubenstein-Haus
1567 m, D, nordöstlich des Taubensteins bei Schliersee-Spitzingsee
aktuell, Kategorie II
S. Bergbund (Bergbund München)
1936 erbaut; ab 1948 S. Bergbund

1949
Baumoos-Alm
1250 m, D, am Brünnstein bei Oberaudorf
aufgelassen/nicht mehr AV
S. Hochland
Herbst 1949 eine der Baumoosalmen durch S. Hochland gepachtet

1949
Rieder-Alm
D, an der Sudelfeldstraße bei Bayrischzell
aufgelassen/nicht mehr AV
S. München
1949 Almhütte als Skihütte gepachtet; Pacht beendet

1949
Soin-Hütte
D, an der Nordseite des Wendelsteins bei Bayrischzell
aufgelassen/nicht mehr AV
S. Bamberg
ehemalige Wehrmachtshütte; 3.7.1949 Pachtvertrag (Besitzer Skiclub Rosenheim); mit Wirkung 31.3.1955 Pacht beendet

1950
Schönfeld-Hütte
1410 m, D, beim Jägerkamp nahe der ehemaligen Unteren Schönfeldalm-Hütte bei Schliersee-Spitzingsee
aktuell, Sektionshütte
S. München
1949/1950 erbaut (als Ersatz für Schönfeld-Alm); 1967 erweitert

1950
Talherberge im Gasthof Waxenstein
D, in Schliersee-Breitenbach

Bodenschneid-Haus

aufgelassen/nicht mehr AV
S. Bergfried
1949 eingerichtet; ab 1.1.1950 offen

1951 oder früher
Kirchstein-Hütte
1050 m, D, im Lengental bei Lenggries
aufgelassen/nicht mehr AV
S. Bremen (davor S. Nördlingen)
Hütte der S. Nördlingen; 1952 als Ski- u. Ferienheim erworben durch S. Bremen; 1974 verkauft

1951
Lenggrieser Hütte
Seekar-Hütte
1338 m, D, westlich des Seekarkreuzes bei Lenggries
aktuell, Kategorie I
S. Lenggries
1949–1951 erbaut; 14.10.1951 eingeweiht; 1993 erweitert

1951
Mitteralm
1200 m, D, am Wendelstein bei Brannenburg
aktuell, Kategorie II
S. Bergbund Rosenheim (davor S. Bergbund München Gr. Rosenheim, davor Bergbund Rosenheim)
1950 gepachtet; ab 1951 in DAV eingegliedert (S. Bergbund München Gr. Rosenheim); 1960 Hütte erworben

1952 oder früher
Jubiläums-Hütte
1336 m, D, oberhalb des Spitzingsees bei Schliersee-Spitzingsee
aufgelassen/nicht mehr AV
S. Oberland
1948–1951 adaptiert als Ski- u. Ferienheim; Jän. 1952 Ausbau eingeweiht; 31.5.1980 Pachtende

Jubiläums-Hütte, um 1955

1952 ca.
Längental-Alm
1043 m, D, auf der Längentalalm im Längental bei Lenggries
aktuell, Sektionshütte
S. Bergfried
um 1952 adaptiert (als Ersatz für Talherberge Breitenbach)

1952
Bärenfleck-Hütte
1262 m, D, am Heimgarten bei Ohlstadt
aktuell, Sektionshütte
S. Murnau (davor S. Murnau und S. Eichstätt)
1952 erworben durch S. Murnau und S. Eichstätt

1952 oder später
Längental-Hütte
Freisinger Hütte im Längental
1049 m, D, im Längental bei Lenggries
aktuell, Kategorie I
S. Freising
1952 erbaut

1955
Setzberg-Alm
D, bei Rottach-Egern
aktuell, Sektionshütte
S. Isartal
1955 neu erbaute Almhütte gepachtet

1956
Kranzler-Hütte
1080 m, D, in der Rosengasse im Sudelfeldgebiet bei Bayrischzell
aktuell, Sektionshütte
S. Alpenkranzl Holzkirchen
1956 erworben

1956
Reindl-Alm
D, am Wendelstein bei Bayrischzell-Osterhofen
aufgelassen/nicht mehr AV
S. Ebersberg-Grafing
1956 gepachtet; 1961 ausgebaut

1957 oder früher
Große Finstermünz-Almhütte
D, südlich des Braunecks bei Lenggries
aufgelassen/nicht mehr AV
S. Bergland
1977 Nutzungsende nach über 20 Jahren Pacht

1959 oder früher
Ludwig-Plötz-Haus
1125 m, D, am Brauneck unterhalb der Flori-Hütte bei Lenggries
aktuell, Sektionshütte
S. Alpenland

1959
Weißenburger Hütte
D, am Spitzingsee bei Schliersee
aktuell, Sektionshütte
S. Weißenburg
1957 Hütte gepachtet; 1958 umgebaut; 28.6.1959 eingeweiht

1964
Kelheimer Hütte
Hütte am Sudelfeld
D, am Sudelfeld bei Bayrischzell
aktuell, Sektionshütte
S. Kelheim
1961–1964 erbaut; 9.8.1964 feierlich eröffnet

1975 ca.
Sigriz-Alm
1160 m, D, nordöstlich des Rechelkopfs bei Marienstein
aktuell, Sektionshütte
S. Waakirchen
um 1930 als Alm erbaut; um 1975 gepachtet

1976 oder früher
Setzberg-Hütte
Freisinger Hütte am Setzberg, Freising-Hütte
1520 m, D, am Setzberg-Westhang bei Tegernsee
aktuell, Sektionshütte
S. Freising

1976
Wasserburger Hütte
Sektionshütte am Oberen Arzmoos
1080 m, D, im Oberen Arzmoos im Sudelfeld bei Bayrischzell
aktuell, Sektionshütte
S. Wasserburg
1975 ca. 200 Jahre alte Almhütte gepachtet (Teile noch als Stall genutzt); adaptiert; 20.11.1976 eröffnet u. eingeweiht

1980
Oberländerhof Haunleiten
702 m, D, in Wackersberg-Haunleiten
aktuell, Sektionshütte
S. Oberland
Juni 1980 eingeweiht (als Seniorenstützpunkt)

1981
Schneelahner Hütte
960 m, D, nördlich des Brünnsteins bei Brannenburg
aktuell, Sektionshütte
S. Ebersberg-Grafing
1914 erbaut; 1.1.1981 als Jugendhütte eröffnet (gepachtet)

1998 oder früher
Bayerische Wild-Alm
Wildalm
1450 m, D, bei Wildbad Kreuth
aktuell, Sektionshütte
S. Oberland
Jän. 1994 gepachtet; Juli 1998 eingeweiht

2003
Hochkopf-Hütte
1300 m, D, am Altlacher Hochkopf bei Jauchenau-Altlach
aktuell, Sektionshütte
S. Vierseenland
2001 gepachtet; 2002/2003 saniert u. umgebaut; 14.9.2003 feierlich eingeweiht

2004
DAV-Haus Hammer
750 m, D, im Leitzachtal in Fischbachau-Hammer
aktuell, Sektionshütte
S. München
1953 eröffnet; 2004 gepachtet durch S. München

2004
Hütte Hammer
Hammer-Hütte
750 m, D, neben dem Haus Hammer in Fischbachau-Hammer
aktuell, Sektionshütte
S. München
1953 eröffnet; 2004 gepachtet durch S. München

2008 oder früher
Kloaschau-Alm
887 m, D, im Kloaschautal bei Bayrischzell
aktuell, Sektionshütte
S. Oberland

2008
Wildfeld-Alm
Untere Wildfeld-Alm
1552 m, D, am Südhang der Rotwand bei Schliersee-Spitzingsee
aktuell, Sektionshütte
S. München
2008 gepachtet

2010
DAV-Haus Spitzingsee
1124 m, D, nahe dem Spitzingsee-Ufer bei Schliersee
aktuell, Sektionshütte
S. München
2010 gepachtet

2015 oder früher
Ringseer Hütte
779 m, D, bei Jachenau
aktuell, Sektionshütte
S. Ringsee

08 Kaiser-Gebirge

»Jäh und unvermittelt erhebt sich die schroffe Doppel-Kette aus den ringsum sie umgebenden Thalsenkungen zu gewaltiger Höhe, mit Gipfeln, die an Wildheit und kühner Formenschönheit keinem der ganzen Nördlichen Kalkalpen nachstehen. Alle Reize derselben sind hier auf kleinem Raum zusammengedrängt, und der Hochtourist findet hier Gelegenheit, seine Kräfte zu erproben.

Das Kaisergebirge ist die Domäne der S. Kufstein, welche in musterhafte Weise hier arbeitet. Neben vielen Wegherstellungen und umfassenden Wegbezeichnungen hat die Sektion vor Allem in der Hinterbärenbadhütte ein alpines Heim geschaffen, welches nicht nur eine Station für die Hochtouren, sondern auch ein beliebter Zielpunkt für Ausflügler ist […] Auch der Hauptgipfel, die Ellmauer-Haltspitze, erhielt durch Alpenvereins-Mitglieder (die sogenannten »Haltspitzler«) eine kleine Unterstandshütte.«

Johannes Emmer, Zeitschrift des DuOeAV 1894, 256f.

Vorderkaiserfelden-Hütte, um 1910

1880
Hinterkaiserfelden-Almhütte
Hinterkaiserfelden-Alm
1485 m, A, westlich der Steingrubenschneid bei Ebbs
aktuell, Sektionshütte
S. Oberland (davor S. Kufstein)
1880 Almhütte als Unterkunftshütte eingerichtet durch S. Kufstein; 1927 Alm erworben durch S. Oberland (bereits davor Nutzung); derzeit nicht genutzt

1883
Hinterbärenbad-Hütte
Unterkunftshütte Hinterbärenbad, Bärenbad-Hütte, Bärenbad-Alphütte
831 m, A, in Hinterbärenbad im Kaisertal bei Kufstein
aufgelassen/nicht mehr AV
S. Kufstein
1882 Almhütte der Stadt Kufstein der S. Kufstein überlassen (Dekret 12.6.1882); 1882/1883 adaptiert; 1883 eingeweiht (25. oder 29.7.1883); 1884 verbessert; 1886 nebst einer 2. Almhütte in den Besitz der S. Kufstein gekommen u. erweitert (Veranda); 1887 3. Almhütte als Schlafhaus adaptiert; erweitert; 1898 Badhaus errichtet; 1899 alle Gebäude bis auf Grundmauern abgebrannt (dann Anton-Karg-Haus als Ersatz errichtet)

1899
Gaudeamus-Hütte
Alte Gaudeamus-Hütte
A, nahe (300 m westlich, ca. 20 m oberhalb) der neuen Gaudeamus-Hütte bei Ellmau
aufgelassen/nicht mehr AV
Akad. S. Berlin
1899 erbaut; 15.8.1899 eingeweiht; 10.2.1924 zerstört (Lawine); 1924 auf den erhalten gebliebenen Fundamenten provisorischer Holzbau mit 21 Schlafstellen errichtet

1900
Anton-Karg-Haus
Neue Hinterbärenbad-Hütte, Hinterbärenbad, Karg-Haus
829 m, A, in Hinterbärenbad im Kaisertal bei Kufstein
aktuell, Kategorie I
S. Kufstein
1899/1900 am Grundstück der abgebrannten alten Unterkunftshütte samt Nebengebäuden erbaut (Wirtschaftsgebäude, Schlafhaus, Badhaus, Führerhaus, Stallungen, Holzlege); 1.7.1900 eingeweiht als Anton-Karg-Haus; seit 2011 unter Denkmalschutz

1901
Stripsenjoch-Skihütte
Stripsen-Alm
A, auf der Stripsen(joch)alm bei Kufstein
aufgelassen/nicht mehr AV
S. Kufstein
1900/1901 verfallene Almhütte der Stadt Kufstein der S. Kufstein überlassen u. wiedererrichtet (im Obergeschoß 3 Fremdenzimmerchen eingerichtet); zeitweise mit AV-Schloss versehen; nach 1918 obere Räume vorübergehend durch Skiklub Kufstein gepachtet, dann wieder durch S. Kufstein genutzt; 1926 im Untergeschoß auf Wunsch des Hauptausschusses allgemein mit AV-Schlüssel zugänglichen Unterkunftsraum für Winterbergsteiger eingerichtet)

1901
Vorderkaiserfelden-Hütte
Unterkunftshaus auf der Vorderkaiserfeldenalpe
1384 m, A, auf der Vorderkaiserfeldenalm südlich der Naunspitze bei Ebbs
aktuell, Kategorie I
S. Oberland
Dez. 1900 erworben; 1901 adaptiert; 23.6.1901 eröffnet (davor mindestens seit 1889 durch private Gesellschaft geführt); 1913 erweitert; 1972/1973 renoviert

1902
Stripsenjoch-Haus
Stripsenjoch-Hütte
1577 m, A, am Stripsenjoch bei Kufstein
aktuell, Kategorie I
S. Kufstein
1902 erbaut; 20.7.1902 feierlich eröffnet; 1903, 1905 erweitert

1907
Hechleit-Alm
A, auf der Hechleitalm im Kaisertal bei Kufstein
aufgelassen/nicht mehr AV
S. Kufstein

1907 erworben durch S. Kufstein (Kaufvertrag 17.5.1907); 1917 an Stadt Kufstein veräußert; 1920 gepachtet durch S. Kufstein

1912
Babenstuber-Hütte, alte
Haltspitz-Hütte, Unterstandshütte auf der Ellmauer Haltspitze
2344 m, A, auf der Ellmauer Halt etwas oberhalb der neuen Babenstuber Hütte bei Ellmau
aufgelassen/nicht mehr AV
S. Turner-Alpen-Kränzchen München (davor Haltspitzler)
1891 erbaut durch die »Haltspitzler« (= zwanglose Gesellschaft, überwiegend aus Mitgliedern des Turner-Alpenkränzchen München u. der S. München bestehend, Vorsitz Karl Babenstuber); 26.7.1891 feierlich eingeweiht; 1896 dem TAK als Schenkung übereignet (TAK erst ab 1912 DuOeAV-Sektion); 1902 neu errichtet an selber Stelle; 16.8.1902 feierlich eröffnet; bis 1983

1912
Fritz-Pflaum-Hütte
Griesenerkar-Hütte
1865 m, A, im Griesenerkar östlich des Wilden Kaisers bei Kirchdorf
aktuell, Kategorie I
S. Bayerland
1911/1912 erbaut; 25.8.1912 feierlich eingeweiht (nach Alpinisten u. Bayerländer Dr. Fritz Pflaum benannt, der mit letztwilliger Verfügung der S. Bayerland einen namhaften Betrag für die Hütte vermachte); zwischenzeitlich in Griesenerkar-Hütte umbenannt (da arische Abstammung Pflaums nicht nachgewiesen werden konnte)

1912
Grutten-Hütte
1620 m, A, am Gruttenplateau bei Ellmau
aktuell, Kategorie I
S. Turner-Alpen-Kränzchen München
1899/1900; 15.7.1900 eröffnet (TAK erst ab 1912 DuOeAV-Sektion); 1902 alter Stall zum Schlafhaus (Emil-Kempfle-Haus) umgebaut u. neuer Stall erbaut; 1922 Josef-Dorn-Haus erbaut, 1961–1963 Hauptgebäude erweitert; 1981 Dorn-Haus instand gesetzt (nach Lawinenschaden)

1913
Pyramidenspitz-Hütte
1999 m, A, auf der Pyramidenspitze bei Walchsee-Durchholzen
aufgelassen/nicht mehr AV
S. Oberland
1913 eröffnet

Fritz-Pflaum-Hütte gegen Hintere Goinger Halt

1914
Stripsenkopf-Windschutzhütte
Pavillon am Stripsenkopf
1807 m, A, am Stripsenkopf bei Kufstein
aktuell, offener Unterstand
S. Kufstein (davor S. Kufstein u. S. Neuötting)
1914 erbaut auf Initiative der Vorstände der S. Kufstein u. der S. Neuötting; 25.7.1914 fertiggestellt; in den 1970er-Jahren verfallen; 2002 wiedererrichtet als offener Pavillon durch S. Kufstein (nach den Originalplänen)

1925 oder früher
Hinterbärenbad-Alm
A, oberhalb des Anton-Karg-Hauses im Kaisertal bei Kufstein
aufgelassen/nicht mehr AV
S. Kufstein
alte Almhütte renoviert u. adaptiert

1927
Gaudeamus-Hütte, neue
1267 m, A, südlich des Ellmauer Tors bei Ellmau
aktuell, Kategorie I
S. Main-Spessart (davor S. Berlin, davor Akad. S. Berlin)
1926/1927 erbaut; 14.8.1927 feierlich eingeweiht; seit 1998 Eigentum S. Main-Spessart

1929
Winkel-Alm
1193 m, A, an der Nordseite des Wilden Kaisers bei Walchsee-Durchholzen
aktuell, Sektionshütte
S. Oberland
1929 erworben

Alte Ackerl-Hütte

Bau der Jugendherberge Kufstein, 1932

1931
Ackerl-Hütte
Alte Ackerl-Hütte
1695 m, A, im Hochgrubkar südlich der Ackerlspitze bei Going
aufgelassen/nicht mehr AV
S. Kitzbühel
1931 erworben aus Privatbesitz; 9.8.1931 eröffnet

1932
Joven-Alm
Joven-Alpe
A, im Zahmen Kaiser bei Walchsee-Durchholzen
aktuell, Sektionshütte
S. Oberland
1932 erworben; derzeit nicht genutzt

1932
Jugendherberge Kufstein
Jugendherberge Eichelwang
484 m, A, in Eichelwang am Eingang ins Kaisertal bei Kufstein
aufgelassen/nicht mehr AV
S. Kufstein
10.7.1932 eröffnet; 1995/1996 verkauft; abgerissen

1939
Kaisertal-Hütte
Hans-Berger-Haus
930 m, A, bei Hinterbärenbad im Kaisertal bei Kufstein
aufgelassen/nicht mehr AV
TV Naturfreunde (1934–1938 Bergfreunde, 1938 DJH, 1939–1945 S. Kufstein)
1932 erbaut durch TV Naturfreunde; erweitert 1933; 1934 übernommen durch Bergfreunde; 1938 übernommen durch Reichsverband für Deutsche Jugendherberge; 1939 erworben durch DAV, betreut durch S. Kufstein; um 1943 gesperrt

1959
Ackerl-Hütte
Neue Ackerl-Hütte
1465 m, A, im Hochgrubkar südlich der Ackerlspitze bei Going
aktuell, Kategorie I
S. Kitzbühel
1958/1959 erbaut; 18.10.1959 eröffnet

1981
Beimpold-Hütte
A, am Stripsenjoch bei Kufstein
aktuell, Kategorie I
S. Kufstein
ab 1981 Nutzung der bestehenden Hütte (in der bisher nur ein Aggregat stand) als Jugendraum bzw. Winterraum des Stripsenjoch-Hauses

1983
Babenstuber-Hütte, neue
2300 m, A, an der »Maximilianstraße« (Ellmauer Halt) bei Ellmau
aktuell, Kategorie I
S. Turner-Alpen-Kränzchen München
1983 erbaut

1986
Wegscheid-Alm
Wegscheidalm
989 m, A, bei Scheffau
aufgelassen/nicht mehr AV
S. Oberland
1986 gepachtet; bis 2006 gepachtet; Jän. 2012 zerstört (Lawine)

09 Loferer und Leoganger Steinberge

»Ein Gürtel dunkler Waldberge umgiebt das weisse Felsgerüste der Gipfelmassive, von welchen breite Griesströme herabfliessen. Die Gruppe wurde bis in die jüngste Zeit etwas vernachlässigt, sehr mit Unrecht, denn die bietet viel des Lohnenden, und das Birnhorn z. B. ist eine der prächtigsten Aussichtswarten. Im Allgemeinen bieten die Gipfel nicht übermässige Schwierigkeiten, obwohl einzelne Touren immerhin hohe Anforderungen stellen.«

Johannes Emmer, Zeitschrift des DuOeAV 1894, 261.

1878
Steinbergalm-Hütte
1277 m, A, am Hinterhorn bei Lofer
aufgelassen/nicht mehr AV
S. Passau (zuvor S. Prag)
1878 eine zum Scheffergut gehörige Almhütte durch S. Prag auf 10 Jahre gepachtet und eingerichtet;
1888 Pacht u. Inventar übernommen durch S. Passau; 15.5.1889 neuer Pachtvertrag (unentgeltlich bis 31.10.1898); 1896 oder später aufgelassen

1892
Passauer Hütte
2033 m, A, am Ziedlkopf westlich der Mittagsscharte bei Leogang
aktuell, Kategorie I
S. Passau
1891/1892 erbaut; 23.7.1892 feierlich eröffnet; 1946 abgebrannt; 1954–1956 wiedererrichtet; 1978 renoviert

1899
von-Schmidt-Zabierow-Hütte
Schmidt-Zabierow-Hütte, Schmidt-Hütte
1966 m, A, am Gamsköpfl (Wehrgrubenköpfl) bei Lofer
aktuell, Kategorie I
S. Passau
1899 erbaut; 9.9.1899 eröffnet; 1911 erweitert

1931
Höhlengaststätte Lamprechtsofen
Lamprechtsofenhöhlen-Touristenhaus, Gasthaus Lamprechtshöhle
656 m, A, am Eingang zum Lamprechtsofen in St. Martin bei Lofer
aktuell, Kategorie III
S. Passau
1931 eingeweiht

2004
Sektionshaus in Lofer
A, am Eingang ins Loferer Hochtal in Lofer

Schmidt-Zabierow-Hütte, um 1980

aktuell, Sektionshütte
S. Mühldorf
2004 erworben

10 Berchtesgadener Alpen

»Nichts könnte besser diese Gruppe kennzeichnen, als die Thatsache, dass die ein Lieblings-Studiengebiet der alpinen Landschaftsmaler ist, und förmliche Koloniëen von Künstlern […] im Berchtesgadner-Land sich niederlassen. […] Jede Berggestalt hat ihre eigenthümliche Form; unendlich mannigfaltig sind die Farben, tiefdunkle Seen und hellschäumende Wildbäche, der ernste Tann und lichtfrohe Ahornhaine, üppige Alpenmatten und von Gegensätzen, die sich harmonisch zu einem wunderbar schönen Bilde auflösen. […] Eine stattliche Reihe von Sektionen widmet dieser Gruppe ihre Thätigkeit, vor Allem die S. Salzburg, welche als die Muttersektion der anderen zu betrachten ist […]«

Johannes Emmer, Zeitschrift des DuOeAV 1894, 263.

1879
Funtensee-Hütte, erste/alte
Forstdiensthütte nahe dem Funtensee
1620 m, D, nordwestlich des Funtensees ca. 200 m nördlich des Kärlinger-Hauses bei St. Bartholomä
aufgelassen/nicht mehr AV
S. Berchtesgaden
1830 Holzhütte errichtet durch das königliche Forstamt; Holzeinschlag wird schon bald eingestellt u. die Hütte in der Folge nur zeitweise von Jägern genutzt u. daher auch als »Jagdhaus« bezeichnet; 1877 zunächst erfolgloses Bemühen der S. Berchtesgaden um Stützpunkt am Funtensee; ab 14.8.1879 als Unterkunftshütte betrieben durch S. Berchtesgaden; 20.2.1880 notarieller Kaufvertrag abgeschlossen; 1889 Erlaubnis erteilt, die Hütte Richtung Süden zu versetzen; im Sommer 1890 abgetragen (siehe zweite Funtensee-Hütte)

Riemann-Haus mit Breithorn

Watzmann-Haus mit Untersberg

1883
Bezold-Hütte
1392 m, D, am Gipfel des Toten Manns bei Berchtesgaden
aufgelassen/nicht mehr AV
S. Berchtesgaden
1883 erbaut (nach Ministerialrath von Bezold benannt, der ein Panorama des »Todten Manns« herausgab); 1884 wetterfest ausgebaut; 1890 repariert; 1912 vollständig neu erbaut; 1947 abgetreten an den Verkehrsverein Ramsau (der wiederum eine neue Bezold-Hütte errichtet)

1883
Proviant-Hütte bei St. Bartholomä
D, zwischen St. Bartholomä u. Schrainbach am Ufer des Königssees
aufgelassen/nicht mehr AV
S. Berchtesgaden
ab 1883 in Verwendung zur Versorgung der Funtensee-Hütte (u. des später errichteten Kärlinger-Hauses); 1922 erneuert

1883
Zeppezauer-Haus
Untersberg-Haus
1664 m, A, am Geiereck-Nordhang bei Grödig-Fürstenbrunn
aktuell, Kategorie I
S. Salzburg
1882/1883 erbaut; 29./31.7.1883 eröffnet (1 Zimmer dient dem Grundbesitzer als Jagdstube); 1899 erweitert (1. Stock aufgebaut); 1913 abgebrannt; 1913/1914 neu errichtet als Zeppezauer-Haus; 1930/1931 Dachbodenausbau

1885
Pauls-Hütte
1191 m, D, an der Kneifelspitze bei Berchtesgaden
aufgelassen/nicht mehr AV
S. Berchtesgaden
1885 errichtet (u.a. mit einer Spende des Stadtrats von Chemnitz Ing. Paul Bartsch, nach dem die Hütte benannt wurde); 1913 komplett neu errichtet; bis Anfang der 1930er-Jahre existent

1885
Riemann-Haus
2177 m, A, an der Ramseider Scharte beim Breithorn bei Saalfelden
aktuell, Kategorie I
S. Ingolstadt (zuvor S. Saalfelden, davor S. Pinzgau)
Herbst 1883–1885 erbaut (Idee zum Hüttenbau hatte Rudolf Riemann, verstorbener Ehrenvorstand der S. Pinzgau); 29.8.1885 feierlich eröffnet; bis 1887 verwaltet durch S. Pinzgau, dann bis Ende 1900 von S. Saalfelden verwaltet; 1.1.1901 Eigentum vom Gesamtverein der S. Ingolstadt übergeben; 1901/1902 erweitert; 22.7.1902 eröffnet; 1909 u. 1932 erweitert; 1980 Erweiterungsbau feierlich eingeweiht; 1990 Dachgauben eingebaut; 2001 Umbau

1888
Watzmann-Haus
1930 m, D, am Falzköpfl nördlich des Watzmanns bei Ramsau
aktuell, Kategorie I
S. München
1887/1888 erbaut; 22.7.1888 dem Verkehr übergeben; 22.7.1888 provisorisch, 5.8.1888 feierlich eröffnet; 1889 Maultier-Stall errichtet; 1894, 1904 u. um 1910 erweitert

1889
Ecker-Alm
1421 m, D, bei Berchtesgaden
aufgelassen/nicht mehr AV
S. Berchtesgaden
1889 eingerichtet

Zweite Funtensee-Hütte, um 1900

Purtscheller-Haus, um 1905

1890
Funtensee-Hütte, zweite
altes Funtensee-Haus, nun Teil des Baukomplexes Kärlinger-Haus
1638 m, D, auf der »alten Ehstatt« im Steinernen Meer bei St. Bartholomä
aktuell, Kategorie I
S. Berchtesgaden
im Sommer 1890 erste Funtensee-Hütte abgetragen u. am neuen Standort wieder errichtet u. erweitert; 1904/1905 Schlafhaus aus Stein daneben errichtet (= Kärlinger-Haus), Funtensee-Hütte dient daher nur noch für Wirtschaftszwecke u. als Führerunterkunft; 1922 kommt geplante Vergrößerung der Hütte aus Holzmangel nicht zustande; 1938 Verbindungsbau zum Kärlinger-Haus errichtet, mit dem es fortan eine bauliche Einheit bildet; 1997 bisheriger Lagerschuppen (Anbau an Hütte) zum Gregory-Stüberl ausgebaut

1896
Watzmann-Hocheck-Unterstandshütte
Hocheck-Hütte
2651 m, D, am Gipfel des Watzmann-Hochecks bei Ramsau
aktuell, offener Unterstand
S. München
1896 eingerichtet; zuletzt 2006 erneuert

1900
Purtscheller-Haus
Sonneberger Hütte
1692 m, A/D, am Eckerfirst des Hohen Gölls auf der bayrisch-österreichischen Grenze bei Berchtesgaden
aktuell, Kategorie I
S. Sonneberg (davor verwaltend S. Berchtesgaden u. S. Hallein, davor S. Sonneberg)
1899/1900 erbaut durch S. Sonneberg (vermeintlich auf österreichischem, jedoch teilweise auf bayerischem Boden situiert); 22.7.1900 feierlich eröffnet (nach Ludwig Purtscheller benannt); 1902, 1910 erweitert; 24.7.1910 feierlich eröffnet; 1945 Grenzsperre (Kreidestrich markierte Grenzverlauf innerhalb der Hütte); 1947 S. Sonneberg aufgelöst (DDR), den bayerischen Teil übernimmt S. Berchtesgaden, den österreichischen verwaltet die S. Hallein; 1948, 1951, 1958 renoviert u. erweitert; 10.10.1959 wieder übernommen durch S. Sonneberg

1901
Alte Traunsteiner Hütte
Traunsteiner Hütte
1580 m, A, auf der Reiter Alm am Nordostrand des Reitertretts bei Reith
aktuell, Kategorie I
S. Traunstein
1899/1900 erbaut; 8.9.1901 eröffnet; 1905 Keller u. Holzhütte errichtet; 1913/1914 erweitert; Sept. 1914 Erweiterungsbau eröffnet; 1920 Kellerbau; 1929 Mulistall errichtet

1901
Proviant-Hütte unterm Gernrauhkopf
D, unter dem Gernrauhkopf
aufgelassen/nicht mehr AV
S. Berchtesgaden
ab 1901 in Verwendung

1901
Stöhr-Haus
1894 m, D, am Goldbrünnl westlich des Berchtesgadener Hochthrons bei Schellenberg
aktuell, Kategorie I
S. Berchtesgaden
1898–1901 erbaut; 23.06.1901 feierlich eröffnet u. eingeweiht (nach dem großzügigen Spender und Sommergast Kommerzienrat Paul Rudolph Eduard Stöhr aus Leipzig benannt); 1910–1912 erweitert; 1922 Nebengebäude mit

Stöhr-Haus

Holzlege u. Heulager errichtet; 1984/1985 erweitert (u.a. Anbau an der Nordwestecke)

1905
Kärlinger-Haus
Kaerlinger-Haus, Funtensee-Haus
1638 m, D, auf der »alten Ehstatt« im Steinernen Meer bei St. Bartholomä
aktuell, Kategorie I
S. Berchtesgaden
1904/1905 aus Stein neben der alten (zweiten) Funtensee-Hütte von 1890 errichtet; 27.8.1905 feierlich eröffnet u. eingeweiht; 1910 Umbenennung in Kaerlinger-Haus (nach dem Vorstand 1900–1915 Kajetan Kaerlinger); 1938 Verbindungsbau zur Funtensee-Hütte errichtet (die beiden Gebäude bilden fortan eine bauliche Einheit); 1979–1984 erweitert

1909
Erich-Hütte
Dienten-Hütte, Dientener Hütte, Unterkunftshaus am Dientensteig
1540 m, A, auf der Schönbergalm südlich des Hochkönigs bei Dienten
aktuell, Kategorie I
S. Lend-Dienten
1908/1909 erbaut; 1.7.1909 eröffnet; 1932/1933 erweitert

1913
Torrenerjoch-Hütte
1428 m, A, am Torrener Joch bei Golling
aufgelassen/nicht mehr AV
S. Salzburg
1912 eine der oberen Jochalmen erworben durch Dr. Richard Eisendle (zweiter Vorsitzender der S. Salzburg) u. bald der S. Salzburg überlassen; 6.6.1918 abgebrannt (Blitzschlag)

1918
Grünbacher-Almhütte
A, auf der Oberen Jochalm bei Golling
aufgelassen/nicht mehr AV
S. Salzburg
ab 1918 vorübergehend (bis zum Bau des Carl-v.-Stahl-Hauses) von der Krupp'schen Gutsverwaltung der S. Salzburg zur Verfügung gestellt (als Ersatz für abgebrannte Torrenerjoch-Hütte)

1922
Blaueis-Hütte, alte
1750 m, D, im Blaueiskar am Hochalter oberhalb der neuen Blaueis-Hütte bei Ramsau
aufgelassen/nicht mehr AV
S. Hochland
1922 erbaut durch S. Hochland; 8.10.1922 feierlich eingeweiht; 1937 erweitert; 28.9.1937 eröffnet; 1951–1953 umgebaut; Dez. 1955 zerstört durch Staublawine (am 29.12.1955 von Hermann Buhl entdeckt); im Frühjahr 1956 errichtet Hüttenwirt Raphael Hang ein »Nomadenzelt«, worin er auch »haust«, und bewirtet die Bergsteiger mit Getränken, Suppe u. Würsteln; im Laufe des Jahres 1956 Nothütte errichtet (siehe Ersatzhütte für alte Blaueis-Hütte)

1923
Carl-von-Stahl-Haus
C.-v.-Stahl-Haus, Karl-von-Stahl-Haus, Stahl-Haus
1733 m, A, am Torrener Joch bei Golling
aktuell, Kategorie I
S. Salzburg
1921–1923 erbaut (als Ersatz für abgebrannte Torrenerjoch-Hütte); 23.7.1923 eröffnet u. feierlich eingeweiht; 1935 erweitert (Skistall); 1957 Telefonhütterl auf deutschem Boden errichtet; 1973/1974 erweitert

1924 oder früher
Schapbach-Holzstube
Schappach-Holzstube
988 m, D, am Watzmannkar bei Bischofswiesen-Ilsank
aufgelassen/nicht mehr AV
S. Reichenhall
Skihütte; um 2010 abgerissen

1926
Jugendherberge Golling
A, im Schloss Golling in Golling
aufgelassen/nicht mehr AV
S. Golling
1926 eröffnet

> Erich-Hütte am Hochkönig der A.-V. Sektion Lend-Dienten.

Erich-Hütte, erbaut 1908/1909

1926
Peter-Wiechenthaler-Hütte
Wiechenthaler-Hütte, Kienalkopf-Hütte, Saalfeldner Hütte
1752 m, A, am Kienalkopf unterhalb des Perasailhorns bei Saalfelden
aktuell, Kategorie I
S. Saalfelden
1924–1926 erbaut; 15.8.1926 eröffnet; 1930 Ausbau (Keller)

1927 oder früher
AV-Talherberge Hirschbichl
1150 m, A, am Hirschbichl bei Weißbach
aufgelassen/nicht mehr AV
S. Ingolstadt
um 1927–1930 genutzt durch S. Ingolstadt (wohl wie die zeitgleiche Unterkunft des ÖTK Dresden im alten Zollhaus)

1927 oder früher
Schlegel-Alm
D, auf der Unteren Schlegelalm bei Bad Reichenhall
aufgelassen/nicht mehr AV
S. Reichenhall
gepachtet als Skihütte

1927
Ligeret-Alm
Jugend-Bergheim Liegeret-Alm, Ligeret-Hütte
D, auf der Ligeretalm bei Scharitzkehl bei Berchtesgaden
aktuell, Sektionshütte
S. Berchtesgaden
1922 Doppelkaser (Almhütte) gepachtet (am 16.9.1922 »Besitz ergriffen«); 1922–1927 adaptiert u. umgebaut; 11.9.1927 eingeweiht; 1937–1938 an Dr. Leopold Müller privat verpachtet; 1939 wieder in Besitz genommen durch die AV-Jugend (30 m hinter der Hütte verläuft ein streng bewachter Zaun, der das Führer-Sperrgebiet auf dem Obersalzberg abriegelt); ab 1.6.1942 bewohnt durch den »Sekretär des Führers« Martin Bormann samt Familie (Hütte liegt nun wieder innerhalb des Sperrgebiets); ab 1946 wieder in Sektionsnutzung u. wieder hergestellt; jetzt als Jugend- u. Familienhütte genutzt

1928
Eckbert-Hütte
1144 m, A, in der Seichen im Blühnbachtal bei Werfen-Tenneck
aktuell, Kategorie I
S. Salzburg
1927/1928 erbaut durch Gustav Krupp v. Bohlen u. Halbach u. dessen Frau Berta; 1928 gepachtet durch S. Salzburg; ab 15.5.1928 geöffnet; Pfingsten 1929 offi-

Ingolstädter Haus mit Schindelköpfen, um 1975

ziell eröffnet; später verwaltet durch die OG Thalgau der S. Salzburg

1928
Ostpreußen-Hütte
1630 m, A, auf der Rettenbachalm nordöstlich des Hochkönigs (Salzburger Kalkalpen) bei Werfen
aktuell, Kategorie I
S. Königsberg
25.7.1928 eingeweiht

1929
Ingolstädter Haus
2119 m, A, an der Diesbachscharte bei Saalfelden-Lichtenberg
aktuell, Kategorie I
S. Ingolstadt
1928/1929 erbaut; 15.8.1929 eröffnet; 1931/1932 erweitert; 1986, 2002 umgebaut

1931 oder früher
Kallbrunner-Alm
1570 m, A, auf der Kallbrunnalm bei Weißbach
aufgelassen/nicht mehr AV
ÖTK (ab 1931 S. ÖTK)
vor 1937 Skihütte aufgelassen

1931
Bergheim Hirschbichl
Hirschbichl-Herberge, Unterkunftshaus Hirschbühel
1153 m, A, im Zollhaus Mooswacht am Hirschbichl bei Weißbach
aufgelassen/nicht mehr AV
S. Burghausen (früher ÖTK Dresden bzw. S. ÖTK Gr. Dresden)
1847 als Zollhaus errichtet; Juni 1924 eröffnet durch ÖTK Dresden; 1938/1939 aufgelassen; 1969 adaptiert durch S. Burghausen

1931
Bertgen-Hütte
1843 m, A, im Schneekar am Hochseiler bei Maria Alm-Hinterthal
aufgelassen/nicht mehr AV
ÖTK (1931–1945 S. ÖTK Gr. Wien)
1895 Vorgängerhütte erbaut durch ÖTK Alm; 25.8.1895 eröffnet; Frühjahr 1903 durch Lawine völlig zerstört; 1903 100 m unterhalb neue Hütte errichtet; 15.8.1903 eröffnet; 16.8.1921 Abtretung der Hütte an ÖTK Wien

1931
Matras-Haus
Franz-Eduard-Matras-Haus, Hochkönig-Haus, Unterstandshäuschen am Hochkönig
2941 m, A, am Hochkönig-Gipfel bei Mühlbach
aufgelassen/nicht mehr AV
ÖTK (1931–1945 S. ÖTK Gr. Wien)
1865/1866 Unterstandshäuschen erbaut durch Gewerkschaft Mitterberg (mit Unterstützung des Salzburger ÖAV-Mitglieds Dr. Khuen); 1879 Beschluss der S. Pongau zur Erweiterung; Bauholz 1880 hinaufgeschafft, aber Baubewilligung nicht erteilt; 1893/1894 neues Ansuchen durch S. Salzburg, aber abgelehnt; 1894 Baubewilligung für ÖTK; 1896/1898 erbaut durch ÖTK; 15.8.1898 eröffnet; 1931/1932 erweitert (15.8.1932 eingeweiht); 1982 abgebrannt; 1985 Neubau eröffnet

1933
Ruperti-Haus
1265 m, A, am Südfuß des Hochkönigs bei Mühlbach
aufgelassen/nicht mehr AV
S. Reichenberg (in Zwischenkriegszeit als »DAV Reichenberg« bezeichnet, heute ÖAV-Sektion)
1933 gepachtet; 1933–1935 adaptiert als Skiheim; 23.2.1935 eröffnet; 1942 Pachtende

1934 oder früher
Zehner-Kaser
Skihütte Zehner-Kaser, Untersberg-Skihütte
D, am Zehnerkaser am Untersberg bei Hallthurn
aufgelassen/nicht mehr AV
S. Reichenhall

1934
Wimbachgries-Hütte
Wimbachgries-Alm, Gries-Alm
1327 m, D, im oberen Wimbachtal bei Ramsau
aufgelassen/nicht mehr AV
TV Naturfreunde (1934–1945 S. Hochland)
1922/1923 erbaut durch TV Naturfreunde auf Pachtgrund; 1924 Anbau; 1933 Verbot der Naturfreunde in Deutschland; zu Gunsten des bayerischen Staates eingezo-

gen; 1934 verpachtet vom Forstamt an S. Hochland; 1945 Rückgabe an Naturfreunde

1935
Alpeltal-Hütte
1100 m, D, im Alpeltal am Westfuß des Hohen Gölls bei Berchtesgaden
aufgelassen/nicht mehr AV
TV Naturfreunde (1934 beschlagnahmt, 1935–1945/1946 S. Berchtesgaden)
1919 Blockhaus erbaut durch TV Naturfreunde (OG Salzburg u. OG Berchtesgaden); 1933 Verbot der Naturfreunde in Deutschland; 12.3.1934 beschlagnahmt (mehrere AV-Sektionen bewerben sich um Übernahme); 1935 vom Bayerischen Staat der S. Berchtesgaden »überlassen«; 1.5.1946 Rückgabe der Hütte

1935
Tal- u. Jugendherberge Golling
A, im Gasthaus Hauslwirt in Golling
aufgelassen/nicht mehr AV
S. Golling
1935 eingerichtet; 1938 will S. Golling die Herberge abgeben (nun überflüssig u. durch fremde Organisationen wie BDM, SS etc. genutzt)

1937 oder früher
Watzmann-Lagerhütte
D, am Mitterkaser bei Ramsau
aufgelassen/nicht mehr AV
S. München
seit 2014 im Eigentum des Nationalparks Berchtesgaden

1938
Neue Traunsteiner Hütte
Karl-Merkenschlager-Haus
1560 m, D, auf der Reiter Alm nahe der österreichischen Grenze ostnordöstlich der Almfläche des Reitertretts bei Reith
aktuell, Kategorie I
S. Traunstein
1936–1938 erbaut; 4.9.1938 eröffnet; 1978–1982 renoviert

1945
Kühroint-Hütte, alte
Bartler-Kaser, erster Kühroint-Kaser, Jungmannschafts- u. Jugendhütte Kühroint
D, auf der Kührointalm bei Schönau a. Königssee
aufgelassen/nicht mehr AV
S. Berchtesgaden
1945 »besetzt« Hermann Blaimberger mit Freunden den Bartler-Kaser für die Jungmannschaft der S. Berchtesgaden (zuvor durch Wehrmacht als Mulistall genutzt); 1947 offizielle Nutzungsgenehmigung; 1958 renoviert; 1987 renoviert; 1994 erhält Familie Wegscheider den Kaser zurück, Hütte wird gepachtet; erneuert

1945
Schwaiger-Kaser
D, auf der Königsbachalm bei Schönau a. Königssee
aktuell, Sektionshütte
S. Berchtesgaden
1789 errichtet als Almhütte; um 1935 an bayerischen Staat verkauft; 15.7.1945 Pachtvertrag für S. Berchtesgaden; der Jungmannschaft der Sektion (als Ersatz für den Liegeretkaser) überlassen u. durch diese adaptiert; am 1.10.1979 kündigt Forstamt den Pachtvertrag; 9.7.1986 neuer Pachtvertrag (genutzt für Senioren der S. Berchtesgaden)

1949
Watzmann-Ostwand-Hütte
Ostwand-Hütte, Ostwand-Lager
623 m, D, am Fuß der Watzmann-Ostwand bei St. Bartholomä
aktuell, Kategorie I
S. Berchtesgaden
1949 in einer ehemaligen Forstdiensthütte eingerichtet; 1967 Ausbau des Proviantlagers im Erdgeschoß zu einem zusätzlichen Schlafraum

1950
Watzmann-Südspitze-Biwak
2700 m, D, auf der Watzmann-Südspitze bei St. Bartholomä
aufgelassen/nicht mehr AV
S. Bayerland
1949 unter Verwendung von alten Flugzeugteilen hergestellt (Planung u. Ausführung Ludwig Gramminger/Ofenfirma Koch); Ende Okt. 1949 alle Bauteile samt Einrichtung in die Nähe der Watzmann-Südspitze transportiert (Weitertransport witterungsbedingt unmöglich); Sommer 1950 an Ort u. Stelle zusammengeschraubt u. bis 1951 in provisorischer Verwendung; Anfang Sept. 1951 zerlegt u. durch die Bergwacht Berchtesgaden zum Standort am Massigen Pfeiler abgeseilt (siehe Watzmann-Ostwand-Biwak)

1951
Watzmann-Ostwand-Biwak
Biwakschachtel Watzmann-Ostwand
2380 m, D, unterhalb des Massigen Pfeilers in der Watzmann-Südspitze-Ostwand bei St. Bartholomä
aufgelassen/nicht mehr AV
S. Bayerland
5.-7.9.1951 zerlegt, von der Südspitze zum Massigen Pfeiler abgeseilt u. aufgestellt durch Bergwacht Berchtesgaden;

Holztipis auf der Ferienwiese Weißbach

wenige Jahre später von S. Bayerland wegen behördlicher Schikanen an Bergwacht u. Bayerisches Rotes Kreuz abgetreten; 21.6.2003 mit Helikopter nach Kühroint transportiert (seit 2014 im Freigelände des Hauses der Berge in Berchtesgaden aufgestellt); 13.8.2003 neue Biwakschachtel errichtet durch Bergwacht Berchtesgaden

1952
Kehlstein-Haus
1834 m, D, am Kehlstein bei Berchtesgaden
aufgelassen/nicht mehr AV
S. Berchtesgaden
1937/1938 erbaut um 30 Millionen Reichsmark als Diplomaten- u. Gästehaus Hitlers; 1952 Pachtvertrag S. Berchtesgaden mit Freistaat Bayern; 1952 renoviert; Ende 1961 Pachtverhältnis beendet

1956
Nebenhütte der neuen Blaueis-Hütte
Ersatzhütte für alte Blaueis-Hütte, Nothütte
D, im Blaueiskar am Hochalter nahe der neuen Blaueis-Hütte bei Ramsau
aktuell, Kategorie I
S. Berchtesgaden (davor S. Hochland)
1956 Nothütte aus den Resten der alten Blaueis-Hütte errichtet durch S. Hochland; im Spätsommer 1956 geöffnet; 1958 übernommen durch S. Berchtesgaden; 1993 saniert (als Nebengebäude der neuen Blaueis-Hütte)

1962
Blaueis-Hütte, neue
1680 m, D, im Blaueiskar am Hochalter bei Ramsau
aktuell, Kategorie I
S. Berchtesgaden
1959–1962 errichtet als Ersatz für die alte Blaueis-Hütte; 28.7.1962 feierlich eröffnet

1969
Wasser-Alm
1423 m, D, in der Röth nordwestlich der Teufelshörner bei St. Bartholomä
aktuell, Kategorie I
S. Berchtesgaden
1951 neue Almhütte betriebsfertig; ab 1.1.1969 verpachtet an S. Berchtesgaden; 1996 ausgebaut

1990
Ferienwiese Weißbach
A, in Weißbach bei Lofer
aktuell, Zeltplatz
ÖAV Gesamtverein
1990 Betrieb als Jugend- und Familienzeltplatz der Alpenvereinsjugend aufgenommen

2000
Neue Kühroint-Hütte
Feggen-Kaser, zweiter Kühroint-Kaser
D, gegenüber dem Bartler-Kaser auf der Kührointalm bei Schönau a. Königssee
aktuell, Sektionshütte
S. Berchtesgaden
als Ersatz für Bartler-Kaser gepachtet; seit 22.9.2000

2005
Teisendorfer Hütte
Köllensperger-Haus
1550 m, D, unterhalb des Predigtstuhl-Gipfels am Höhenkurweg bei Bad Reichenhall
aktuell, Sektionshütte
S. Teisendorf
um 1955 privat erbaut durch Hotelbesitzer Köllensperger; 31.7.2005 eingeweiht als Sektionshütte

11 Chiemgauer Alpen

»Das landschaftliche Bild des Chiemgaues gleicht in seinen Hauptzügen dem der bayerischen Voralpen jenseits des Inn: vorwiegend weiche, gerundete Formen, begrünte, wald- und almenreiche Rücken, nur im Osten treten wieder etwas schroffere Bildungen auf. Die Berge bieten durchwegs sehr lohnende Aussichten, welche durch den Gegensatz zwischen dem Hügellande und der Ebene im Norden und den wilden Schroffen der südlichen Gruppen einen besonderen Reiz erhält.

Das Gebiet ist an und für sich leicht zugänglich, da gute Alpenwege und Jagdsteige bis zu den Gipfeln emporführen; die Thätigkeit des Alpenvereins konnte sich daher zumeist auf Wegbezeichnungen und kleinere Verbesserungen beschränken.«

Johannes Emmer, Zeitschrift des DuOeAV 1894, 257f.

Skiläufer vor der Rosenheimer Hütte, um 1920

Weihe der Hüttenschlüssel der Kampenwand-Hütte am 8. August 1920

1904
Rosenheimer Hütte
Hochries-Seitenalm
1350 m, D, auf der Seitenalm am Hochries bei Rosenheim
aufgelassen/nicht mehr AV
S. Rosenheim
1903 erste Almhütte (= Rosenheimer Hütte) erworben u. adaptiert; 25.5.1904 feierlich eingeweiht (nur im Sommer geöffnet); 1906 zweite Almhütte erworben; 1912 dritte Almhütte erworben (dienen als Nebengebäude der Rosenheimer Hütte); bis 1934 in Betrieb; dann nur noch Almbetrieb mit Ausschank; ab Ende der 1940er Jahre nur noch Almbetrieb

1908
Staufen-Haus
Reichenhaller Haus, Reichenhaller Hütte
1750 m, D, am Hochstaufen bei Bad Reichenhall
aktuell, Kategorie I
S. Bad Reichenhall
24.10.1907 Rodelhütte wegen Aufgabe der Zwieselrodelbahn erworben (Hütte ursprünglich 1905 durch Verschönerungsverein Reichenhall am sog. Lochbrünnl erbaut); 1908 an den Hüttenbauplatz verbracht u. neu erbaut; 28.6.1908 eröffnet; ab 1909 bewirtschaftet; 1910 Umbau vollendet; 2.10.1910 feierlich eröffnet; 1927/28 erweitert; 19.8.1928 feierlich eröffnet

1909
Stoißer Alm
Stoißer Alpe
1300 m, D, am Teisenberg-Südhang bei Stoißberg
aufgelassen/nicht mehr AV
S. Teisenberg
1808 erbaut; ab 1909 mündliches Benutzungsrecht für S. Teisenberg (im Besitz der Weidegenossenschaft Freidling)

1913
Riesen-Hütte
Skihütte Riesen-Hütte
1346 m, D, am Südhang des Riesenbergs nordöstlich der Hochries bei Frasdorf
aktuell, Kategorie I
S. Oberland
12.7.1913 Kaser gepachtet, abgetragen u. Hütte neu errichtet; 7.12.1913 feierlich eröffnet; 1917 erworben; 1930 erweitert

1914
Hochries-Hütte, alte
Hochries-Skihütte, Rosenheimer Skihütte, Hochriß-Gipfelhütte
1569 m, D, neben der neuen Hochries-Hütte am Hochries bei Rosenheim
aufgelassen/nicht mehr AV
S. Rosenheim
1913 aus Holz als Skihütte erbaut; ab 4.1.1914 geöffnet; 1.3.1914 feierlich eingeweiht; 1933/1934 erweitert (Hochries-Hütte); 1980 abgerissen

1919
Niederkaser-Hütte
Niederkaser-Alm
D, am Geigelstein bei Aschau
aufgelassen/nicht mehr AV
S. Nürnberg (davor S. München)
1919 gepachtet als Skihütte durch S. München Skiabteilung; 1923 Pachtende; dann um 1925 selbe (?) Hütte durch S. Nürnberg gepachtet

1920
Kampenwand-Hütte
1550 m, D, an der Kampenwand bei Aschau
aktuell, Sektionshütte

S. München
1919/1920 erworben; 1992–1994 renoviert

1920
Trostberger Hütte, erste
1645 m, A, südlich des Sonntagshorns bei Unken
aufgelassen/nicht mehr AV
S. Trostberg
1920 Almhütte gepachtet u. adaptiert; 1921/1922 erweitert; vor 1943 zerstört (Lawine)

1920
Winklmoos-Alm
Winkelmoos-Alpe
D, auf der Winklmoosalm bei Reit im Winkl-Seegatterl
aufgelassen/nicht mehr AV
S. Bayerland
1920 gepachtete Alm baulich weitgehend fertiggestellt; 1923 anderweitig verpachtet, um höheren Pachtzins zu erzielen

1921
Heutal-Hütte
Skihütte im Heutale
1000 m, A, im Heutal bei Unken
aufgelassen/nicht mehr AV
S. Traunstein
1921 Lackner-Kaser gepachtet u. adaptiert

1921
Winkelmoos-Hütte
Winklmoos-Alm
1160 m, D, auf der Winklmoosalm bei Reit im Winkl-Seegatterl
aufgelassen/nicht mehr AV
S. München
1921 als Skihütte gepachtet durch S. München Skiabteilung

1923
Eibenstock-Hütte
2366 m, D, nahe der Winkelmoosalm südöstlich von Reit i. Winkl
aktuell, Sektionshütte
S. Bayerland
1852 Holzstube (Eibenstock-Stüberl) erbaut; Juni 1923 gepachtet; 1923 adaptiert

1924
Feichten-Alm
Feuchten-Alm
D, im Hochriesgebiet
aufgelassen/nicht mehr AV
S. Ebersberg-Grafing
1924 Almhütte als Skihütte gepachtet; 1929 aufgegeben

1925 oder früher
Hemmersuppen-Alm
Skihütte am Klausenberg
D, bei Reit i. Winkl-Blindau
aufgelassen/nicht mehr AV
S. Trostberg
Skihütte

1925
Hütte auf der Niederkaseralm
1300 m, D, am Geigelstein bei Aschau
aufgelassen/nicht mehr AV
S. Priental (= S. Prien)
1925 erbaut

1925
Priener Hütte
1410 m, D, südwestlich des Geigelsteins bei Ettenhausen
aktuell, Kategorie I
S. Prien (= S. Priental)
1925 erbaut; Herbst 1925 eröffnet (zunächst als Skihütte von Mitgliedern der S. Priental); 1927 Fertigstellung von 5 Schlafräumen (nur für Sektionsmitglieder); 10.8.1930 feierlich eröffnet (als allgemeine AV-Hütte); 1960–1964, 1974–1977 erweitert

1925
Traunsteiner Skihütte
Winklmoos-Hütte, Winkelmoos-Alpe, Traunsteiner Hütte
1160 m, D, auf der Winklmoosalm bei Reit im Winkl-Seegatterl
aktuell, Kategorie II
S. Traunstein
24.10.1924 Pachtvertrag für Almhütte (Schuster-Kaser) abgeschlossen u. Hütte adaptiert; 22.12.1924 feierlich eingeweiht; 1925 erweitert; 1929 erworben; 1985/1986 renoviert

1926
Spitzstein-Haus
1252 m, A, am Spitzstein-Südhang bei Erl
aktuell, Kategorie II
S. Bergfreunde München (davor S. Spitzstein/AG Spitzstein)
seit 1905 privater Betrieb; 28.4.1914 erworben durch AG Spitzstein; 1919–1921 erweitert; ab 1926 S. Spitzstein; 1980/1981 Neubau nach Brand

1926
Straubinger Haus
Eggenalm-Haus
1558 m, A, auf der Eggenalm am Fellhorn bei Kössen
aktuell, Kategorie I
S. Straubing
11.9.1926 Alpengasthaus auf der Eggenalm erworben; 1926 adaptiert u. erweitert; 1976/1977 Neubau

1927
Winklmoos-Hütte
Winkelmoos-Hütte, Winkelmoos-Alpe
1160 m, D, auf der Winklmoosalm bei Reit im Winkl-Seegatterl
aktuell, Sektionshütte
S. München
1927 erbaut

1928
Bräu-Kaser
Skihütte Loferer Alm, Bräualm-Hütte
1570 m, A, auf der Loferer Alm bei Lofer
aufgelassen/nicht mehr AV
S. Reichenhall
1928 gepachtet

1929
Gumpertsberger-Hütte
Gumbertsberger-Hütte
964 m, D, östlich der Rauchalm bei Frasdorf
aktuell, Sektionshütte
S. München
1929 erworben (nach dem Almbesitzer Fritz Gumpertsberger benannt)

1930
Winklmoos-Alm
Winkelmoosalm-Hütte, Winkelmoos-Alpe
1160 m, D, auf der Winklmoosalm bei Reit im Winkl-Seegatterl
aktuell, Sektionshütte
S. Oberland
1930 Kaser durch Mitglieder der S. Oberland erworben u. der Sektion zur Verfügung gestellt; 1939 erworben durch S. Oberland

1931
Lofer-Alm
1537 m, A, auf der Loferer Alm (Obertrett) bei Lofer
aufgelassen/nicht mehr AV
S. ÖTK Gr. Lofer (1931–1937 AV)
1921 gepachtet; vor 1937 Skihütte abgebrannt

Traunsteiner Skihütte

1934 oder früher
Skihütte in der Hochries
D, in der Hochries bei Samerberg
aufgelassen/nicht mehr AV
S. Ingolstadt (davor S. Bergglück)
zunächst Skihütte der S. Bergglück; 28.4.1934 Zusammenschluss von S. Bergglück u. S. Ingolstadt

1941
Pölcher-Alm
D, im Hochriesgebiet
aufgelassen/nicht mehr AV
S. Bergfried
1941 u. 1942 gepachtet

1958
Hochries-Hütte, neue
Hochries-Haus
1569 m, D, am Hochries bei Rosenheim
aktuell, Kategorie II
S. Rosenheim
1958/1959 in Stein errichtet; 1980 (nach Abriss der alten Hochriss-Hütte) u. 2015 erweitert

1966
Trostberger Hütte
1400 m, A, südlich des Sonntagshorns bei Unken
aktuell, Sektionshütte
S. Trostberg
1965/1966 erbaut; 23.10.1966 eingeweiht

1978
Plenk-Alm
1500 m, D, an der Südseite des Rauschberges bei Ruhpolding
aktuell, Sektionshütte
S. Turner-Alpen-Kränzchen München
1978 eröffnet als Berg- u. Skihütte

Radstädter Hütte

Hochgründeck-Haus, eröffnet 1888

1988
Skihütte Wirtsalm
1430 m, D, zwischen Breiten- und Geigelstein bei Ettenhausen
aktuell, Sektionshütte
S. Bergland
1988 gepachtet als Skihütte

2007 ca.
Staufen-Stube
D, am Jochberg bei Bad Reichenhall
aktuell, Sektionshütte
S. Bad Reichenhall
um 2007 eingeweiht

12 Salzburger Schieferalpen

»Wie schon der Name sagt, besteht die Gruppe aus Schiefer […] Er läßt keine schroffen Formen aufkommen, sondern bildet breite, runde, bis zum Gipfel mit Wald und Rasen bedeckte Buckel und Rücken. Die Salzburger Schieferalpen bieten wegen ihrer Lage zwischen den Kalkalpen und Tauern eine weite, sehr malerische, abwechslungsreiche Rundschau und sind daher von Bergsteigern, die eines schönen Panoramas halber auf die Berge steigen, viel besucht. Nur der Dientner Schneeberg entbehrt einer Hütte, die übrigen drei Stöcke tragen je ein Schutzhaus auf ihrem Gipfel. Die Berge bieten im Winter ein sehr dankbares, meist lawinenfreies Skigelände.«
Josef Moriggl, Von Hütte zu Hütte, Band 6, 2. Auflage Leipzig 1925, 129f.

1886
Radstädter Hütte
Egerland-Hütte, Linzer Hütte
1768 m, A, am Roßbrand bei Radstadt
aufgelassen/nicht mehr AV

S. Eger und Egerland (DAV Eger; davor S. Ostmark; davor S. Radstadt = S. [Ober-]Ennsthal)
1884 Bau beschlossen (S. Ennsthal); 1886 Bau vollendet (S. Ennsthal); 20.9.1886 als »Linzer Hütte« eröffnet (S. Linz Patin); 1922–1929 erweitert; 1933 Anschluss der S. Radstadt an S. Ostmark; 1937 erworben durch DAV Eger (S. Eger und Egerland); um 1950 betreut durch S. Ebensee; 1983 verkauft durch S. Eger und Egerland an privat

1888
Hochgründeck-Haus
Hochgrindeck-Haus, Heinrich-Kiener-Haus
1800 m, A, am Hochgründeck bei St. Johann i. P.
aufgelassen/nicht mehr AV
S. Ybbstaler = S. Hochwart (davor S. Pongau)
25.8.1887 Grundsteinlegung; 22.7.1888 feierlich eröffnet; 1907–1913 unter Verwaltung des Hauptausschusses (wegen finanzieller Schwierigkeiten der S. Pongau); Juli 1907 unentgeltlich in das Eigentum der S. Ybbstaler übergegangen

1926 oder früher
AV-Talherberge Pichl
A, in Pichl a. d. Enns bei Schladming
aufgelassen/nicht mehr AV
S. Austria

1928 oder früher
AV-Talherberge Radstadt
A, in Radstadt
aufgelassen/nicht mehr AV
S. Austria

1931
Statzer-Haus
2116 m, A, am Hundstein bei Maria Alm-Aberg
aufgelassen/nicht mehr AV
ÖTK (1931–1945 S. ÖTK Gr. Wien)

1890 erbaut; 29.6.1891 eröffnet; 27.11.1897 durch Brandlegung total abgebrannt; 1899/1900 neu erbaut; 8.9.1900 eingeweiht u. in Statzer-Haus umbenannt; 1927 erweitert (Veranda)

1933
Ski- und Bergsteigerheim Mühlbach
850 m, A, in Mühlbach am Hochkönig
aufgelassen/nicht mehr AV
ÖTK (1933–1945 S. ÖTK Gr. Wien)
1933 ehemaliges Beamtenhaus des Kupferbergwerks erworben u. adaptiert; 1.7.1933 eröffnet

1938
Ruperti-Haus
1700 m, A, auf der Stögelalm am Hundstein bei Maria Alm-Aberg
aufgelassen/nicht mehr AV
S. Bergsteigervereinigung
Bergsteigervereinigung ab 1938 AV-Scktion; vor 1943 aufgelassen

1992
Talhaus St. Johann
Vereinsheim St. Johann
A, in St. Johann i. Pongau
aufgelassen/nicht mehr AV
S. Mühldorf
1991 gepachtet; Jän. 1992 Adaptierung beendet; 2004 Pachtende

13 Tennen-Gebirge

»Die Gipfel erheben sich an ihrem Rande nur wenig über das Plateau, stürzen aber nach außen in hohen Steilwänden ab. Das Gebirge, vornehmlich aus Dachsteinkalk bestehend, weist dessen typische Charakterzüge auf: gebankte Felsen, auf der Hochfläche Karstlandschaft mit Buckeln und Gruben und Karren, im Innern gewaltige Höhlen […] Gletscher fehlen, doch finden sich kleinere Firnflecke. Wasserarmut, große Latschenfelder, magere Alpenweiden, verödete (der Jagd geopferte) Almen sind charakteristisch. Die Gipfel sind vom Plateau aus meist leicht ersteiglich, die Wanderung auf dem Plateau erfordert trotz der Markierungen gute Orientierungsgabe.«
Josef Moriggl, Ratgeber für Alpenwanderer, München 1924, 159.

1912
Dr.-Heinrich-Hackel-Hütte
Sölden-Hütte
1531 m, A, am Südhang des Eiskogels bei Werfen

Dr.-Heinrich-Hackel-Hütte, 1994

aktuell, Kategorie I
S. Salzburg
1912 verfallene Söldental-Alm (Schöntal-Alm) erworben; 1912 unter Verwendung der Grundmauern neue Hütte erbaut; ab Winter 1912/1913 Wintertouristen; Feb. 1923 durch Lawine schwer beschädigt; 1923 repariert u. erweitert; 1937 erweitert; 1944 umbenannt (anlässlich des 70. Geburtstags des langjährigen ersten Vorsitzenden u. Hüttenwartes der Sölden-Hütte); 1987–1988 generalsaniert

1926
Laufener Hütte
1726 m, A, auf der Tennalm nordöstlich des Fritzerkogels bei Abtenau
aktuell, Kategorie I
S. Laufen
1925/1926 erbaut; 29.8.1926 eingeweiht

1927 oder früher
Samer-Alm
1510 m, A, am Südabhang des Tennengebirges bei Werfenweng
aufgelassen/nicht mehr AV
S. Salzburg
1927 baufällig gewordene Almhütte abgerissen; 1927/1928 neu aufgebaut durch S. Salzburg; ab 1.7.1973 gepachtet durch Geographischen Institut der Universität Salzburg (Alpine Forschungsstation Sameralm)

1931
Au-Häusl
1000 m, A, in Wengerau bei Werfenweng
aufgelassen/nicht mehr AV
S. Salzburg (zwischenzeitlich S. Mühldorf)
um 1800 errichtet als Jägerhaus; 1930 gepachtet u. adaptiert; ab 1931 für Sektionsmitglieder zugänglich (Sommerfrische, Skihütte); 1939 vermietet an S. Mühldorf; 1940 Pacht durch S. Salzburg nicht mehr verlängert

Gsengalm-Hütte

1931
Werfener Hütte
1969 m, A, auf der Elmauer Alm am Fuß des Hochthrons bei Werfenweng
aufgelassen/nicht mehr AV
ÖTK (1931–1945 S. ÖTK Gr. Vindobona)
1890 erbaut; 24.8.1890 eröffnet; 1924/1925 erneuert u. umgebaut; 1930 Abortanbau

1932
Freilassinger Skihütte
Strussing-Alm-Skihütte
1524 m, A, auf der Strussingalm bei Werfenweng
aufgelassen/nicht mehr AV
S. Freilassing
26.12.1931 Pachtvertrag für Almhütte unterzeichnet; als Skihütte adaptiert; dann eigene Hütte (Freilassinger Hütte) erbaut

1933
Gwechenberg-Hütte
Gwechenberg-Alm
1375 m, A, bei der Gwechenbergalm östlich der Tagweide bei Abtenau
aktuell, Kategorie I
S. Salzburg
1924/1925 als Jagdhütte privat erbaut; 1933 erworben u. adaptiert; 8.6.1933 eröffnet; ab 1958 von der Jugendgruppe der S. Salzburg verwaltet; 1980 Betreuung der OG Lamprechtshausen übertragen; 1980 Veranda; 1981–1983 erweitert; 1987 saniert

1936 oder früher
Roßberg-Hütte
Roßberg-Alm
1000 m, A, unterhalb des Schwer bei Oberscheffau
aktuell, Kategorie I
S. Salzburg
von der Jungmannschaft Almhütte aus dem 19. Jh. saniert u. adaptiert; 1948/1949 vollständiger Neubau; 1996 generalsaniert (von S. Salzburg OG Seekirchen)

1937 oder früher
Russegger-Filzbauern-Haus
1002 m, A, bei Werfenweng
aufgelassen/nicht mehr AV
S. Salzburg
vor 1943 aufgelassen

1938
Bergler-Hütte
1501 m, A, im Schildkar an der Kastenspitze bei Golling
aufgelassen/nicht mehr AV
Alpine Vereinigung Bergler (1938–1945 S. Salzburg Gr. Bergler)
1938 Alpine Vereinigung Bergler der S. Salzburg angegliedert

1938
Edelweißer-Hütte
2349 m, A, am Mittleren Streitmandl bei Werfen
aufgelassen/nicht mehr AV
**Edelweiß-Club Salzburg (1938–1945 S. Salzburg
Gr. Edelweiß-Club Salzburg)**
1921/1922 erbaut;

1939
Freilassinger Hütte
1524 m, A, auf der Strussingalm bei Werfenweng
aktuell, Kategorie I
S. Freilassing
1933–1939 erbaut; 26.8.1939 eingeweiht

1971
Gsengalm-Hütte
1447 m, A, östlich des Kleinen Traunsteins bei Abtenau
aufgelassen/nicht mehr AV
S. Lammertal
alte Almhütte gepachtet u. ab 1967 umgebaut; 8.8.1971
eingeweiht; jetzt privat (ÖAV-Vertragshaus)

14 Dachstein-Gebirge

»Der freundliche Zauber, welcher über die Berge und
Thäler des oberösterreichischen Traungebietes ausgebreitet
liegt, findet im Dachstein einen gewaltigen Abschluss.

Mag man welche Höhe des Salzkammergutes immer ersteigen, überall bilden die schimmernden Eisflächen des Dachstein mit ihren in schlanken Hörnern aufstrebenden Gipfeln den ersten Hintergrund dieses anmutigen Berglandes.

Einer glücklichen Vereinigung massiger Plateaubildung mit zerrissener Entwicklung der Kämme, dem grossen Contrast seiner verschiedenen Abhänge, vor allem aber dem Zauber der seinen Fuss umgürtenden Alpenseen verdankt das Dachsteingebirge seinen hervorragenden Rang unter den landschaftlich bedeutendsten Objecten der östlichen Alpen.«
Georg Geyer, Führer durch das Dachsteingebirge
und die angrenzenden Gebiete des Salzkammergutes und
Ennsthales, Wien 1886, 1.

Hôtel Simony
Wildkar-Hütte, Wildkar-Refuge
2200 m, A, unterhalb der Simony-Hütte bei Hallstatt
aktuell, Denkmal/offene Unterstandshütte
S. Austria u. S. Hallstatt (davor S. Austria/ÖAV)
1843 kleiner, künstlich erweiterter Unterstand in einer
Felsnische als erster Bergsteigerstützpunkt am Dachstein
eingerichtet durch den Mitbegründer des OeAV Friedrich
Simony; vom Alpenverein erneuert; 1931 von der S. Austria als eine ihrer »geschichtlichen Unterstandshütten« bezeichnet; 1997/1998 renoviert durch S. Hallstatt

Grobgstein-Hütte

1877
Simony-Hütte
2203 m, A, am Taubenriedl am Nordabhang des
Dachsteins bei Hallstatt
aktuell, Kategorie I
S. Austria (davor S. Austria u. S. Salzkammergut)
1876/1877 auf dem von Friedrich Simony gewählten
Platz erbaut durch S. Austria u. S. Salzkammergut (unter Verwendung zahlreicher Spenden, welche über den
»Dachsteinfond« dem Bauvorhaben zugute kamen) erbaut
(18.8.1876 Grundsteinlegung); 18.8.1877 feierlich eröffnet; 1891/1892 erweitert; 20.7.1893 eröffnet; 1922/1923,
1998/1999 erweitert; 3.7.1999 eröffnet

1879
Grobgstein-Hütte
Grobgestein-Hütte
1638 m, A, im Grobgstein am Gschlößkogel unterhalb des
Gosauer Eisfeldes bei Gosau
aufgelassen/nicht mehr AV

Gesellschaft vor der festlich geschmückten Hofpürgl-Hütte

S. Austria
1878/1879 auf Anregung Friedrich Simonys erbaut; 9.7.1879 eröffnet; 1885 verbessert; um 1900 bereits baufällig; um 1930 als »historische« Hütte bezeichnet; vor 1948 verfallen

1880
Austria-Hütte
1638 m, A, auf der Brandalm nördlich des Brandriedls bei Ramsau a. Dachstein
aktuell, Kategorie II
S. Austria
28.6.1880 feierlich eröffnet (alte Hütte); 1887 erweitert; 1932 erweitert (neue Hütte); 16.10.1932 eröffnet; 1.5.1933 eingeweiht; 1987–1989 Alpinmuseum eingerichtet (Juli 1989 eröffnet); 1994 Veranda errichtet; 2001/2002 generalsaniert; 24.–26.5.2002 wiedereröffnet; 2005 Nebengebäude für technische Zwecke errichtet

1887
Brünner Hütte
Stoderzinken-Hütte
1747 m, A, auf der Stoderalm am Stoderzinken bei Gröbming
aufgelassen/nicht mehr AV
S. Austria (davor S. Moravia, davor S. Gröbming, davor S. Oberes Ennsthal [Radstadt])
1886/1887 erbaut (durch S. Oberes Ennsthal (Radstadt) Bau begonnen, durch S. Gröbming beendet); 25.8.1887 eröffnet; 1888 durch S. Moravia erworben u. in Brünner Hütte umbenannt; 1902 durch S. Austria erworben; 1923 erweitert; 1970 verkauft an privat

1902
Hofpürgl-Hütte
1705 m, A, am Hofpürgl am Südfuß der Bischofsmütze bei Filzmoos
aktuell, Kategorie I
S. Linz
1902 erbaut; 10.8.1902 feierlich eröffnet; 1910 erweitert

1908
Adamek-Hütte
2196 m, A, unterhalb des Großen Gosaugletschers bei Gosau
aktuell, Kategorie I
S. Austria
1905–1908 erbaut (als Ersatz für die baufällige Grobgstein-Hütte); 29.6.1908 feierlich eröffnet; 1928 erweitert; 1991–1993 umgebaut; 25.6.1993 feierlich eröffnet

1914
Guttenberg-Haus
2146 m, A, unterhalb der Feisterscharte bei Ramsau
aktuell, Kategorie I
S. Austria
1912–1914 erbaut (benannt nach dem ehemaligen Vorsitzender des Hauptausschusses des DuOeAV u. langjährigen Vorsitzenden der S. Austria Adolf v. Guttenberg); 26.7.1914 feierlich eröffnet

1922
Touristenunterkunft im alten Bräuhaus
A, in Hallstatt
aufgelassen/nicht mehr AV
S. Hallstatt
1921/1922 Räumlichkeiten im alten Bräuhaus adaptiert; bis 1929 in Betrieb

1923
Theodor-Körner-Hütte
Körner-Hütte
1466 m, A, am Schattleitenkopf nahe der Stuhlalm bei Annaberg-Lungötz
aktuell, Kategorie I
Akad. S. Wien
26.8.1923 feierlich eingeweiht (am 110. Todestag des Dichters Theodor Karl Körner, gleichzeitig beging die Akad. S. Wien ihr 35-jähriges Bestehen); 1985/1986 erweitert

1925
Scharwand-Hütte
Vordere Scharwand-Alm
1348 m, A, auf der Vorderen Scharwandalm im Gosaukamm bei Gosau
aufgelassen/nicht mehr AV
S. Linz
15.11.1924 alte Almhütte gepachtet; 1925 instand gesetzt u. umgebaut; Frühjahr 1925 eröffnet

1926
AV-Heim Pichlmayrgut
A, oberhalb der Bahnhaltestelle Pichl
aufgelassen/nicht mehr AV
S. Austria
1926 Touristenheim als AV-Heim adaptiert; 4.7.1926 eröffnet; 1932 aufgelassen, da der Besitz »in jüdische Hände überging«

1926
Dachsteinsüdwand-Hütte
1871 m, A, am Kühpalfen bei Ramsau a. Dachstein
aufgelassen/nicht mehr AV
S. Austria
1925 privat erbaut; 1926 gepachtet; Juli 1926 eröffnet; 1931 erweitert

1927
Tal- und Jugendherberge Hallstatt
508 m, A, in Hallstatt
aufgelassen/nicht mehr AV
S. Hallstatt
1927 Ankauf einer alten Schiffshütte; 1927/1928 umgebaut; bereits 1927 eröffnet; 1961 erweitert; 30.5.1980 abgebrannt

1927
Talherberge Schladming-Klaus
Jugendherberge Schladming
750 m, A, in Schladming-Klaus
aufgelassen/nicht mehr AV
S. Austria (davor DuOeAV Hauptverein)
1927 erbaut durch Friedrich Steiner mit Unterstützung des DuOeAV; 1927 gepachtet durch DuOeAV Hauptverein; 12.11.1927 eröffnet; 1931 erworben durch S. Austria

1931
Seethaler-Hütte
Dachsteinwarte-Hütte
2740 m, A, auf der Dachsteinwarte zwischen Hohem Dachstein u. Dirndln bei Ramsau
aktuell, Kategorie I
S. Austria
1929 erbaut durch Bergführer Hans Seethaler; Sommer 1930 eröffnet; 17.5.1931 erworben durch S. Austria; ab 2002 mehrere kleine Erweiterungen u. Verbesserungen

1933
Gablonzer Hütte
Dachsteinblick
1550 m, A, auf der Zwieselalm bei Gosau
aktuell, Kategorie II
S. Neugablonz-Enns (S. Gablonz)

Jugendherberge Schladming

1929/1930 Bau privat begonnen; 1932 jedoch Konkurs; 30.5.1933 Kaufvertrag S. Gablonz; 1933 fertig gebaut; 1.7.1934 feierlich eröffnet; 1976–1980 erweitert

1949
Toni-Adam-Dr.-Obersteiner-Biwak
Dr.-Obersteiner-Biwakschachtel, Toni-Adam-Biwak
2300 m, A, in der Mulde zwischen Grimming-Gipfel und Klachauerweg-Ausstieg bei Klachau
aktuell, Kategorie I
S. Stainach (davor OeAV HG Steiermark, davor S. Graz-St.G.V.)
1949 eingeweiht; 1992 erneuert

1965 oder früher
Krippenau-Hütte
1650 m, A, nächst dem Sportheim Krippenbrunn bei Obertraun
aufgelassen/nicht mehr AV
S. Wiener Lehrer
gepachtet

1968
Simony-Warte
A, am Weg zum Sarsteingipfel bei Bad Goisern
aktuell, offener Unterstand
S. Bad Goisern
1968 eröffnet (offene Gewitter-Unterstandshütte in Lärchen-Rundblockbauweise)

1989 ca.
Ernst-Seidel-Haus
Ernst-Seidel-Talherberge
760 m, A, in Gosau-Hinterthal
aktuell, Kategorie II
S. Linz
1. Hälfte 19. Jh. erbaut; 1988 erworben (als Ersatz für Scharwand-Hütte); 1989 erneuert; 1994 nach langjährigem 1. Vorstand benannt

15 Totes Gebirge

»Jagdrücksichten hatten früher die Erschließung dieses interessanten Felsgebietes verhindert, erst in neuerer Zeit gelang es der Sektion Linz, in der Elmgrube und an dem Steirersee zwei für die Bergwanderer willkommene Unterkunftsstätten zu schaffen. Auf der Roßhüttenalpe wurde von der Sektion Mitterndorf eine hauptsächlich dem Wintersport dienliche Hütte eingerichtet.«

Johannes Emmer, Beiträge zur Geschichte des Deutschen und Österreichischen Alpenvereins in den Jahren 1895–1909, Zeitschrift des DuOeAV 1909, 344.

1882
Loser-Hütte
1497 m, A, südöstlich des Losers bei Altaussee-Fischerndorf
aktuell, Kategorie II
S. Ausseerland (= S. Aussee)
Herbst 1881/1882 erbaut; 13.7.1882 feierlich eröffnet; 1915/1916, 1928–1930 erweitert

1900
Elmgruben-Hütte
Elm-Jagdhaus
1670 m, A, in der Elmgrube bei Grundlsee-Gößl
aufgelassen/nicht mehr AV
S. Wels (davor S. Linz)
1900 errichtet (auf Kosten von Fürst Ferdinand Kinsky als Anbau an die bestehende fürstliche Kinsky'sche Jagdhütte); 1.8.1900 eröffnet (S. Linz ist für Instandhaltung der Touristenzimmer zuständig); um 1920 an S. Wels abgetreten

1900
Steyrersee-Hütte
Steirersee-Hütte
1557 m, A, beim Steirersee südlich des Stürzhahns bei Tauplitz
aufgelassen/nicht mehr AV
S. Linz
1900 Almhütte gepachtet, adaptiert u. eröffnet; nach Eröffnung der Tauplitz-Hütte blieb die Steyrersee-Hütte den Sektionsmitgliedern vorbehalten

1907
Mitterndorfer Hütte
Roßhütten-Alm, Roßhütten-Alpe
1600 m, A, auf der Rosshüttenalm bei Bad Mitterndorf
aufgelassen/nicht mehr AV
S. Bad Mitterndorf
1907 gepachtet u. adaptiert durch S. Mitterndorf Wintersportabteilung; 6.12.1907 eröffnet

1908
Grasalm-Hütte
Schutzhütte Grashüttenalm
1647 m, A, am Schneiderkogel bei Bad Mitterndorf
aufgelassen/nicht mehr AV
S. Austria (S. Mitterndorf u. Alpen-Skiverein S. Mitterndorf)
29.11.1908 eröffnet; Ende 1915 Arbeitsgebiet mit Hütte an S. Austria abgetreten; 1923 als Skihütte erneuert

1915 oder früher
Roßalm-Hütte
Roß-Hütte, Roß-Alm
A, auf der Roßalm bei Tauplitz u. Bad Mitterndorf
aufgelassen/nicht mehr AV
S. Austria (davor S. Mitterndorf)
Ende 1915 Arbeitsgebiet der S. Mitterndorf mit Hütte an S. Austria abgetreten; als Skihütte geführt

1915 oder früher
Welser Hütte, erste
A, in der inneren Hetzau bei Grünau
aufgelassen/nicht mehr AV
S. Wels
1913 erbaut (= kleine von der Baron Hering'schen Forstverwaltung der S. Wels überlassene Holzknechthütte hier aufgestellt); nicht klar, ob schon 1913 oder erst 1915 Hütte benutzt; 1921 aufgelassen, da durch die Pachtung eines Jagdhauses der S. Wels nun zwei Hütten in der Nähe zur Verfügung standen (Welser Hütte, Almtaler Haus)

1918
Leistalm-Hütte
Leist-Alm
A, unterhalb des Roßkogels bei Bad Mitterndorf
aufgelassen/nicht mehr AV
S. Austria
1918 gepachtet, vollständig umgebaut u. eingerichtet; 1922 erweitert

1920
Brunnalm-Hütte
Hütte in Brunn, Jagdhütte auf der Brunnalm
A, auf der Brunnalm
aufgelassen/nicht mehr AV
S. Liezen
1920 Jagdhütte von der Skoda'schen Forstverwaltung gepachtet; 1923 Pachtvertrag gekündigt (Ersatz: Liezener Hütte)

1920
Welser Hütte, zweite
1815 m, A, bei den »Teicheln« in der inneren Hetzau bei Grünau
aufgelassen/nicht mehr AV

Loser-Hütte, um 1907

Vor der Steyrersee-Hütte, 1911

S. Wels
1920 erbaut; 11.8.1920 feierlich eröffnet; März 1923 durch Lawine völlig zerstört

1920
Wildensee-Hütte
1521 m, A, am Wildensee bei Altaussee
aktuell, Kategorie I
S. Ausseerland (= S. Aussee)
1920 Blockbau gepachtet; 1922/1926 erweitert; 9.6.1942 erworben

1921
Almtaler-Haus
714 m, A, im Hetzautal nordwestlich des Priels bei Grünau
aktuell, Kategorie II
S. Wels
1872 erbaut als Jagdhütte; 5.1.1921 von der Baron Herring'schen Forstverwaltung gepachtet; adaptiert; 1946 erweitert

1921
Kampbühel-Hütte
A, bei Bad Mitterndorf
aufgelassen/nicht mehr AV
S. Austria
um 1920 erworben; ab 1921 Skihütte

1922
Hinteregger-Hütte
Hintereggeralm-Hütte, Max-Kink-Hütte, Schragl-Hütte
1200 m, A, auf der Hintereggeralm
aufgelassen/nicht mehr AV
S. Liezen
1922 Schragl-Hütte gepachtet (Almhütte im Besitz von Max Kink) u. adaptiert; 9.9.1922 feierlich eröffnet; 1930 erweitert; 1965 Pachtvertrag gekündigt

1922
Tauplitz-Hütte
1580 m, A, südlich des Traweng auf der Tauplitzalm bei Tauplitz
aufgelassen/nicht mehr AV
S. Linz
1869 Almhütte errichtet; 1922 gepachtet u. adaptiert durch S. Linz; 8.12.1922 feierlich eröffnet; 1923–1925 erweitert; Mai 1942 abgebrannt (Blitzschlag)

1923
Welser Hütte, dritte
1815 m, A, in der inneren Hetzau unweit der dritten Welser Hütte bei Grünau
aufgelassen/nicht mehr AV
S. Wels
1923 als Ersatz für die zerstörte zweite Welser Hütte an lawinensicherer Stelle erbaut; 18.8.1923 feierlich eröffnet; 1929 erweitert; 27.7.1929 feierlich eröffnet; im Winter 1934/1935 durch Wirbelsturm schwer beschädigt; 1935 erneuert; in Verwendung bis zur Fertigstellung der vierten Welser Hütte

1923
Wurzeralm-Skihütte
Wurzeralm-Hütte, Wurzener-Alm
1400 m, A, auf der Wurzeralm bei Spital am Pyhrn
aufgelassen/nicht mehr AV
S. Linz
1923 errichtet durch die Skivereinigung der S. Linz in Zusammenarbeit mit dem TV Linz von 1862 (zeitweise sogar mehrere Hütten im Wurzeralmdorf für Selbstversorgerzwecke gepachtet)

1924
Hagerer-Hütte
Hogerer-Hütte
A, im Toten Gebirge

Theodor-Karl-Holl-Haus mit Traweng

aufgelassen/nicht mehr AV
S. Austria
1924 gepachtet

1924
Liezener Hütte
1767 m, A, nordöstlich des Raidlings bei Weißenbach
aktuell, Kategorie I
S. Liezen
1924 erbaut; 24.8.1924 eröffnet; 1936 erweitert; 1958 Grund erworben; 1989 umgebaut; 1999 Holzhütte (Zubau) erneuert

1925 oder früher
Hirzegger-Hütte
A, bei Bad Mitterndorf
aufgelassen/nicht mehr AV
S. Austria
Skihütte (durch Theodor Karl Holl neu gebaut u. eingerichtet)

1925
Lambacher Hütte
1432 m, A, am Sonnkogel auf den Sandlingalmen bei Bad Goisern
aktuell, Kategorie I
S. Lambach
1924/1925 erbaut; 6.9.1925 feierlich eingeweiht; 1947–1951 erweitert; 2.9.1951 eingeweiht; 1977 erweitert (Anbau); 2007 Sturmschaden

1926 ca.
Ischler Hütte
1365 m, A, auf der Schwarzenbergalm bei Bad Ischl
aktuell, Kategorie I
S. Bad Ischl (davor Ischler Bergsteigerbund)
1925–1927 erbaut; bereits um 1926 vom Alpenverein als Skihütte genutzt; 1936 Anbau einer Holzhütte; 15.8.1938 durch Auflösung des Ischler Bergsteigerbundes in den Besitz des Alpenvereins (S. Bad Ischl) übergegangen; 1982–1984 Ersatzbau

1926
Holl-Haus
Theodor-Karl-Holl-Haus
1621 m, A, auf der Roßalm beim Lawinenstein bei Tauplitz-Tauplitzalm
aufgelassen/nicht mehr AV
S. Austria
1924/1925 erbaut (durch Theodor Karl Holl u. Genossen); 26.9.1925 eröffnet; 1926 erworben durch S. Austria (Übergabe 10.5.1926); 2009 verkauft

1927
Pühringer-Hütte
1638 m, A, am Fuß des Elms und des Rotgschirrs bei Grundlsee-Gößl
aktuell, Kategorie I
S. Wels
1921 Grundstück durch S. Wels erworben (Vorbesitzerin S. Linz); 1924–1927 erbaut; 1927 eröffnet (benannt nach Ferdinand Pühringer, einem Apotheker, der die S. Wels in seinem Testament als Erben einsetzte); 11.9.1927 feierlich eröffnet; 1930, 1931 u. 1933 erweitert u. verbessert

1927
Tasch-Hütte
1600 m, A, gegenüber dem Holl-Haus auf der Roßalm bei Tauplitz-Tauplitzalm
aufgelassen/nicht mehr AV
S. Austria
1927 vollständig eingerichtet (gepachtet für Jugend u. Jungmannschaft)

1929
Jugendherberge Grünau
530 m, A, in Grünau
aufgelassen/nicht mehr AV
S. Wels
ab 1.1.1929 ehemaligen Viehstall (Anbau des Hauses Grünau Nr. 39) gemietet u. adaptiert (Eigentum des Ehepaars Drack, Besitzer des Almtalerhofes, Vertrag auf 10 Jahre abgeschlossen); im März 1929 bereits offen

1931 oder früher
AV-Heim Tauplitz
A, im Gasthof Beer in Tauplitz
aufgelassen/nicht mehr AV
S. Austria

Pühringer-Hütte

Dümler-Hütte, um 1935

1931
Dümler-Hütte
Warscheneck-Schutzhaus
1495 m, A, auf der Stofferalm nordöstlich des
Warschenecks bei Roßleithen
aktuell, Kategorie I
S. TK Linz (davor ÖTK, 1931–1945 S. ÖTK Gr. Linz)
1894 erbaut durch ÖTK Windischgarsten; 15.8.1894
feierlich eingeweiht; um 1902 umbenannt (zu Ehren des
1896 verstorbenen Bergfreundes u. Volkserziehers Max
Dümler); 19.2.1923 erworben durch ÖTK Linz; 1925,
1928 erweitert; 1977/1978 saniert durch S. TK Linz

1931
Feuchter-Hütte
eine der drei Sturzhahn-Hütten
1550 m, A, am Steirersee bei Tauplitz
aufgelassen/nicht mehr AV
S. ÖGV
1929 od. 1930 Almhütte gepachtet u. adaptiert; 18.1.1931
als Skihütte eröffnet; um 1945 aufgelassen

1931
Geier-Hütte
eine der drei Sturzhahn-Hütten
1550 m, A, am Steirersee bei Tauplitz
aufgelassen/nicht mehr AV
S. ÖGV
1929 od. 1930 Almhütte gepachtet u. adaptiert; 18.1.1931
als Skihütte eröffnet; um 1945 aufgelassen

1931
Hochmölbing-Hütte
Max-Blanc-Hütte
1702 m, A, auf der Niederhüttenalm bei Wörschach
aufgelassen/nicht mehr AV
ÖTK (1931–1945 S. ÖTK Gr. Graz)
1924 erbaut; 8.9.1924 eröffnet; 1933 erweitert

Priel-Schutzhaus

1931
Hochtausing-Haus
1040 m, A, am Schönmoosanger bei Wörschach
aufgelassen/nicht mehr AV
S. ÖTK Gr. Graz (ab 1931 AV)
1927 erworben; 5.6.1927 eröffnet; 1928/29 ausgebaut u.
verbessert; vor 1943 verkauft, um 1943 privat bewirtschaftet

1931
Pichler-Hütte
eine der drei Sturzhahn-Hütten
1550 m, A, am Steirersee bei Tauplitz
aufgelassen/nicht mehr AV
S. ÖGV
1929 od. 1930 Almhütte erworben u. adaptiert; 18.1.1931
als ganzjährige Hütte eröffnet; um 1945 aufgelassen

1931
Priel-Schutzhaus
Karl-Krahl-Schutzhaus, Krahl-Hütte
1420 m, A, auf der oberen Polsteralm südöstlich des
Großen Priels bei Johannishof

Skiläufer vor der Zeller-Hütte

aktuell, Kategorie I
S. TK Linz (davor ÖTK, 1931–1945 S. ÖTK Gr. Linz)
1884 erbaut durch ÖTK; 16.8.1884 eröffnet (benannt nach dem Wiener Bersteiger Karl Krahl; zuvor gab es bereits eine Schutzhöhle in 2310 m Höhe, die weiter benutzt wurde); 1905/1906 abgetragen u. als Priel-Schutzhaus neu erbaut; gehört seit dem Neubau dem ÖTK Linz; 1970–1975 erweitert durch S. TK Linz

1931
Zeller-Hütte
1575 m, A, auf der Lagelsbergalm (Kernalm) bei Vorderstoder
aktuell, Kategorie I
S. TK Windischgarsten (davor ÖTK, 1931–1945 S. ÖTK Gr. Windischgarsten)
1900/1901 erbaut; 4.9.1901 eröffnet; 1929–1932, 1979/1981 erweitert

1932 oder früher
Talherberge Mitterndorf
A, im Gasthof Post (Otto Khälß) in Bad Mitterndorf
aufgelassen/nicht mehr AV
S. Austria

1932
Linzer Haus Wurzeralm
1371 m, A, auf der Wurzeralm (Wurzeringalm) bei Spital am Pyhrn
aktuell, Kategorie II
S. Linz
1931/1932 erbaut; Juli 1932 eröffnet

1932
Stainacher Hütte
Artweger-Hütte
1350 m, A, am Großsee auf der Grasalm bei Tauplitz
aufgelassen/nicht mehr AV
S. Stainach i. Ennstal
1932 gepachtete Artweger-Hütte umgebaut

1934
Grazer Akademiker-Hütte
1625 m, A, auf der Tauplitzalm bei Tauplitz
aufgelassen/nicht mehr AV
Akad. S. Graz
1928 errichtet als Eigentümer Altherrenverband des Akad. Turnvereins Graz (Verein »Alte Treue«); 1934 gepachtet durch Akad. S. Graz; 21.12.1934 eröffnet; um 1950 in Verwaltung des TV Naturfreunde; jetzt private Pacht

1938
Albert-Appel-Haus
Appel-Haus, Gebirgsvereins-Haus auf der Henaralpe, Henaralm-Haus
1660 m, A, auf der Henaralm bei Altaussee
aufgelassen/nicht mehr AV
ÖTV (davor S. ÖGV; davor Christlicher Arbeiter-Touristenverein)
1938 Haus des Christlichen Arbeiter-Touristenverein enteignet; 1938 erworben durch S. ÖGV; nach 1945 übernommen durch ÖTV (= Christlicher Arbeiter-Touristenverein)

1938
Rinnerkogel-Hütte
Rinner-Hütte
1473 m, A, nördlich des Wildensees bei Altaussee
aufgelassen/nicht mehr AV
Bersteigerbund Ebensee (1938–1945 S. Ebensee)
um 1935 Bau begonnen; 1937 fertiggestellt; 1938 Anschluss des Bergsteigerbunds Ebensee an DAV als S. Ebensee; 1964 vergrößert

1949
Pimperl-Hütte
1600 m, A, auf der Tauplitzalm bei Tauplitz
aufgelassen/nicht mehr AV
S. Linz
1949 als Übergangslösung für die abgebrannte Tauplitz-Hütte gepachtet (Winterbetrieb); Pachtvertrag 1960 abgelaufen

1953
Eselschuster-Hütte
Eslschuster-Hütte
A, auf der Tauplitzalm bei Tauplitz
aufgelassen/nicht mehr AV
S. Liezen
1953 Almhütte gepachtet u. adaptiert; Herbst 1953 eröffnet; 1963 Pachtvertrag aufgelöst

1954
Linzer Tauplitz-Haus
1645 m, A, auf der Tauplitzalm bei Tauplitz
aktuell, Kategorie I
S. Linz
1938 Namensgebung »Adolf-Hitler-Haus« für projektiertes Tauplitz-Haus vom Führer genehmigt, jedoch dagegen im DAV Widerstände, da die Bezeichnung einer höher gelegenen Hütte vorbehalten bleiben soll; 1943 Neubau »in Arbeit«; erst 1954 fertiggestellt; 1954 eröffnet als Linzer Tauplitz-Haus

1954
Schermer-Hütte
1560 m, A, auf der Tauplitzalm bei Tauplitz
aufgelassen/nicht mehr AV
S. Graz-St.G.V.
ab 1954 gepachtet; jetzt privat

1955 oder früher
Jugendherberge Seehaus
589 m, A, am Almsee bei Grünau
aufgelassen/nicht mehr AV
S. Wels
im vom Stift Kremsmünster erbauten Seehaus (17. Jh.) eingerichtet

1960
Spechtensee-Hütte
1045 m, A, am Spechtensee bei Tauplitz
aktuell, Kategorie II
S. Stainach
1960 erbaut; 1968–1970 erweitert; 2000 umgebaut

1968
Leistalm-Hütte
1600 m, A, zwischen Salzsteigjoch und Schwarzensee bei Tauplitz
aufgelassen/nicht mehr AV
S. Linz
1968 gepachtet in Verbindung mit der Sektionsjugend

1969
Welser Hütte, vierte
1726 m, A, in der inneren Hetzau bei Grünau
aktuell, Kategorie I
S. Wels
1967–1971 erbaut (dritte Welser Hütte diente noch während des Baus als Unterkunft); 1969 u. 1970 provisorisch bewirtschaftet; 4.7.1971 feierlich eröffnet

Die vierte Welser Hütte mit Sturmschäden, 2008

2000 oder früher
Biwak-Höhle
2050 m, A, westlich des Temlbergs südwestlich der Welser Hütte
aufgelassen/nicht mehr AV
S. Wels
nicht mehr existent (soll als Hightech-Minihütte wieder errichtet werden)

16 Ennstaler Alpen

»In der Ennsthaler Gruppe hat die mit der S. Ennsthal-Admont innig verbundene alpine Gesellschaft ›Ennsthaler‹ an Wegbezeichnungen, Weg- und Hüttenbauten (Ennsthalerhütte auf dem Tamischbachthurm und Hesshütte am Hochthor) schon sehr Bedeutendes geleistet; nunmehr wird sich auch die S. Ennsthal-Admont an diesen Arbeiten beteiligen und zunächst eine Hütte auf dem Grabnerthörl errichten.«
Johannes Emmer, Zeitschrift des DuOeAV 1894, 273.

1895
Admonter Haus
1725 m, A, auf der Moseralm am Grabnertörl bei Weng bei Admont
aktuell, Kategorie I
S. Admont-Gesäuse (= S. Ennsthal-Admont)
1894/1895 erbaut; 18.8.1895 feierlich eröffnet; 1924 erweitert; 1979–1982 generalsaniert

1898
Reichenstein-Hütte
2128 m, A, am Eisenerzer Reichenstein bei Eisenerz
aktuell, Kategorie I
S. Leoben (= S. Obersteier)
Frühjahr 1897–1898 erbaut durch S. Obersteier; 9.9. od. 9.10.1898 feierlich eröffnet; 1905 erweitert; 23.7.1905 Neubau eröffnet; 1980/1989 Neubau (in zwei Etappen)

Reichenstein-Hütte, 1926

Mödlinger Hütte

1911
Hof-Alm
Hofalm-Hütte
1335 m, A, am Westhang des Großen Pyhrgas bei Spital a. Pyhrn
aktuell, Kategorie I
S. Spital a. Pyhrn (davor ÖTK Windischgarsten)
1775 (oder etwas früher) erbaut; 1887 durch ÖTK Windischgarsten in einem Raum der Hofalm Matratzenlager eingerichtet; Juni 1911 durch S. Spital a. Pyhrn übernommen; 1924 Bau einer bequemen Stiege zu den Notlagern im Dachboden

1914
Mödlinger Hütte
1523 m, A, auf der Treffner Alm südöstlich des Admonter Reichensteins bei Johnsbach
aktuell, Kategorie I
S. Mödling
1913/1914 erbaut; Mitte 1914 eingeweiht; 1922–1932 wiederholt erweitert; um 1967 erweitert

1921
Ennstaler-Hütte
1544 m, A, am Westkamm des Tamischbachturms bei Hieflau
aktuell, Kategorie I
S. Steyr
1885 erbaut durch AG Ennstaler; 15.8.1885 eröffnet; 1921 erworben durch S. Steyr; 1923/24, 1928/1929 erweitert

1923
Haindlkar-Hütte
Erste Haindlkarhütte
A, im Haindlkar an der Nordseite des Hochtors bei Weng-Gstatterboden
aufgelassen/nicht mehr AV
S. Reichenstein
1921–1923 erbaut; 20.5.1923 feierlich eröffnet; 1923 zerstört (Lawine)

1924
Haindlkar-Hütte
Alte Haindlkar-Hütte
1050 m, A, im Haindlkar an der Nordseite des Hochtors unterhalb der Neuen Haindlkar-Hütte bei Weng-Gstatterboden
aktuell, Kategorie I
S. Austria (davor S. Reichenstein)
1924 erbaut; vor 1970 wieder instand gesetzt; seit 2012 S. Austria OG Reichenstein

1925
Gowilalm-Hütte
1375 m, A, nordwestlich des Kleinen Pyhrgas' bei Spital a. Pyhrn
aufgelassen/nicht mehr AV
S. Bad Hall
1. Hälfte 19. Jh. als Almhütte erbaut; 16.10.1924 Pachtvertrag abgeschlossen; 1925 adaptiert; 12.7.1925 feierlich eröffnet; Juni 1926 Tagraum eingebaut; 17.6.1926 Tagraum eröffnet; 1936 ausgebaut

1925
Grössingeralm-Hütte
1350 m, A, auf der Grössingeralm im Johnsbachtal bei Johnsbach
aufgelassen/nicht mehr AV
S. Wiener Lehrer
1925 Almhütte gepachtet u. adaptiert als Skihütte; 8.11.1925 eröffnet; 1927 erweitert (Unterdach ausgebaut); vor 1982 aufgelassen

1929
Talherberge Stegreith
Tal- und Jugendherberge Spital am Pyhrn
700 m, A, oberhalb der St. Leonhardkirche bei Spital a. Pyhrn
aufgelassen/nicht mehr AV
S. Linz

Ennstaler-Hütte im Gesäuse, um 1912

1.11.1928 erworben; 1928/1929 umgebaut; 26.5.1929 eröffnet; 1991 renoviert; 2014 verkauft an privat (Übergabe 1.9.2014)

1931
Gofer-Hütte
976 m, A, auf der Hinteren Goferalm unter dem Admonter Reichenstein bei Johnsbach
aktuell, Kategorie I
S. ÖGV (ab 1931 AV-Sektion)
1928/1929 erbaut durch ÖGV; 9.6.1929 feierlich eröffnet als Bergsteigerheim der ÖGV-Bergsteigergruppe

1931
Heß-Hütte
Hess-Hütte
1699 m, A, auf dem Ennsecksattel bei Weng-Gstatterboden
aktuell, Kategorie I
S. Austria (davor AG Ennstaler)
1892/1893 erbaut durch AG Ennstaler; eröffnet 11.6.1893 (nach Gesäusepionier Heinrich Hess benannt); um 1902, 1910, 1922 erweitert; 1931 wird AG Ennstaler Gruppe der S. Austria; 1979 Schlafhaus errichtet; 1996 generalsaniert

1932 oder früher
Skihütte am Teichenecksattel
1600 m, A, im Kamm Wildfeld-Zeyritzkampel bei Eisenerz
aufgelassen/nicht mehr AV
S. Eisenerz

1932
Obere Moosalm-Hütte
A, auf der Moosalm bei Trofaiach
aufgelassen/nicht mehr AV
S. Leoben
1932 gepachtet

1934
Jugendherberge Admont
A, in Admont
aufgelassen/nicht mehr AV
S. Admont-Gesäuse

1937 oder früher
Bosruck-Hütte
Skihütte Bosruckalpe
1036 m, A, auf der Ochsenwaldalm unterhalb des Bosrucks bei Spital a. Pyhrn
aktuell, Kategorie II

Klinke-Hütte

S. Spital a. Pyhrn

anfangs genutzt als Sektions-Skihütte; 1941/1942 vollständiger Neubau

1937 oder früher
Unterstandshöhle am Pyhrgas
A, unter dem Gipfel des Großen Pyhrgas bei Spital a. Pyhrn
aufgelassen/nicht mehr AV
S. Spital a. Pyhrn

1939
Buchstein-Haus
Buchstein-Hütte, Preßburger Hütte
1571 m, A, am Großen Buchstein bei Admont
aufgelassen/nicht mehr AV
TV Naturfreunde (1934–1938 Bergfreunde, 1938 DJH, 1939–1945 DAV bzw. S. Preßburg)
1924 erbaut durch TV Naturfreunde; 1934 übernommen durch Bergfreunde; 1938 übernommen durch Reichsverband für Deutsche Jugendherbergen; spätestens 1939 übernommen durch DAV (um 1943 S. Preßburg); 2010 Neubau

1956
Grete-Klinger-Heim
Talheim Trofaiach
680 m, A, an der Stelle des jetzigen AV-Hauses Trofaiach in Trofaiach
aufgelassen/nicht mehr AV
S. Trofaiach (ehemals S. Leoben Gr. Trofaiach)
1955 Holzbaracken des britischen Militärs erworben durch Grete Klinger; 1955/1956 adaptiert durch S. Leoben; 4.3.1956 eröffnet als Talheim der S. Leoben OG Trofaiach; 1975 Umbildung in S. Trofaiach; 1986 Gebäude abgerissen; 29.10.1988 Neubau eröffnet als Alpenvereinshaus Trofaiach (Vereinsheim ohne Nächtigungsmöglichkeit)

1959
Klinke-Hütte
Oberst-Klinke-Hütte, Alpines Bildungszentrum Klinke-Hütte
1504 m, A, am Kalblingboden südlich des Kalblings bei Admont
aktuell, Kategorie II
S. Admont-Gesäuse (S. Admont, davor Naturfreunde)
1940 erbaut durch Bergsportverein Gesäuse im Auftrag der Wehrmacht; nach 1945 geleitet durch TV Naturfreunde; nach 13 Jahren Rückgabe an den Bergsportverein Gesäuse; 1959 Bergsportverein in S. Admont integriert

1960
Haindlkar-Hütte
Neue Haindlkar-Hütte
1121 m, A, im Haindlkar an der Nordseite des Hochtors bei Weng-Gstatterboden
aktuell, Kategorie I
S. Austria (davor S. Reichenstein)
1958–1960 erbaut durch S. Reichenstein; 1960 eröffnet; ab 2012 S. Austria OG Reichenstein

1961
Trofaiach-Jugendherberge
680 m, A, neben dem Grete-Klinger-Heim (jetzt AV-Haus Trofaiach) in Trofaiach
aufgelassen/nicht mehr AV
S. Trofaiach (ehemals S. Leoben Gr. Trofaiach)
1958–1961 Holzbaracke des britischen Militärs adaptiert u. erweitert durch S. Leoben Gr. Trofaiach; 1961 eröffnet; 1975 Umbildung in S. Trofaiach; 1991 aufgelassen u. im Gebäude Kletterwand aufgestellt

1970 oder früher
Grabneralm-Haus
Grabner-Alm
1395 m, A, ober dem Buchauersattel bei Weng i. Gesäuse
aufgelassen/nicht mehr AV
S. St. Gallen (davor S. Admont)
als Schule für Alpwirtschaft erbaut durch die Landwirtschaftliche Fachschule Grabnerhof; zwischenzeitlich gepachtet durch S. Admont u. S. Sankt Gallen

17a Salzkammergut-Berge

»Die Voralpen-Landschaft des Salzkammergutes mit ihren schönen Seen und prächtigen Aussichtsbergen hatte zur Zeit, als der Österreichische Alpenverein entstand, noch ›turistische Bedeutung‹ auch für Bergsteiger gehabt, späterhin wurde die Tummelplatz der ›Sommerfrischler‹, für deren Bedürfnisse, insoweit nicht schon die Kur- und Verschönerungs-Vereine sorgten, einige Weganlagen genügten, auf

Schutzhütten konnte man verzichten. Neuester Zeit regt sich aber auch hier der Tatendrang der Sektionen; man will in bisher vernachlässigten Berggipfeln neue Anziehungskräfte für den Fremdenverkehr gewinnen, um welchen sich wahre Wettkämpfe entsponnen haben.«

Johannes Emmer, Beiträge zur Geschichte des Deutschen und Österreichischen Alpenvereins in den Jahren 1895–1909, Zeitschrift des DuOeAV 1909, 344.

1908
Zwölferhorn-Hütte
1510 m, A, am Zwölferhorn bei St. Gilgen
aufgelassen/nicht mehr AV
S. St. Gilgen
1907/1908 erbaut; 3.8.1908 dem Verkehr übergeben; 20.9.1908 eröffnet

1911
Kranabethsattel-Hütte
Kranabetsattel-Hütte, AV-Haus bzw. AV-Ferienheim am Feuerkogel
1554 m, A, am Kranabethsattel am Feuerkogel bei Ebensee-Kohlstatt
aufgelassen/nicht mehr AV
S. Gmunden
1911 erbaut; Mai 1911 eröffnet; 1925 u. 1929 erweitert; Ende 1990 verkauft; April 1991 abgebrannt

1925 oder früher
Paul-Preuß-Hütte
1540 m, A, auf der Kalmberg-Schartenalm bei Bad Goisern
aufgelassen/nicht mehr AV
S. Bad Goisern
um 1925 als Skihütte genutzt durch S. Bad Goisern; zuletzt gemietet durch TV Naturfreunde; nun Privatbesitz

1925
Hochlecken-Haus
1572 m, A, auf der Griesalm westlich des Hochleckenkogels bei Steinbach
aktuell, Kategorie I
S. Vöcklabruck
1924/1925 erbaut; 6.9.1925 feierlich eingeweiht; 1926 Grund erworben; 1926, 1935, 1977 erweitert

1929
Rieder Hütte, alte
1720 m, A, in der Eiblgrube am Fuß des Großen Höllkogels bei Ebensee
aufgelassen/nicht mehr AV
S. Ried i. Innkreis
1929 errichtet (ehemalige Arbeiterhütte vom Seilbahnbau zerlegt, in die Eiblgrube verbracht u. dort aufgebaut);

Hochlecken-Haus, um 1940

15.12.1929 eröffnet; 1930–1932 erweitert; 12.3.1973 abgebrannt

1933
Goiserer Hütte
1592 m, A, auf der Kammscharte des Kalmbergs bei Bad Goisern
aktuell, Kategorie I
S. Bad Goisern
1932/1933 erbaut; 9.9.1933 eröffnet; 2013 erweitert

1935 oder früher
Schober-Hütte, alte
1328 m, A, am Schober bei Fuschl a. See
aufgelassen/nicht mehr AV
S. Salzburg (davor S. Mondsee)
um 1900 privat erbaut; spätestens 1935 »herrenlose« Hütte adaptiert als Notunterstand durch S. Mondsee; 1954 restauriert; 1994 zerstört (Bergsturz)

1937
Jugendherberge Mondsee
Jugendherberge Höribachhof
A, bei Mondsee
aufgelassen/nicht mehr AV
S. Mondsee
1937 eröffnet

1938
Bleckwand-Hütte
1340 m, A, auf der Bleckwand bei Strobl-Gschwendt
aufgelassen/nicht mehr AV
Bergfreunde Salzburg (1938–1945 S. St. Gilgen Gr. Bleckwand-Hütte)
1933–1935 erbaut; 1934 bereits teilweise benutzbar; 29.6.1935 feierlich eröffnet; 1936 erweitert; 1938 Bergfreunde Salzburg als Gruppe an S. Sankt Gilgen angeschlossen; nach 1945 übernommen durch TV Naturfreunde

Neue Rieder Hütte, 1975

1952
Braunauer Hütte
Illinger Alm
1210 m, A, auf der Illinger Alm am Zwölferhorn bei St. Gilgen
aktuell, Kategorie II
S. Braunau
Mai 1952 Hütte erworben; 1959/1960 erweitert; 1976 Neubau des alten Teils der Hütte

1960
Wallmann-Poidl-Rast
Wetterschutzhütte am Saurücken
A, am Saurücken am Weg zur Goiserer Hütte bei Bad Goisern
aktuell, offener Unterstand
S. Bad Goisern
1960 eröffnet (offene Gewitter-Unterstandshütte in Lärchen-Rundblockbauweise)

1965
Pramesberger-Rast
Wetterschutzhütte am Kniekogel
1452 m, A, am Kniekogel bei Bad Goisern
aktuell, offener Unterstand
S. Bad Goisern
1965 eröffnet (offene Gewitter-Unterstandshütte in Lärchen-Rundblockbauweise)

1977
Rieder Hütte
Neue Rieder Hütte
1765 m, A, nördlich des Großen Höllkogels bei Ebensee
aktuell, Kategorie I
S. Ried i. Innkreis
1975–1977 erbaut (als Ersatz für die alte Rieder Hütte)

1995
Schober-Hütte
Neue Schober-Hütte
1329 m, A, am Schober bei Fuschl a. See
aktuell, Kategorie I
S. Salzburg
1995 errichtet (als Ersatz für die zerstörte Schober-Hütte)

17b Oberösterreichische Voralpen

»Mancher Bergfreund aus unserer Heimat hat auf diesen Höhen seinen ersten Berggang getan, vielleicht später noch ein paar Stunden, einen halben oder einen ganzen Tag Freizeit zu einer Wanderung oder zu einer Skifahrt dort genützt und weiß, daß für den Altenteil ein unerschöpflicher, reicher Vorrat an Bergerleben in diesen Bergen auf ihn wartet. Ich möchte daher meine folgenden einfachen Berg- und Wanderbilder […] mit den Worten unseres Altmeisters Dr. Julius Kugy einleiten:

›Sind die großen Berge die ernst ragenden Marksteine auf dem Weg eines Bergsteigerlebens, so haben die Vorberge von dem einen zum andern heitere Brücken gebaut und sie mit Alpenblumen bekränzt.‹«

Sepp Wallner, Berg- und Wanderbilder aus den oberösterreichischen Voralpen, Jahrbuch des Österreichischen Alpenvereins 1951, 74.

1869
Damberg-Warte, erste und zweite
811 m, A, am Damberg bei Steyr
aufgelassen/nicht mehr AV
S. Steyr (davor ÖAV)
6.9.1869 feierlich eröffnet (erbaut und finanziert durch die ÖAV-Mitgliedern in Steyr); 1876 ausgebessert durch S. Steyr; 1888 neue Warte errichtet durch S. Steyr (wieder aus Holz, aber niedriger); 1.7.1888 feierlich eröffnet; 3.7.1893 durch Blitzschlag beschädigt; 1893 ausgebessert (Ende Sept. Reparatur beendet); 1921 übernommen durch Verschönerungsverein; 1934 abgetragen; 1972 Neubau (dritte Warte) mit der Hilfe des Landes Oberösterreich, der Stadt Steyr und der Bevölkerung von Steyr

1920
Sepp-Huber-Hütte
Kasberg-Schwaig, Kasberg-Hütte
1560 m, A, nordwestlich des Kasbergs bei Grünau i. Almtal
aufgelassen/nicht mehr AV
S. Wels
1920 gepachtet; ab 1930 auch im Winter gepachtet; um 1933 erweitert (unter Verwendung von Baumaterial einer nahegelegenen ehemaligen Herring-Jagdhütte); 1949

Sepp-Huber-Hütte bei Grünau, um 1965

Feichtau-Hütte

erweitert; Aug. 1959 Grund erworben; 1960–1962 umgebaut; 16.9.1962 als Sepp-Huber-Hütte feierlich eingeweiht; 1984 verkauft an die Pächterin Ingrid Hauer

1921
Feichtau-Hütte
Feuchtau-Hütte
1360 m, A, auf der Feichtaualm bei Molln
aktuell, Kategorie I
S. Steyr
um 1780 erbaut (Jagdhütte); um 1830 u. um 1880 erweitert; 1921 gepachtet; 1921 eröffnet; 1935/1936 umgebaut

1925
Anton-Schosser-Hütte
Hochdirn-Hütte, Skihütte auf der Hohen Dirn
1157 m, A, an der Hohen Dirn bei Losenstein
aktuell, Kategorie I
S. Steyr
1925 als Skihütte erbaut; 12.9.1925 eröffnet

1926 oder früher
Jugendherberge Steyr
Studentenherberge Steyr
A, in Steyr
aufgelassen/nicht mehr AV
S. Steyr

1927
Grünburger Hütte
1080 m, A, am Brettmais westlich des Hochbuchbergs bei Grünburg
aktuell, Kategorie I
S. Grünburg
1927 erbaut; 13.11.1927 eröffnet; 1928 u. 1931, 1980–1982, 1996 erweitert

1938
Ahornalm-Hütte
Ahorn-Alm, Kirchdorfer Hütte, Kasberg-Hütte
1336 m, A, auf der Ahornalm bei Steyrling
aktuell, Kategorie I
S. Kirchdorf a. d. Krems
1937 gepachtete Ahornalm umgebaut zur Skihütte; Ende 1937 bereits offen; 1963–1968 erweitert; 1999 generalsaniert; 2010 erweitert (sanitäre Anlagen)

1938
Gmundner Hütte
Gmundener Hütte
1666 m, A, am Fahnenkogel des Traunsteins bei Gmunden
aktuell, Kategorie I
S. Gmunden (davor Gmundner TK, davor ÖTK)
1907–1909 erbaut; bereits 6.10.1907 eröffnet; 1920er-Jahre mehrfach erweitert; 1930 Austritt aus ÖTK (nun Gmundner Touristenklub); 1938 übernommen durch S. Gmunden; 1951 renoviert; 1959–1961 erweitert; 1970/1971 erweitert; 1981 Umbau; 2007 generalsaniert

1938
Grünberg-Hütte
1004 m, A, am Grünberg bei Gmunden
aufgelassen/nicht mehr AV
S. Gmunden (davor Gmundner TK, davor ÖTK)
1927/1928 erbaut durch ÖTK Gmunden; 1927 geöffnet; 1930 Austritt aus ÖTK (nun Gmundner Touristenklub); 1938 übernommen durch S. Gmunden; nach 1957 an die Grünberg-Seilbahn GmbH verpachtet; 1980 verkauft

1938
Grünberg-Warte
Jubiläums-Warte
A, auf der Grünberg-Hütte am Grünberg bei Gmunden
aufgelassen/nicht mehr AV
S. Gmunden (davor Gmundner TK, davor ÖTK)

Traunstein-Haus der Naturfreunde, eine der enteigneten Naturfreunde-Hütten, die vom Alpenverein übernommen wurden

1927 über der Grünberg-Hütte errichtet; 18.9.1927 eröffnet; 1930 Austritt aus ÖTK (nun Gmundner Touristenklub); 1938 übernommen durch S. Gmunden; vor 1945 abgetragen

1938
Mairalm-Hütte
850 m, A, am Südfuß des Traunsteins bei Gmunden-Traunstein
aufgelassen/nicht mehr AV
S. Gmunden (davor Gmundner TK)
1938 übernommen durch S. Gmunden (Anschluss des Gmundner Touristenklubs an S. Gmunden)

1939
Traunkirchnerkogel-Haus
Traunstein-Haus
1581 m, A, am Traunkirchner Kogel bei Gmunden-Traunstein
aufgelassen/nicht mehr AV
TV Naturfreunde (1934–1938 Bergfreunde, 1938/1939 DJH, 1939–1945 DAV/S. Gmunden)
1924–1927 erbaut; 1927 eröffnet durch TV Naturfreunde; 1938 Reichsverband für Deutsche Jugendherbergen; 1939 DAV; dann S. Gmunden; nach 1945 wieder geführt als Traunstein-Haus des TV Naturfreunde

1952
Sepp-Stahrl-Talherberge
Sepp-Stahrl-Hütte, Sepp-Stahrl-Zeltlagerplatz u. Talherberge Gmunden
425 m, A, am Ostufer des Traunsees in Gmunden
aufgelassen/nicht mehr AV
S. Gmunden
1952 Grundstück durch S. Gmunden von Österreichischen Bundesforsten gepachtet u. auf dem Grundstück befindlichen alten Keller zu einer Schlechtwetterherberge für die Campinggäste ausgebaut; 1992 Grund erworben; 1995 umgebaut; umbenannt (nach dem langjährigen Hütten- und Platzwart); jetzt Restaurant

1972
Tal- u. Jugendherberge Losenstein
350 m, A, an der Enns bei der Ruine Losenstein in Losenstein
aktuell, Jugendherberge/Jugendheim
S. Steyr
1972 fertiggestellt

1976
Hochsengs-Biwak
Uwe-Anderle-Biwak
1583 m, A, zwischen Hochsengs u. Gamskogel im Sengsengebirge bei Windischgarsten
aktuell, Kategorie I
S. Molln-Steyrtal
1976 erbaut

2015 oder früher
AV-Heim Molln
441 m, A, in Molln
aktuell, Jugendherberge/Jugendheim
S. Molln-Steyrtal

18 Hochschwab-Gruppe

»Hochgelegene Almböden mit schwellenden Rasenteppichen ermöglichen dem Kletterer nach ernster Arbeit ein wunschloses Wandern in bedeutender Höhe, wodurch die Bergfahrten an Liebreiz gewinnen. […] Der Hochschwab ermöglicht durch seine Vielgestaltigkeit sowohl im Sommer als auch im Winter leichte Fahrten und herrliche, hochalpine Genüsse: harmlose Wanderungen über grüne Matten. Leichte und schwierigste Kletterfahrten, Schneeschuhfahrten auf sanfte Vorberge und langandauerndem anstrengende Querungen der Hochflächen mit schönen, langen Abfahrten ins Tal.«

Eduard Mayer/Ludwig Obersteiner, Hochschwabführer, Wien 1922, 1, 10.

1919
Seeberg-Hütte
1140 m, A, am Seeberg bei Seewiesen
aufgelassen/nicht mehr AV
S. Bruck a. d. Mur
ab 1919 als Skihütte gepachtet durch Skivereinigung der S. Bruck a. d. Mur; 1933 Pacht gekündigt

1924 oder früher
Jagdhütte am Hohen Schilling
1500 m, A, am Hohen Schilling bei Vordernberg
aufgelassen/nicht mehr AV
S. Leoben
Skihütte

1925
Häuslalm-Hütte
Häuselalm-Hütte
1500 m, A, bei Tragöß
aufgelassen/nicht mehr AV
S. Graz
1925 als Skihütte gepachtet

1926
Leobner Hütte
Leobener Hütte
1582 m, A, zwischen Polster und Griesmauer bei Vordernberg-Präbichl
aktuell, Kategorie I
S. Leoben
1925 altes Knappenhaus/Luftkeusche gepachtet, aber völlig verfallen; 1926 Bau einer Hütte am selben Ort; 5./6.9.1926 eröffnet

1930 oder früher
Seeberg-Hütte der Jugend
A, am Seeberg bei Seewiesen
aufgelassen/nicht mehr AV
S. Bruck a. d. Mur
Skihütte der Sektionsjugend; steht nach Kündigung des Pachtvertrags der anderen Seeberg-Hütte (1933) auch den Sektionsmitgliedern zur Verfügung

1931
Schiestl-Haus
2153 m, A, am Hochschwab bei St. Ilgen
aufgelassen/nicht mehr AV
ÖTK (1931–1945 S. ÖTK Gr. Wien)
1883/1884 erbaut; 1894, 1913 erweitert (jetzt Neubau)

1935
Bürger-Alm
Skihütte Bürger-Alm
A, auf der Bürgeralm bei Aflenz
aufgelassen/nicht mehr AV
S. Bruck a. d. Mur
1935 gepachtet als Skihütte; nur 2 Jahre gepachtet

1936 oder früher
Jugendherberge Präbichl
A, in Vordernberg-Präbichl

Ausblick von der Leobner Hütte

aufgelassen/nicht mehr AV
S. Leoben

1936
Fleischer-Hütte
Ferdinand-Fleischer-Hütte
2153 m, A, am westlichen Schwabenboden südwestlich des Hochschwab bei Buchberg
aufgelassen/nicht mehr AV
S. Voisthaler (bis 1936 AG Voisthaler)
1904/1905 erbaut (benannt nach Ferdinand Fleischer jun., dem 1903 am Berg erfrorenen Obmann der AG, bereits 1904 – subventioniert durch k.k. Eisenbahnministerium – kleine Holzhütte errichtet, jedoch Grundeigentümer nicht mit geplantem Aufstellungsort – 10 Gehminuten vom dann gewählten Platz – einverstanden); 11.6.1905 feierlich eingeweiht; 1920 Vorbau errichtet; Pfingstsamstag 1928 abgebrannt; bald darauf Neubau in Stein u. Beton errichtet; 1929 dem Verkehr übergeben; wegen Baufälligkeit aufgelassen

1936
Fölzalm-Hütte
Herzer-Hütte
A, auf der Fölzalm bei Aflenz
aufgelassen/nicht mehr AV
S. Bruck a. d. Mur
1936 gepachtet; 1938 Pachtvertrag gekündigt

1936
Sonnschien-Hütte
1526 m, A, auf der Sonnschienalm bei Tragöß
aktuell, Kategorie I
S. Voisthaler (bis 1936 AG Voisthaler)
1913–1915 erbaut; in den Kriegsjahren nur Mitgliedern zugänglich; erst 1920 eingeweiht; 1934 Vorbau zum Hütteneingang errichtet; 1962, 1978–1981 erweitert; im Herbst 1981 feierlich eröffnet

Ferdinand-Fleischer-Biwak

1936
Voisthaler-Hütte
1654 m, A, in der Oberen Dullwitz bei Turnau-Seewiesen
aktuell, Kategorie I
S. Voisthaler (bis 1936 AG Voisthaler)
1898 erbaut; 10.7.1898 feierlich eröffnet; 1923, 1928, 1934, 1963–1965 erweitert; 18./19.9.1965 feierlich eröffnet

1965 oder früher
Jauringalm-Hütte
Jauring-Alm
1550 m, A, nordöstlich der Bürgeralm nahe der Windgrube bei Aflenz
aufgelassen/nicht mehr AV
S. Kapfenberg
1965 umgebaut

1966
Fleischer-Biwak
Ferdinand-Fleischer-Biwakschachtel
2153 m, A, auf dem westlichen Schwabenboden 140 Schritte östlich der alten Fleischer-Hütte bei Buchberg
aktuell, Kategorie I
S. Voisthaler (davor AG Voisthaler)
Juli 1966 Biwakschachtel aus Metall aufgestellt (als Ersatz für baufällige Fleischer-Hütte)

19 Mürzsteger Alpen

»Je mehr sich der westöstliche Zug der Alpen der pannonischen Tiefebene nähert, desto waldreicher wird er. Von seinen letzten Gipfeln schweift der Blick noch meilenweit über bewaldete Höhen, ehe sich das Bergland in Obsthügel und Rebengelände verliert, und Wald, hochstämmiger Fichtenwald bedeckt fast die Hälfte der grünen Mark, zu der die letzten Alpengebirge gehören. In diesem Lande der Grünröcke, der Sensenhämmer und des Eisens liegt unweit Roseggers Heimat die Schneealpe, ein Typus der stillernsten, schönen Gebirge, die als die letzten ihre hell schimmernden Felsen hoch über das grüne Gewimmel erheben.«
Fritz Benesch, Die Schneealpe, 1904 m. Zeitschrift des DuOeAV 1929, 213.

1921
Windberg-Hütte
1825 m, A, südöstlich des Windbergs auf der Schneealpe bei Neuberg-Altenberg
aufgelassen/nicht mehr AV
S. Donauland
1921 oder 1920 eine der Almhütten am Windberg gepachtet; 1921 offen

1922
Donauland-Hütte
Jugendherberge Donauland, Hinteralm-Hütte, Ostmark-Hütte
1450 m, A, auf der Hinteralm neben dem AV-Haus Hinteralm bei Neuberg-Mürzsteg
aufgelassen/nicht mehr AV
S. Wiener Lehrer (davor AV Donauland/S. Donauland; 1938/1939–1945 DAV, zunächst S. Bergsteigervereinigung, dann S. Wiener Lehrer)
1922 Schweighütte gepachtet u. adaptiert durch S. Donauland; Dez. 1924 Ausschluss der »jüdischen« S. Donauland, Fortbestand als AV Donauland; 1938 Hütte beschlagnahmt durch Gestapo u. dem DAV zugewiesen; ab 1938 od. 1939 betreut durch S. Bergsteigervereinigung (»Ostmark-Hütte«), dann verwaltet durch S. Wiener Lehrer; restituiert an AV Donauland; Ende 1968 erworben durch S. Wiener Lehrer (als Selbstversorger- u. Jugendhütte); um 1990 verkauft

1924 oder früher
Kampl-Hütte
A, am Kampl auf der Schneealpe bei Neuberg-Altenberg
aufgelassen/nicht mehr AV
S. Mödling
Skihütte

1924 oder früher
Windberg-Hütte
A, beim Windberg auf der Schneealpe bei Neuberg-Altenberg
aufgelassen/nicht mehr AV
S. Mürzzuschlag

1925 oder früher
Mühlbauer-Hütte
Schnee-Alm
A, wohl auf der Schneealpe bei Neuberg-Altenberg

Skihütten auf der Veitschalm

aufgelassen/nicht mehr AV
S. Mürzzuschlag

1925
Rinnhofer-Hütte
1744 m, A, südöstlich des Windbergs auf der Schneealpe bei Neuberg-Altenberg
aufgelassen/nicht mehr AV
S. Austria
23.11.1925 kleiner Almgasthof als Skihütte gepachtet durch S. Austria; ab Winter 1930/1931 nicht mehr gepachtet

1926
Hinteralm-Haus
Wiener-Lehrer-Hütte bzw. -Haus, AV-Haus Hinteralm, Hinteralm-Hütte, Schneeberger-Hütte, Schneeschuh-Hütte Hinteralm
1450 m, A, auf der Hinteralm (Nr. 31) bei Neuberg-Mürzsteg
aktuell, Kategorie I
S. Edelweiss (davor S. Wiener Lehrer)

Hinteralm-Hütten

10.1.1926 Kaufabschluss für Almhütte (bisheriger Besitzer Johann Schneeberger), da es sich jedoch um eine Luftkeusche handelt, langwierige Verhandlungen, schließlich Benützungsrecht für S. Wiener Lehrer; 1926/1927 ausgebaut; Weihnachten 1926 Betrieb aufgenommen; 8.1.1928 feierlich eröffnet; mit Beschluss vom 11.3.1935 Wiener-Lehrer-Hütte genannt; 1934, 1955, 1985/1986 erweitert

Graf-Meran-Haus des ÖTK, um 1910

1927
Michlbauer-Hütte
Michelbauern-Hütte
1600 m, A, auf der Schneealpe bei Neuberg-Altenberg
aufgelassen/nicht mehr AV
S. Mürzzuschlag
ab 1927 im Winter durch S. Mürzzuschlag betreut

1927
Thonhofer-Hütte
1450 m, A, auf der Hinteralm bei Neuberg-Mürzsteg
aufgelassen/nicht mehr AV
S. Mürzzuschlag

1931
Graf-Meran-Haus
Meran-Haus
1880 m, A, auf der Veitschalpe am Südabhang der Hohen Veitsch bei Kleinveitsch
aufgelassen/nicht mehr AV
ÖTK (1931–1945 S. ÖTK Gr. Wien)
1880 erbaut durch ÖTK u. Steir. Gebirgsverein; 5.9.1880 eröffnet; 1908 Zubau; 28.6.1908 Zubau eröffnet; 28.10.1927 die dem Steir. Gebirgsverein gehörige Hälfte des alten Hauses abgekauft; 1931/1932 Neubau; 1933 eröffnet

1931
Hinteralm-Hütte
erste Hinteralm-Hütte des ÖGV, Schneeschuh-Hütte des ÖGV
1450 m, A, auf der Hinteralm (Nr. 88) bei Neuberg-Mürzsteg
aufgelassen/nicht mehr AV
S. ÖGV (ab 1931 AV-Sektion)
bereits vor der Pachtung der »Reserve-Hütte« (1929, Haus Nr. 38) vom ÖGV benützt

1931
Kutatsch-Hütte
Wetterschutzhütte am Kampl
1700 m, A, am Kampl auf der Schneealpe bei Neuberg-Altenberg
aktuell, Kategorie I
S. ÖGV (ab 1931 AV-Sektion)
1929/1930 erbaut; 2000 komplett neu errichtet (ein Raum ist jederzeit offener Unterstand, zweiter Raum ist Dienstraum der ÖBRD-Ortsstelle Neuberg); 20.5.2000 feierlich eröffnet

1931
Reserve-Hütte
zweite Hinteralm-Hütte des ÖGV
1450 m, A, auf der Hinteralm (Nr. 38) bei Neuberg-Mürzsteg
aufgelassen/nicht mehr AV
S. ÖGV (ab 1931 AV-Sektion)
1929 kleine Almhütte gepachtet (als Ersatz für zuvor benütztes Haus Hinteralm Nr. 88); 26.12.1929 eröffnet; ab 1931 durch Skivereinigung des ÖGV verwaltet als Skihütte; ab 1934 nur noch als »Reserve-Hütte« (Ausweichquartier) des Gebirgsvereins-Hauses (Nr. 25) in Verwendung

1931
Schneealpen-Haus
Dr.-Otto-Schutovits-Haus, Heldendank-Hütte
1788 m, A, auf dem Schauerkogel am Rand des Schneealpe-Plateaus bei Neuberg-Altenberg
aktuell, Kategorie I
S. ÖGV (ab 1931 AV-Sektion)
1923–1925 erbaut; 16.8.1925 feierlich eröffnet; 1931/1932 erweitert

1931
Talherberge Lanau
A, im Gasthaus zur Linde in Mürzsteg-Lanau
aufgelassen/nicht mehr AV
S. ÖGV (ab 1931 AV-Sektion)
vor 1931 eingerichtet durch ÖGV; vor 1943 aufgelassen

1931
Veitschalm-Hütte
Veitschalpen-Hütte, erste
1430 m, A, auf der Veitschalpe am Südabhang der Hohen Veitsch bei Kleinveitsch
aufgelassen/nicht mehr AV
S. ÖGV (ab 1931 AV-Sektion)
1929 Jagdhütte gepachtet u. adaptiert; 4.8.1929 feierlich eröffnet; 1931/1932 erweitert

1931
Veitschalm-Hütte
Veitschalpen-Hütte, zweite
1430 m, A, auf der Veitschalpe am Südabhang der Hohen Veitsch bei Kleinveitsch
aufgelassen/nicht mehr AV
S. ÖGV (ab 1931 AV-Sektion)
1929 oder etwas danach gepachtet u. adaptiert (zusätzlich zur ersten Veitschalpen-Hütte)

1932
Peter-Moser-Hütte
Hinteralm-Hütte, Mürzzuschlager Hütte, dritte Hinteralm-Hütte des ÖGV
1450 m, A, auf der Hinteralm nächst der ersten Hinteralm-Hütte des ÖGV bei Neuberg-Mürzsteg
aufgelassen/nicht mehr AV
S. Mürzzuschlag (davor S. ÖGV)
im Winter 1932/1933 Almhütte gepachtet als Skihütte zur Entlastung der Hinteralm-Hütte (Nr. 38) durch S. ÖGV; 1934 abgetreten an S. Mürzzuschlag (Tausch mit deren bisheriger Skihütte auf der Hinteralm); um 2002 Pachtende S. Mürzzuschlag (benannt nach einem früheren Besitzer)

1932
Schiheim Krampen
Schiläuferheim Krampen
1450 m, A, am Aufstieg zur Hinteralm unweit von Neuberg-Krampen
aufgelassen/nicht mehr AV
S. ÖGV
im Winter 1932/1933 in einem Haus bei Krampen eingerichtet; jetzt privat

1932
Weikert-Hütte
1450 m, A, auf der Hinteralm nächst der Wiener-Lehrer-Hütte bei Neuberg-Mürzsteg
aufgelassen/nicht mehr AV
S. Wiener Lehrer
1932 gepachtet (zunächst als Jugendgruppenquartier zur Entlastung der Wiener-Lehrer-Hütte); 1932/1933 adaptiert; bereits ab 15.12.1932 offen; 28.1.1933 fertiggestellt

1934 oder früher
Gebirgsvereins-Haus auf der Hinteralm
Schrittwieser-Hütte, vierte Hinteralm-Hütte des ÖGV
1450 m, A, auf der Hinteralm (Nr. 25) bei Neuberg-Mürzsteg
aufgelassen/nicht mehr AV
S. ÖGV (davor S. Mürzzuschlag)
1934 von S. Mürzzuschlag »Schrittwieser-Hütte« an

Schneealpen-Haus

S. ÖGV abgetreten (Tausch mit deren bisheriger Hinteralm-Entlastungs-Hütte); fungiert als eigentliche Schutzhütte der S. ÖGV (nunmehrige »Reserve-Hütte« als Ausweichquartier in Gebrauch); langjähriger Pachtvertrag mit privaten Besitzern; 1934/1935 erweitert u. in Gebirgsvereins-Haus auf der Hinteralm umbenannt; 1937 erweitert

1934 oder früher
Skihütte am Poguschsattel, erste
A, am Poguschsattel bei St. Lorenzen i. Mürztal
aufgelassen/nicht mehr AV
S. Graz
vor 1934 gepachtet

1934
Skihütte am Poguschsattel, zweite
A, am Poguschsattel bei St. Lorenzen i. Mürztal
aufgelassen/nicht mehr AV
S. Graz
1934 gepachtet

1935
Peter-Paar-Hütte
Paar-Hütte
1450 m, A, auf der Hinteralm (Nr. 27) nächst der Wiener-Lehrer-Hütte bei Neuberg-Mürzsteg
aufgelassen/nicht mehr AV
S. Wiener Lehrer
1934/1935 adaptiert als dritte Hütte der S. Wiener Lehrer; 15.3.1935 gepachtet als Selbstversorgerhütte (benannt nach Besitzer); bereits 1935 offen; jetzt privat

1938
Alpenrose-Hütte
1260 m, A, an der Sauwand bei Mariazell
aufgelassen/nicht mehr AV
ÖTK (davor AG Kientaler, davor bis 1945 S. Austria AG

Falbersbach-Hütte

Kientaler, davor ab 1938 S. Austria AG Alpenrose, davor AG Alpenrose)
um 1939 hat sich die AG Alpenrose der Gr. AG Kientaler der Sektion Austria angeschlossen

1938
Waldfreunde-Hütte am Obersberg
1464 m, A, am Obersberg bei Schwarzau-Preintal
aufgelassen/nicht mehr AV
AG Waldfreunde (1938–1945 S. Waldfreunde)
1923/1924 erbaut durch AG Waldfreunde; 8.9.1924 feierlich eröffnet; 1930 erweitert; 7.9.1930 eröffnet; 1935 Eishaus errichtet

1938
Waldfreunde-Skihütte auf der Hinteralm
1450 m, A, auf der Hinteralm (Gp. 532/1) bei Neuberg-Mürzsteg
aufgelassen/nicht mehr AV
AG Waldfreunde (1938–1945 S. Waldfreunde)
1937 Almhütte gepachtet durch AG Waldfreunde; Nov. 1937 als Unterkunftshütte für Wintersportler eingerichtet

1948
Kaarl-Hütte
Anbauer-Hütte
1310 m, A, unterhalb des Kaarls bei Mürzzuschlag
aufgelassen/nicht mehr AV
S. Mürzzuschlag
1931 erbaut; 1948 Almhütte gepachtet durch S. Mürzzuschlag; um 2002 Pacht beendet

1950
Moser-Hütte
Martin-Moser-Hütte
1450 m, A, auf der Hinteralm neben der Peter-Paar-Hütte bei Neuberg-Mürzsteg
aufgelassen/nicht mehr AV

S. Wiener Lehrer (jetzt Naturfreunde)
1950 als ganzjährige Selbstversorgerhütte adaptiert; jetzt TV Naturfreunde

1958
Falbersbach-Hütte
1240 m, A, in der Nähe der Tonion auf halber Höhe zwischen Schöneben u. Dürriegelalm bei Mariazell-Gußwerk
aktuell, Sektionshütte
S. Mariazellerland
1958 Almhütte zur befristeten Benützung übernommen (Hütte bäuerlicher Privatbesitz); laufend verbessert

1965 oder früher
Gerstbrein-Hütte
Brunn-Alm
A, am Südabhang der Hohen Veitsch bei Kleinveitsch
aufgelassen/nicht mehr AV
S. Krieglach

2009
Kampl-Hütte
1400 m, A, am Kampl auf der Schneealpe bei Neuberg-Altenberg
aktuell, Sektionshütte
S. ÖGV
1.5.2009 gepachtet durch S. ÖGV OG Südwien Mürzer Oberland (eingerichtet als Gruppenhütte mit Sonderschloss)

20 Rax und Schneeberg-Gruppe

»Die Raxalpe im Südwesten (Heukuppe 2009 m) mit dem tief eingeschnittenen Trog des Höllentales stellt ein größtenteils noch begrüntes Plateau dar, dessen Steilwände prächtige Klettergelegenheiten, dessen Hochfläche angenehme Spaziergänge und gutes Schigelände bieten. Der Schneeberg fällt in einer hohen Steilstufe gegen Nordost zu den Voralpen ab. Er ist die östlichste Erhebung der Alpen über 2000 m und wird von einer Bahn erklommen. […] Beide Gruppen sind unheimlich stark besucht – Sommer wie Winter –, was bei der Nähe der Stadt Wien erklärlich ist. Doch gibt es auch hier (an der Nordseite der Gruppen) stillere Winkel in den sorgfältig gehüteten Jagdrevieren.«
Josef Moriggl, Ratgeber für Alpenwanderer 1924, 173.

1887
Studentenherberge Mürzzuschlag
A, im früheren Hotel Lambach in Mürzzuschlag
aufgelassen/nicht mehr AV
S. Mürzzuschlag (= S. Semmering)
1887 eingerichtet

Erzherzog-Otto-Schutzhaus, vor 1918

Damböck-Haus des ÖTK, 1926

1893
Otto-Haus
Erzherzog-Otto-Schutzhaus
1650 m, A, am östlichen Abhang des Jakobskogels bei Reichenau-Kleinau
aktuell, Kategorie I
S. Reichenau
1891–1893 erbaut; 25.6.1893 feierlich eröffnet (S. Austria, AG d'Holzknecht, AG Die Wilden richteten je 1 Zimmer ein; es gibt noch weitere Stifter u. Zimmer); 1908/1909 erweitert; 13.9.1909 eröffnet

1897
Scheiben-Hütte
Hütte auf der Scheibe
1473 m, A, auf der Großen Scheibe bei Mürzzuschlag
aktuell, Kategorie I
S. Mürzzuschlag (= S. Semmering)
1897 erbaut; 26.12.1897 feierlich eröffnet als Skihütte (wenige Tage vor der Einweihung der Baron-Washington-Hütte der »Sektion Mürzzuschlag des Verbandes steirischer Skiläufer« unterhalb des Kaarls); 1968–1975 generalsaniert

1912
Kohlberg-Hütte
1290 m, A, unterhalb des Kohlbergs (kleine Rückfallkuppe) bei Reichenau a. d. Rax
aufgelassen/nicht mehr AV
S. Reichenau
1911/1912 erbaut; 13.6.1912 eröffnet

1925 oder früher
Talherberge Reichenau
486 m, A, in der Bürgerschule in Reichenau a. d. Rax
aufgelassen/nicht mehr AV
S. Reichenau

1927
Jugendherberge Mürzzuschlag
A, im ehemaligen chemischen Laboratorium der Schöller-Bleckmann-Werke in Mürzzuschlag
aufgelassen/nicht mehr AV
S. Mürzzuschlag
1927 eingerichtet; 1930 aufgegeben (um 1987 hier Arbeitsamt untergebracht)

1931
Baumgartner-Haus
1438 m, A, am Kaltwassersattel bei Gloggnitz
aufgelassen/nicht mehr AV
ÖTK (1931–1945 S. ÖTK Gr. Wien)
6.1.1872 altes Steinhaus mit Grund erworben; 1872 renoviert u. erweitert; 1879/1880 erweitert (2-stöckiges Schlafhaus); 1889 erweitert (2. Schlafhaus); 1902, 1930 erweitert

1931
Damböck-Haus
1810 m, A, am Ochsenboden bei Puchberg a. Schneeberg
aufgelassen/nicht mehr AV
ÖTK (1931–1945 S. ÖTK Gr. Wien)
1872 erbaut; 6.6.1873 eröffnet; 1923/1924 erweitert

1931
Fischer-Hütte
2049 m, A, am Hochschneeberg-Gipfel bei Puchberg
aufgelassen/nicht mehr AV
ÖTK (1931–1945 S. ÖTK Gr. Wien)
1885 erbaut; 19.7.1885 eröffnet; 1901, 1912/1913 erweitert; um 1927 umgebaut

1931
Gloggnitzer Hütte
Kloben-Hütte, Skihütte Klobentörl
1548 m, A, am Klobentörl der Rax bei Schwarzau

Fischer-Hütte des ÖTK, um 1930

aktuell, Kategorie I
S. ÖGV
1931 alte Kloben-Hütte gepachtet durch ÖGV Gr. Gloggnitz; 1932/1933 erweitert; 2010 saniert

1931
Habsburg-Haus
1785 m, A, am Grieskogel bei Prein
aktuell, Kategorie I
S. ÖGV (ab 1931 AV-Sektion)
1898/1899 erbaut; 24.9.1899 feierlich eröffnet; 1912 umgebaut; Anfang 21. Jh. generalsaniert

1931
Karl-Ludwig-Haus
Ludwig-Haus
1803 m, A, östlich der Heukuppe bei Neuberg-Kapellen
aufgelassen/nicht mehr AV
ÖTK (1931–1945 S. ÖTK Gr. Wien)
1876/1877 erbaut; 1902/1903, 1908 u. 1928 erweitert; 2010/2011 generalsaniert

1931
Kienthaler-Hütte
Kientaler-Hütte
1380 m, A, am Fuß des Turmsteins bei Hirschwang
aufgelassen/nicht mehr AV
ÖTK (davor AG Kientaler (1938–1945 S. Austria Gr. AG Kientaler); davor S. ÖTK Gr. AG Kientaler (ÖTK AG Kientaler), davor AG Kientaler)
1896; 13.9.1896 eröffnet; 1935/1936 erweitert

1931
Lackenhofer-Hütte
1945 m, A, auf der Heukuppen bei Kapellen
aufgelassen/nicht mehr AV
ÖTK (1931–1933 S. ÖTK Gr. Wien; vor 1916 AG Lackenhofer)

Kienthaler-Hütte

1884 erbaut durch AG Lackenhofer; 31.8.1884 eröffnet; 12.1.1916 durch ÖTK übernommen; 1933 wegen Baufälligkeit abgetragen

1931
Lakaboden-Hütte
1131 m, A, am Gahns bei Bürg-Vöstenhof
aufgelassen/nicht mehr AV
ÖTK (1931–1945 S. ÖTK Gr. Wien)
1926 erworben (davor Gasthaus); 1926 eröffnet; vor 1982 abgebrannt

1932
Raxgmoa-Hütte
1858 m, A, neben der Hans-Nemecek-Hütte am Trinksteinsattel bei Prein
aufgelassen/nicht mehr AV
ÖTK (1932–1945 S. ÖTK, davor AG Raxgmoa)
1913 von den damaligen Grundbesitzern Rupp der AG Raxgmoa die Bewilligung zur Errichtung einer Nothütte erteilt; 1914 erbaut; 1932 von den Grundeigentümern Schoeller der S. ÖTK zur Betreuung u. Erhaltung übergeben; 1955 gemeinsam mit der Hans-Nemecek-Hütte

ins Eigentum des österreichischen Bergrettungsdienstes übergegangen

1936
Gamsecker-Hütte
1328 m, A, bei der Gruberalm neben der Zimmermann-Hütte bei Kapellen
aufgelassen/nicht mehr AV
AG Gamsecker (davor S. ÖTK Gr. Wien AG Gamsecker, davor AG Gamsecker)
1895 eröffnet; 1936 Anschluss der AG Gamsecker an S. ÖTK Gr. Wien

1936
Jubiläumsaussicht
Jubiläums-Warte
991 m, A, am Geyerstein im Schneeberg-Gahns-Gebiet bei Payerbach in Niederösterreich
aufgelassen/nicht mehr AV
ÖTK (1936–1945 S. ÖTK Gr. Payerbach)
31.5.1936 feierlich eröffnet (anlässlich des 50-jährigen Bestehens der ÖTK-Gruppe bzw. ÖTK-Sektion Payerbach)

1936
Zimmermann-Hütte
Anton-Zimmermann-Hütte
1328 m, A, bei der Gruberalm neben der Gamsecker-Hütte bei Kapellen
aufgelassen/nicht mehr AV
AG Gamsecker (davor S. ÖTK Gr. Wien AG Gamsecker, davor AG Gamsecker)
1924 erbaut; 1936 Anschluss der AG Gamsecker an S. ÖTK Gr. Wien

1937
Adolf-Kögler-Haus
Adolf-Kögler-Hütte
1333 m, A, südwestlich von Puchberg a. Schneeberg
aufgelassen/nicht mehr AV
ÖTK (1937–1945 S. ÖTK)
1937 erbaut; 17.10.1937 eröffnet

1938
Alpenfreunde-Hütte
1602 m, A, am Krummbachstein bei Reichenau-Hirschwang
aufgelassen/nicht mehr AV
AG Alpenfreunde (1938–1945 S. Alpenfreunde)
16.10.1906 eröffnet

1938
Jahn-Hütte
1312 m, A, an der Südseite der Rax bei Neuberg-Kapellen
aufgelassen/nicht mehr AV

Lackenhofer-Hütte der Alpinen Gesellschaft Lackenhofer

Verein Turner-Bergsteiger Mürzzuschlag (1938–1945 u. 1948–1961 S. Mürzzuschlag)
1906 erbaut durch die Riege Turner-Bergsteiger des Turnvereins Mürzzuschlag, der Pächter des Grunds ist; 1928 Grund erworben durch Turner-Bergsteiger; 1938–1945 eingegliedert in S. Mürzzuschlag; dann vorübergehend betreut durch TV Naturfreunde Kapellen; 1948–1961 Eigentum des ÖAV, betreut durch den 1948 gebildeten Verein Raxalpe der S. Mürzzuschlag; 1961 Vermögen an Verein Raxalpe übertragen; 1962 umbenannt in Verein Turner-Bergsteiger Mürzzuschlag

1938
Peilsteiner-Hütte
1352 m, A, am Waxriegel bei Prein
aufgelassen/nicht mehr AV
AG Peilsteiner (1938–1945 S. Wien Gr. Peilsteiner)
21.10.1906 feierlich eingeweiht

1938
Reißtaler-Hütte
1447 m, A, im Gfölzwald bei Prein
aufgelassen/nicht mehr AV
AG Reißtaler (1938–1945 S. Reißtaler)
26.5.1889 eröffnet

1938
Scheibwald-Hütte
1944 m, A, auf der Scheibwaldhöhe bei Payerbach
aufgelassen/nicht mehr AV
AG Reißtaler (1938–1945 S. Reißtaler)
1895 erbaut; 1933 abgebrannt; 1938/1943 Wiederaufbau an anderer Stelle geplant

1938
See-Hütte
Alte See-Hütte
1660 m, A, am Raxplateau bei Prein
aufgelassen/nicht mehr AV

S. ÖTK Gr. AG Höllentaler Holzknecht (davor AG Holzknecht)
15.8.1894 eröffnet durch AG Holzknecht; 1938 Zusammenschluss mit AG Höllentaler u. Anschluss an S. ÖTK; nach dem 2. Weltkrieg abgetragen

1938
Sparbacher-Hütte
Leopold-Eichelseher-Hütte
1248 m, A, am Fadenkogel neben der Edelweiß-Hütte bei Gutenstein
aufgelassen/nicht mehr AV
AG Sparbacher (1938–1945 S. Austria Gr. AG Sparbacher)
um 1896 erste Hütte eröffnet; 1925 abgebrannt; 1927 neu erbaut; 7.11.1927 eröffnet; 24.6.1928 eingeweiht; 1936 erweitert

1938
Speckbacher-Hütte
Neue Speckbacher-Hütte
1089 m, A, am Kreuzberg bei Breitenstein
aufgelassen/nicht mehr AV
AG Speckbacher (1938–1966 S. Speckbacher)
1927–1929 erbaut (als Ersatz für die Alte Speckbacher-Hütte); Sept. 1928 eröffnet

1938
Speckbacher-Hütte
Alte Speckbacher-Hütte
1089 m, A, nahe der Teufelsbadstube westlich des Kreuzbergs bei Breitenstein
aufgelassen/nicht mehr AV
AG Speckbacher (1938–1966 S. Speckbacher)
6.10.1907 eröffnet

1938
Unterstandshütte am Preiner Gscheid
A, am Preiner Gscheid
aufgelassen/nicht mehr AV
AG Reißtaler (1938–1945 S. Reißtaler)
nach 1934 erbaut anstelle einer 1902–1934 viel genutzten, abgetragenen Hütte

1938
Wolfgang-Dirnbacher-Hütte
Dirnbacher-Hütte
1477 m, A, am Gaislochboden bei Reichenau a. d. Rax
aufgelassen/nicht mehr AV
ÖTK (1938–1945 S. ÖTK Gr. AG Höllentaler Holzknecht, davor AG Holzknecht)
1914 erbaut durch AG Holzknecht (benannt nach Landtagsabgeordneten Wolfgang Dirnbacher dem Älteren, langjährigem Hüttenwart); 1938 Zusammenschluss mit AG Höllentaler u. Anschluss an S. ÖTK; Jän. 1954 abgebrannt; 1954 neu erbaut

1942
Hans-Nemecek-Hütte
Hans-Nemecek-Diensthütte
1858 m, A, neben der Raxgmoa-Hütte am Trinksteinsattel bei Prein
aufgelassen/nicht mehr AV
Österreichischer Bergrettungsdienst (davor DAV)
1941/1942 erbaut durch die Landesführung Wien des DAV (als Anbau an die Raxgmoa-Hütte); 1955 gemeinsam mit der Raxgmoa-Hütte ins Eigentum des österreichischen Bergrettungsdienstes übertragen (Diensthütte für den Bergrettungsdienst)

1952
Eckbauer-Hütte
1800 m, A, im Taupental bei Reichenau a. d. Rax
aufgelassen/nicht mehr AV
S. Mürzzuschlag
1952 Almhütte gepachtet; um 2000 Pachtende

1960
Edelweiss-Hütte am Schneeberg
Bergheimat Resi-Tant
1235 m, A, am Fadensattel bei Puchberg a. Schneeberg
aktuell, Kategorie II
S. Edelweiss
1934 durch Resi Gschaider errichtet; April 1945 erhebliche Kriegsschäden; 1960 erworben; 2000 erweitert

21 Ybbstaler Alpen

»Beiderseits des vielgewundenen Ybbstales breiten sich durch tiefe Einschnitte voneinander geschiedene Gebirgsgruppen aus […] Die höheren aus Kalk aufgebauten Gruppen zeigen schwache Plateaubildung, auch Kare. Die Flüsse sind in tiefe Schluchten eingegraben, diese wiederum in dichten Waldflächen versteckt, die Täler sind nur schwach besiedelt. Alle diese Berge sind leicht ersteiglich, der Besuch mit Ausnahme der östlichsten Berge, Ötscher- und Gemeindealpe, nur sehr schwach. Sie sind nur ziemlich umständlich zu erreichen.«
Josef Moriggl, Ratgeber für Alpenwanderer, München 1924, 175f.

1888
Aussichtswarte am Prochenberg, erste
Ausssichtsplattform der Prochenberg-Hütte
1123 m, A, über dem Dach der Prochenberg-Hütte bei Ybbsitz

aufgelassen/nicht mehr AV
S. Waidhofen a. d. Ybbs
1888 erbaut; 16.7.1888 eröffnet; 1905 ersetzt durch neue Warte

1888
Prochenberg-Hütte
1123 m, A, am Prochenberg-Gipfel bei Ybbsitz
aktuell, Kategorie I
S. Waidhofen a. d. Ybbs
16.7.1888 feierlich eröffnet (Blockbau mit nur einem Raum, am Dach Aussichtsplattform); 1904/1905 neu erbaut (mit Aussichtswarte); 30.7.1905 eröffnet; 1911 erweitert; 9.7.1911 eröffnet; 1987/1988 renoviert u. umgebaut

1890
Spindeleben-Warte
1062 m, A, auf der Spindeleben bei Waidhofen
aufgelassen/nicht mehr AV
S. Waidhofen a. d. Ybbs
1890 oder davor erbaut durch die Rothschild'sche Forstverwaltung; 1890 in den Besitz der S. Waidhofen übergeben; 1902 neu erbaut; Juni 1902 eröffnet; bald nach dem 1. Weltkrieg zusammengebrochen

1905
Aussichtswarte am Prochenberg, zweite
1123 m, A, neben der Prochenberg-Hütte bei Ybbsitz
aufgelassen/nicht mehr AV
S. Waidhofen a. d. Ybbs
1905 erbaut (Ersatz für erste Warte); 1926 erneuert; 12.9.1926 feierlich eingeweiht; vor 1950 zusammengebrochen; (1989 als Ersatz durch Firma Welser OHG zu deren Firmenjubiläum neue – dritte – Prochenberg-Warte errichtet; Eigentum der Marktgemeinde Ybbsitz)

1914 oder früher
Studentenherberge der S. Waidhofen
A, wohl in Waidhofen a. d. Ybbs
aufgelassen/nicht mehr AV
S. Waidhofen a. d. Ybbs
vor dem 1. Weltkrieg eingerichtet; 1919 nach dem Krieg wieder eröffnet; 1925 geschlossen, weil kein geeigneter Raum mehr zu finden war

1921
Schnabelberg-Warte
980 m, A, am Schnabelberg bei Waidhofen
aufgelassen/nicht mehr AV
S. Waidhofen a. d. Ybbs (davor ÖTK Waidhofen)
1905 errichtet durch ÖTK Waidhofen; 1921 durch S. Waidhofen übernommen; 1926 dem Turnverein Lützow zur Ausgestaltung als Skihütte übergeben

Prochenberg-Hütte mit Warte

1921
Ybbstaler-Hütte
Dürrnstein-Hütte, Dürrenstein-Hütte, Wiesenalm-Jagdhütte
1343 m, A, auf der Wiesenalm bei Göstling
aktuell, Kategorie I
S. Austria (davor S. Hochwacht = S. Ybbstaler)
1.1.1921 Wiesenalm-Jagdhütte gepachtet; 1921 adaptiert; Sept. 1921 eröffnet; 1922–1925 erweitert; 28.6.1925 eröffnet (als Ybbstaler-Hütte); 1932/1933 erweitert; 1987–1989 erweitert u. generalsaniert; 27./28.8.1989 feierlich eröffnet

1931
Amstettner Hütte, alte
1005 m, A, auf der Forsteralm nahe der neuen Amstettner Hütte bei Gaflenz
aufgelassen/nicht mehr AV
S. Amstetten
1931 alte Hütte auf der Forsteralm adaptiert (zur Hälfte im Besitz der Jagdhüttenbesitzerin Forster); 26.12.1931 eröffnet; 1948 durch Kriegs- und Nachkriegsereignisse zerstörte Hütte wiedererrichtet; um 1970 Dienststelle des BRD Amstetten

1931
Hochkar-Schutzhaus
Kremser Hütte, Hochkar-Haus
1491 m, A, nordöstlich des Hochkars bei Göstling
aufgelassen/nicht mehr AV
ÖTK (1931–1945 S. ÖTK Gr. Krems-Stein)
1890 errichtet; 1921, 1924 erweitert

1931
Igler-Hütte
1264 m, A, auf der Gemeindealpe bei Mitterbach
aufgelassen/nicht mehr AV
ÖTK (ab 1931 S. ÖTK Gr. Mariazell)
seit 1928 offene Unterstandshütte; vor 1943 aufgelassen

Terzer-Haus, um 1960

Aushubarbeiten für den Bau der neuen Amstettner Hütte, Mai 1957

1931
Ötscher-Schutzhaus
1418 m, A, an der Ötscher-Westseite bei Lackenhof
aufgelassen/nicht mehr AV
ÖTK (1931–1945 S. ÖTK Gr. Wien)
1884 altes Haus unentgeltlich übernommen durch den
ÖTK von Baron Albert Rothschild; 1886/1887 erweitert
(Einrichtung durch AG Lackenhofer gestiftet); 29.5.1887
eröffnet; 1926 Schenkung des Baugrundes (Baron Rothschild) u. Neubau des Hauses; 1926 Neubau eröffnet;
1928 Eishaus gebaut

1931
Terzer-Haus
Schutzhaus auf der Gemeindealpe
1632 m, A, auf der Gemeindealpe bei Mitterbach-Seerotte
aufgelassen/nicht mehr AV
S. ÖGV (ab 1931 AV-Sektion)
1913 erbaut; 16.11.1913 feierlich eröffnet; 1917 in Terzer-Haus umbenannt (nach Vorstand Terzer); 1958/1959
erweitert (Veranda); Anfang 21. Jh. an Lifterrichtungsgesellschaft verkauft

1931
Urlinger-Warte
844 m, A, am Blassenstein bei Scheibbs
aufgelassen/nicht mehr AV
ÖTK (1931–1945 S. ÖTK Gr. Scheibbs)
1888 hölzerne Warte erbaut; 26.8.1888 eingeweiht (durch
Propst Paul Urlinger, Ehrenmitglied der Sektion Scheibbs,
nach diesem benannt); wegen Baufälligkeit Neubau aus
Stein; 9.8.1903 feierlich eingeweiht; 1936, 1963–1966,
2006 renoviert

1932 oder früher
Hochberneck-Skihütte
1000 m, A, im Klauswald bei St. Anton a. d. Jeßnitz
aufgelassen/nicht mehr AV
S. ÖTK Gr. Scheibbs

1933 oder früher Almhütte von Gemeinde St. Anton bei
Scheibbs für die Wintermonate zur Verfügung gestellt; um
1943 »auf Kriegsdauer gesperrt«

1932
Farnboden-Hütte
Farnboden-Skihütte, Fahrenboden
1283 m, A, am Farnboden bei Mariazell
aktuell, Sektionshütte
**S. Mariazellerland (= S. ÖTK Mariazell, davor
Wintersportverein Mariazell)**
1926/1927 erbaut; gepachtet durch Wintersportverein
Mariazell; 1.10.1932 gepachtet durch S. ÖTK Gr. Mariazell; Dez. 1932 eröffnet; 1932/1933 erweitert

1959
Amstettner Hütte, neue
922 m, A, auf der Forsteralm bei Gaflenz
aktuell, Kategorie I
S. Amstetten
1957–1959 erbaut (wegen des leidigen 50:50 Besitzverhältnisses bei der alten Hütte); Weihnachten 1959 erstmals geöffnet; 1991–1993 generalsaniert

1975
Halter-Hütte
1340 m, A, auf der Dürrensteinalm unweit der Ybbstaler-Hütte bei Göstling
aufgelassen/nicht mehr AV
S. Austria (zuvor S. Waidhofen a. d. Ybbs)
1975 gepachtet durch die OG Göstling der S. Waidhofen;
1979 Pacht verlängert; mit 1.1.1983 Wechsel der OG zur
S. Austria (1991 Umbenennung in OG Oberes Ybbstal);
1995 Pachtende

22 Türnitzer Alpen

»Das Bergland zwischen Erlauf und Traisen hat nur mehr Vorgebirgscharakter und übersteigt nirgends die Höhe von 1400 m. Die höheren Gruppen liegen kranzförmig um das Türnitzer Tal […] und erfreuen sich Sommer und Winter eines regen Besuchs.

Josef Moriggl, Ratgeber für Alpenwanderer,
München 1924, 177.

1931
Annaberger Haus
Annaberger Hütte
1377 m, A, am Tirolerkogel bei Annaberg
aktuell, Kategorie I
S. ÖGV (ab 1931 AV-Sektion)
1908 erbaut; 13.9.1908 feierlich eröffnet; 1929/1930 umgebaut; 7.9.1930 feierlich eröffnet; 15./16.7.1976 fast ganz abgebrannt; 1983–1986 wieder aufgebaut; 2015/2016 Neubau; Juni 2016 feierlich eröffnet

1931
Edelweiß-Hütte
Bürgeralm-Hütte
A, auf der Bürgeralpe bei Mariazell
aufgelassen/nicht mehr AV
S. Mariazellerland (= S. ÖTK Mariazell, vor 1931 ÖTK Mariazell)
1891 erbaut durch ÖTK Mariazell; 1897 erweitert; 1981 verkauft an Schwebebahnen AG Mariazell

1931
Franz-Karl-Warte
Erzherzog-Johann-Warte
1267 m, A, auf der Bürgeralpe bei Mariazell
aufgelassen/nicht mehr AV
S. Mariazellerland (= S. ÖTK Mariazell, vor 1931 ÖTK Mariazell)
4.9.1910 feierlich eingeweiht durch ÖTK Mariazell (errichtet als Ersatz für den 1881 übernommenen, einsturzgefährdeten Vorgängerbau); 1959 in Erzherzog-Johann-Warte umbenannt; 1981 erworben durch Schwebebahnen AG Mariazell

1931
Julius-Seitner-Hütte
Seitner-Hütte, Eisenstein-Hütte
1185 m, A, am Eisenstein bei Türnitz
aktuell, Kategorie I
S. ÖGV (ab 1931 AV-Sektion)
1910 erbaut; 4.9.1910 feierlich eröffnet; 1912 umbenannt in Seitner-Hütte (nach dem langjährigen Leitungsmitglied des ÖGV und Miterschließer der Traisentaler Berge);

Die Franz-Karl-Warte auf der Bürgeralpe bei Mariazell

Julius-Seitner-Hütte

März 1933 bis auf Grundmauern abgebrannt; 1934 in vergrößerter Form wieder errichtet; 30.9.1934 feierlich eröffnet; 2005–2008 erweitert u. saniert

1931
Kaiserkogel-Hütte
Ritzengruber-Hütte, Franz-Ritzengruber-Hütte
723 m, A, am Kaiserkogel bei Eschenau
aufgelassen/nicht mehr AV

Enzian-Hütte am Kieneck

ÖTK (1931–1945 S. ÖTK Gr. St. Pölten)
1919 alte Hütte (Ritzengruber-Hütte) erbaut (unter Verwendung einer angekauften Baracke des aufgelösten Kriegsgefangenenlagers in Spratzern); 9.11.1919 eröffnet; 1925, 1933 erweitert; 21.3.1935 abgebrannt; Okt. 1935 wieder eröffnet

1931
Türnitzer Hütte
1372 m, A, am Türnitzer Höger bei Türnitz
aktuell, Kategorie I
S. ÖGV (ab 1931 AV-Sektion)
1895 erbaut; 1.9.1895 eröffnet; 15.9.1907 Zubau eröffnet; 1924 renoviert; um 1935, 2000 erweitert

1933 oder früher
Burgerhof-Warte
836 m, A, am Greinberg bei Scheibbs in Niederösterreich
aufgelassen/nicht mehr AV
S. ÖTK Gr. Scheibbs

1937 oder früher
Ottokar-Kernstock-Warte
A, auf der Bürgeralpe bei Mariazell
aufgelassen/nicht mehr AV
S. ÖTK Gr. Mariazell

1938
Otto-Kandler-Haus
Kandler-Haus, Unterkunftshaus auf dem Hohenstein
1195 m, A, am Hohenstein bei Lilienfeld-Zögersbach
aktuell, Kategorie I
S. St. Pölten (davor ab 1938 S. ÖGV Gr. Ennsecker, davor AG D'Ennsecker)
1905 erbaut durch AG d'Ennsecker (benannt nach einem verdienten Obmann der AG); 1922–1925 erweitert; 20.9.1925 feierlich eröffnet; ab 1952 in Verwaltung der S. Sankt Pölten; 1955 erworben; 1989 Toiletteanlage errichtet; 1998 eröffnet nach Terrassenneubau

1979
Grüntalkogel-Hütte
886 m, A, am Grüntalkogel bei Texingtal-Plankenstein
aktuell, Kategorie I
S. Melk OG Texing
1978/1979 erbaut; 24.6.1979 eröffnet; 1999 umgebaut; 5.9.1999 wiedereröffnet; erweitert u. saniert

23 Gutensteiner Alpen

»Es finden sich in dem ausgedehnten Waldgebirge auch einige Felswände, welche den Wiener Turisten vielfach als Klettergärten dienen und überaus stark besucht sind. Unzählige Bezeichnungen weisen die Wege und zahlreiche Vereins- und private Unterkunftshäuser sorgen für Unterkunft in diesem Voralpengebiete.«
   Josef Moriggl, Von Hütte zu Hütte, Band 6, 2. Auflage Leipzig 1925, 347.

1912
Enzian-Hütte am Kieneck
1107 m, A, am Kieneck bei Pernitz-Thal
aktuell, Kategorie I
S. Enzian (= AG Enzian)
1896/1897 erbaut durch AG Enzian (am Dach befand sich eine Aussichtsplattform/Warte, die später abgetragen wurde); 4.7.1897 eröffnet; 1904, 1923 erweitert; ab 1912 AV-Sektion; 1977–1981 umgebaut

1931
Araburg-Aussichtsturm
Aussichtsturm auf der Araburg
A, auf der Araburg bei Kaumberg
aufgelassen/nicht mehr AV
ÖTK (1931–1945 S. ÖTK Triestingtal; davor AG D'Araburger)
im 19. Jh. Bergfried der mittelalterlichen Burgruine begehbar gemacht durch Johann Petrossy; 1901 Bergfried ausgebaut zu Aussichtswarte durch AG d'Araburger; 1925 Anschluss der AG an ÖTK Triestingtal; 1945 Kriegsschäden; 1948, 1976 Brandschäden

1931
Berndorfer Hütte
967 m, A, auf der Hohen Mandling bei Pernitz-Feuchtenbach
aktuell, Kategorie I
S. ÖGV (ab 1931 AV-Sektion)
1922–1924 erbaut; 1923 Rohbau vollendet u. Hütte provisorisch der Benützung übergeben; 1924 Bau vollendet; 27.7.1924 feierlich eröffnet; Nov. 2007 zerstört (Brand)

1931

Franziska-Warte

1037 m, A, am Hocheck beim Geitner-Haus bei Furth a. d. Triesting

aufgelassen/nicht mehr AV

ÖTK (1931–1945 S. ÖTK Gr. Triestingtal)

1881 Aussichtswarte u. unter der Warte eine kleine Schutzhütte errichtet (durch Dr. Jacob Rappaport); 10.7.1881 eröffnet durch ÖTK (benannt nach der Gemahlin Dr. Rappaports); 1897 u. 1923 Warte neu errichtet; 1927 als Triangulierungspunkt auserwählt und hergerichtet; 1973/1974 neu erbaut durch ÖTK Triestingtal als Meyringer-Warte

1931

Gauermann-Hütte

1155 m, A, am Plattenstein bei Miesenbach

aufgelassen/nicht mehr AV

ÖTK (1931–1945 S. ÖTK Gr. Wien bzw. Gr. Puchberg-Grünbach, davor AG Waldegger)

1908 erbaut durch AG Waldegger; 1908 eröffnet; 2.7.1927 nach Auflösung der AG Waldegger ins Eigentum des ÖTK übergegangen; 1928/1929 erweitert

1931

Gfieder-Warte

609 m, A, am Gfiederberg bei Ternitz

aufgelassen/nicht mehr AV

ÖTK (1931–1945 S. ÖTK Gr. Östliches Schneeberggebiet)

1887 erstmals errichtet; 8.9.1887 feierlich eröffnet; 1903 beschädigt (Blitzschlag); 1927 renoviert; 1952 u. 1988 abgetragen u. neu errichtet

1931

Hainfelder Hütte

924 m, A, am Kirchenberg bei Hainfeld

aufgelassen/nicht mehr AV

ÖTK (1931–1945 S. ÖTK Gr. Hainfeld)

1915 alte Hütte erbaut; 1915 eröffnet; 1925 neue Hütte erbaut; 8.9.1925 eröffnet; 1928 Innenausbau

1931

Hubertus-Haus

946 m, A, an der Hohen Wand bei Unterhöflein

aktuell, Kategorie I

S. ÖGV (ab 1931 AV-Sektion; davor AG Hubertus)

1923 erbaut durch AG Hubertus; 1923 eröffnet; 1927 Anschluss AG Hubertus an ÖGV; 1927 restliche Bauarbeiten erledigt; 1929–1933 wiederholt erweitert; 1980–1983 renoviert

Lilienfelder Hütte, 1952

1931

Kaspar-Geitner-Haus

Geitner-Haus

1036 m, A, am Hocheck bei Altenmarkt-Thenneberg

aufgelassen/nicht mehr AV

ÖTK (1931–1945 S. ÖTK Gr. Triestingtal)

1904 alte Hütte eröffnet (jetzt Stall); 1907 Neubau; 1.9.1907 eröffnet; 1911 erweitert

1931

Lilienfelder Hütte

956 m, A, am Gschwendt bei Lilienfeld-Hintereben

aktuell, Kategorie I

S. ÖGV (ab 1931 AV-Sektion; zwischenzeitlich S. Tulln)

1926/1927 erbaut durch ÖGV; 12.12.1926 bereits geöffnet; 1927 feierlich eröffnet; um 1935 vergrößert; 1969 erworben durch S. Tulln, jedoch Rückgabe gegen finanzielle Abgeltung auf Wunsch des Verkäufers noch vor Abschluss der Sanierungsarbeiten; 2005–2009, 2012/2013 saniert

1931

Lindkogler-Hütte

927 m, A, auf der Vorderen Mandling bei Waldegg-Oed

aufgelassen/nicht mehr AV

AG Lindkogler (um 1931 ÖGV, 1938–1945 S. Bergsteigervereinigung)

ab 1925 errichtet; um 1945 zerstört

1931

Reisalpen-Schutzhaus

Reisalpen-Haus

1390 m, A, auf der Reisalpe bei Hohenberg

aufgelassen/nicht mehr AV

ÖTK (1931–1945 S. ÖTK Gr. St. Pölten bzw. Gr. Wien)

1898 erbaut; 8./9.10.1898 eröffnet; 1905 erweitert; 7.9.1905 eröffnet; 1932 Stall erbaut

Reisalpen-Schutzhaus des ÖTK, vor 1920

Wilhelm-Eichert-Hütte des ÖTK, um 1916

1931
Unterberg-Haus
1170 m, A, am Unterberg bei Pernitz-Muggendorf
aufgelassen/nicht mehr AV
ÖTK (1931–1945 S. ÖTK Gr. Wien)
1886 erbaut; 22.8.1886 eröffnet; 1889 Stall gebaut; 1898, 1910/11 erweitert; 21.5.1911 Zubau eröffnet; 1930 erweitert

1931
Waldegger-Hütte
1002 m, A, auf der Hohen Wand bei Waldegg
aufgelassen/nicht mehr AV
S. ÖTK Gr. Vindobona (ab 1931 AV)
1886 errichtet; 1925 erweitert; 1932 aufgelassen wegen Grundkündigung

1931
Wilhelm-Eichert-Hütte
Eichert-Hütte
1052 m, A, auf der Großen Kanzel bei Hohe Wand
aufgelassen/nicht mehr AV
ÖTK (1931–1945 S. ÖTK Gr. Wiener Neustadt)
1899 errichtet; 23.7.1899 eröffnet; 1902–1911 mehrmals erweitert; 1927 erweitert

1932 oder früher
Mühlleiten-Hütte
820 m, A, am Höherberg bei Hainfeld
aufgelassen/nicht mehr AV
S. St. Pölten
vor 1943 Skiheim aufgelassen

1933 oder früher
Rosegger-Warte
A, am Petersberg bei Pernitz in Niederösterreich
aufgelassen/nicht mehr AV
S. ÖTK Gr. Pernitz

1933 oder früher
Touristenheim Almesbrunnberg
Almesbrunnberg-Touristenunterkunft
700 m, A, am Kreuthsattel bei Pernitz-Muggendorf
aufgelassen/nicht mehr AV
S. ÖTK Gr. Triestingtal

1933 oder früher
Touristenquartier Almesbrunnberg, altes
Almesbrunnberg-Touristenunterkunft
A, am Almesbrunnberg bei Pernitz-Muggendorf
aufgelassen/nicht mehr AV
S. ÖTK Gr. Triestingtal
gemietet; 1934 geräumt

1935
Fozeben-Skihütte
Mandling-Skihütte
735 m, A, auf der Fozeben der Hohen Mandling bei Pernitz-Feuchtenbach
aktuell, Kategorie I
S. Berndorf-Stadt (S. Berndorf)
1935 erbaut; 20.10.1935 eingeweiht

1936
Almbrüder-Hütte
1038 m, A, auf der Hohen Wand
aufgelassen/nicht mehr AV
S. ÖGV (davor AG Almbrüder)
1912 eingeweiht; 1936 AG Almbrüder dem ÖGV als Gruppe beigetreten

1938
Bernhuber-Hütte
720 m, A, am Großen Kitzberg bei Pernitz
aufgelassen/nicht mehr AV
AG Bergfreunde 1918 (1938–1945 S. Alpenfreunde Gr. Bergfreunde)
Sept. 1920 eröffnet; 1924, 1927, 1932 erweitert; 1938

Anschluss der Alpinen Gesellschaft »Bergfreunde 1918« an die S. Alpenfreunde

1938
Herrgottschnitzer-Haus
Herrgottschnitzer-Hütte
828 m, A, am Wandeck auf der Hohen Wand bei Waldegg-Dreistetten
aufgelassen/nicht mehr AV
AG D'Herrgottschnitzer (1938–1945 S. Herrgottschnitzer)

1938
Hochwandler-Hütte
1120 m, A, auf dem Plackles (Hohe Wand) bei Grünbach a. Schneeberg
aufgelassen/nicht mehr AV
AG Hochwandler (ab 1938 S. ÖGV)
1913 feierlich eröffnet

1938
Schwarzwaldeck-Haus
Hermann-Rudolf-Hütte, Rudolf-Hütte
1069 m, A, am Schwarzwaldeck bei Kleinzell-Ebenwald
aufgelassen/nicht mehr AV
AG Gamsveigerl (1938–1945 S. Gamsveigerl)
1913 errichtet; 28.9.1913 eröffnet; 1927 erweitert

1938
Stoanwandler-Hütte
Stoawandler-Hütte
870 m, A, am Rastkreuzsattel bei Grünbach
aufgelassen/nicht mehr AV
S. ÖGV (davor AG Stoanwandler)
seit 1.11.1967 gesperrt (privat verpachtet); Anfang der 1980er-Jahre abgetragen u. wesentliche Teile für den Wiederaufbau des neuen Annaberger Hauses verwendet

1938
Waldfreunde-Hütte auf der Hohen Wand
Hohe-Wand-Hütte
1072 m, A, auf der Hohen Wand bei Höflein
aufgelassen/nicht mehr AV
AG Waldfreunde (1938–1945 S. Waldfreunde)
1910 erbaut; 10.9.1910 eröffnet; 1928 Umbau; 8.9.1928 eröffnet

1939
Ortler-Hütte
900 m, A, an der Völlerin bei Hohe Wand-Maiersdorf
aufgelassen/nicht mehr AV
AG Ortler (ab 1939 S. ÖTK Gr. Wiener-Neustadt AG Ortler)
Hütte der AG Ortler; 1939 der S. ÖTK Gr. Winter-Neustadt angeschlossen

Hermann-Rudolf-Hütte (Schwarzwaldeck-Haus der AG Gamsveigerl)

1940 oder früher
Payerbacher Hütte
1135 m, A, am Plackles (Hohe Wand) bei Höflein
aufgelassen/nicht mehr AV
Bergsteigervereinigung (S. Bergsteigervereinigung)

1959 oder früher
Steinhofberg-Hütte
AV-Jugendhütte am Steinhofberg
965 m, A, am Steinhofberg bei Lilienfeld
aktuell, Jugendherberge/Jugendheim
S. St. Pölten (davor Niederösterr. AV-Jugend)
alte Hütte zunächst der niederösterreichischen AV-Jugend zugänglich gemacht; 1959 gepachtet; nach 1986 saniert

1969
Eisensteinhöhle-Haus
Haus Eisensteinhöhle
407 m, A, am Größenberg-Ostabhang bei Bad Fischau
aktuell, Kategorie III
S. Wiener Neustadt (davor S. Allzeit Getreu)
1969 erbaut

1976
Ries-Hütte
1297 m, A, bei der Breiten Ries am Schneeberg bei Losenheim
aktuell, Sektionshütte
S. Burgenland
17.11.1976 gepachtet

Alpenvereinsheim und Jugendherberge Ranzenbach

24 Wienerwald

»Das letzte Glied der nördlichen Ostalpen, ein niedriges, waldreiches Sandstein(Flysch)gebirge, das im Schöpfel (893 m) seine größte Höhe erreicht. Die Lunge Wiens, ein herrliches Wandergebiet mit ausgezeichneten Wegbezeichnungen, aber bescheidenen Unterkünften und nur am Rande von Bahnlinien umgeben. Wer mehr als nur halbtägige Wanderungen (besonders Werktags) unternimmt, kann dem Massenausflugsverkehr im Weichbild der Stadt Wien entfliehen.«

Josef Moriggl, Ratgeber für Alpenwanderer, München 1924, 179.

1929
AV-Heim u. Jugendherberge Ranzenbach
480 m, A, in Ranzenbach bei Klausen-Leopoldsdorf
aufgelassen/nicht mehr AV
S. Austria, S. Wiener Lehrer u. S. Wien
1929 gepachtet u. adaptiert durch S. Austria, S. Wien u. S. Wiener Lehrer; 17.11.1929 in Betrieb genommen; 1.6.1930 feierlich eröffnet; 1932–1934 erweitert

1930
Kammersteiner-Hütte
572 m, A, am Hinteren Föhrenberg bei Perchtoldsdorf
aktuell, Kategorie III
S. Liesing-Perchtoldsdorf (davor S. Austria, davor AG Kammersteiner)
1912 erbaut neben der Josefs-Warte (dadurch wurde der Schutzraum in der Warte entbehrlich); ab 1930 S. Austria Gr. AG Kammersteiner; 1949 Verwaltung der Hütte der S. Liesing-Perchtoldsdorf übertragen; 1956 Hütte endgültig übergeben; um 1960 bedeutend erweitert; 1988–1991, 1998–2000 renoviert

1931
Aussichtsturm auf dem Eisernen Tor
Sina-Warte
A, am Hohen Lindkogel bei Alland
aufgelassen/nicht mehr AV
ÖTK (1931–1945 S. ÖTK Gr. Baden)
1856 steinerner Aussichtsturm durch Simon Georg Freiherr von Sina errichtet; 1957 dem Verschönerungskomitee der Stadt Baden geschenkt; ab 1887 durch ÖTK Baden gepachtet; 1897 Turmhüttchen (Windfang) errichtet durch Stadt Baden; 1905 Grundstück geht in Besitz des ÖTK Baden über; 1930 Sturmschaden; 1986 umbenannt in Sina-Warte

1931
Eisernes-Tor-Schutzhaus
Schutzhaus Eisernes Tor
847 m, A, am Hohen Lindkogel bei Alland
aufgelassen/nicht mehr AV
ÖTK (1931–1945 S. ÖTK Gr. Baden)
1883/1884 erbaut; 3.8.1884 feierlich eröffnet; 1899, 1904, 1921 erweitert; 1930 Sturmschaden

1931
Gaisberg-Hütte
Wintersport-Hütte auf dem Gaisberg, Bergsteigerheim Gaisberg
520 m, A, am Gaisberg bei Kaltenleutgeben
aufgelassen/nicht mehr AV
S. ÖGV (ab 1931 AV-Sektion)
1917 Hütte gepachtet; Dez. 1921 neue Hütte errichtet durch Wintersportvereinigung (der späteren Skivereinigung) des ÖGV; Mitte 1930er-Jahre vorwiegend Stützpunkt für die Mannschaften des Alpinen Rettungsausschusses

1931
Habsburg-Warte
Hermannskogel-Warte
542 m, A, am Hermannskogel in Wien-Döbling
aufgelassen/nicht mehr AV
ÖTK (1931–1945 S. ÖTK Gr. Wien)
1888 erbaut; 6.10.1889 eröffnet; 1900 generalsaniert; 1938 umbenannt in Hermannskogel-Warte; 1945 Kriegsschaden; 1947 wieder benützbar; 1972 unter Denkmalschutz gestellt; 1974 Beschluss zur Rückbenennung

1931
Josef-Leitner-Warte
Peilstein-Warte
716 m, A, am Peilstein bei Weissenbach-Schwarzensee
aufgelassen/nicht mehr AV
S. ÖGV (ab 1931 AV-Sektion)
1895 erbaut; kleine Hütte unter der Warte errichtet (siehe Unterstandshütte unter der Peilstein-Warte); 1926 Instandsetzung abgeschlossen; 4.7.1926 feierlich eröffnet

Peilstein-Warte (Josef-Leitner-Warte) mit Unterstandshütte

u. in Josef-Leitner-Warte umbenannt (nach Obmann der ÖGV Gr. Baden); 1932 morsche Warte komplett neu aufgebaut; 10.4.1945 beschädigt; 1947 abgetragen

1931
Josefs-Warte
575 m, A, am Hinteren Föhrenberg neben der Kammersteiner-Hütte im südlichen Wienerwald bei Perchtoldsdorf
aktuell, Aussichtswarte
Gemeinde u. S. Liesing-Perchtoldsdorf (davor S. ÖGV/ÖGV)
Sommer 1891 erbaut durch NÖGV gemeinsam mit dem Verschönerungsverein Perchtoldsdorf (Eisenkonstruktion als Ersatz für alte hölzerne Josefs-Warte des Verschönerungsvereins); 13.9.1891 feierlich eröffnet (erstes Bauwerk des ÖGV, nach dem Anatom u. Wohltäter Josef Hyrtl benannt); bis zur Eröffnung der Kammersteiner-Hütte 1912 befand sich zwischen den Turmbeinen eine hölzerne Schutzhütte); 1997 renoviert durch die Gemeinde Perchtoldsdorf (= jetzige Eigentümerin, durch S. Liesing-Perchtoldsdorf mitbetreut); unter Denkmalschutz

1931
Klesheim-Warte
A, am Pfaffstättner Kogel neben der Rudolf-Proksch-Hütte bei Pfaffstätten
aktuell, Aussichtswarte

S. ÖGV (ab 1931 AV-Sektion)
1914 erbaut; 12.7.1914 eröffnet

1931
Matras-Warte
Franz-Eduard-Matras-Warte, Schöpfl-Warte, Kaiser-Franz-Josef-Warte
893 m, A, am Schöpfl bei Hitzing-Höllersdorf
aufgelassen/nicht mehr AV
ÖTK (1931–1945 S. ÖTK Gr. Wienerwald)
1865 errichtet durch Forstärar; 1886/1887 renoviert durch ÖTK-Sektionen Triestingtal u. Wienerwald; 19.6.1898 erneuerte Warte feierlich eröffnet (Kaiser-Franz-Joseph-Warte benannt); 23.10.1932 im Rahmen einer Feier umbenannt in Matras-Warte (nach ÖTK-Präsident Franz Eduard Matras); 1945 beschädigt; 1950 ausgebessert; 1974 generalsaniert; 2008 saniert

1931
Peilstein-Haus
716 m, A, am Peilstein bei Weissenbach-Schwarzensee
aktuell, Kategorie I
S. ÖGV (ab 1931 AV-Sektion)
1926 als Wirtshaus eröffnet; 1927 erworben durch ÖGV; 18.9.1927 feierlich übernommen; 1928 erweitert; 1936 Schlafhaus erbaut; 27.9.1936 eingeweiht

Rudolf-Proksch-Hütte mit Klesheim-Warte, vor 1933

1931
Rudolf-Proksch-Hütte
Proksch-Hütte
541 m, A, am Pfaffstättner Kogel bei Pfaffstätten
aktuell, Kategorie III
S. ÖGV (ab 1931 AV-Sektion)
1930 fertiggestellt (benannt nach dem ehemaligen Obmann des ÖGV Gr. Baden); 11.5.1930 feierlich eröffnet; 1979/1980 erweitert

1931
Schöpfl-Schutzhaus
Franz-Krebs-Schutzhaus
872 m, A, am Schöpfl bei Hitzing-Höllersdorf
aufgelassen/nicht mehr AV
ÖTK (1931–1945 S. ÖTK Gr. Wienerwald)
1906 altes Haus erbaut; 6.8.1906 eröffnet; 1.11.1921 abgebrannt; 1922/1923 neues Haus erbaut; 15.7.1923 eröffnet

1931
Tulbingerkogel-Warte
450 m, A, auf dem Tulbingerkogel bei Tulbing
aufgelassen/nicht mehr AV
S. ÖGV (ab 1931 AV-Sektion)
1866 kleine Warte errichtet; 1895 abgetragen; 1897 durch NÖGV (ÖGV) neu errichtet; 18.7.1897 feierlich eröffnet; um 1943 nicht zugänglich; (jetzt steht an deren Stelle die Leopold-Figl-Warte)

1931
Unterstandshütte unter der Peilstein-Warte
716 m, A, am Peilstein bei Weissenbach-Schwarzensee
aufgelassen/nicht mehr AV
S. ÖGV (ab 1931 AV-Sektion)
1895 oder etwas später kleine mit Schindeln verkleidete Schutzhütte zwischen den vier Turmbeinen der Peilstein-Warte erbaut; 1932 kleine Bauernstube eingerichtet; bis 1951 Unterstandshütte bestehend (Warte bereits 1947 abgetragen)

1932
Teufelstein-Hütte
Teufelsstein-Hütte
547 m, A, nordwestlich des Teufelsteines bei Perchtoldsdorf
aktuell, Kategorie III
S. Teufelstein-Perchtoldsdorf (davor S. ÖGV)
1931/1932 erbaut durch S. ÖGV Gr. Perchtoldsdorf; 12.6.1932 eröffnet; ab 1980 S. Teufelstein

1933 oder früher
Gustav-Jäger-Warte
A, auf dem Jochgrabenberg bei Pressbaum
aufgelassen/nicht mehr AV
S. ÖTK Gr. Wienerwald
vor 1943 abgetragen

1933
Schutzhaus u. Jugendheim Wildegg
AV-Jugendherberge Wildegg, Schutzhaus Wildegg
440 m, A, unterm Kreuzsattel bei Sittendorf
aufgelassen/nicht mehr AV
S. Austria (davor DuOeAV)
Ende 1933 eröffnet; um 1948 nicht zugänglich; 1993 Terrasse saniert; dann aufgelassen

1935
Nordwiener Hütte
Wagramer Hütte, Deutsch-Wagramer Hütte
483 m, A, am Wolfgeistberg bei Pottenstein
aufgelassen/nicht mehr AV
S. ÖGV
1935 eröffnet durch S. ÖGV Gr. Deutsch-Wagram; 1947 übernommen durch S. ÖGV Gr. Nordwien u. umbenannt; 2012 Hütte nach Auflösung der ÖGV-Ortsgruppe an Grundbesitzer abgegeben

1936 oder früher
Marchfelder-Hütte
A, bei Weißenbach-Neuhaus
aufgelassen/nicht mehr AV
S. ÖGV
Sektionshütte

1938
Buchberg-Hütte
464 m, A, am Buchberg bei Maria Anzbach
aufgelassen/nicht mehr AV
S. ÖGV (davor AG Wildegger)

von der AG Wildegger betrieben; ab 1938 Gruppe des
S. ÖGV; 1949 zerstört (Brand)

1938
Falkensteiner-Hütte
600 m, A, am Hasenriegel bei Neustift-Innermanzing
aufgelassen/nicht mehr AV
Alpiner Verein Falkensteiner (1938–1945 S. ÖGV Gr. Falkensteiner)

1938
Hagentaler-Hütte
A, bei Brand-Laaben
aufgelassen/nicht mehr AV
S. ÖGV (davor AG Hagentaler)
Hütte der Gruppe Alpine Gesellschaft Hagentaler

1938
Hegerberg-Hütte
Johann-Enzinger-Schutzhaus
651 m, A, am Hegerberg bei Böheimkirchen
aufgelassen/nicht mehr AV
ÖTV (1938–1945 S. Reißtaler, davor Christlicher Arbeiter-Touristenverein)
15.6.1930 feierlich eingeweiht durch OG St. Pölten des Christlichen Arbeiter-Touristenvereins; 1938 erworben durch S. Reißtaler

1938
Lugauer-Hütte
A, beim Buchberg
aufgelassen/nicht mehr AV
AG Lugauer (1938–1945 S. ÖGV Gr. Lugauer)

1938
Triestingtaler-Hütte
A, im Wienerwald
aufgelassen/nicht mehr AV
S. ÖGV (davor Alpiner Verein Triestingtaler)
1938 Alpiner Verein Triestingtaler an S. ÖGV angeschlossen

1951
Hans-Nemecek-Hütte
524 m, A, ober der Gießhübler Heide bei Gießhübl
aufgelassen/nicht mehr AV
S. ÖGV
1951 errichtet durch S. ÖGV Gr. Favoriten; 1955 wird Gruppe als Wiener Gebirgsfreunde selbständig

1986
AV-Haus Donaulände
Sepp-Brezina-Haus, Bootshaus in Tulln

Jugendherberge Wildegg

170 m, A, in Tulln a. d. Donau in Niederösterreich
aktuell, Kategorie III
S. Tulln
1968–1970 Bootshaus erbaut (Vereinslokal, Booteinstellung); 11.12.1982 Bootshaus einige Meter versetzt (wegen Kraftwerksbau); Sept. 1983 eingeschränkt benutzbar; 3.10.1986 nach Ausbau zur Herberge feierlich eingeweiht

2012
Kampthaler-Hütte
313 m, A, in Breitenfurt b. Wien
aktuell, Jugendherberge/Jugendheim
S. Edelweiss
30.6.2012 eröffnet durch S. Edelweiss Familiengruppe Breitenfurt

Zentrale Ostalpen

25 Rätikon

»Frühzeitig hat der Rhätikon das Interesse der Touristen erregt; die mächtige Scesaplana mit ihrem gleissenden Ferner, der Felsbau des Zuges Drusenfluh-Sulzfluh, die kühne Zimbaspitze lockten zum Besuche, und die herrlichen Bilder, die sich in den Thälern boten, fesselten Jeden, der dem Rufe folgte. [...] Der Hauptgipfel, die Scesaplana, mit dem wundervollen Lünersee zu Füssen, zu dem man durch das grossartige Brandnerthal wandert, war natürlich das erste Objekt der Thätigkeit der Sektion [Vorarlberg]. Im Jahre 1870 entstand die Unterkunftshütte am Lünersee – eine der ersten des D.A.-V.«

Johannes Emmer, Zeitschrift des DuOeAV 1894, 275f.

Douglass-Hütte am Lünersee

1871
Douglass-Hütte, alte
Lünersee-Hütte, Unterkunftshütte am Lünersee, Douglaß-Hütte, Douglas-Hütte
1969 m, A, auf der Alpe Lünersee oberhalb des Lünersees (nun im Lünersee) bei Vandans
aufgelassen/nicht mehr AV
S. Vorarlberg
24.7.1870 Baubewilligung erteilt; 1870 erbaut als Unterkunftshütte am Lünersee durch S. Vorarlberg in Gemeinschaft mit Josef Wolf aus Bludenz u. Samuel Kegele aus Brand; 28.8.1871 feierlich eröffnet; 1875 umbenannt in Douglass-Hütte (nach dem verstorbenen John Sholto Douglass); 1877 zerstört (Lawine); 1877 neu erbaut; 1880 Hüttendach zerstört (Wind); 1885 aufgestockt; 1888/1889 seitlicher Zubau; 1894/1895 Schlafhaus erbaut; 1902 rechter Flügel der alten Hütte zerstört (Lawine); 1903 in erweiterter Form wiedererrichtet u. Dach der Hütte gehoben; 1904 Wirtschaftsgebäude erbaut u. alte Hütte umgebaut; 1929/1930 erweitert

1879
Tilisuna-Hütte
2211 m, A, auf der Alpe Tilisuna oberhalb des Tilisunasees bei Tschagguns
aktuell, Kategorie I
S. Vorarlberg
1876–1879 erbaut; 30.8.1879 feierlich eröffnet; 1899, 1909 umgebaut; 1923, 1929 erweitert; 1944 beschädigt (Lawine); 1967 Erweiterung eröffnet; 1995, 2013/2014 umgebaut u. erweitert

1899
Lindauer Hütte
1744 m, A, auf der oberen Sporeralm nordwestlich der Sulzfluh bei Tschagguns
aktuell, Kategorie I
S. Lindau
1898/1899 erbaut; 16.8.1899 eingeweiht; 1908/1909 Neubau Schlafhaus; wiederholt erweitert

1902
Sarotla-Hütte
1645 m, A, auf der oberen Sarotlaalm nordwestlich der Zimbaspitze bei Bürs
aktuell, Kategorie I
S. Vorarlberg (davor S. Bludenz)
1902 Hütte auf der Sarotla-Alm, die als Notunterkunft für Bergsteiger schon bisher genutzt wurde, durch S. Bludenz adaptiert; 1.8.1902 eröffnet; um 1906/1913 erweitert; 1929/1930 Lawinenschäden; 1930/1931 erweitert; um 1999 zerstört; 2000 wiederaufgebaut

1905
Mannheimer Hütte
Straßburger Hütte
2679 m, A, am Brandnerferner an der Schesaplana bei Brand
aktuell, Kategorie I
S. Mannheim (davor S. Straßburg)
1904/1905 erbaut; 14.8.1905 eröffnet; 1911–1913, 1929/1930 erweitert; 1963 umgebaut

1905
Oberzalim-Hütte
Zalim-Hütte, Georg-Orth-Hütte
1889 m, A, auf der Oberzalimalpe bei Brand

Die alte Sarotla-Hütte, um 1980

aktuell, Kategorie I
S. Mannheim (davor S. Straßburg)
1905 erbaut; 14.8.1905 eröffnet; ab 1920 S. Mannheim; 2007/2008 erweitert

1909
Heinrich-Hueter-Hütte
Hueter-Hütte
1766 m, A, südlich der Zimba bei Vandans
aktuell, Kategorie I
S. Vorarlberg
1908/1909 erbaut; 25.7.1909 feierlich eröffnet; 1953 erweitert; 1978 erweitert; 2008 umgebaut; 19.9.2008 feierlich eröffnet

1925
Schwaben-Haus
Schwaben-Haus auf der Tschengla
1198 m, A, auf der Tschengla bei Bürserberg
aktuell, Kategorie II
S. Schwaben
1925 erworben; 1986–1989 umgebaut; 14.8.1989 eingeweiht

1926
Madrisa-Hütte
1660 m, A, oberhalb Gargellen
aktuell, Kategorie I
S. Karlsruhe
1926 erbaut; Neujahr 1927 eingeweiht; 1984 erweitert

1928
Pfälzer Hütte
2108 m, Fürstentum Liechtenstein, am Bettlerjoch bei Nenzing
aufgelassen/nicht mehr AV
AV Liechtenstein (davor Pfälzer Sektionsverband)
1927/1928 erbaut; 5.8.1928 eingeweiht

1938 oder früher
Tschengla-Haus
Tschengla-Hütte
1200 m, A, auf der Tschengla bei Bürserberg
aufgelassen/nicht mehr AV
S. Schwaben (davor u. erbaut von Wintersportverein Bludenz)
1929/1930 Wintersportverein Bludenz; 1937/1938 angekauft durch S. Schwaben; Ende 1938 verkauft

Totalp-Hütte, um 1980

1939
Feldkircher Haus
Feldkircher Hütte, Saulgauer Hütte
1200 m, A, auf dem Vorderälpele nördlich der Drei Schwestern bei Feldkirch
aufgelassen/nicht mehr AV
TV Naturfreunde (1934–1938 Bergfreunde, 1938–1939 DJH, 1939–1945 S. Saulgau)
1934 durch Bergfreunde übernommen; 1938 durch Reichsverband für Deutsche Jugendherbergen übernommen; 2.7.1939 eröffnet als AV-Hütte; 1939 erworben durch DAV (Kaufvertrag 1.9.1939), betreut durch S. Saulgau; 1.7.1940 erworben durch S. Saulgau

1954
Jugendherberge bei der Lindauer Hütte
A, bei der Lindauer Hütte bei Tschagguns
aktuell, Kategorie I
S. Lindau
1954 kleine Hütte neben dem Alpengarten als Jugendherberge, Selbstversorgerraum u. Winterhütte ausgebaut; derzeit als Notlager genutzt

1954
Karl-Müller-Hütte
Grabs-Bergheim
1400 m, A, auf der Alpe Grabs nördlich der Mittagsspitze bei Tschagguns
aktuell, Sektionshütte
S. Lindau
1954 gepachtet; 1955 erworben; 1972 Namen geändert

1954
Vollsporn-Hütte
1235 m, A, im Gauertal bei Tschagguns
aufgelassen/nicht mehr AV
S. Konstanz
1954 gepachtet; 1972 Pacht beendet

1960
Douglass-Hütte, neue
Douglaß-Hütte
1979 m, A, am aufgestauten Lünersee neben der Bergstation der Lünerseebahn bei Vandans
aufgelassen/nicht mehr AV
S. Vorarlberg
1960 erbaut durch S. Vorarlberg (als Ersatz für die alte Douglass-Hütte); jetzt ÖAV-Vertragshaus

1964 ca.
Totalp-Hütte
2385 m, A, auf der Totalpe westlich oberhalb des Lünersees bei Brand
aktuell, Kategorie I
S. Vorarlberg
1959 wurde die Totalp-Hütte (ehemalige Baubaracke) von der Vorarlberger Illwerke AG der S. Vorarlberg übereignet; adaptiert; Sommer 1964 probeweise bewirtschaftet; 25.7.1965 festlich eröffnet; 1973–1975 erweitert; 1988/1989 umgebaut

1970
Haus Matschwitz
1500 m, A, am Golm bei Schruns
aktuell, Sektionshütte
S. Tübingen
1913 erbaut; Frühjahr 1969 »Haus auf der Haid« erworben, adaptiert durch S. Tübingen; 13.6.1970 eingeweiht; 1986 umgebaut

1971
Gauen-Hütte
1235 m, A, im Gauertal bei Tschagguns
aktuell, Sektionshütte
S. Konstanz
1971 kleines Maisäss erworben (als Ersatz für Vollsporn-Hütte); erweitert

1971
Robert-Ritter-Hütte
670 m, Fürstentum Liechtenstein, auf dem Eschnerberg bei Schellenberg
aktuell, Sektionshütte
S. Lindau
1971 bezugsfertig

2004
Maisäß-Häuschen
1500 m, A, neben dem Haus Matschwitz am Golm bei Tschagguns-Latschau
aktuell, Sektionshütte
S. Tübingen

Madlener-Haus, vor 1929

Eröffnung der Heidelberger Hütte, der einzigen Alpenvereins-Schutzhütte auf Schweizer Boden, 1889

2003 über 300 Jahre alte Hütte als Ferienwohnung ausgebaut (Besitz S. Tübingen); seit 2004 genutzt

26 Silvretta

»Es ist eine unvergleichliche Art Schönheit, welche diesen buntgestreiften Nadeln und Pyramiden, die düster und drohend zum Aether aufragen, eigen ist. Die seltsame Pracht dieses Gebietes hat auch schon frühe die Bergfreunde angelockt, und für kühne Hochtouristen bot es interessante Probleme.

Da die Gruppe zum Theil zur Schweiz gehört, war an der Erschliessung derselben noch der Schweizer Alpenklub betheiligt […], auch Private errichteten Unterkunftsstätten, welche den Besuch erleichtern. Auf der österreichischen Seite theilten sich mehrere Sektionen in die Arbeit.«

Johannes Emmer, Zeitschrift des DuOeAV 1894, 278.

1882
Jamtal-Hütte
Jamthal-Hütte
2165 m, A, im hinteren Jamtal bei Galtür
aktuell, Kategorie I
S. Schwaben
1882 erbaut; 20.8.1882 feierlich eröffnet; wiederholt erweitert; 1897 nach Erweiterung eingeweiht; 1958–1962 Schlafhaus (Robert-Leicht-Bau) errichtet; 1978/1979 erweitert (Dr.-Eugen-Heinz-Haus); 1999 zerstört (Lawine); Juni 1999 wiedereröffnet

1884
Madlener-Haus
1986 m, A, auf der Alpe Großvermunt bei Gaschurn-Partenen
aufgelassen/nicht mehr AV
S. Wiesbaden (davor S. Vorarlberg)
1884 erbaut durch S. Wiesbaden; 24.8.1884 feierlich eröffnet (benannt nach dem im März 1884 verstorbenen Sektionsvorstand Andreas Madlener); 19.7.1906 feierliche Übergabe der Hütte an die S. Wiesbaden; 1908/1909, um 1925/1930 erweitert; um 1950 von französischer Besatzungsmacht belegt; 1975 umgebaut; 1980 beschädigt (Brand); 31.10.2001 schwer beschädigt (Brand); Juni 2003 wiedereröffnet; mit Wirkung 1.1.2013 an Vorarlberger Illwerke verkauft

1889
Heidelberger Hütte
2264 m, Schweiz, am Ende des Fimbertals östlich des Fluchthorns bei Ramosch bzw. Ischgl
aktuell, Kategorie II
S. Heidelberg
1889 erbaut; 19.8.1889 eröffnet; 1905, 1924, 1925, 1926, 1929, 1961 erweitert; 18./19.9.1976 eingeweiht nach Erweiterung, 1978/1979 umgebaut

1896
Wiesbadener Hütte
2443 m, A, auf der Alpe Großvermunt am Abhang des Hohen Rads bei Gaschurn-Partenen
aktuell, Kategorie I
S. Wiesbaden
1895/1896 erbaut; 21.8.1896 feierlich eröffnet; 1902/1903 erweitert; 1.8.1903 Anbau eröffnet; 1925–1927, 1928/1929 erweitert; 1989 umgebaut

1908
Tübinger Hütte
2191 m, A, im Garneratal bei Gaschurn
aktuell, Kategorie I
S. Tübingen
1908 erbaut; 18.–20.8.1908 Einweihungsfeierlichkeiten; 1928 stark beschädigt (Lawine); 1930 wiederhergestellt; 1982 umgebaut

Einweihung der Tübinger Hütte im August 1908

1911
Saarbrücker Hütte
2538 m, A, am Kleinlitzner bei Gaschurn-Partenen
aktuell, Kategorie I
S. AS Saarbrücken
1909–1911 erbaut; Juli 1911 eröffnet; 18.8.1911 eingeweiht; 18.8.1928 Zubau eingeweiht

1926
Ernst-Rieger-Hütte
Garfreschen-Hütte
1480 m, A, im Vermieltal bei St. Gallenkirch
aktuell, Sektionshütte
S. Lindau
1926 über 250 Jahre altes Maisäss Garfreschen erworben u. adaptiert

1993
Klostertaler Umwelt-Hütte
Klostertaler Hütte
2362 m, A, im Klostertal südwestlich des Silvrettasees bei Gaschurn
aktuell, Kategorie I
DAV-Bundesverband (davor S. Wiesbaden)
1969–1972 Bauarbeiten, aber nicht vollendet; ab 1977 interessiert sich S. Stuttgart für den Erwerb u. die Fertigstellung, aber Handel kommt nicht zum Abschluss; 1984 soll der Rohbau auf Wunsch des DAV gesprengt werden, aber die Gemeinde Gaschurn-Partenen erhebt Einspruch; dann Teile durch DAV bewohnbar gemacht; im Sept. 1993 eingeweiht als Klostertaler Umwelt-Hütte

27 Samnaun-Gruppe

»Es fehlt nicht an interessanten Berggestalten und anregenden Partieen, vor Allem aber sind die Höhen aussichtreich […] Es dürfte übrigens auch für dieses Gebiet die Zeit kommen, in welcher es eine Würdigung findet.
Es ist hier auch noch verhältnissmässig wenig geschehen; wohl hat aber die S. Asch sich die Gruppe als ihr Arbeitsgebiet erkoren, und vorläufig treffliche Wege auf den Rothpleisskopf und die Furglerspitze erbaut, auch unterhalb des Rothpleisskopfes eine kleine Unterstandshütte, die Kübelgrundhütte, errichtet. Ein grösserer Hütten-Bau ist in Aussicht genommen.«
Johannes Emmer, Zeitschrift des DuOeAV 1894, 283.

1891
Rothbleisskopf-Hütte
Unterstandshütte am Rothbleisskopf, Kübelgrund-Hütte
2300 m, A, beim Rotpleiskopf am Kübelgrund (Versingalm) bei See i. Paznaun
aufgelassen/nicht mehr AV
S. Asch
1891 einfache steinerne Hütte erbaut u. eingerichtet (unverschlossen); wohl erst 1892 offiziell eröffnet; bis zum Bau der Ascher Hütte in Verwendung

1893
Schönjöchl-Hütte
Schönjöchel-Hütte
2480 m, A, am Schönjöchl bei Prutz
aufgelassen/nicht mehr AV
S. Prutz-Kaunserthal
20.7.1893 feierlich eröffnet; bestand mindestens bis 1908

1896
Ascher Hütte
2256 m, A, westlich des Rotpleiskopfs auf der Versingalm (Kübelgrund) bei See i. Paznaun
aktuell, Kategorie I
S. Pfaffenhofen-Asch (S. Asch/DAV Asch)
erbaut als Ersatz für bisherige Notunterkunft am Kübelgrund; 5.-6.7.1896 eröffnet; 1930/1931 erweitert; 1957/1958, 1976 umgebaut

1929
Kölner Haus
Komperdell-Hütte, Comperdell-Hütte, Kölner Haus auf Komperdell
1965 m, A, auf der Komperdellalpe bei Serfaus
aktuell, Kategorie II
S. Rheinland-Köln
1927–1929 erbaut (Errichtung des Rohbaus durch S. Stuttgart); 1.9.1929 eröffnet; 1962/1968 umgebaut; 2013 saniert

1931
Komperdell-Skihütte
Skihütte auf Comperdell, Komperdell-Hütte
1920 m, A, auf der Komperdell-Alpe bei Serfaus
aufgelassen/nicht mehr AV
S. ÖTK Gr. Innsbruck (ab 1931 AV)
1926 gemietet; Ende 1926 eröffnet; 1931 weiterer Innenausbau

1936
Komperdell-Skihütte
A, auf der Komperdellalpe bei Serfaus
aufgelassen/nicht mehr AV
S. Rheinland-Köln
1936 gepachtet

1974
Hexenseehütte
2595 m, A, am Fuß des Hexenkopfs bei Pfuns
aktuell, Kategorie I
S. Rheinland-Köln
1974 erbaut; 1.9.1974 eingeweiht; 1994 abgebrannt, 1996/1997 neu erbaut

28 Verwall-Gruppe

»Über niedrigen runden, begrünten Kuppen und Hängen bauen sich dunkle, steile Felsgerüste auf, von grobblockigen Trümmerhalden, in denen sich tiefblaue Hochseen verbergen, von Firnflecken und Gletscherchen umgeben.

Die turistische Erschließung der Gruppe läßt wenig zu wünschen übrig. Die AV Sektionen Konstanz, Darmstadt, Worms, Reutlingen und Schwaben und der ÖTC teilen sich in diese Arbeit. Die Gruppe ist von allen Seiten bequem zugänglich.«

Josef Moriggl, Von Hütte zu Hütte, Band 2, 3. Auflage Leipzig 1923, 41.

1885
Konstanzer Hütte, alte
1768 m, A, auf der Kuhalm ca. 700 m vom neuen

Ascher Hütte

Hüttenstandort bei St. Anton a. Arlberg
aufgelassen/nicht mehr AV
S. Konstanz
1885 erbaut; 10.8.1885 eingeweiht; 1901, 1912, 1963, 1981 erweitert; 1988 zerstört (Mure)

1889
Darmstädter Hütte
2384 m, A, nordöstlich der Kuchenspitze bei St. Anton a. Arlberg
aktuell, Kategorie I
S. Darmstadt-Starkenburg (S. Darmstadt)
1888 Holzhütte errichtet, die noch vor der Einweihung durch einen Sturm vernichtet wird; 1889 Steinhütte erbaut; 12.8.1889 feierlich eingeweiht; 1897, 1907/1913, 1961/1962 erweitert

1907
Wormser Hütte
2305 m, A, am Kapelljoch bei Schruns
aktuell, Kategorie I
S. Worms
1906/1907 erbaut; 29.7.1907 eröffnet u. eingeweiht

1909
Neue Reutlinger Hütte
Walter-Schöllkopf-Hütte, Reutlinger Hütte
2395 m, A, auf der Wildebene bei Langen
aktuell, Kategorie I
S. Reutlingen
1908/1909 erbaut; 3.8.1909 eingeweiht; 1912, 1933 erweitert; 1953 abgebrannt; 1970 wiedererrichtet als Selbstversorgerhütte; 27.9.1970 eingeweiht

1916
Friedrichshafener Hütte
Friedrichshafner Hütte, Kathrein-Hütte
2138 m, A, auf der Muttenalp südlich des Schafbichljochs bei Galtür

Reutlinger Hütte auf der Wildebene, 1908/1909 erbaut

aktuell, Kategorie I
S. Friedrichshafen (davor S. Konstanz, davor DuOeAV)
1916 erworben durch den Hauptausschuss des DuOeAV (Versteigerung); 1917 erworben durch S. Konstanz; 1922 erworben durch S. Friedrichshafen; renoviert; 3.8.1924 eingeweiht; 1963/1964 erweitert (Schlafhaus); 27.9.1964 eingeweiht

1928
Heilbronner Hütte
Neue Heilbronner Hütte
2320 m, A, am Verbellner Winterjöchl bei Gaschurn
aktuell, Kategorie I
S. Heilbronn
1926/1927 erbaut; 15.2.1928 eröffnet; 1.7.1928 eingeweiht; u.a. 2001–2003, 2010/2011 erweitert

1929
Kaltenberg-Hütte
Reutlinger Skihütte
2089 m, A, auf der Albonaalpe bei Klösterle
aktuell, Kategorie I
S. Reutlingen
1928/1929 erbaut; 26.1.1929 eröffnet; 14.4.1929 eingeweiht; 1930, 1959 erweitert

Niederelbe-Hütte

1931
Edmund-Graf-Hütte
Graf-Hütte
2375 m, A, am oberen Kapplerboden südwestlich des Rifflers bei Pettneu
aktuell, Kategorie I
S. TK Innsbruck (davor S. ÖTK Gr. Innsbruck, davor ÖTK)
1885 erbaut; 18.8.1885 eröffnet (benannt nach dem Vereinsfunktionär); 1901/1902 erweitert; 1972/1973 neu erbaut; 1.9.1973 eröffnet; 1991/1992 umgebaut

1931
Kieler Wetterhütte
Kieler Hütte
2809 m, A, in der östlichen Fatlarscharte bei Ischgl
aktuell, Kategorie I
S. Kiel
1931 erbaut, 1959/1960 neu aufgebaut; 2006–2009 renoviert

1931
Niederelbe-Hütte
2310 m, A, auf der Sesslad-Alpe am östlichen Ufer des größeren Sessees bei Kappl
aktuell, Kategorie I
S. Hamburg und Niederelbe (S. Niederelbe-Hamburg)
1930/1931 erbaut; 1.7.1931 eröffnet; 12.7.1931 eingeweiht; 1966/1967 erweitert

1976
Aulendorfer Hütte
Bergsteigerheim in Kappl
A, in Kappl-Wiese
aktuell, Sektionshütte
S. Aulendorf
1975/1976 Haus adaptiert; 19./20.6.1976 feierlich eingeweiht

1990

Konstanzer Hütte, neue

1688 m, A, an der Vereinigung des Schönverwall- mit dem Fasultal bei St. Anton a. Arlberg
aktuell, Kategorie I
S. Konstanz
1990 erbaut

29 Sesvenna-Gruppe

»Die geologische Beschaffenheit dieser Berge ist äußerst mannigfaltig, daher auch der Aufbau der Gipfel und das ganze Landschaftsbild. […] Die Hauptgipfel sind für tüchtige Steiger nicht zu schwierig, bequeme Wanderer werden in den Nebengipfeln und den Wanderungen durch die schluchtartigen Täler, über die mit Alpenmatten und Seen bedeckten Pässe und Hochmulden zwischen den Gipfelbauten reichliche Befriedigung finden.«

Josef Moriggl, Ratgeber für Alpenwanderer,
München 1924, 191.

1901

Alte Pforzheimer Hütte

Museum Chamanna Pforzheim, Rifugio Rasass, Pforzheimer Hütte
2256 m, I, etwas unterhalb des Schlinigpasses bei Mals-Schlinig
aufgelassen/nicht mehr AV
Autonome Provinz Bozen (davor CAI/Finanzwachunterkunft, davor S. Pforzheim)
1900/1901 erbaut durch S. Pforzheim; 16.7.1901 geöffnet; 20.8.1901 feierlich eingeweiht; 1964 innen ausgebrannt; revitalisiert durch den Verein Cunfin (dient seit 2015 als Museum); seit 2009 unter Denkmalschutz

1981

Sesvenna-Hütte

2256 m, I, unterhalb des Piz Sesvenna nahe der Alten Pforzheimer Hütte bei Burgeis
aktuell, AVS-Schutzhütte
AVS S. Laas, S. Lana, S. Latsch, S. Mals, S. Prad, S. Schlanders u. S. Untervinschgau (davor AVS S. Lana, S. Mals, S. Martell, S. Untervinschgau u. S. Vinschgau)
1977–1980 erbaut durch AVS Sektionen Lana, Mals, Martell, Untervinschgau u. Vinschgau

30 Ötztaler Alpen

»Im allgemeinen wird man, sofern man nicht die Ötztaler Alpen als seine engere Heimat bezeichnen kann, während des Sommerurlaubes in die Gruppe ziehen, meistens in

Alte Pforzheimer Hütte, heute Museum Chamanna Pforzheim

den Monaten Juli und August. Erfahrungsgemäß hat sich gezeigt, daß im Hochgebirge die Zeit vom 15. Juli bis 31. August die beste ist, zumal sie auch längere Tage hat. Vorher und nachher in den Ötztalern Bergfahrten zu unternehmen ist gewagt und bedarf viel Glück. […] Unter Umständen kann der Juni, insbesondere für solche, die den bewirtschafteten Betrieb der Schutzhütten meiden wollen, sehr günstig sein, wenn der Schnee schon firnig und nicht mehr morsch ist und ein müheloses Überschreiten der Gletscher in den Vormittagsstunden gestattet.«

Ludwig Obersteiner, Führer durch die Ötztaler Alpen,
Wien 1925, 14.

1873

Gepatsch-Haus

1928 m, A, auf der Gepatschalm bei Kaunertal-Feichten
aktuell, Kategorie II
S. Frankfurt a. M.
1872/1873 erbaut durch S. Frankfurt a. M.; 21.7.1873 feierlich eröffnet; 1882 aufgestockt; 2.8.1882 eingeweiht; 1911–1913 erweitert; 31.7.1913 eingeweiht; 1956–1959 renoviert u. erweitert; seit 2012 unter Denkmalschutz

1874

Taschach-Hütte

Alte Taschach-Hütte
2433 m, A, nordöstlich des Pitztaler Urkunds neben dem Taschach-Haus bei Mittelberg
aufgelassen/nicht mehr AV
S. München (davor S. Frankfurt a. M.)
1873/1874 erbaut; 27.7.1874 eingeweiht; 1888 Sturmschaden; 13.9.1888 wiedereröffnet; Nov. 1896 beschädigt (Unwetter); 1897 wiederhergestellt; alte Hütte nach Bau des Neuen Taschach-Hauses weiterhin benützt; existiert nicht mehr

Breslauer Hütte

1877
Gfallwand-Hütte
3175 m, I, auf der Spitze der Gfallwand bei Schnals-Karthaus
aufgelassen/nicht mehr AV
S. Meran
1877 erbaut aus geschichteten Steinplatten u. eröffnet; 1884 Verlegung der Hütte erwogen, aber nicht realisiert; 1894 (oder davor) wegen Vergletscherung aufgelassen

1882
Breslauer Hütte
2844 m, A, am Südrand des Ötztaler Urkunds südlich der Wildspitze bei Vent
aktuell, Kategorie I
S. Breslau
1882 erbaut; 20.8.1882 feierlich eröffnet; 1912–1914, 1928/1929 erweitert; 1977 Sanitärbau; 1997–2000 erweitert u. generalsaniert

1883
Höller-Hütte
Carlsbader Hütte, erste Karlsbader Hütte, Rifugio Maresciallo Armando Diaz, Rifugio di Mazia
2652 m, I, im obersten Matschertal südlich der Weißkugel bei Matsch
aufgelassen/nicht mehr AV
CAI (davor S. Prag)
1883 erbaut (1881 Bauentschluss durch Mitglieder der S. Prag in Karlsbad); 2.9.1883 feierlich eröffnet; 1901/1902 erweitert; 1902 umbenannt in Höller-Hütte (nach dem Karlsbader Förderer der Touristik Franz Höller); um 1945 abgebrannt

1888
Rauhekopf-Hütte
Rauhenkopf-Hütte
2731 m, A, am Rauhekopf bei Kaunertal-Feichten
aktuell, Kategorie I
S. Frankfurt a. M.
12.9.1888 feierlich eröffnet; 1912/1913, 1939, 1977/1978, 2012 erweitert

1891
Lodner-Hütte
Rifugio Cima Fiammante
2259 m, I, an der Rossleiten im obersten Zieltal bei Partschins
aktuell, aber keine AV-Schutzhütte (Hütte der Autonomen Provinz Bozen)
Autonome Provinz Bozen, Beratungsfunktion AVS u. CAI (davor CAI, davor S. Meran)
erbaut durch S. Meran; 21.9.1891 feierlich eröffnet; 1895 Anbau (Koch- u. Schlafraum für Führer u. Jäger) durch Meraner Jagdclub erbaut u. der S. Meran geschenkt

1892
Braunschweiger Hütte
2759 m, A, an den Karlesköpfen bei Plangeross
aktuell, Kategorie I
S. Braunschweig
1891/1892 erbaut; 30.8.1892 feierlich eröffnet; wiederholt erweitert

1893
Weißkugel-Hütte
Rifugio Pio XI. alla Pala bianca
2554 m, I, auf Bärmutt bei Graun-Langtaufers
aktuell, aber keine AV-Schutzhütte
Autonome Provinz Bozen, Beratungsfunktion AVS u. CAI (davor CAI, davor Mark Brandenburg, davor S. Frankfurt a. M.)
18.5.1890 Grund durch S. Düsseldorf erworben, dann aber an S. Frankfurt a. M. abgetreten; 1893 erbaut durch S. Frankfurt a. M.; 12.7.1893 feierlich eröffnet; Dez. 1910 übergegangen in den Besitz der S. Mark Brandenburg

1895
Kapelle Maria Schnee
AV-Kapelle Maria im Schnee
1928 m, A, neben dem Gepatsch-Haus bei Kaunertal-Feichten
aktuell, Kategorie II
S. Frankfurt a. M.
6.8.1895 eingeweiht (das angeschlossene Schlafhaus enthält auch einige Zimmer für Übernachtungen, die immer noch genutzt werden); seit 2012 unter Denkmalschutz

1896
Fidelitas-Hütte
Karlsruher Hütte, Alte Karlsruher Hütte

2883 m, A, am Steinernen Tisch am Gurgler Ferner bei Obergurgl
aktuell, Kategorie I
S. Karlsruhe
1895/1896 erbaut; 12.8.1896 feierlich eröffnet

1897
Stettiner Hütte
Eisjöchl-Hütte, Rifugio Petrarca all'Altissima
2875 m, I, beim Eisjöchl im obersten Pfelderer Tal bei Moos-Pfelders
aktuell, aber keine AV-Schutzhütte (Hütte der Autonomen Provinz Bozen)
Autonome Provinz Bozen, Beratungsfunktion AVS u. CAI (davor CAI, davor S. Stettin)
1896/1897 erbaut durch S. Stettin; 24.8.1897 feierlich eröffnet; 2014 stark beschädigt (Lawine)

1899
Taschach-Haus
Neues Taschach-Haus
2434 m, A, beim Taschachferner nordöstlich des Pitztaler Urkunds bei Mittelberg
aktuell, Kategorie I
S. München (davor S. Frankfurt a. M.)
1898/1899 kompletter Neubau neben der alten Taschach-Hütte; 5.9.1899 eingeweiht; Dez. 1927 Dachschaden (Sturm); 1928 Schaden behoben; bald neuerlicher Sturmschaden; bis Juli 1928 neu eingedeckt; 1932 Einrichtung einer Kapelle in einer Ecke des Lesezimmers; 1938 Veranda errichtet; 1957/1958 renoviert; 1964/1965 erweitert; 1999 Winterhaus neu errichtet; 2005–2009 generalsaniert u. erweitert (durch den DAV); 1.1.2010 erworben durch S. München; 19.6.2010 feierlich eingeweiht

1899
Zwickauer Hütte
Rifugio Plan, Planferner-Hütte
2979 m, I, am Südrand des Planferners bei Moos-Pfelders
aktuell, aber keine AV-Schutzhütte
Autonome Provinz Bozen, Beratungsfunktion AVS u. CAI (davor CAI, davor S. Zwickau)
25.7.1899 feierlich eröffnet durch S. Zwickau; um 1934 in Brand gesteckt; 1960 wiederaufgebaut durch CAI S. Meran; dann beschlagnahmt; 1967 gesprengt; 1982/1983 wiederaufgebaut

1901
Vernagt-Hütte
Würzburger Hütte, Würzburger Vernagt-Hütte
2755 m, A, am Fuß der Hintergraslspitze zwischen Vernagt- und Guslarferner bei Vent
aktuell, Kategorie I

Altes Hochjoch-Hospiz

S. Würzburg
1901 erbaut; 27.8.1901 eröffnet; 1911 u. 1931/1932 erweitert

1903
Kaunergrat-Hütte
2817 m, A, östlich des Madatschjochs bei Plangeross
aktuell, Kategorie I
S. Mainz (davor Akad. S. Graz)
1902/1903 erbaut; 7.9.1903 eröffnet u. eingeweiht; 1927, 1930er Jahre, 1985 erweitert; 1.1.2003 durch S. Mainz erworben; 2003–2007 saniert

1903
Seebertal-Hütte
Essener Hütte, Alte Essener Hütte, Rifugio Principe di Piemonte al Monte Re, Rifugio Principe al Monte
2420 m, I, im obersten Seebertal bei Rabenstein
aufgelassen/nicht mehr AV
CAI (davor S. Essen)
18.8.1903 eröffnet durch S. Essen (Hüttengrund von der S. Hannover erworben); Sept. 1947 zerstört (Brand)

1906
Verpeil-Hütte
2025 m, A, im Verpeiltal bei Kaunertal-Feichten
aktuell, Kategorie I
S. Frankfurt a. M.
1905/1906 erbaut; 16.7.1906 feierlich eröffnet; 1958, 1976/1977 erweitert; 10.7.1988 Kapelle neben Hütte eingeweiht

1907
Hochjoch-Hospiz
Altes Hochjoch-Hospiz
2441 m, I, an der Zunge des Hochjochferners bei Vent
aufgelassen/nicht mehr AV
S. Mark Brandenburg (davor S. Innsbruck)
1871 errichtet durch Josef Grüner; Nov. 1906 erworben

Alte Samoar-Hütte, errichtet 1877, von einer Lawine zerstört 1961

Brandenburger Haus am Kesselwandjoch

durch S. Innsbruck; ab 20.6.1907 bewirtschaftet durch S. Innsbruck; mit Wirkung 1.1.1912 durch S. Mark Brandenburg erworben; im 1. Weltkrieg starke Schäden u. nicht mehr in Betrieb genommen (dem Verfall überlassen)

1907
Samoar-Hütte
Alte Sammoar-Hütte
2527 m, A, am Fuß der Kreuzspitze im Niedertal bei Vent
aufgelassen/nicht mehr AV
S. Berlin (davor S. Mark Brandenburg, davor S. Innsbruck)
1877 errichtet durch Söldener Hotelier Grüner; dann erworben durch S. Innsbruck; 3.6.1907 eröffnet; mit Wirkung 1.1.1912 durch S. Mark Brandenburg erworben; nach 1945 durch S. Berlin übernommen; bis 1953 in Betrieb; 1961 zerstört (Lawine); 2016 Unterschutzstellung der Überreste gemeinsam mit Martin-Busch-Hütte geplant

1909
Brandenburger Haus
Kesselwandjoch-Haus
3277 m, A, auf dem Kesselwandjoch bei Vent
aktuell, Kategorie I
S. Berlin (davor S. Mark Brandenburg)
1906–1909 erbaut; 15.8.1909 feierlich eingeweiht; seit 2013 unter Denkmalschutz

1910
Heilbronner Hütte
Alte Heilbronner Hütte, Rifugio Verona al Colle Tasca
2767 m, I, am Tascheljöchl bei Kurzras
aufgelassen/nicht mehr AV
CAI (davor S. Heilbronn)
1909/1910 erbaut; 9.8.1910 feierlich eingeweiht; nach 1919 bis etwa 1931 von CAI betrieben; 1933 abgebrannt

1921
Ramol-Haus
3006 m, A, östlich des Ramoljochs bei Obergurgl
aktuell, Kategorie I
S. Hamburg und Niederelbe (davor S. Hamburg)
1881–1883 erbaut durch Martin Scheiber; 1898 erweitert; 1921 erworben durch S. Hamburg; 1929, 2005 erweitert; 2017 Unterschutzstellung geplant

1924
Hohenzollern-Haus
2123 m, A, im obersten Radurscheltal am Glockturm bei Pfunds
aktuell, Kategorie I
S. Starnberg (davor S. Berlin, davor S. Hohenzollern)
1924 erbaut durch S. Hohenzollern; 4.8.1924 eröffnet; 1928 erweitert; 1978 übernommen durch S. Starnberg

1925
Talhütte Zwieselstein
Talherberge Zwieselstein
1472 m, A, in Zwieselstein
aktuell, Kategorie II
S. Regensburg (davor S. Hamburg)
1925 erbaut; 1991 erworben durch S. Regensburg

1926
Rüsselsheimer Hütte
Chemnitzer Hütte, Neue Chemnitzer Hütte
2323 m, A, an der Westseite der Hohen Geige bei Plangeross
aktuell, Kategorie I
S. Rüsselsheim (davor S. Chemnitz)
1925/1926 erbaut durch S. Chemnitz; 1.8.1926 eingeweiht; 1932 erweitert; 1999 beschädigt (Lawine); 2000/2001 wiederhergestellt; Ende Juni 2001 in Rüsselsheimer Hütte umbenannt

1927
Hochjoch-Hospiz
Neues Hochjoch-Hospiz
2413 m, A, unterhalb der Guslarspitzen bei Vent
aktuell, Kategorie I
S. Berlin (davor S. Mark Brandenburg)
1926/1927 erbaut; 12.9.1927 eröffnet (als Ersatz für das alte Hospiz); 2016 Unterschutzstellung geplant

1927
Turistenunterkunft Ebner Alm
2046 m, A, auf der Ebneralm bei Huben
aufgelassen/nicht mehr AV
S. Jung-Leipzig (= S. Nordwestsachsen)
um 1927 Almhütte erweitert durch Gemeinde Huben; 1927 größere Hälfte der Hütte der S. Jung-Leipzig als vorläufige Touristenunterkunft zur Verfügung gestellt

1928
Ebneralp-Hütte
Holzhütte auf der Ebner Alm
2046 m, A, auf der Ebneralm bei Huben
aufgelassen/nicht mehr AV
S. Jung-Leipzig (= S. Nordwestsachsen)
1928 errichtet Gemeinde Huben für S. Jung-Leipzig als Ersatz für den nun selbst benötigten Raum in der Almhütte eine kleine Holzhütte; 1945 aufgegeben

1929
Hauersee-Hütte
Unterkunft am Hauersee, Hauersee-Notunterkunft
2383 m, A, am Hauersee bei Längenfeld
aktuell, Kategorie I
S. Ludwigsburg (davor S. Jung-Leipzig (= S. Nordwestsachsen))
1928/1929 erbaut; 11.8.1929 feierlich eingeweiht; 1947 durch Lawine zerstört; 1964 im erhaltenen Keller Notunterkünfte eingerichtet; 1965–1969 verbessert u. erweitert; 2008 modernisiert

1930
Langtalereck-Hütte
Karlsruher Hütte, Neue Karlsruher Hütte
2480 m, A, am Langtalereck unterhalb des Seelenkogels bei Obergurgl
aktuell, Kategorie I
S. Karlsruhe
1929/1930 erbaut; 10.8.1930 eingeweiht

1930
Woeckel-Warte
2097 m, A, am Brunnenkopf am Weg zum Hauersee bei Längenfeld

Das ursprüngliche Ramol-Haus, um 1890

aufgelassen/nicht mehr AV
S. Jung-Leipzig
1930 errichtet als Wetterschutzhütte (Kosten trug Sektionsvorsitzender Franz Woeckel, der sie der Sektion übereignete); 2.8.1930 geweiht u. eröffnet; vor 1951 verfallen

1931
Anton-Renk-Hütte
Aachener Hütte
2261 m, A, ober der Stalanzalm bei Ried
aktuell, Kategorie I
S. Aachen (davor S. ÖGV, davor ÖGV)
1926 erbaut; 12.9.1926 feierlich eröffnet

1931
Erlanger Hütte
2550 m, A, beim Wettersee östlich des Wildgrats bei Umhausen
aktuell, Kategorie I
S. Erlangen
1930/1931 erbaut; 5.7.1931 eröffnet; 23.8.1931 eingeweiht

1931
Frischmann-Hütte
2240 m, A, am Fundusfeiler bei Umhausen
aufgelassen/nicht mehr AV
ÖTK (1931–1945 S. ÖTK)
1890/1891 erbaut; 7.9.1891 eröffnet

1931
Nauderer Hütte
Nauderer Skihütte
1910 m, A, unterm Tscheyeck im Piengtal bei Nauders
aktuell, Kategorie I
S. Bremen (davor S. ÖGV, davor ÖGV)
1926 erbaut durch ÖGV; 13.9.1926 feierlich eröffnet; 1936 verkauft an S. Bremen

Rheinland-Pfalz-Biwak

1932
Ludwigsburger Hütte
Lehnerjoch-Hütte
1935 m, A, westlich des Lehnerjochs bei St. Leonhard-Zaunhof
aktuell, Kategorie I
S. Ludwigsburg (davor S. Zwickau)
1930 erbaut; 24.8.1930 privater Gastbetrieb eröffnet; 8.4.1932 erworben durch S. Zwickau; 1932 erweitert; 1973 übernommen durch S. Ludwigsburg

1939
Hochwilde-Haus
2885 m, A, am Gurgler Ferner bei der Fidelitas-Hütte bei Obergurgl
aktuell, Kategorie I
S. Karlsruhe
1937–1939 erbaut; 15.1.1939 provisorisch eröffnet; 3.8.1939 eingeweiht

1941
Martin-Busch-Hütte
Samoar-Hütte, Neue Sammoar-Hütte, Hermann-Göring-Haus
2501 m, A, im Niedertal bei Vent
aktuell, Kategorie I
S. Berlin (davor S. Mark Brandenburg)
1938 Beschluss des Neubaus unter dem Namen »Hermann-Göring-Haus« durch Mark Brandenburg; 1939 Baubeginn; ab 1941 Notlager verfügbar; nach 1945 übernommen durch S. Berlin; 1952 Bauende; Winter 1952/1953 behelfsmäßiger Skistützpunkt; 11./12.7.1953 feierlich eingeweiht als »Neue Samoar-Hütte«; 1957 umbenannt in »Martin-Busch-Hütte« (1956 beschlossen); 2016 Unterschutzstellung geplant

1941
Riffelsee-Hütte
2289 m, A, am Riffelsee bei Mittelberg
aktuell, Kategorie II
S. Frankfurt a. M. (davor S. Cottbus u. S. Höchst)
ab 1938 erbaut durch S. Cottbus u. S. Höchst; ab Ende 1941 bereits geöffnet; 1944/1945 Wehrmacht einquartiert

1947
Hochgang-Haus
Casa del Valico
1839 m, I, am Südhang des Tschigat bei Partschins
aufgelassen/nicht mehr AV
AVS S. Meran
1910 als privates Touristenhaus eröffnet; 1947 gepachtet durch AVS; 1.6.1947 feierlich eröffnet; 1979 Pachtende; seit 2013 unter Denkmalschutz

1963
Forchheimer Biwak
Forchheimer Biwakschachtel
2443 m, A, am Forchheimer Weg südlich des Hahnenkamms bei Roppen
aktuell, Kategorie I
S. Forchheim
14.6.1963 aufgestellt; erst 3.9.1963 eingeweiht

1969
Selber Haus
Altes Selber Haus Arzl-Wald
930 m, A, in Arzl-Wald i. Pitztal
aufgelassen/nicht mehr AV
S. Selb
1969 gepachtet; 15.5.1969 seiner Bestimmung übergeben; mit 2001 nicht mehr verfügbar

1973
Rheinland-Pfalz-Biwak
3247 m, A, unter dem Gipfel des Wassertalkogels bei Plangeroß
aktuell, Kategorie I
S. Mainz
8.9.1973 aufgestellt u. erstmals benutzt; 1983 beschädigt (Zigarettenbrand); 27.6.1984 wiederhergestellt u. erweitert

1974
Guido-Lammer-Biwak
2707 m, I, an der Milchseescharte nordöstlich des Tschigats bei Partschins
aktuell, AVS-Biwak
AVS S. Meran
1974 erbaut durch AVS Meran Bergrettungsstelle (Mittel bereitgestellt durch Luis Trenker, benannt nach Bergsteiger Eugen Guido Lammer)

Oberettes-Hütte

AVS-Bergheim Pfelders

1978
Bergheim Pfelders
AVS-Hütte Pfelders
1622 m, I, in Moos-Pfelders
aktuell, AVS-Bergheim
AVS
2001 abgerissen u. neu errichtet; verwaltet durch AVS-Jugend

1978
Oberettes-Hütte
2677 m, I, im obersten Matschertal bei Matsch
aktuell, AVS-Schutzhütte
AVS S. Mals
1987/1988 erbaut

2001 oder früher
Selber Haus
Neues Selber Haus
880 m, A, in Arzl i. Pitztal
aktuell, Kategorie II
S. Selb
um 2000 Bauernhaus als Ersatz für altes Selber Haus adaptiert

2002
Josef-Pixner-Biwak
Rauhjoch-Biwak
2708 m, I, zwischen Rauhjoch u. Kreuzjoch bei Pfelders
aktuell, AVS-Biwak
AVS S. Passeier
Sept. 2002 Biwakschachtel (Alu-Biwak System Polybiwak) erbaut (nach dem Alpinpionier im Passeiertal benannt; wurde zuvor probehalber in einem privaten Innsbrucker Garten aufgestellt, wo es im Science-Fiction-Film »Vinyl« von Tonmeister Guggi eine zentrale Rolle spielte)

31 Stubaier Alpen

»Mit ihren weithin im Lande sichtbaren Gipfeln, zu Folge ihrer Lage an der alten Heerstrasse über den Brenner, hat die Gruppe schon frühzeitig die Aufmerksamkeit der Bergwanderer erregt, und sie zählt heute zu den meistbesuchten.

Eine ganze Reihe von Sektionen ist in dieser Gruppe thätig [...] Wie im Oetzthal hatte der Alpenverein auch hier zunächst sich auf Wegbauten und auf Förderung privater Thätigkeit beschränkt. Die S. Dresden war die erste, welche eine grössere Unternehmung in Angriff nahm. Auf Anregung der S. Prag erbaute sie 1875 in der oberen Fernau die Dresdenerhütte und eröffnete damit die [...] Route über das Bildstöckljoch, welche wohl eine der meistbegangenen in den Centralalpen ist.«

Johannes Emmer, Zeitschrift des DuOeAV 1894, 293f.

1875
Dresdner Hütte
Alte Dresdner Hütte
2300 m, A, bei der Neuen Dresdner Hütte am Bildstöckljoch bei Neustift i. Stubaital
aufgelassen/nicht mehr AV
S. Dresden
1875 erbaut; 11.8.1875 feierlich eröffnet; ab 1887 nur noch als Nebengebäude der neuen Hütte in Gebrauch; 1926/1927 Einbau einer Kapelle; nach 2. Weltkrieg Hütte abgerissen

1885
Franz-Senn-Hütte
2147 m, A, vor dem Alpeiner Ferner bei Neustift i. Stubaital
aktuell, Kategorie I
S. Innsbruck
1885 erbaut auf Veranlassung der S. Innsbruck durch deren Mitglied Karl Pfurtscheller (nach Franz Senn, der

Alte Dresdner Hütte, erbaut 1875

die Hütte projektiert hatte, benannt); 23.8.1885 feierlich eröffnet; 29.6.1890 erworben durch S. Innsbruck; 1907/1908 u. 1933 erweitert

1886
Nürnberger Hütte
2278 m, A, im Langental am Fuß der Gamsspitze bei Ranalt
aktuell, Kategorie I
S. Nürnberg
1886 erbaut; 16.8.1886 feierlich eröffnet; 1898, 1906/1907 erweitert; 1962 umgebaut; 2016 Unterschutzstellung geplant

1887
Alte Magdeburger Hütte
Magdeburger Hütte, Rifugio Cremona alla Stua, Rifugio Dante alla Stua, Schneespitz-Hütte
2422 m, I, an der Schneespitze im Pflerschtal bei Innerpflersch
aufgelassen/nicht mehr AV
CAI (früher S. Magdeburg)
1887 erbaut; 17.8.1887 feierlich eröffnet; 22.8.1898 nach Erweiterung eingeweiht

1887
Dresdner Hütte
Neue Dresdner Hütte
2302 m, A, in der oberen Fernau am Bildstöckljoch bei Neustift i. Stubaital
aktuell, Kategorie II
S. Dresden
6.9.1887 eröffnet; 6.9.1897 Schlafhaus eröffnet; 1902–1932 vielfach erweitert; 1965, 1968–1970 erweitert; 1975–1978 wieder vom DAV erworben; ab 1990 Umbau

1887
Grohmann-Hütte
Übeltalferner-Hütte, alte/erste Teplitzer Hütte, Rifugio Vedretta Piana
2254 m, I, an der Zunge des Übeltalferners bei Ratschings-Ridnaun
aktuell, aber keine AV-Schutzhütte (Hütte der Autonomen Provinz Bozen)
Autonome Provinz Bozen, Beratungsfunktion AVS u. CAI (davor CAI, davor S. Teplitz)
1887 erbaut durch S. Teplitz; 27.8.1887 feierlich eröffnet als »Teplitzer Hütte«; 1887/1888 zerstört (Sturm); verkleinert wieder aufgebaut; 14.8.1889 feierlich eröffnet (nach Ehepaar Theodor u. Maria Grohmann benannt); 1898 erweitert

Teplitzer Hütte (Neue Teplitzer Hütte)

Becher-Haus

1888
Amberger Hütte
2135 m, A, auf der Oberen Sulztalalm bei Längenfeld-Gries
aktuell, Kategorie I
S. Amberg
1887/1888 erbaut; 27.8.1888 eröffnet; um 1903 erweitert

1888
Neuburger Hütte
Hocheder-Hütte
1972 m, A, am Nordostgrat des Hocheders bei Telfs
aufgelassen/nicht mehr AV
Akad. S. Innsbruck (davor S. Neuburg, davor S. Telfs)
1888/1889 erbaut durch S. Telfs als Hocheder-Hütte;
18.8.1888 eröffnet; 25.8.1889 feierlich eröffnet; 1905
verkauft an S. Neuburg a. d. D.; 29.7.1906 nach Um- u. Ausbau feierlich eröffnet; 1921 verkauft an Akad.
S. Innsbruck; 1956 verkauft an Pächterin Rosa Guseck;
4.10.1963 zerstört (Brand)

1889
Teplitzer Hütte
Neue Teplitzer Hütte, Teplitzer Schutzhaus, Feuerstein-Hütte, Rifugio Vedretta pendente, Rifugio Montarso
2586 m, I, am Hangenden Ferner bei Ratschings-Ridnaun
aktuell, aber keine AV-Schutzhütte
Autonome Provinz Bozen, Beratungsfunktion AVS u. CAI (davor CAI, davor S. Teplitz)
14.8.1889 eröffnet durch S. Teplitz-Nordböhmen

1892
Tribulaun-Hütte
Alte Tribulaun-Hütte, Rifugio Cesare Calciati al Tribulaun
2379 m, I, am Sandessee am Fuß des Tribulauns bei Innerpflersch
aufgelassen/nicht mehr AV
CAI (davor S. Magdeburg)

1892 erbaut; 30.8.1892 feierlich eröffnet; 1903/1904 erweitert; 1961 Erweiterung eingeweiht

1894
Becher-Haus
Kaiserin-Elisabeth-Schutzhaus, Rifugio Bicchiere, Rifugio Regina Elena
3195 m, I, am Becher bei Ratschings-Ridnaun
aktuell, aber keine AV-Schutzhütte (Hütte der Autonomen Provinz Bozen)
Autonome Provinz Bozen, Beratungsfunktion AVS u. CAI (davor CAI, davor S. Hannover)
1894 erbaut durch S. Hannover; 17.8.1894 feierlich eröffnet; 1895–1905 mehrfach erweitert (u.a. Kapelle »Maria im Schnee« errichtet, die jetzt unter Denkmalschutz steht)

1894
Müller-Hütte, alte/kleine
Müller-Hütte
3150 m, I, neben der Müller-Hütte am Pfaffennieder bei Ridnaun
aufgelassen/nicht mehr AV
S. Teplitz-Nordböhmen
1891 erbaut durch Prof. Carl Müller aus Teplitz (neuartige Konstruktion aus mit imprägniertem Tuch überzogenem Holzgerüst mit einklappbaren Stockbetten, also eine Art »Ur-Biwakschachtel«); 1.5.1894 durch S. Teplitz-Nordböhmen erworben

1896
Hildesheimer Hütte
2899 m, A, oberhalb des Windachtals südlich der Schaufelspitze bei Sölden
aktuell, Kategorie I
S. Hildesheim
1895/1896 erbaut; 28.7.1896 eingeweiht; 1905/1906, 1914, 1925/1926 erweitert; 2016 Unterschutzstellung geplant

Hildesheimer Hütte

1897
Bremer Hütte
2413 m, A, östlich der Inneren Wetterspitze bei Gschnitz
aktuell, Kategorie I
S. Bremen
1896/1897 erbaut; 10.8.1897 feierlich eröffnet; 2014 Umbau abgeschlossen

1900
Starkenburger Hütte
2237 m, A, südlich des Hohen Burgstalls bei Neustift i. Stubaital
aktuell, Kategorie I
S. Darmstadt-Starkenburg (davor S. Starkenburg)
6.9.1900 eröffnet; 1905 erweitert; 11.9.1905 eröffnet; 1914, 1928 erweitert

1901
Winnebachsee-Hütte
2372 m, A, beim Winnebachsee bei Längenfeld-Gries
aktuell, Kategorie I
S. Hof (davor S. Frankfurt a. d. O.)
1900/1901 erbaut durch S. Frankfurt a. d. O.; 1.8.1901 feierlich eröffnet; 1903 erweitert; 1955 übernommen durch S. Hof

1906
Körner-Hütte
A, im Schluimes am Blaser bei Matrei a. Brenner
aufgelassen/nicht mehr AV
S. Matrei a. B.
1906 als Schenkung samt alpinem Pflanzgarten erhalten (möglicherweise ident mit der um 1908 erwähnten Unterstandshütte und/oder der um 1928 belegten alten »Koch-Hütte« der S. Matrei a. Br.)

1908 ca.
Unterstandshütte im Schluimes, alte
A, im Schluimes am Blaser bei Matrei a. Brenner
aufgelassen/nicht mehr AV
S. Matrei a. B.
um 1908 errichtet (möglicherweise ident mit der 1906 erhaltenen Körner-Hütte und/oder der um 1928 belegten alten »Koch-Hütte« der S. Matrei a. Br.)

1908
Müller-Hütte
Pfaffennieder-Hütte, Erzherzog-Karl-Franz-Josef-Haus, Kaiser-Karl-Schutzhaus, Karl-Haus, Rifugio Cima libera
3148 m, I, am Pfaffennieder bei Ratschings-Ridnaun
aktuell, aber keine AV-Schutzhütte
Autonome Provinz Bozen, Beratungsfunktion AVS u. CAI (davor CAI, davor S. Teplitz)
1908 erbaut durch S. Teplitz; 18.8.1908 eröffnet, jedoch gleich bis 1909 behördlich gesperrt, da unter den Arbeitern der Typhus ausgebrochen war; im Sommer 1908 nicht mehr bewirtschaftet

1908
Westfalen-Haus
2273 m, A, östlich des Winnebachjochs bei Lüsens
aktuell, Kategorie I
S. Münster-Westfalen
3.9.1908 feierlich eröffnet; um 1928, 1970 erweitert

1911
Oberiss-Alm
Oberiß-Hütte
1742 m, A, auf der Oberissalm bei Neustift-Oberberg
aktuell, Kategorie II
S. Innsbruck
1911 erworben; 1926 ausgestaltet

1913
Lübecker Hütte
A, unterhalb des Gipfels des Aperen Freigers bei Neustift-Ranalt
aufgelassen/nicht mehr AV
S. Lübeck
1913 erbaut

1922
Bielefelder Hütte
Alte Bielefelder Hütte
2168 m, A, nordwestlich des Acherkogels bei Oetz
aufgelassen/nicht mehr AV
S. Bielefeld
1913 Grund erworben; 1913–1922 erbaut; 21.8.1922 eingeweiht; 1950/1951 durch Lawine völlig zerstört; danach nur noch Notunterkunft im Keller der Ruine

1922
Schweinfurter Hütte
Guben-Schweinfurter Hütte, Gubener Hütte, Hersfelder Hütte
2028 m, A, auf der Zwieselbachalm bei Umhausen-Niederthai
aktuell, Kategorie I
S. Schweinfurt (S. Schweinfurt u. Guben, davor S. Guben)
1912 von Kommerzienrat Rechberg aus Hersfeld als Hersfelder Hütte erbaut; 1918 durch Sektionsmitglieder der S. Guben angekauft; 1922 für Bergsteiger eröffnet; 25.7.1922 eingeweiht als Gubener Hütte; 14.8.1923 Hütte erworben durch S. Guben; 1930 erweitert; ab 1957 Zusammenarbeit mit S. Schweinfurt; um 1963/1964 Hütte fast vollständig neu u. größer erbaut; 22.–23.8.1964 feierlich eingeweiht; 1973 durch S. Schweinfurt erworben; 2004/2005 saniert

1926
Pforzheimer Hütte
Adolf-Witzenmann-Haus, Witzenmann-Haus, Neue Pforzheimer Hütte
2308 m, A, im Gleirschtal bei St. Sigmund im Sellrain
aktuell, Kategorie I
S. Pforzheim
1925/1926 erbaut; 5.9.1926 feierlich eingeweiht; 1928, 1967, 1999 erweitert; 2012–2015 saniert

1927
Sulzenau-Hütte
2191 m, A, auf der Oberen Sulzenaualm bei Neustift i. Stubaital
aktuell, Kategorie I
S. Leipzig (S. Sulzenau)
1925–1927 erbaut; 1.8.1927 geöffnet; 23.8.1927 feierlich eingeweiht; 1939 erweitert (Schlafhaus/Winterhütte); 10.8.1939 eingeweiht; 5./6. April 1975 zerstört (Lawine); 1976–1979 wiederaufgebaut; 19.6.1979 feierlich eingeweiht

1930
Siegerland-Hütte
2710 m, A, am Südwestabhang der Sonklarspitze bei Sölden
aktuell, Kategorie I
S. Siegerland
1927–1930 erbaut; 15.7.1930 eröffnet; 10.8.1930 eingeweiht; 2008 erweitert

1931 oder früher
Krimpenbach-Alm
Skihütte Krimpenbachalm, Krimpenbachalm-Hütte
1900 m, A, nahe der Rosskogel-Hütte hinter der Kuppe des Rangger Köpfls bei Ranggen
aufgelassen/nicht mehr AV
S. ÖGV (ab 1931 AV-Sektion)
vor 1937 aufgelassen

1931
Brunnenkogel-Haus
2743 m, A, am Vorderen Brunnenkogel bei Sölden
aufgelassen/nicht mehr AV
ÖTK (1931–1945 S. ÖTK)
1886/1887 erbaut; 9.9.1888 eröffnet; 1903 vergrößert; 2007 neu erbaut

1931
Innsbrucker Hütte
2369 m, A, am Pinnisjoch beim Habicht bei Gschnitz
aktuell, Kategorie I
S. TK Innsbruck (davor S. ÖTK Gr. Innsbruck, davor ÖTK)
1884 erbaut; 7.9.1884 eröffnet; 1894, 1910/1911 erweitert, 1982–1984 umgebaut

1931
Peter-Anich-Hütte
Anich-Hütte
1909 m, A, nordwestlich des Grieskogels bei Rietz
aktuell, Kategorie I
S. TK Innsbruck (1931–1945 S. ÖTK, davor ÖTK)
1884 erbaut; 27.7.1884 eröffnet; 1928 vom ÖTK-Gesamtverein dem ÖTK Innsbruck übereignet; 1931 erweitert; 1990–1991 saniert u. erweitert durch S. TK Innsbruck

1931
Potsdamer Hütte
2009 m, A, auf der Seealm im Fotschertal bei Sellrain
aktuell, Kategorie I
S. Dinkelsbühl (= S. Potsdam-Dinkelsbühl = S. Potsdam)
1931/1932 erbaut durch S. Potsdam (Rohbau 1931 fertig, Wirtsleute Dez. 1931 eingezogen); Juli 1932 offiziell eröffnet; 1954 S. Potsdam Sitz Dinkelsbühl; 1988 Grund erworben; 2003 Umbenennung in S. Dinkelsbühl

1931
Regensburger Hütte
Neue Regensburger Hütte
2286 m, A, im Falbesontal bei Neustift i. Stubaital
aktuell, Kategorie I
S. Regensburg
1929–1931 erbaut; 16.8.1931 eingeweiht; 1975/1976 erweitert; seit 2011 unter Denkmalschutz

Regensburger Hütte (Neue Regensburger Hütte)

Unterstandshütte am Weg zur Hochstubai-Hütte

1931
Roßkogel-Hütte
Rosskogel-Hütte
1778 m, A, am Ranggerköpfl bei Oberperfuß
aufgelassen/nicht mehr AV
Akad. S. Innsbruck (davor S. ÖGV/ÖGV)
1923/1924 erbaut; 8.9.1924 feierlich eröffnet; 1932/1933 erweitert; um 1966/1970 verkauft an Akad. S. Innsbruck; vor 1976 verkauft an Liftbetreiber

1932
Dortmunder Hütte
1948 m, A, auf der Längentaler Alm bei Silz
aktuell, Kategorie II
S. Dortmund
1931/1932 erbaut; Aug. 1932 feierlich eröffnet

1937 oder früher
Fotschertal-Jugendherberge
A, im Fotschertal
aufgelassen/nicht mehr AV
S. Innsbruck
vor 1943 abgebrannt

1937 oder früher
Unterstandshütte am Weg zur Hochstubai-Hütte
2900 m, A, am oberen Seekarsee bei Sölden
aktuell, offener Unterstand
S. Dresden

1938
Adolf-Pichler-Hütte
Pichler-Hütte
1960 m, A, an der Westseite der Kalkkögel im Senderstal bei Grinzens
aufgelassen/nicht mehr AV
Akad. Alpenklub Innsbruck (1938–1953 S. Innsbruck Gr. AAKI)
1903/1904 erbaut; 29.6.1904 feierlich eröffnet; 1938 AAKI der S. Innsbruck als Gruppe angeschlossen; 1953 Austritt aus dem ÖAV

1938
Hochstubai-Hütte
3173 m, A, auf der Wildkarspitze bei Sölden
aktuell, Kategorie I
S. Dresden (davor S. Böblingen, davor S. Dresden)
ab 1930 erbaut; erst 20.7.1938 eingeweiht; 1999–2002 im Besitz der S. Böblingen (1999 Aufteilung der S. Dresden Sitz Böblingen in S. Dresden u. S. Böblingen); 2016 Unterschutzstellung geplant

1939
Sattelberg-Haus
2107 m, A, am Sattelberg bei Gries am Brenner
aufgelassen/nicht mehr AV
TV Naturfreunde (1934–1938 Bergfreunde, 1938–1939 DJH, 1939–1945 S. Matrei a. Br.)
im 1. Weltkrieg erbaut als Flugmeldestation; ab 1923 Unterstand für Skifahrer; 1930 erworben u. saniert durch TV Naturfreunde; 1934 übernommen durch Bergfreunde; 1938 übernommen durch Reichsverband für Deutsche Jugendherbergen; 1939 erworben durch DAV u. S. Matrei a. Br. übergeben

1939
Tribulaun-Hütte
Tribulaun-Haus, Bamberger Hütte
2100 m, A, am Nordfuß des Gschnitzer Tribulauns bei Gschnitz

Jugendheim Obernberg, um 1980

AVS-Bergheim Egghof-Kaser

aufgelassen/nicht mehr AV
TV Naturfreunde (1934–1938 Bergfreunde, 1938–1939 DJH, 1939–1945 DAV/S. Bamberg)
1922/1923 erbaut durch TV Naturfreunde; 1934 übernommen durch Bergfreunde; 1935 zerstört (Lawine); 1936 wiederaufgebaut; 1938 übernommen durch Reichsverband für Deutsche Jugendherbergen; 1939 erworben durch S. Bamberg; nach 1945 restituiert; 1975 zerstört (Lawine); 1975 wieder aufgebaut; 2014 generalsaniert

1944
Hemmerwald-Alm
1831 m, A, unterhalb der Dortmunder Hütte bei Ötz
aufgelassen/nicht mehr AV
S. München
März 1944 bis April 1945 gepachtet

1954
Bielefelder Hütte
Neue Bielefelder Hütte
2112 m, A, am Westgrat des Roßkopfes (Wetterkreuz) am Acherkogel bei Oetz
aktuell, Kategorie II
S. Bielefeld
1953/1954 erbaut; 4.8.1954 feierlich eingeweiht

1965
Jugend- und Seminarhaus Obernberg
AV-Jugendheim Obernberg, Rudolf-Pfeningberger-Haus
1400 m, A, im innersten Obernbergtal bei Obernberg
aktuell, Jugendherberge/Jugendheim
S. Innsbruck
1965 erbaut

1976
Sterzinger Haus
1930 m, I, am Hang des Roßkopfs bei Sterzing
aufgelassen/nicht mehr AV

AVS S. Sterzing
1973–1976 erbaut; 29.6.1976 feierlich eingeweiht; jetzt privat geführt

1979
Koch-Hütte
A, im Schluimes am Blaser bei Matrei a. Brenner
aktuell, Sektionshütte
S. Matrei a. B.
1978/1979 erbaut; 16.9.1979 eingeweiht

1990 oder früher
Unterstandshütte im Schluimes
A, nahe der Koch-Hütte im Schluimes bei Matrei a. Brenner
aktuell, offener Unterstand
S. Matrei a. B.
um 2005 erneuert (möglicherweise am Platz der alten Unterstandshütte der S. Matrei a. B. im Schluimes)

1994
Egghof-Kaser
1800 m, I, im hinteren Paseiertal nahe der Timmelsbrücke bei Moos i. Passeier
aktuell, AVS-Bergheim
AVS
verwaltet durch AVS-Jugend

2012
Zoll-Hütte
A, bei der Neuen Dresdner Hütte bei Neustift i. Stubaital
aktuell, Sektionshütte
S. Dresden
2012 ehemalige Zollhütte adaptiert

Radlsee-Hütte

32 Sarntaler Alpen

»In diesem früher wenig beachteten Gebiete war nur der südliche Teil von den Sektionen Meran und Bozen mit einer Hütte und Weganlagen versehen worden, jetzt wendet sich die Aufmerksamkeit auch dem nordöstlichen Teile zu, wo vorerst die Sektion Klausen eine Hütte an der Kassianspitze einrichtete; eine weitere ist von der Sektion Marburg i. H. geplant.«

    Johannes Emmer, Beiträge zur Geschichte des Deutschen und Österreichischen Alpenvereins in den Jahren 1895–1909, Zeitschrift des DuOeAV 1909, 346.

1874
Hirzer-Hütte
Rifugio Cervino
1985 m, I, auf der Tallner Alm westlich des Hirzers bei Prenn
aufgelassen/nicht mehr AV
CAI (davor S. Meran)
1873/1874 erbaut durch S. Meran (mit Spenden des Grafen Johann von Meran); 5.7.1874 feierlich eingeweiht; nach 1945 privat geführt

1909
Klausner Hütte
Rifugio Chiusa al Campaccio
1923 m, I, östlich der Kassianspitze bei Latzfons
aufgelassen/nicht mehr AV
CAI (davor S. Klausen)
Alm erworben und adaptiert durch S. Klausen; 1909 eröffnet

1914
Flaggerscharten-Hütte
Rifugio Forcella Vallaga, Marburg-Siegener Hütte
2481 m, I, an der Flaggerscharte bei Vahrn
aktuell, aber keine AV-Schutzhütte
Autonome Provinz Bozen, Beratungsfunktion AVS u. CAI (davor CAI, davor S. Marburg a. d. Lahn u. S. Siegerland)
1909–1914 erbaut durch S. Marburg a. d. Lahn u. S. Siegerland; 9.8.1914 Eröffnung geplant (Einladungen bereits ausgeschickt), aber durch Kriegsausbruch verhindert

1956
Radlsee-Hütte
Rifugio Lago Rodella, Radlsee-Haus
2284 m, I, an der Radlseespitze bei Brixen
aktuell, AVS-Schutzhütte
AVS S. Brixen
1912 privat erbaut durch Anton Mayr; privat geführt; im 2. Weltkrieg zerstört (Brandstiftung); 1950 Beschluss zum Wiederaufbau durch AVS; 1954–1956 wiedererrichtet; 29.7.1956 eröffnet; 1982 erweitert

1961 oder früher
Pfiffinger Alm
1830 m, I, am Südosthang des Ilfingers bei Meran
aufgelassen/nicht mehr AV
AVS S. Meran
vor 1961 eröffnet als Skihütte

1970 oder früher
Kirchsteiger Alm
2000 m, I, südöstlich des Ifingers bei Meran
aufgelassen/nicht mehr AV
AVS
vor 1983 zerstört

1970
Meraner Hütte
Hermann-Gritsch-Haus
1960 m, I, am Fuß des Mittagers bei Hafling
aktuell, AVS-Schutzhütte
AVS S. Meran
ab 1964 erbaut; Herbst 1970 feierlich eröffnet

1998
Stöffl-Hütte
I, bei Klausen
aktuell, Sektions-Bergheim in der privat geführten Stöffl-Hütte
AVS S. Klausen

33 Tuxer Alpen

»Vom Zillertal im Osten, von der Brennersenke im Westen begrenzt, baut sich südlich des Inntales dieses wundervolle Schiparadies auf. Bis vor nicht allzulanger Zeit waren derer sehr wenige, die um die Schönheit wußten, die in diesen Bergen zur Winterszeit verborgen liegt. […] Patscherkofel,

Vikartal, Meißnerhaus, Glungezer, Volderer Tal, das sind durchwegs tönende Namen, Erinnerung an unvergeßliche Abfahrtsfreuden den einen, Zukunftstraum den anderen. […] Auch weiter östlich, rings um die Lizumalm, ist es in den letzten Jahren schon recht lebhaft geworden. Es konnte nicht anders kommen, denn die Schiberge in diesem herrlichen Winkel der Tuxer Voralpen sind viel zu schön, als daß sie hätten dauernd verborgen bleiben können.«

Ernst Hanausek, Schifahrten in den Tuxer Voralpen.
Zeitschrift des DuOeAV 1933, 188.

Lizumer Hütte im Wattental, um 1960

1887
Kellerjoch-Hütte, alte
1846 m, A, auf der Proxenalm neben der alten Hochlegerhütte bei Schwaz
aufgelassen/nicht mehr AV
S. Schwaz
1887 erbaut; 28.8.1887 feierlich eröffnet; um 1908 aufgelassen

1908
Kellerjoch-Hütte
Neue Kellerjoch-Hütte
2237 m, A, am Kellerjoch-Westgrat bei Schwaz
aktuell, Kategorie I
S. Schwaz
1908 erbaut (als Ersatz für Alte Kellerjoch-Hütte)

1911
Lizumer Hütte
2019 m, A, südlich der Lizumeralm im Wattental bei Wattenberg
aktuell, Kategorie I
S. Hall i. Tirol
1911/1912 erbaut; Ende 1911 geöffnet; 28.7.1912 eingeweiht; 1920, 1932 erweitert

1925
Talherberge Innerst
Hütte Z'Innerst, Weidener Hütte in Innerst
1200 m, A, neben der Gastwirtschaft Z'Innerst in Weerberg-Innerst
aufgelassen/nicht mehr AV
S. Weiden
Ostern 1925 gepachtet u. adaptiert; nach Kauf der Nafing-Hütte als unwirtschaftlich aufgegeben

1925
Tulfer Hütte
1337 m, A, nördlich des Glungezers bei Tulfes
aufgelassen/nicht mehr AV
S. Charlottenburg (= S. Alpinclub Berlin)
um 1910 erbaut durch Haller Turnerbergsteigerriege; 1924 Kauf durch S. Charlottenburg beschlossen; 1925 übergeben; 1980 verkauft

1926
Meißner Haus
Meissner-Haus
1720 m, A, südöstlich des Patscherkofels im Vikartal bei Ellbögen-Mühltal
aktuell, Kategorie I
S. Ebersberg-Grafing (davor S. Meißen)
1926 erbaut; 1.12.1926 geöffnet; 31.7.1927 eingeweiht; 1968 übernommen durch S. Ebersberg-Grafing; 2016 Unterschutzstellung geplant

1927
Weidener Hütte
Nafing-Hütte
1799 m, A, auf der Nafingalm bei Weerberg
aktuell, Kategorie I
S. Weiden
1911 privat zu Almgasthaus »Zur Nafing« ausgebaut; 1927 erworben durch S. Weiden; 15.5.1927 übernommen; 1928/1929, 1959/1960 erweitert; Pfingstsonntag 1960 eingeweiht u. umbenannt in Weidener Hütte; 1984, 1989 erweitert

1928
Weertal-Hütte
Skihütte im Weertal
1430 m, A, im Weertal
aktuell, Sektionshütte
Akad. S. Innsbruck
1928 gepachtet (Vertrag vom 26.8.1928)

1930
Rastkogel-Hütte
2124 m, A, auf der Sidanalm östlich des Sidanjochs bei Hippach-Schwendberg

Patscherkofel-Schutzhaus, um 1980

Glungezer-Hütte, um 1980

aktuell, Kategorie I
S. Oberkochen (davor S. Werdau-Altenburg, davor S. Werdau u. S. Sachsen-Altenburg)
1929–1931 erbaut; 20.12.1930 geöffnet; 26.7.1931 eingeweiht; 1934 erweitert; 1955 erneuert

1931
Patscherkofel-Haus
Patscherkofel-Schutzhaus, Kaiser-Franz-Josef-Schutzhaus
1970 m, A, westlich des Patscherkofelgipfels bei Innsbruck-Igls
aktuell, Kategorie III
S. TK Innsbruck (davor S. ÖTK Gr. Innsbruck, vor 1931 ÖTK)
1886–1888 erbaut; 29.6.1888 eingeweiht als Kaiser-Franz-Josef-Schutzhaus; 1890, 1900, 1901, 1928 erweitert

1931
Tuxer-Joch-Haus
2315 m, A, am Tuxer Joch bei Hintertux
aufgelassen/nicht mehr AV
ÖTK (1931–1945 S. ÖTK)
um 1910 erbaut durch Franz Hotter; nach dem 1. Weltkrieg dem ÖTK verkauft; 1987 saniert u. ausgebaut

1933
Vinzenz-Tollinger-Hütte
Vinzenz-Tollinger-Jugendheim
1229 m, A, am Tulferberg bei Tulfes
aktuell, Jugendherberge/Jugendheim
S. Hall in Tirol
1932/1933 erbaut

1951
Glungezer-Hütte
2610 m, A, am Glungezer bei Tulfes
aktuell, Kategorie I
S. Hall in Tirol
1931 erbaut durch Skiklub Tirol; 1951 im Zuge der Auflösung des Skiklubs erworben durch S. Hall

1974
Naviser Hütte
1782 m, A, am Schranzberg bei Navis
aufgelassen/nicht mehr AV
Akad. S. Innsbruck
1968–1974 erbaut; 2012 generalsaniert; jetzt ÖAV-Vertragshaus

1982 oder früher
Schranzberg-Haus
1780 m, A, am Schranzberg neben der Naviser Hütte bei Navis
aufgelassen/nicht mehr AV
Akad. S. Innsbruck
Nebengebäude der Naviser Hütte; bereits vor der Naviser Hütte abgegeben

34 Kitzbüheler Alpen

»Außer einigen wenigen schroffen Gipfeln finden wir überall breite, bis zum Scheitel begrünte Rücken, in höheren Regionen Trümmerhaufen. In den Tälern und auf den Rücken breiten sich allenthalben ergiebige Alpenweiden aus […] In den einsamen Tälern findet sich noch ein ansehnlicher Waldbestand, der leider auch schon bald in die Großstädte wandern oder zu Papier verarbeitet sein wird. Die Gipfel und Pässe sind durchwegs leicht ersteiglich und gestatten ausgedehnte Kammwanderungen, die besonders im Frühsommer, wenn noch Schneereste liegen, genußreich sind. Die Gruppe ist mit Schutzhütten und Weganlagen noch spärlich bedacht, namentlich der höhere westliche Teil verdiente bald eine bessere Erschließung. Doch findet der bescheidene Wanderer, der sich mit Heulager und Milchkost begnügt, in den zahllosen Almhütten zumeist freundliche Aufnahme.«

Josef Moriggl, Von Hütte zu Hütte, Band 3, Leipzig 1912, 179.

Wildkogel-Haus bei Neukirchen a. Venediger gegen die Tauern

1874
Unterkunftshaus auf der Schmittenhöhe
Haus auf der Schmittenhöhe, Schmittenhöhe-Hütte, Touristenhütten auf der Schmittenhöhe
1965 m, A, auf der Schmittenhöhe bei Zell a. See
aufgelassen/nicht mehr AV
S. Pinzgau
1874 erbaut durch S. Pinzgau; 23.8.1874 festlich eröffnet; Ende 1876 verkauft an privat

1892
Wildseeloder-Haus
1854 m, A, am Wildsee bei Fieberbrunn
aktuell, Kategorie I
S. Fieberbrunn
1891/1892 erbaut durch S. Fieberbrunn u. Verschönerungsverein Fieberbrunn; 28.8.1892 eröffnet; 1963 Kapelle erneuert; 1970, 2008 erweitert

1894
Gratlspitz-Hütte
1890 m, A, auf der Gratlspitze bei Alpbach
aufgelassen/nicht mehr AV
S. Mittleres Unterinntal
1894 eröffnet

Wildseeloder-Haus, um 1980

1915
Wildkogel-Haus
Treubund-Haus
2007 m, A, südlich des Wildkogels bei Neukirchen a. Venediger
aufgelassen/nicht mehr AV
S. Austria (davor privat, davor S. Waidhofen a. d. Y.)
1898 privat erbaut; 1915 erworben durch S. Waidhofen; dann verkauft an privat; 1924 erworben durch S. Austria; 28.6.1925 feierlich eröffnet; bis 1983 S. Austria

Sonnleitner-Hütte mit Großem Rettenstein

1920
Bärnbadkogel-Hütte
Bärenbadkogel-Hütte, Untere Wirtsalm
1450 m, A, am Osthang des Bärnbadkogels bei Jochberg
aufgelassen/nicht mehr AV
S. Alpiner Ski-Club München
1912 Skihütte gepachtet; ab 1920 AV-Sektion; 2014 Pachtende wegen Abriss

1920
Kobinger-Hütte
1532 m, A, am Harlassanger bei Kirchberg
aufgelassen/nicht mehr AV
S. Alpiner Ski-Club München
1912 gepachtet; 1920 AV-Sektion; 1932 aufgegeben

1921
Otto-Leixl-Hütte
Steinbergjoch-Hütte, Sonnenjoch-Hütte
1912 m, A, am Steinbergjoch bei Inneralpbach
aktuell, Sektionshütte
Akad. S. München
1921 erbaut; 27.11.1921 feierlich eingeweiht als Sonnenjoch-Hütte; 1922 nach Tod Otto Leixls umbenannt; 1984 erneuert

1924 oder früher
Berghütte bei Jochberg
1250 m, A, am Schützenkogel bei Jochberg
aufgelassen/nicht mehr AV
S. Nürnberg
Skihütte

1924
Neue Bamberger Hütte
Bamberger Hütte, Hopfgartner Hütte, Roßwild-Alm
1756 m, A, auf der Roßwildalm nordwestlich des Kröndlbergs bei Kelchsau
aktuell, Kategorie I
S. Bamberg (davor Skiklub Hopfgarten, davor Skiklub Hopfgarten u. S. München)
1924–1945 Hälfte der Hütte gepachtet durch S. München Skiabteilung (Besitzer Skiclub Hopfgarten); 1955 erworben durch S. Bamberg; um 1960 umbenannt

1924
Sonnleitner-Hütte
Hartlesanger-Hütte, Harlosanger-Hütte
1532 m, A, am Harlassanger bei Kirchberg
aktuell, Sektionshütte
S. München
1924 gepachtet u. adaptiert als Skihütte durch S. München Skiabteilung; 1934 erworben; 1955/1956 saniert

1925 oder früher
Ehrenbach-Alm
Untere Melch-Alm
A, auf der Ehrenbachalm bei Kitzbühel
aufgelassen/nicht mehr AV
S. Kitzbühel

1925
Akademiker-Skihütte Saalbach
Saalbacher Hütte, Akademiker-Hütte, Saalbacher Alpenvereinsherberge
1100 m, A, in Saalbach-Hinterglemm
aufgelassen/nicht mehr AV
Akad. S. Wien
1925 erbaut; 1939/1940 abgebrannt

1926
Hohlrieder-Alm
A, bei Auffach in der Wildschönau
aufgelassen/nicht mehr AV
S. Mittleres Unterinntal
1926 gepachtet für den Winter

1926
Kitzbüheler Hütte
Kitzbüheler Skihütte
1568 m, A, auf der Trattenbachalm am Kleinen Rettenstein bei Jochberg
aufgelassen/nicht mehr AV
S. Kitzbühel
1926 gepachtet u. eröffnet; 1929 erweitert

1926
Kuhwild-Alm
A, im Kurzen Grund unterhalb der Neuen Bamberger Hütte bei Kelchsau
aktuell, Sektionshütte

S. Kufstein
seit 1926 Nutzungsrecht im Winter

1927
Bochumer Hütte
Kelchalm, Kelchalm-Berghaus, Kelchalpen-Haus, Berghaus Kelchalpe
1432 m, A, am Laubkogel auf der Kelchalm bei Aurach
aktuell, Kategorie I
S. Bochum (davor S. Magdeburg, davor S. Kitzbühel)
um 1830 Knappenhaus erbaut; 1927 gepachtet, adaptiert u. eröffnet durch S. Kitzbühel; 1940 Kauf durch S. Magdeburg; 1964 Betreuungsvertrag mit S. Bochum; neue Bezeichnung »Bochumer Hütte«; 1972 erworben durch S. Bochum; 2013 renoviert

1927
Hechenblaikener-Hof
Hechenbleicken-Haus, Unterkunft Hechenblaiken
1200 m, A, in der Hygna im Alpbachtal
aufgelassen/nicht mehr AV
S. Mittleres Unterinntal
1927 Bauernhof gepachtet u. adaptiert; 1935 aufgelassen

1928
Alpenrosen-Hütte
Alpenrose-Hütte
1555 m, A, am Nachtsöllberg bei Westendorf
aktuell, Kategorie I
S. Schorndorf (davor S. Bergfried)
1924 privat erbaut; 1.10.1927 erworben; 1.1.1928 geöffnet; 30.6./1.7.1928 eingeweiht; Neubau geplant (Informationsstand März 2016)

1928
Dr.-Erich-Berger-Hütte
Markbachjoch-Hütte, Marchbachjoch-Hütte
1320 m, A, unterhalb des Markbachjochs bei Hopfgarten
aktuell, Sektionshütte
S. München
1928 geöffnet (erworben)

1928
Oberland-Hütte
Skihütte Oberland, Aschauer Haus, Skihütte im Spertental
1040 m, A, im Spertental bei Aschau
aktuell, Kategorie II
S. Oberland
1.11.1928 dem Verkehr übergeben; 8./9.12.1928 feierlich eingeweiht

Kitzbüheler Hütte

1929
Lerchfilzalm-Skihütte
Lärchfilzalm-Skihütte, Lerchfilz-Hochalm
1420 m, A, auf der Lerchfilzalm bei Fieberbrunn
aufgelassen/nicht mehr AV
S. Fieberbrunn
1929 gepachtet

1931
Zehetner-Alm
Obere Zehetner-Alm
1420 m, A, im obersten Vogelgraben am Gaisstein bei Saalbach
aufgelassen/nicht mehr AV
Akad. S. Wien
seit 1931

1935
Naschberg-Hütte
1530 m, A, Alpbachtal
aufgelassen/nicht mehr AV
S. Neuland
1935 Bergbauernhaus gepachtet (nur kurze Zeit)

1937
Steinberg-Hütte
A, unterhalb des Steinbergjochs bei Inneralpbach
aufgelassen/nicht mehr AV

S. Neuland
1937 große Stallung als Skihütte instand gesetzt; 1937 am Tag der Eröffnung abgebrannt

1949
Wirtsalm-Hütte
A, in den Kitzbüheler Alpen
aufgelassen/nicht mehr AV
S. Wien
1949 gepachtet (hauptsächlich für die Jugend)

1953
»Ersatz-Hütte« für Akademiker-Hütte
A, in Saalbach-Hinterglemm
aufgelassen/nicht mehr AV
Akad. S. Wien
aus der beim Brand der Akademiker-Hütte verschont gebliebenen Kaffeediele, dem Selbstversorgerraum und dem Pferdestall provisorische Unterkunft errichtet; ab Weihnachten 1953 benützbar; 1957–1960 wegen Trinkwasserproblemen amtlich gesperrt

1959
Fritz-Hintermayr-Hütte
1320 m, A, östlich des Zwölferkogels bei Saalbach-Hinterglemm
aufgelassen/nicht mehr AV
S. Noris
1959 errichtet (nach dem Gönner u. Fabrikanten Fritz Hintermayr benannt); Okt. 2003 verkauft an privat

1963
AV-Jugendheim Jochberg
850 m, A, am Fuß des Pengelsteins bei Jochberg
aufgelassen/nicht mehr AV
S. Austria
6.7.1963 eröffnet; 30.12.1983 Pacht beendet

1965
Erich-Sulke-Hütte
Akademiker-Skihütte, Neue Saalbacher Skihütte
1100 m, A, in Saalbach-Hinterglemm
aufgelassen/nicht mehr AV
Akad. S. Wien
1963/1964 erbaut; 5.12.1965 eingeweiht; 1983 umbenannt in Erich-Sulke-Hütte (nach dem langjährigen Hüttenwart u. 2. Vorsitzenden der Akad. S. Wien); seit 2014 geschlossen; verkauft

1966
Alpschwend-Hütte
A, oberhalb des Pass Thurn am Skilift zur Resterhöhe bei Jochbergwald
aufgelassen/nicht mehr AV
S. München
1965 neue Almhütte gepachtet; 10.12.1966 feierlich eingeweiht

1969
Simbacher Hütte
Polten-Alm
1750 m, A, auf der Poltenalm bei Saalbach
aktuell, Sektionshütte
S. Simbach
8.11.1968 erworben durch Vereinsmitglied Otto F. Zottmaier; 1.4.1969 gepachtet durch S. Simbach; 1975–1979 umgebaut; 1982 erworben

1972
Berg- u. Skiheim Brixen im Thale
Dr.-Thomas-Brennauer-Haus, Brixener Haus
855 m, A, in Brixen-Oberlauterbach
aktuell, Sektionshütte
S. Regensburg
Nov. 1971 landwirtschaftliches Gebäude erworben; ab 1972 Nutzung erster Zimmer; 1971–1975 umgebaut

1972
Edelweiss-Haus Königsleiten
1635 m, A, südlich der Königsleiten bei Wald im Pinzgau
aufgelassen/nicht mehr AV
S. Edelweiss
1972 zu Weihnachten eröffnet; verkauft

1981 ca.
Hochkogel-Hütte
932 m, A, südlich des Hochkogels bei Niedernsill
aktuell, Sektionshütte
S. Niedernsill

1997
Neue Bubenreuther Hütte
950 m, A, am Rohrerberg bei Piesendorf-Walchen
aktuell, Kategorie I
S. Eger und Egerland
1997 erworben u. adaptiert; 1997 zur Belegung freigegeben; 1998 eingeweiht

Berliner Hütte mit Schlafhaus, um 1888

35 Zillertaler Alpen

»Der Bergsteiger findet in diesem Gebiet eine reiche Auswahl ebenso abwechslungsreicher wie vornehmer alpinistischer Aufgaben, welche Ausdauer, Trittsicherheit und Kletterübung verlangen; eine Reihe von Touren gehört zu den anziehendsten in den Ostalpen, und mehrfache Varianten stellen die höchsten Anforderungen an den Unternehmer. [...] Die Bereisung ist verhältnismäßig leicht; durch das untere Zillerthal führt eine gute Postroute bis Mayrhofen, und im Innern gibt es eine große Anzahl von Unterkunftshütten.«

H.Hess, Zillerthaler Alpen, in:
L.Purtscheller/H.Hess, Der Hochtourist in den Ostalpen,
Band 2, Leipzig/Wien 1894, 58.

Bauarbeiten an der Alten Chemnitzer Hütte

Olperer-Hütte

1876
Sonklar-Hütte, alte
2420 m, I, neben der neuen Sonklar-Hütte am
Speikboden bei Sand i. Taufers
aufgelassen/nicht mehr AV
CAI (davor S. Taufers)
1875/1876 erbaut; 2.9.1876 feierlich eröffnet (nach
Oberst K. v. Sonklar benannt); 1899 nach Bau der neuen
Sonklar-Hütte alte Hütte als Führerunterkunft u. für
Wirtschaftszwecke genutzt

1879
Berliner Hütte
2042 m, A, auf der Schwarzensteinalm im obersten
Zemmgrund bei Mayrhofen
aktuell, Kategorie I
S. Berlin
1878/1879 erste Hütte (altes Haus) erbaut; 28.7.1879 feierlich eröffnet; 1884/1885 daneben zweite Hütte (Schlafhaus) erbaut; 19.7.1885 »Neue Berliner Hütte« eröffnet;
1888 erweitert; 1891/1892 Neu- u. Umbau; 9.8.1892
eröffnet; 1893 Führerhaus angebaut; 1911 erweitert; seit
1997 unter Denkmalschutz

1880
Chemnitzer Hütte
Rifugio Giov. Porro alla forcella di Neves, Neveserjoch-Hütte, Nevesjoch-Hütte, Rifugio Neves, Alte Chemnitzer Hütte
2419 m, I, am Neveser Joch bei Mühlwald-Lappach
aktuell, aber keine AV-Schutzhütte
**Autonome Provinz Bozen, Beratungsfunktion AVS u. CAI
(davor CAI, davor S. Chemnitz, davor S. Taufers)**
1880/1881 erbaut durch S. Taufers; 20.8.1880 eröffnet;
1881 Innenausbau fertig gestellt; 1893 durch S. Chemnitz
übernommen; erweitert; 29.7.1895 feierlich eröffnet

1881
Olperer-Hütte
2389 m, A, südöstlich des Olperers im Riepenkar bei
Mayrhofen
aktuell, Kategorie I
S. Neumarkt/Oberpfalz (davor S. Berlin, davor S. Prag)
1880/1881 erbaut durch S. Prag; 7.8.1881 feierlich eröffnet; 1900 erworben durch S. Berlin; 1902, 1931, 1976

erweitert; 1.1.2004 erworben durch S. Neumarkt; 2006 abgerissen; 2006/2007 Neubau; 2007 eröffnet

1883
Dominicus-Hütte
1685 m, A, auf der Zamseralm bei Finkenberg
aufgelassen/nicht mehr AV
S. Prag
1883 erbaut durch Hermann Dominicus, Mitglied der S. Prag u. der S. Prag überlassen; ab 1888 wieder in Privatbesitz; 1918 abgebrannt; 1970/1973 im Schlegeis-Speicher (Stausee) versunken; (dann heutige Dominikus-Hütte an höherer Stelle durch Tauernkraftwerke erbaut)

1884
Daimer-Hütte
1862 m, I, auf der oberen Rotbachalm bei Ahrntal-Luttach
aufgelassen/nicht mehr AV
S. Taufers
1884 erbaut von Almbesitzer Mitternöckler mit Beiträgen der S. Taufers; 30.7.1884 eröffnet (nach Vorstand S. Taufers Dr. Josef Daimer benannt); 1893 Eigentumsanteile an den Bergführer Martin Reden abgetreten

1888
Riffler-Hütte
2234 m, A, auf der Birglbergalm am Riffler bei Rosshag
aufgelassen/nicht mehr AV
S. Berlin (davor S. Prag)
1887/1888 erbaut; 5.8.1888 feierlich eröffnet (wegen des schlechten Wetters Feier in einem Gasthaus in Mayrhofen); Frühjahr 1896 beschädigt (Lawine); 1900 S. Berlin; Frühjahr 1945 zerstört (Lawine)

1889
Furtschagl-Haus
2295 m, A, im Schlegeisgrund nordwestlich des Großen Möselers bei Finkenberg
aktuell, Kategorie I
S. Berlin
1888/1889 erbaut; 7.8.1889 eröffnet; 1899/1900 erweitert; 1907–1913 umgebaut; 1992 generalsaniert

1889
Karl-von-Edel-Hütte
Edel-Hütte
2238 m, A, westlich der Ahornspitze bei Mayrhofen
aktuell, Kategorie I
S. Würzburg
1888/1889 erbaut; 14.7.1889 feierlich eröffnet (nach dem Begründer u. langjährigen Vorsitzenden der S. Würzburg benannt); 7.8.1905 Erweiterungsbau eröffnet; 1950 u. 1975 Lawinenschäden

1893
Greizer Hütte
2227 m, A, am Griesfeld im Floitental bei Mayrhofen-Ginzling
aktuell, Kategorie I
S. Greiz Sitz Marktredwitz (S. Greiz)
1891–1893 erbaut; 25.7.1893 feierlich eröffnet; 1904/1905, 1911, 1925, 1927/1928 erweitert; 1972–1974 umgebaut

1894
Schwarzenstein-Hütte
Rifugio Vittorio Veneto al Sasso Nero, Rifugio Sasso Nero
2922 m, I, am Trippachsattel östlich des Schwarzensteins bei Ahrntal-Luttach
aktuell, aber keine AV-Schutzhütte (Hütte der Autonomen Provinz Bozen)
Autonome Provinz Bozen, Beratungsfunktion AVS u. CAI (davor CAI, davor S. Leipzig)
1893/1894 erbaut durch S. Leipzig; 5.9.1894 (oder 8.8.1894) feierlich eingeweiht

1895
Geraer Hütte
2324 m, A, nördlich der Sagwandspitze bei St. Jodok
aktuell, Kategorie I
S. Landshut (davor S. Gera)
1895 erbaut; 5.8.1895 feierlich eröffnet; 1934/1935 erweitert

1897
Richter-Hütte
2374 m, A, im Rainbachtal bei Krimml
aktuell, Kategorie I
S. Bergfreunde Rheydt (davor S. Warnsdorf)
1895 300 m oberhalb Rohbau der »ersten« Richter-Hütte erbaut; Frühjahr 1896 zerstört (Lawine, nie eröffnet); 1897 »zweite« Richter-Hütte erbaut durch Textil-Fabrikant Anton Richter (stellvertretender Vorsitzender S. Warnsdorf); 12.8.1897 feierlich eingeweiht (offen für alle AV-Mitglieder); 1916 zerstört (Lawine); 1928 Neubau durch Sohn Richard Richter; 1928 eingeweiht; ab 1966 verpachtet an die S. Bergfreunde Rheydt; 2002 erworben

1899
Landshuter Europa-Hütte
Landshuter Hütte
2693 m, A/I, auf der Friedrichshöhe (Staatsgrenze verläuft in der Hütte) bei Brennersee
aktuell, Kategorie I
S. Landshut u. CAI (davor S. Landshut)
1898/1899 erbaut; 14.8.1899 feierlich eröffnet; 1901, 1903, 1924, 1931 erweitert; 1987/1988 saniert

1899
Plauener Hütte
2363 m, A, am Kuchelmooskar unterhalb des südlichen Schwarzkopfs bei Brandberg
aktuell, Kategorie I
S. Plauen-Vogtland
1898/1899 erbaut; 19./20.7.1899 eröffnet; 1912, 1924/1925 erweitert; 1960 erneuert

1899
Sonklar-Hütte, neue
Rifugio Monte Spico
2420 m, I, am Speikboden bei Sand i. Taufers
aufgelassen/nicht mehr AV
CAI (davor S. Taufers)
1898/1899 erbaut; 29.7.1899 feierlich eröffnet; nach 1. Weltkrieg verfallen

1901
Zittauer Hütte
2328 m, A, am unteren Wildgerlossee bei Gerlos
aktuell, Kategorie I
S. Warnsdorf-Krimml (= ehemals S. Oberpinzgau Gr. Warnsdorf/DAV Warnsdorf/S. Warnsdorf)
1900/1901 erbaut; 9.8.1901 eröffnet (benannt nach der zweitstärksten Mitgliedergruppe der S. Warnsdorf in Zittau); 1930, 1965, 1969, 1976 erweitert; 2000/2001 umgebaut

1905
Lausitzer Hütte
Lausitzer Wetterschutzhütte, Hütte auf dem Glockenkarkopf, Cap. d'Annunzio
I, am Südabhang des Klockerkarkopfs bei Prettau
aufgelassen/nicht mehr AV
CAI (davor S. Lausitz)
1904/1905 erbaut; verfallen

1907
Neugersdorfer Hütte
Neu-Gersdorfer Hütte, Krimmler Tauernhütte, Rifugio Vetta d'Italia
2568 m, I, am Lausitzerweg knapp östlich unterhalb des Krimmler Tauern bei Prettau
aufgelassen/nicht mehr AV
Autonome Provinz Bozen (davor italienischer Staat, CAI, davor S. Warnsdorf)
1905–1907 erbaut durch S. Warnsdorf (mit Mitteln von Neugersdorfer Unternehmen u. der Gemeinde Neugersdorf); 14.8.1907 feierlich eröffnet; dann im Besitz des italienischen Staates; um 1983 generalsaniert; von italienischer Finanzpolizei genutzt; im Besitz der Autonomen Provinz Bozen

Eröffnung der neuen Sonklar-Hütte am 29. Juli 1899

1909
Brixner Hütte, alte
Brixener Hütte, Valser Hütte, Rifugio Valles Bressanone, Rifugio Bressanone
2307 m, I, auf der Pfannalm bei Vals
aufgelassen/nicht mehr AV
CAI (davor S. Brixen)
1908 Jagdhütte erworben durch S. Brixen; 1908/1909 adaptiert; 18.7.1909 eröffnet; 1911 erweitert; nach 1945 verfallen

1910
Edelraute-Hütte
Rifugio Passo Ponte di Ghiaccio, Eisbruggjoch-Hütte, Alte Edelraute-Hütte, Edelraut-Hütte
2545 m, I, am Eisbruggjoch bei Mühlwald-Lappach
aktuell, aber keine AV-Schutzhütte (Hütte der Autonomen Provinz Bozen)
Autonome Provinz Bozen, Beratungsfunktion AVS u. CAI (davor CAI, S. Edelraute/AG Edelraute)
1908 erbaut durch AG Edelraute; ab 1.8.1908 geöffnet; 17.8.1908 feierlich eingeweiht; 1910 wird AG zur S. Edelraute; 2015 abgerissen; 2016 Neubau eröffnet

1912
Tuxerjoch-Haus
2313 m, A, am Tuxerjoch bei Hintertux
aufgelassen/nicht mehr AV
ÖTK (1931–1945 S. ÖTK Gr. Wien)
1911/1912 erbaut; 13.7.1912 eröffnet; 1931 erweitert

1913
Rauchkofel-Hütte
Hütte auf dem Rauchkofel, Trinkstein-Haus
2500 m, I, am Weg zwischen Hundskehle u. Rauchkofel bei Ahrntal-St. Peter
aufgelassen/nicht mehr AV

Gams-Hütte, 1997

CAI (davor S. Lausitz)
1913 erbaut; verfallen

1927
Kasseler Hütte
Neue Kasseler Hütte, Kasseler Stillupp-Hütte
2177 m, A, im Talschluss des Stilluppgrunds bei Mayrhofen
aktuell, Kategorie I
S. Kassel
1926/1927 erbaut; 27.8.1927 eingeweiht; 1937/1938, 1958, 1981/1982 erweitert; 4.9.1982 eingeweiht

1931
Spannagel-Haus
Werry-Hütte
2528 m, A, an der Gfrorenen Wand bei Hintertux
aufgelassen/nicht mehr AV
ÖTK (1931–1945 S. ÖTK Gr. Wien)
1885 als Werry-Hütte erbaut; 22.8.1885 eröffnet; 1907/1908 erweitert; 16.8.1908 eröffnet

1932
Friesenberg-Haus
2498 m, A, am Friesenbergsee bei Finkenberg
aktuell, Kategorie I
S. Berlin (davor AV Donauland, davor DAV Berlin, 1938–1945 deutsche Wehrmacht)
1928–1932 erbaut durch »Deutschen Alpenverein Berlin« (mit Donauland-Unterstützung); Juli 1932 eröffnet; 27.4.1933 Hütte dem AV Donauland überschrieben, um sie vor der Enteignung zu retten; 1938 Hütte beschlagnahmt für deutsche Wehrmacht; restituiert; 1968 von AV Donauland an S. Berlin verkauft; 2017 Unterschutzstellung geplant

1932
Gams-Hütte
Grünberg-Hütte
1921 m, A, an der Gamsbergscharte östlich des Grinbergkopfs bei Finkenberg
aktuell, Kategorie I
S. Otterfing (davor S. Berlin, davor S. Kurmark)
1927 privat erbaut; 1932 erworben durch S. Kurmark; eröffnet Sommer 1932; nach 1945 übernommen durch S. Berlin; 28.12.1992 Materialseilbahn zerstört (durch S. Berlin instand gesetzt); 1.1.1993 Besitzübergabe an S. Otterfing

1946 oder früher
Penken-Hütte
Skihütte am Penken
A, am Penken bei Mayrhofen
aktuell, Sektionshütte
S. Zillertal
1931 Skihütte errichtet durch Mitglieder der Skiriege des Wintersportvereins Mayrhofen auf Pachtgrund; »Jahre später« erworben durch S. Zillertal; 1946 umgebaut

1971
Günther-Messner-Biwakschachtel
Hochferner-Biwak
2429 m, I, unterhalb der Hochferner-Nordwestwand bei Pfitsch-St. Jakob
aktuell, AVS-Biwak
AVS S. Sterzing
1971 erbaut durch AVS S. Sterzing mit Unterstützung der AVS S. Bozen; 17.6.1972 eingeweiht; 1999 erneuert

1973
Brixner Hütte, neue
2282 m, I, auf der Pfannalm westlich der Wurmaulspitze etwas unterhalb der alten Brixner Hütte bei Vals
aktuell, AVS-Schutzhütte
AVS S. Brixen
1971–1973 erbaut; 2.9.1973 eröffnet; 1994 erweitert

1976 oder früher
Griesscharte-Biwak
2815 m, I, im innersten Oberbergtal (Pfitschertal) bei Pfitsch-St. Jakob
aufgelassen/nicht mehr AV
AVS S. Bozen u. S. Sterzing

1978
Neumarkter Hütte
A, am Distelberg bei Stumm i. Zillertal
aktuell, Sektionshütte
S. Rottal Neumarkt-St. Veit

Walter-Brenninger-Biwak, 2009

Sterzinger Hütte

1977 Stadl gepachtet; 1977/1978 adaptiert; 8.10.1978 eingeweiht

1978 (1912)
Tiefrasten-Hütte
Fritz-Walde-Hütte, Rifugio Lago di Pausa
2312 m, I, am Tiefrastensee bei Terenten
aktuell, AVS-Schutzhütte
AVS S. Brixen (davor CAI, davor S. Brixen)
15.9.1912 eingeweiht (zunächst benannt nach dem Brixner Finanzier Walde); 1944 abgebrannt; 1975–1978 Neubau

1978
Walter-Brenninger-Biwak
2157 m, I, am Pfunderer Höhenweg bei Dun
aktuell, AVS-Biwak
AVS S. Brixen
1978 erbaut; 16.7.1978 eingeweiht

1980
Sterzinger Hütte
Rifugio Vipiteno, Rifugio Picco della Croce
2344 m, I, nördlich der Wilden Kreuzspitze im Burgumtal bei Burgum
aktuell, AVS-Schutzhütte
AVS S. Sterzing (davor CAI, davor ÖTK)
1888/1889 erbaut durch ÖTK Sterzing; dann CAI; 1979/1980 verfallene Hütte durch AVS S. Sterzing instand gesetzt; 29.6.1980 feierlich eingeweiht; seit 2008 aus besitzrechtlichen Gründen geschlossen

1986
Hochfeiler-Hütte
Rifugio Gran Pilastro
2710 m, I, am Hochfeiler rund 600 m östlich der ehemaligen Wiener Hütte bei Pfitsch-St. Jakob
aktuell, AVS-Schutzhütte

AVS S. Sterzing
1984–1986 erbaut; 14.9.1986 feierlich eingeweiht

2005 oder früher
Unterstand in der Gamsscharte
2976 m, A, in der Gamsscharte zwischen Richterspitze u. Nördlichem Schwarzkopf bei Krimml
aufgelassen/nicht mehr AV
S. Bergfreunde Rheydt
um 2005 baufälliger Unterstand wegen Einsturzgefahr teilweise abgetragen

2008
Feuchtwanger Hütte
1700 m, A, in Hart i. Zillertal
aktuell, Sektionshütte
S. Feuchtwangen
2008 gepachtet

2010 oder früher
Aschaffenburger Biwak
2135 m, A, nordöstlich des Weißkareggls bei Mayrhofen
aktuell, Kategorie I
S. Aschaffenburg
2010 Hütte (vermutlich 19. Jh.) wegen Baufälligkeit abgetragen u. neues Biwak errichtet

36 Venediger-Gruppe

»Trotzdem die Venedigergruppe alljährlich von vielen Tausenden besucht wird, sind doch ihre Gletschergefilde, oft unweit von den großen Heerstraßen, der Bergsteigerwelt fast völlig unbekannt. […] Ueber den grünen Talgründen erheben sich meilenweite Firnmeere mit hochaufragenden Gipfelbildungen. Scharfe Grate wechseln mit breiten Kämmen ab und schroffe Bergspitzen mit flachen Firnkuppen. Auch an einsamen Seen fehlt es nicht, in deren Gewässern sich blaugrün schillernde Gletscherströme wiederspiegeln.

Clara-Hütte, erbaut 1872, benannt nach Clara v. Ratzenbeck

Bekannt ist der Reichtum an Wasserfällen […] Schutzhütten und Berggasthäuser stehen den Besuchern der Gruppe in großer Auswahl zur Verfügung […].«
Franz Tursky, Führer durch die Venedigergruppe, München 1924, 15, 27, 30.

1871
Johannis-Hütte
Johannes-Hütte, Johanns-Hütte
2121 m, A, auf der Dorfer Alm südlich des Großvenedigers bei Prägraten-Hinterbichl
aktuell, Kategorie I
S. Oberland (davor S. Prag/DAV Prag, davor DAV)
1857 privat erbaut durch Venediger-Führer Bastl Steiner; 1870/1871 renoviert u. Führerhütte erbaut u. mit Vertrag 20.8.1871 durch DAV erworben; 1876 durch S. Prag übernommen; 1929/1930 erweitert; 13.7.1930 feierlich eröffnet; 1932 Trockenraum; Jän. 1992 Beitritt der S. Prag zur S. Oberland; 1999/2000 generalsaniert

1872
Clara-Hütte
Klara-Hütte
2103 m, A, im obersten Umbaltal bei Prägraten
aktuell, Kategorie I
S. Essen (davor S. Prag/DAV Prag)
1872 erbaut durch Prokop v. Ratzenbeck u. dessen Frau Clara (Anregung Johann Stüdl); verwaltet durch S. Prag; mit Erklärung 10.7.1895 Hütte von Clara v. Ratzenbeck unentgeltlich der S. Prag vermacht; 1925/1926 an S. Essen abgetreten, wieder aufgebaut u. erweitert; um 1958 renoviert; 1969–1974 erweitert (wiederholt durch Lawinen beschädigt; 2013–2016 instandgesetzt u. erweitert)

1872
Prager Hütte, erste
Hütte am Kesselkopf, Alte Prager Hütte
2490 m, A, südlich des Vorderen Kesselkogels nahe der 1877 erbauten Alten Prager Hütte bei Matrei-Innergschlöss
aufgelassen/nicht mehr AV
S. Prag
1872/1873 erbaut durch S. Prag (jedoch aus Eigenmächtigkeit des Bauführers nicht an der von Johann Stüdl vorgesehenen Stelle); bereits 1872 benützt; 1873 Inneneinrichtung vollendet; 1877 zerstört (Lawine)

1875
Kürsinger-Hütte, zweite
Unterstandshütte im Ober-Sulzbachthal
2500 m, A, am Keeskar neben erster Kürsinger-Hütte im Obersulzbachtal bei Neukirchen a. Großvenediger
aufgelassen/nicht mehr AV
S. Salzburg
1873 Baubeschluss S. Salzburg (Ersatz für desolate erste Kürsinger-Hütte = Rohregger-Hütte, 1842 durch Förster Rohregger über Auftrag des Großvenediger-Ersteigers Ignaz v. Kürsinger, Pfleger in Mittersill, errichtet);

Neue Prager Hütte, um 1910

Kürsinger Hütte

1874/1875 erbaut durch S. Salzburg in Verbindung mit der S. Pinzgau; August 1875 feierlich eröffnet

1877
Alte Prager Hütte
Prager Hütte
2489 m, A, südlich des Vorderen Kesselkogels bei Matrei-Innergschlöss
aktuell, Kategorie I
DAV-Bundesverband (davor S. Oberland, davor S. Prag/DAV Prag)
1877 erbaut an geschützterer Stelle (als Ersatz für erste Prager Hütte); 21.8.1877 eröffnet; um 1889 Stall erbaut; 1923, 1972 instand gesetzt; seit 2011 unter Denkmalschutz

1886
Kürsinger-Hütte, dritte
2558 m, A, nordwestlich des Großvenedigers oberhalb der zweiten Kürsinger-Hütte bei Neukirchen
aktuell, Kategorie I
S. Salzburg
1885/1886 erbaut (als Ersatz für zweite Kürsinger-Hütte); 8.8.1886 eröffnet; 1896/1897, 1925–1929, 1981–1983 erweitert

1887
Lenkjöchl-Hütte
Rifugio Giogo Lungo, Unterkunftshütte auf dem Lenkjöchel
2603 m, I, am Lenkjöchl bei Prettau
aktuell, aber keine AV-Schutzhütte (Hütte der Autonomen Provinz Bozen)
Autonome Provinz Bozen, Beratungsfunktion AVS u. CAI (davor CAI, davor S. Leipzig, davor S. Taufers)
1885–1887 erbaut durch S. Taufers; 2.9.1887 eröffnet; später erworben durch S. Leipzig; 1898, 1906/1907 erweitert

1891
Warnsdorfer Hütte
Theodor-Harpprecht-Haus
2324 m, A, westlich des Krimmler Törls bei Krimml
aktuell, Kategorie I
S. Warnsdorf-Krimml (= ehemals S. Oberpinzgau Gr. Warnsdorf/DAV Warnsdorf/S. Warnsdorf)
1890/1891 erbaut; 24.7.1891 feierlich eröffnet; wiederholt erweitert; 1991/1992 saniert u. erweitert

1898
Habach-Hütte
2368 m, A, auf der Großen Weidalm am Habachkees bei Bramberg-Habach
aufgelassen/nicht mehr AV
S. Berlin
1897/1898 erbaut; 30.7.1898 eröffnet; im Winter 1913/1914 zerstört (Lawine)

1904
Neue Prager Hütte
Prager Hütte
2796 m, A, beim Inneren Kesselkogel bei Matrei-Innergschlöss
aktuell, Kategorie I
DAV-Bundesverband (davor S. Oberland, davor S. Prag/DAV Prag)
1901–1904 erbaut; 8./9.8.1904 feierlich eröffnet; 1920 instand gesetzt; 1984 erweitert; ab Jän. 1992 S. Oberland; seit 2013 unter Denkmalschutz

1912
Badener Hütte
2608 m, A, im obersten Froßnitztal bei Matrei i. O.
aktuell, Kategorie I
S. Baden bei Wien
1910–1912 erbaut; Ostern 1912 erste Besucher; 5.8.1912

Badener Hütte

Neue Reichenberger Hütte, 1982

feierlich eingeweiht; 1960 erweitert; 1972/1973 Winterhütte; 1996 erweitert

1912
Essener und Rostocker Hütte
Essen-Rostocker Hütte, Rostocker Hütte u. Essener Hütte
2208 m, A, südöstlich der Simonyspitzen im Maurertal bei Prägraten
aktuell, Kategorie I
S. Essen (davor S. Essen u. S. Main-Spessart, davor S. Essen u. S. Rostock, davor S. Rostock)
1911/1912 erbaut durch S. Rostock (Rostocker Hütte); 8.8.1912 eröffnet; 1962–1966 Anbau durch S. Essen fertiggestellt (Essener Hütte); 27.8.1966 eingeweiht (wirtschaftliche Einheit mit Rostocker Hütte)

1914
König-Friedrich-August-Warte
A, am Falkenstein bei Krimml
aufgelassen/nicht mehr AV
S. Warnsdorf
1914 auf Wunsch König Friedrich Augusts III. von Sachsen erbaut (anlässlich dessen Besuchs 1913 in Krimml)

1924
Obersulzbach-Hütte
1742 m, A, im Obersulzbachtal am Anstieg zur Kürsinger-Hütte bei Neukirchen
aktuell, Sektionshütte
S. Salzburg
1924 Skihütte errichtet; 1.10.1924 eröffnet

1925
Barmer Haus
Barmer Heim
1380 m, A, in St. Jakob i. Defereggen
aktuell, Kategorie II

S. Barmen
1925 erworben u. adaptiert, 1968–1972 umgebaut

1926
Neue Reichenberger Hütte
Reichenberger Hütte
2586 m, A, am Bödensee nahe der Bachlenke im Trojertal bei St. Jakob i. Defereggen
aktuell, Kategorie I
S. Reichenberg des ÖAV (in Zwischenkriegszeit als »DAV Reichenberg« bezeichnet)
1924–1926 erbaut; 26.7.1926 eröffnet; 1981 erweitert

1926
Thüringer Hütte
Alte Thüringer Hütte
2370 m, A, auf der Großen Weidalm am Habachkees bei Bramberg-Habach
aufgelassen/nicht mehr AV
S. Oberkochen (= S. Jena, davor Thüringer Sektionenverband)
1922 Baugrund mit den Überresten der 1913/1914 durch eine Lawine zerstörten Habach-Hütte der S. Berlin erworben durch S. Weimar; 1925 Zusammenschluss von 10 Thüringer Sektionen (Sektionsverband); 1925/1926 Hütte errichtet; 31.7.1926 feierlich eröffnet; 1967 saniert; April 1968 beschädigt (Lawine); 10.3.1978 zerstört (Lawine)

1927 oder früher
Talherberge Mittersill
A, in Mittersill
aufgelassen/nicht mehr AV
S. St. Pölten
vor 1937 aufgelassen

1929
Fürther Hütte
Neue Fürther Hütte
2201 m, A, am Kratzenbergsee südöstlich des Larmkogels bei Hollersbach
aktuell, Kategorie I
S. Fürth
1928/1929 erbaut; 10.8.1929 feierlich eingeweiht

1929
Neue Essener Hütte, erste
2505 m, A, am Westufer des Umbalkeeses bei Prägraten-Hinterbichl
aufgelassen/nicht mehr AV
S. Essen
1928/1929 erbaut; 20.8.1929 eingeweiht; Winter 1936/1937 zerstört (Lawine)

1931
Defregger-Haus
2962 m, A, am Mullwitzaderl bei Prägraten
aufgelassen/nicht mehr AV
ÖTK (1931–1945 S. ÖTK Gr. Wien)
1885–1887 erbaut; 22.8.1887 eröffnet; um 1925 erweitert

1931
Stadler-Hütte
1800 m, A, im Mullitztal östlich des Lasörlings bei Virgen
aufgelassen/nicht mehr AV
ÖTK (1931–1945 S. ÖTK Gruppe Lienz)
1886/1887 erbaut durch Michael Stadler mit Subvention des ÖTK; 22.6.1887 eröffnet (dem ÖTK als Dank 2 Zimmer u. 1 Küche zur Verfügung gestellt)

1932
Bonn-Matreier Hütte
2750 m, A, auf der Nillalm unterhalb des Säulkopfs bei Virgen-Obermauern
aktuell, Kategorie I
S. Bonn u. S. Matrei i. O
1931/1932 erbaut (Bau begonnen durch S. Matrei i. O. vollendet durch S. Matrei i. O. u. S. Bonn); eingeweiht 14.8.1932

1939
Philipp-Reuter-Hütte
zweite Neue Essener Hütte, Essener Hütte
2692 m, A, nordöstlich der Rötspitze bei Prägraten-Hinterbichl
aufgelassen/nicht mehr AV
S. Essen
1938/1939 erbaut; 8.8.1939 feierlich eröffnet (nach Philipp Reuter, 1. Vorsitzender S. Essen benannt); 1958 zerstört (Lawine, nur Nebengebäude unterhalb blieb erhalten)

1968
Plösner-Alm
Plösen-Alm, Hütte bei Mittersill
1704 m, A, bei Mittersill
aufgelassen/nicht mehr AV
S. Feuchtwangen (S. Hesselberg Gr. Feuchtwangen)
1968 Almhütte gepachtet; ab 1968 genutzt u. adaptiert; 30.9.1972 offiziell eingeweiht

1973
Neue Thüringer Hütte
2240 m, A, auf der Großen Weidalm bei Bramberg-Habach
aktuell, Kategorie I
DAV-Sektionsverbund Verein Neue Thüringer Hütte (davor S. Oberkochen)
1971–1973 erbaut durch S. Oberkochen; 21.6.1973 Beginn der Bewirtschaftung; 5.8.1973 feierlich eingeweiht; 2002 feierliche Übergabe an die Thüringer Sektionen (Sektionsverbund Verein Neue Thüringer Hütte)

1978
Kleine Philipp-Reuter-Hütte
2692 m, A, nordöstlich der Rötspitze bei Prägraten-Hinterbichl
aktuell, Kategorie I
S. Essen
1977/1978 Waschküche der zerstörten Philipp-Reuter-Hütte zu Selbstversorgerhütte umgebaut; 6.8.1978 feierlich eingeweiht

1979
Innergschlöss-Alm
Alm Innergschlöss
1698 m, A, östlich des Großvenedigers in Innergschlöß bei Matrei i. O.
aktuell, Kategorie I
S. Matrei i. O.
1979 erworben durch ÖAV (Kaufvertrag 7.5.1979); betreut durch S. Matrei i. O.

1984
AV-Haus Krimml
A, am Wasserfallweg bei Krimml
aktuell, Sektionshütte
S. Warnsdorf-Krimml (davor S. Oberpinzgau Gr. Warnsdorf)
Juni 1984 eröffnet; in den folgenden Jahren Einrichtung einer Werkstatt, Anbau eines Bauhofs für Fahrzeuge u. Schaffung von Übernachtungsmöglichkeiten (2 Ferienwohnungen); 1986 öffentliche WC-Anlage

Verschneite Kasseler Hütte am Rieserferner, eine der Südtiroler Hütten mit wechselvoller Geschichte

1997 ca.
AV-Jugendhütte der S. Warnsdorf-Krimml
A, im Gebiet des Seekars bei Krimml
aktuell, Sektionshütte
S. Warnsdorf-Krimml
1997 oder kurz davor alten Stall ausgebaut zur Unterkunft für AV-Jugend

2011
Aussichtskanzel Jagasprung
1220 m, A, am Wasserfallweg bei Krimml
aktuell, Aussichtswarte
S. Warnsdorf-Krimml
2011 fertiggestellt

37 Rieserferner-Gruppe

»Die Gruppe weist eine nicht unbedeutende Vergletscherung auf, die Gipfel sind zumeist schroffe Trapeze und Zinnen, deren Besteigung geübten Bergsteigern sehr zu empfehlen ist. Die kleine Gruppe ist durch drei Schutzhütten, die wegen ihrer prächtigen Lage allein schon einen Besuch lohnen, und durch solide Weganlagen hinreichend erschlossen. Außerdem besitzt sie den Vorzug leichter Zugänglichkeit. An der Westseite führt die Tauferer Bahn von Bruneck nach Sand und von hier eine neuerbaute Kunststraße durch das herrliche Raintal zum Hauptort im Innern, nach Rain.«

Josef Moriggl (Hg.), Von Hütte zu Hütte, Band 3, Leipzig 1912, 153f.

1877
Rieserferner-Hütte
Alte Rieserferner-Hütte
2279 m, I, am Rieserferner unterhalb des Tristennöckls bei der Kasseler-Hütte bei Rein in Taufers
aufgelassen/nicht mehr AV
CAI (davor S. Kassel, davor S. Taufers)
1877/1878 erbaut durch S. Taufers; bereits ab Sept. 1877 Nächtigungen; 30.8.1878 eröffnet; 17.12.1893 an S. Cassel abgetreten; nach Bau der Neuen Rieserferner-Hütte Führerunterkunft

1895
Kasseler Hütte
Rifugio Roma, Kasseler Rieserferner-Hütte, Neue Rieserferner-Hütte, Hochgall-Hütte, Rifugio Roma alle Vedrette Giganti, Rifugio Vedretta di Ries, Casseler Hütte
2273 m, I, am Rieserferner unterhalb des Tristennöckls bei Sand-Rein i. Taufers
aktuell, aber keine AV-Schutzhütte (Hütte der Autonomen Provinz Bozen)
Autonome Provinz Bozen, Beratungsfunktion AVS u. CAI (davor CAI, davor S. Kassel)
1894/1895 erbaut durch S. Kassel (ein paar Meter unterhalb der Alten Rieserferner-Hütte); 24.7.1895 feierlich eröffnet; ab 1896 als Casseler Hütte bezeichnet; 1914/1915 erweitert

1900
Barmer Hütte, alte
2488 m, A, am Abfluss des Patscher Ferners bei St. Jakob i. Defereggen-Erlsbach
aufgelassen/nicht mehr AV
S. Barmen
1899–1901 erbaut; schon 27.8.1900 feierlich eröffnet; 1926 erweitert; 14.8.1926 eingeweiht; 1956 zerstört (Lawine)

1903
Alte Fürther Hütte
Fürther Hütte, Gänsebichljoch-Hütte, Rifugio Forcella Val Fredda
2799 m, I, am Gänsbichljoch südlich des Schneebigen Nocks bei Sand-Rein i. Taufers
aufgelassen/nicht mehr AV
CAI (davor S. Fürth)
1902/1903 erbaut durch S. Fürth; 1904 Sturmschaden; um 1970 nur noch Notunterkunft; verfallen

1960
Barmer Hütte
Neue Barmer Hütte
2610 m, A, an der Mittleren Ohrenspitze bei St. Jakob i. Defereggen-Erlsbach
aktuell, Kategorie I
S. Barmen
1958–1960 erbaut; 28.8.1960 feierlich eingeweiht

1980
Rieserferner-Hütte
Vedretta di Ries, Hanns-Forcher-Mayr-Hütte
2791 m, I, südlich des Schneebigen Nocks neben der ehemaligen Alten Fürther Hütte bei Sand-Rein i. Taufers
aktuell, AVS-Schutzhütte
AVS S. Bozen u. S. Bruneck (davor AVS S. Bruneck)
1977–1980 erbaut

38 Villgratner Berge

»Turistisch ist das Gebiet, mit Ausnahme der vorgeschobenen Punkte des Pfannhorns und des Schönbichele [= Hochstein], so gut wie gar nicht besucht. Der Mangel an Schutzhütten und Wegbauten, das Fehlen von Gletschern und kühnen Felsformen mögen wohl Schuld daran sein. Die ganze Gruppe trägt einen melancholischen, schwermütigen Charakter. Eines aber hat sie vielen anderen Gruppen voraus: Die überaus weitreichende, insbesondere abwechslungsreiche Fernsicht, die ihre Gipfel bieten […]«

Josef Moriggl, Von Hütte zu Hütte,
Band 3, Leipzig 1912, 164.

1888
Venediger-Warte
Obere Venediger-Warte
1020 m, A, am Schlossberg bei Lienz
aufgelassen/nicht mehr AV
S. Lienz
1888 15 Meter hohen Aussichtsturm errichtet; in den 1920er-Jahren bereits baufällig

1895
Hochstein-Hütte
2023 m, A, am Hochstein (Schönbichele) bei Lienz
aktuell, Kategorie II
S. Lienz
1895 erbaut; 11./12.8.1895 feierlich eröffnet; 1923/1924 erweitert; 7.9.1929 abgebrannt; 1931/1932 neu erbaut; 1957/1958 erweitert; 2009/2010 umgebaut

1897 oder früher
Glockner-Warte
732 m, A, im Defereggen Gebirge
aufgelassen/nicht mehr AV
DuOeAV

1897 oder früher
Unterkunftshütte Eggerberg
1704 m, A, im Defereggen Gebirge
aufgelassen/nicht mehr AV
DuOeAV

Die alte Sillianer Hütte

1897
Bonner Hütte
Alte Bonner Hütte, Bonner-Hütte, Pfannhorn-Hütte, Rifugio Corno di Fana
2340 m, I, am Pfannhorn bei Toblach
aufgelassen/nicht mehr AV
Gemeinde Toblach (davor CAI/Staat, davor S. Bonn u. S. Hochpusterthal)
21.8.1897 feierlich eröffnet; zwischenzeitliche Nutzung durch italienischen Staat; ab 1970er-Jahre verfallen; nun Gemeinde Toblach (2006 Erneuerung abgeschlossen u. wieder geöffnet)

1929
Talherberge Arntalalm
A, auf der Arntalalm bei Innervillgraten
aufgelassen/nicht mehr AV
S. Sillian

1931
Sillianer Hütte, alte
Volkzeiner-Hütte, Weitlahner Alm
1886 m, A, auf der Weitlahner Alm im Volkzein im hintersten Winkeltal bei Sillian
aufgelassen/nicht mehr AV
S. Sillian
1930 Almhütte erworben; 1931/1932 als Schutzhaus ausgebaut; Juli 1932 eröffnet; nach Erwerb der Viktor-Hinterberger-Hütte verkauft u. privat als Volkzeiner Hütte geführt

2004 ca.
Friedl-Mutschlechner-Haus
1400 m, A, in Innervillgraten in Osttirol
aktuell, AVS-Bergheim
AVS

St. Pöltner Hütte

39 Granatspitz-Gruppe

»Daß die Granatspitzgruppe bisher so unbekannt geblieben ist, kommt von ihrer Lage zwischen Glockner- und Venedigergruppe. Alle Turisten zogen die Heerstraße zu diesen beiden berühmten Bergen, obwohl z. B. die Aussicht vom Großglockner gar nichts besonderes ist, vor allem deswegen, weil man den schönsten Berg, den Glockner, selbst nicht sieht! Wie anders hingegen bei unserer Gruppe! Immer hat man die herrlichsten Berge der Tauern in unmittelbarer Nähe vor sich; ja vom Törlhaus aus kann man, mit dem großen Fernrohr daselbst, die Bergsteiger bei ihrer Arbeit beobachten. Dabei steht man in der herrlichsten Landschaft, meist in großer Einsamkeit.«

Wilhelm Brandenstein, Führer durch die Granatspitzgruppe, Wien 1928, 17.

1875
Rudolfs-Hütte, alte
Rudolphs-Hütte
2242 m, A, am Weißsee im Stubachtal bei Uttendorf-Stubach
aufgelassen/nicht mehr AV
S. Austria
1874/1875 erbaut (auf Anregung von Leopold v. Hofmann); 25.8.1875 feierlich eröffnet (benannt nach dem Kronprinzen von Österreich); 1883, 1884/1885, 1896–1898 erweitert; 1952 musste sie dem Wasserkraftausbau (Weißsee) weichen

1922
St. Pöltner Hütte
St. Pöltener Hütte
2481 m, A, am Felbertauern bei Mittersill
aktuell, Kategorie I
S. St. Pölten
1911–1922 erbaut; 3.8.1922 feierlich eröffnet; 1929, 1954/1955, 1974, 1993/1994 erweitert bzw. umgebaut

1929
Sudetendeutsche Hütte
2650 m, A, auf der obersten Steineralm südlich des Muntanitz bei Matrei i. O.
aktuell, Kategorie I
S. Schwaben (davor S. Sudeten, davor Verein Sudetendeutsche Hütte/Verband DA in der Tschechei/DAV Prag)
1928/29 erbaut (ursprünglich durch S. Saaz projektiert, dann durch Verein Sudetendeutsche Hütte verwirklicht); 21.7.1929 eröffnet; 2014 wird S. Sudeten zur Gruppe Sudeten der S. Schwaben

1937
Karl-Fürst-Hütte
2629 m, A, westlich des Stubacher Sonnblicks bei Matrei i. O.
aktuell, Kategorie I
S. St. Pölten
1937 erbaut (auf Anregung des Jungmannschaftsführers Karl Fürst); 29.8.1937 eröffnet

1938
Französach-Alm
1786 m, A, auf der Französachalm bei Uttendorf-Stubach
aufgelassen/nicht mehr AV
S. Schwaben
ab 1938 verwaltet durch S. Schwaben (Besitz Verein Naturschutzpark)

1953
Austria-Dörfl
2306 m, A, am Weißsee im Stubachtal bei Uttendorf-Stubach
aufgelassen/nicht mehr AV
S. Austria
1953 eingerichtet in drei Wohnbaracken, die ursprünglich für die Zwangsarbeiter und Kriegsgefangenen in der ersten Bauphase ab 1939 errichtet und nach Kriegsende bis zur Fertigstellung der Kraftwerksanlagen am Weißsee von Bauarbeitern benutzt worden waren (als Ersatz für die alte Rudolfs-Hütte); bis zur Fertigstellung der neuen Rudolfs-Hütte 1958 genutzt; danach abgerissen

1958
Rudolfs-Hütte, neue
2315 m, A, am Weißsee im Stubachtal bei Uttendorf-Stubach
aufgelassen/nicht mehr AV
ÖAV Gesamtverein (davor S. Austria)
1958 eröffnet (als Ersatz für alte Rudolfs-Hütte); 1979 an den Gesamtverein veräußert u. von diesem als Alpin- u. Schulungszentrum geführt; 2004 an privat verkauft

Die neue Rudolfs-Hütte am Weißsee, eröffnet 1958, verkauft 2004

Hofmanns-Hütte, um 1890

1969
Grünsee-Hütte
2235 m, A, am Grünsee bei Matrei i. O.
aktuell, Kategorie I
S. Matrei i. O.
1969 erbaut

40 Glockner-Gruppe

»Die Glocknergruppe ist so reich an großartigen Naturschönheiten wie kein anderer Gebirgsstock in den österreichischen Hochalpen und stand darum schon frühzeitig bei allen Besuchern des Hochgebirges in großem Ansehen. [...]

Unterkunft bieten alle Ortschaften im Bereich der Gruppe. Die größeren Gaststätten genügen auch höheren Anforderungen und namentlich Bad-Fusch und Heiligenblut eignen sich auch zu längerem Aufenthalt. Außer den Großgasthöfen dieser beiden Orte vermag auch das Kesselfall-Alpenhaus im mittleren und das Hotel Moserboden im obersten Kaprunertal weitgehenden Anforderungen zu genügen.

Zahlreiche Schutzhütten und Berggasthäuser stehen den Besuchern der Gruppe zur Ausführung von Bergfahrten und Übergängen zu Gebote.«
Franz Tursky, Führer durch die Glocknergruppe,
Wien 1923, III, 7.

1868
Rainer-Hütte
Erzherzog-Rainer-Hütte
1600 m, A, auf der Wasserfallalm (Wasserfallboden) im Kapruner Tal bei Kaprun
aufgelassen/nicht mehr AV
S. Austria (ÖAV)
1868 erbaut durch ÖAV (auf Antrag von Leopold Freiherr v. Hofmann vom 27.1.1867, nach Erzherzog Rainer benannt); am 6.8.1868 trägt sich Leopold v. Hofmann als erster in das »Fremdenbuch« der Hütte ein; 1875 Einbau eines eisernen Sparherds; 1877 erweitert u. verkauft an den Kapruner Wirt Orgler; 1878/1879 Kaufvertrag aufgehoben; 1883 verkauft an den Wirt Johann Maier; 1949 im Zuge des Einstaus des Stausees Wasserfallboden verschwunden

1868
Stüdl-Hütte, alte
Glockner-Hütte
2801 m, A, auf der Fanatscharte (Vanitscharte) südwestlich des Großglockners neben der Neuen Stüdl-Hütte bei Kals
aufgelassen/nicht mehr AV
S. Oberland (davor S. Prag/DAV Prag, davor Johann Stüdl, davor Thomas Groder, davor Johann Stüdl)
1868 erbaut durch die Kalser Bergführer auf Anregung Egid Peggers auf Kosten des ÖAV-Mitglieds Johann Stüdl; 15.9.1868 feierlich eingeweiht; 26.9.1869 Hütte Bergführer Thomas Groder geschenkt u. von diesem erweitert; dann zusehends verfallen; Juli 1877 Rückkauf der Hütte durch Stüdl sowie Erwerb des Grunds; verwaltet durch S. Prag (Obmann Stüdl); wiederholt erweitert u. instand gesetzt; 1925 nach Stüdls Tod durch DAV Prag erworben; 1926–1928 erweitert; 22.7.1928 feierlich eröffnet; 1987 Winterhaus errichtet durch S. Prag; ab 1.1.1992 S. Oberland (S. Prag beigetreten); nach Bau der Neuen Stüdl-Hütte abgerissen

1870
Hofmanns-Hütte
Johannis-Hütte, Johanns-Hütte, Johannes-Hütte
2444 m, A, am orographisch linksseitigen Rand des Oberen Pasterzenbodens bei Heiligenblut
aufgelassen/nicht mehr AV
ÖAV Gesamtverein (davor Akad. S. Wien, davor S. Prag)
1834 erbaut durch Erzherzog Johann (Johannis-Hütte);

Glockner-Haus, um 1890

bis auf das Mauerwerk verfallen; 1869/1870 wiedererrichtet durch Carl Hofmann (gest. 1870) u. Johann Stüdl auf eigene Kosten; um 1870 Hüttengrund dem DAV geschenkt von Joseph Ritter v. Aichenegg; verwaltet durch S. Prag; 1871 umbenannt in Hofmanns-Hütte (nach dem 1870 verstorbenen Carl Hofmann); 1910 der Akad. S. Wien geschenkt von Johann Stüdl u. Hofmanns Mutter; wiederholt erweitert u. umgebaut; 1999–2003 Schließung wegen behördlicher Sperre des Gamsgrubenwegs u. dadurch mangelnde Belüftung, folglich Verrottung des Baus (nach 2003 nicht mehr geöffnet); 2006 Abbruchbeschluss, aber Bürgermeister von Heiligenblut verweigert Abbruchbewilligung u. vermittelt eine neue Möglichkeit zur Rettung der Hütte mit Unterstützung der GROHAG und des Landes Kärnten; 2009 endgültiges Scheitern der Verhandlungen um die Finanzierung eines Neubaus; 2013 dem Hauptausschuss des ÖAV geschenkt; 2015 Abbruchbescheid der Gemeinde Heiligenblut; 2016 Abriss geplant

1872
Kaindl-Hütte
2787 m, A, am Nordabhang des Fochezkopfs bei Kaprun
aufgelassen/nicht mehr AV
S. München (davor S. Linz u. S. Pinzgau)
1871/1872 erbaut durch Albert Kaindl aus Linz aus eigenen Mitteln; bis 1875 S. Linz u. S. Pinzgau an Erhaltung beteiligt; 1875/1876 Abtretung aller Rechte Kaindls an S. München; 1876 verbessert; 1880/1881 vollständig umgebaut; 1885 trocken gelegt; wegen Feuchtigkeit aufgelassen (Ersatzbau: Heinrich-Schwaiger-Haus); um 1895 zerstört (Lawine)

1876
Glockner-Haus
Alpincenter Glockner-Haus
2132 m, A, auf der Elisabethruhe bei Heiligenblut-Winkl
aktuell, Kategorie II
S. Klagenfurt
1875/1876 erbaut; 17.8.1876 eröffnet; um 1880, 1885/1886, 1926/1927, 1956 erweitert; 1956 Generalsanierung abgeschlossen

1880
Häusl-Hütte
A, bei Kaprun
aufgelassen/nicht mehr AV
S. Pinzgau
1880 erbaut

1882
Schwarzenberg-Hütte
Alte Mainzer Hütte, Mainzer Hütte, Neue Schwarzenberg-Hütte, Alte Schwarzenberg-Hütte
2267 m, A, südlich des Wiesbachhorns oberhalb der Neuen Mainzer Hütte bei Ferleiten
aktuell, Kategorie I
S. ÖGV (davor S. Mainz, davor S. Austria)
1882 (alte) Schwarzenberg-Hütte erbaut durch S. Austria (auf Anregung Dr. Johann Fuchshofers); 18.8.1882 feierlich eröffnet (nach Friedrich Fürst zu Schwarzenberg, Kardinal-Fürsterzbischof von Prag u. früher touristischer Besucher der Gegend, benannt); Anfang Nov. 1882 beschädigt (Sturm); 1883 wiederhergestellt; 1888 zerstört (Lawine), Überreste, soweit brauchbar, geborgen u. zu Tal gebracht; 1895 Baugrund u. Überreste unentgeltlich S. Mainz übergeben; 1895–1897 nahezu an selber Stelle Neue Schwarzenberg-Hütte (= (Alte) Mainzer Hütte) erbaut durch S. Mainz; 24.8.1897 feierlich eröffnet; 1900 erweitert; April 1904 Obergeschoß zerstört (Lawine); Anfang Aug. 1904 wieder Notbetrieb im Erdgeschoß; 1907/1908 unterhalb Schlafhaus erbaut (siehe Neue Mainzer Hütte); wiederholt Lawinenschäden; 1924 Verkauf an S. Donauland angestrebt, aber vom AV-Hauptausschuss nicht bewilligt; 1944 nach erneuten Lawinenschäden erworben durch S. ÖGV; 1945–1947 instand gesetzt; 1949 Lawinenschaden; 1950 instand gesetzt; 1951/1952 Lawinenschäden; dann nur noch Notunterkunft bei fortschreitendem Verfall; 1984–1986 wiederaufgebaut; 7.9.1986 als Schwarzenberg-Hütte feierlich eröffnet

1883
Salm-Hütte, dritte
Salms-Hütte
2805 m, A, am zum oberen Leitertal abfallenden Felshang des Schwertecks bei Heiligenblut
aufgelassen/nicht mehr AV
S. Wien (davor S. Klagenfurt)
1882/1883 erbaut als Ersatz für die zwei namensgleichen Vorgängerhütten durch S. Klagenfurt (nach Bischof Franz Xaver v. Salm-Reifferscheidt benannt, der 1799 die erste Salm-Hütte, die älteste dokumentierte Schutzhütte der Ostalpen, erbauen ließ); 16.8.1883 eröffnet (davor bereits

Die verfallene dritte Salm-Hütte

Krefelder Hütte

im Laufe des Jahres 1883 von 12 Bergsteigern genutzt); 1893 wegen Feuchtigkeit gesperrt; 1913 unentgeltlich abgetreten von S. Klagenfurt an S. Wien, aber nicht mehr renoviert, da Neubau (vierte Salm-Hütte) angedacht

1900
Gleiwitzer Hütte
Hoch-Tenn-Hütte
2176 m, A, im Hirzbachtal südwestlich des Imbachhorns bei Fusch
aktuell, Kategorie I
S. Tittmoning (davor S. Gleiwitz)
1899/1900 erbaut; 23.7.1900 eröffnet; 1946 vorübergehend in Hoch-Tenn-Hütte umbenannt; 1968 vereinbaren S. Gleiwitz u. S. Tittmoning gemeinsame Hüttenbetreuung; 1973 erworben durch S. Tittmoning

1902
Heinrich-Schwaiger-Haus
Schwaiger-Haus
2802 m, A, am Westabhang des Wiesbachhorns bei Kaprun-Mooserboden
aktuell, Kategorie I
S. München
1900/1901 erbaut; 1902 eröffnet; 1962/1963 erweitert; 2010–2012 saniert

1908
Neue Mainzer Hütte
2260 m, A, südlich des Wiesbachhorns bei Ferleiten
aufgelassen/nicht mehr AV
S. ÖGV (davor S. Mainz)
1907/1908 erbaut als Schlafhaus der Alten Mainzer Hütte; 25.–28.8.1908 eingeweiht; in den folgenden Jahren immer wieder Lawinenschäden; 1944 nach erneuten Lawinenzerstörungen mit Alter Mainzer Hütte an S. ÖGV verkauft; 1945–1947 instand gesetzt; dann wiederholt Lawinenschäden; verfallen

1909
Krefelder Hütte
2295 m, A, unterhalb des Schmiedinger Keeses am Kitzsteinhorn bei Kaprun
aktuell, Kategorie II
S. Krefeld
1907–1909 erbaut; Ende Juni 1909 geöffnet; 10.8.1909 eingeweiht

1910
Oberwalder-Hütte
2973 m, A, am Großen Brugstall auf der Pasterze bei Heiligenblut-Winkl
aktuell, Kategorie I
S. Austria
1909/1910 erbaut; 15.8.1910 eingeweiht (nach dem Bergsteiger, Hutfabrikanten u. Sektionsmitglied Thomas Oberwalder, gebürtig in Osttirol, benannt, der mit einem hinterlassenen Legat den Bau ermöglichte); 1924, 1928–1930 erweitert; 1985 nach Generalumbau neu eröffnet

1924
Glorer Hütte
Teplitzer Hütte
2642 m, A, am Bergertörl bei Kals a. Großglockner
aktuell, Kategorie I
S. Eichstätt (davor AV Donauland/S. Donauland (1938–1945: 1938 Gestapo, 1938–1940 DAV/Verwaltung S. Lienz, ab 1940 S. Teplitz))
1887/1888 erbaut; 1924 erworben u. adaptiert durch S. Donauland (23.5.1924 Kaufvertrag); 29.6.1924 feierlich eröffnet; Dez. 1924 Ausschluss der »jüdischen« S. Donauland (Fortbestand als AV Donauland); 1938 Hütte beschlagnahmt durch Gestapo u. dem DAV zugewiesen (kommissarisch verwaltet durch S. Lienz); 1940 verkauft vom DAV an S. Teplitz; 1953 restituiert an AV Donauland; 1968 verkauft an S. Eichstätt

1928
Salm-Hütte, vierte

2644 m, A, am Hasenpalfen im Leitertal bei Heiligenblut
aktuell, Kategorie I

S. Wien

1926–1928 erbaut als Ersatz für die namensgleichen Vorgängerhütten (nach Bischof Franz Xaver v. Salm-Reifferscheidt benannt, der 1799 die erste Salm-Hütte, die älteste dokumentierte Schutzhütte der Ostalpen, erbauen ließ); 7.6.1928 eröffnet; 1929 Neubau des Wirtschaftsgebäudes

1931
Salzburger Hütte

1860 m, A, auf der Häuselalm am Kitzsteinhorn bei Kaprun
aufgelassen/nicht mehr AV

ÖTK (1931–1945 S. ÖTK Gr. Wien)

1884 Almhütte erworben u. adaptiert; 1894/1895 verbessert; 1908/1909 erweitert

1938 ca.
Brucker Skihütte

Wachtberg-Alm
1680 m, A, auf der Wachtbergalm bei Bruck a. d. Glocknerstraße
aufgelassen/nicht mehr AV

S. ÖTK Gr. Bruck-Fusch (bis 1945 AV)

1938 ca.
Döllacher Jugendheim

A, Großkirchheim-Döllach
aufgelassen/nicht mehr AV

AV-Landesstelle Kärnten

1938
Erzherzog-Johann-Hütte

Johann-Hütte
3454 m, A, auf der Adlersruhe am Großglockner bei Heiligenblut-Winkl
aufgelassen/nicht mehr AV

ÖAK (1938–1945 S. ÖAK)

1890 erbaut; 1890 eröffnet; 1907, 1928/1929 erweitert

1958
Glockner-Biwak

Leo-Spannkraft-Glockner-Biwakschachtel
3260 m, A, am Glocknerwandkamp nordöstlich der Hofmannspitze bei Heiligenblut-Winkl
aktuell, Kategorie I

S. Villach (davor S. Villach u. S. Klagenfurt)

7.-8.7.1958 erbaut

1963
Kalser Tauernhaus

1755 m, A, auf der Beheimalm im Dorfer Tal bei Kals a. Großglockner
aktuell, Kategorie I

S. Mönchengladbach (S. Mönchengladbach-Rheydt)

1928–1930 erbaut durch Verein Kalser Bergführer; 1930 eröffnet; 28.6.1931 eingeweiht; 1962 erworben durch S. Mönchengladbach; 1963 Übernahme u. feierliche Schlüsselübergabe

1970
Gruberscharten-Biwak

ÖGV-Biwakschachtel, Kurt-Maix-Biwak
3100 m, A, in der Gruberscharte bei Ferleiten
aktuell, Kategorie I

S. ÖGV

24.–26.9.1970 aufgestellt; 2012–2014 saniert

1997
Stüdl-Hütte

Neue Stüdl-Hütte
2801 m, A, auf der Fanatscharte (Vanitscharte) südwestlich des Großglockners bei Kals
aktuell, Kategorie I

S. Oberland

1993–1997 Neubau neben alter Stüdl-Hütte; 5.7.1997 eingeweiht (alte Stüdl-Hütte abgerissen)

41 Schober-Gruppe

»Was den Bau der Berge anlangt, wird sich kaum eine zweite Urgebirgsgruppe finden lassen, in der eine solche Fülle von selbständigen, eigenartigen Berggestalten auf einem verhältnismäßig kleinen Raum zusammengedrängt erscheint. Nahezu sämtliche Berge der Gruppe zeigen eine reiche Schneebedeckung in der Form von Schneefeldern und Firnrinnen. […] Da in der Schobergruppe keine Farbenflecken auf die Gipfel leiten (Wegbezeichnungen führen nur zu den Schutzhütten und über einige wichtige Übergänge), muß fast bei allen Unternehmungen Karte und Magnetnadel zu Rate gezogen werden, um Abirrungen vom richtigen Pfade, die nur zu oft ein zeitraubendes, mühsames Suchen nach sich ziehen, zu vermeiden und sich und seine Begleiter nicht in eine mißliche Lage zu versetzen.«

Otto Böhm/Adolf Noßberger, Führer durch die Schobergruppe, Wien 1925, 5, 34.

Hochschober-Hütte

Wangenitzsee-Hütte in Bau

1890
Lienzer Hütte
1977 m, A, auf der Hofalm im obersten Debanttal bei Nussdorf-Debant
aktuell, Kategorie I
S. Lienz
1889/1890 erbaut; 21.8.1890 feierlich eröffnet; 1924/1925, 1927/1928 erweitert

1922
Hochschober-Hütte
2322 m, A, am Nassfeld im obersten Leibnitztal bei Ainet-Gwabl
aktuell, Kategorie I
S. Edelweiss (davor S. Wiener Lehrer)
26.7.1914 Bauplatz erworben; 1921/1922 erbaut; 30.7.1922 feierlich eröffnet; 1920er-Jahre, 1934/1935 erweitert; 21.7.1935 eröffnet u. eingeweiht; 1985/1986 Neubau nach Brand

1925 oder früher
Talherberge Lienz, erste
A, im Schulhaus in Lienz
aufgelassen/nicht mehr AV
S. Lienz
einfache Unterkunft; nach Einrichtung der neuen Talherberge aufgelassen

1926
Talherberge Lienz
Jugendherberge Lienz
A, beim Neuwirt in der Schweizergasse in Lienz
aufgelassen/nicht mehr AV
S. Lienz
1926 eröffnet; ab 1928 auch Jugendherberge; vor 1961 aufgelassen

1927
Wangenitzsee-Hütte
Moravia-Hütte
2508 m, A, auf der Schafalm am Nordrand des Wangenitzsees bei Mörtschach
aktuell, Kategorie I
S. Lienz (davor S. Holland/Nederlandse Bergsport Vereniging, davor S. Moravia/DAV Moravia)
1926/1927 erbaut durch DAV Moravia; Mitte Juli 1927 touristischer Bestimmung übergeben; 8.8.1927 feierlich eingeweiht; 1947 abgebrannt; 1964–1966 vergrößert wiedererrichtet durch S. Holland (bis 1996 Sektion des ÖAV)

1928
Elberfelder Hütte
2346 m, A, östlich des Roten Knopfs im hintersten Gößnitztal bei Heiligenblut
aktuell, Kategorie I
S. Wuppertal (S. Elberfeld)
1927/1928 erbaut; 8.8.1928 feierlich eröffnet; 1975 beschädigt (Lawine); 1983 ausgebaut

1929
Talherberge Winklern
A, in einem Gasthaus in Winklern
aufgelassen/nicht mehr AV
S. Winklern

1931
Adolf-Nossberger-Hütte
Noßberger-Hütte am Gradensee, Gradensee-Hütte
2488 m, A, am Großen Gradensee im oberen Gradental bei Großkirchheim-Putschall
aktuell, Kategorie I
S. Edelweiss (davor S. Wiener Lehrer)
1930/1931 erbaut; 21.6.1931 eröffnet; 2.8.1931 feierlich eingeweiht; 1980/1981 erweitert

Gössnitzkopf-Biwak

1933
Winklerner Alm
Winklerner Skihütte
2000 m, A, auf der Winklerner Alm bei Winklern-Penzelberg
aufgelassen/nicht mehr AV
S. Winklern
1933 gepachtet; 26.11.1933 eröffnet

1938
Lesach-Hütte
A, im Lesachtal bei Kals a. Großglockner
aufgelassen/nicht mehr AV
AV Donauland (1938–1945 DAV, 1938–1939 S. Matrei i. O., ab 1939 Wiener Lehrer)
1924/1925 Almhütte gepachtet u. aufgestockt (Erdgeschoß weiterhin als Almhütte genutzt); 28.6.1925 eröffnet durch AV Donauland (Dez. 1924 Ausschluss der »jüdischen« S. Donauland, Fortbestand als AV Donauland); 1938 Hütte beschlagnahmt durch Gestapo u. dem DAV zugewiesen; 1938/1939 verwaltet durch S. Matrei i. O.; 1939 übernommen durch S. Wiener Lehrer

1960 oder früher
Zettersfeld-Jugendheim
1970 m, A, am Zettersfeld bei Lienz
aufgelassen/nicht mehr AV
S. Lienz
um 1958 erbaut; 1963, 1978/1979 erweitert

1969
Bubenreuther Hütte
A, auf der Lesachalm bei Kals a. Großglockner
aufgelassen/nicht mehr AV
S. Eger und Egerland
1968 Almhütte gepachtet durch S. Eger u. Egerland Gr. Bubenreuth; 1968/1969 adaptiert; 1969 eingeweiht; nach 25 Jahren konnte Pachtvertrag nicht mehr verlängert werden

1969
Pepi-Stiegler-Haus
Sporthotel Hochlienz
1850 m, A, am Zettersfeld bei Lienz
aufgelassen/nicht mehr AV
S. Lienz
1969 erbaut (nach Lienzer Skiläufer benannt); 7.12.1969 eröffnet; 1972, 1977 erweitert; 1989 verkauft

1969
Winklerner Hütte
Winklerner Alm
1905 m, A, auf der Winklerner Alm am Ostabhang der Schobergruppe bei Winklern
aktuell, Kategorie II
S. Winklern
31.8.1969 als Jugendherberge eröffnet

1973
Gernot-Röhr-Biwak
2940 m, A, am Kesselkeessattel bei Kals a. Großglockner
aktuell, Kategorie I
S. Lienz
1973 erbaut (nach dem 1966 tödlich verunglückten Gymnasialprofessor Gernot Röhr benannt)

1977
Gössnitzkopf-Biwak
Gößnitzkopf-Biwak
2800 m, A, westlich der Gößnitzscharte bei Heiligenblut
aktuell, Kategorie I
S. Lienz
1977 erbaut

42 Goldberg-Gruppe

»Da die Goldberggruppe uraltes Bergbaugebiet ist, herrschte hier schon reges Leben, als noch Bergbesteigungen in unserem Sinne völlig unbekannt waren. Mancher Gipfel mag auf der Suche nach neuen Goldadern bestiegen worden sein, und selbst die vergletscherten Pässe des Hauptkammes wurden im Sommer wie im Winter von Bergknappen überschritten. […] Seit Eröffnung der Tauernbahn steigert sich der Besuch der Goldberggruppe von Jahr zu Jahr.«
Franz Tursky, Führer durch die Goldberggruppe, Wien 1927, 3, 24.

Seebichl-Haus

Zittel-Haus

Mallnitzer Tauernhaus, nacheinander durch die Sektionen Klagenfurt, Mallnitz, Hannover und Hagen betreut und 1990/1991 als Denkmal wieder aufgebaut

1882
Seebichl-Haus
2449 m, A, am Seebichl beim Zirmsee bei Heiligenblut
aufgelassen/nicht mehr AV

S. Halle (Saale) (davor S. Austria, davor S. Klagenfurt)

1871–1874 erbaut als Unterkunft für die beim Waschwerksbetrieb des Bergbaus beschäftigten Arbeiter; 1878 Betrieb der Gruben in der Goldzeche eingestellt; 1882 gepachtet u. adaptiert durch S. Klagenfurt; 1882 bereits von 21 Touristen besucht; 1883 feierlich eröffnet; 1886 erweitert; 1896 schwer beschädigt (Lawine) u. wieder aufgebaut; 1.3.1913 Pachtvertrag durch Eigentümer gekündigt; 1917 schwer beschädigt (Lawine); 1923/1924 wieder aufgebaut durch S. Austria; 27.6.1924 eröffnet; Frühjahr 1937 zerstört (Lawine); dann durch S. Halle betreut; um 1950 neuerlich zerstört

1886
Zittel-Haus
3105 m, A, am Hohen Sonnblick bei Bucheben
aktuell, Kategorie I

S. Rauris (davor S. Halle (Saale), davor S. Salzburg, davor DuOeAV)

1886 erbaut durch Ignaz Rojacher mit Mitteln des DuOeAV; 2.9.1886 feierlich eröffnet; 1889 dem DuOeAV übergeben, erweitert u. Zittel-Haus getauft (nach Dr. K. v. Zittel, Präsident des DuOeAV); 28.7.1890 Widmungstafel feierlich enthüllt; 1891 übergeben an S. Salzburg; 1910 erweitert; mit Wirkung 1.7.1925 erworben durch S. Halle (Saale); 1929, 1933 erweitert; 1967, 1970/1971 verbessert; 30.4.1984 übergegangen in den Besitz der S. Rauris

1889
Erzherzogin-Marie-Valerie-Haus
Valerie-Haus
1605 m, A, am Nassfeld bei Bad Gastein-Böckstein
aufgelassen/nicht mehr AV

S. Badgastein (S. Gastein)

23.6.1889 feierlich eröffnet; 30.3.1904 verkauft an den Pächter u. Mitfinanzier Franz Stöckl

1889
Tauern-Haus
Mallnitzer Tauernhaus
2400 m, A, auf dem Nassfelder Tauern etwas unterhalb der Hagener Hütte bei Mallnitz
aktuell, Museum u. Denkmal

S. Mallnitz (davor S. Hagen, davor S. Hannover, davor S. Mallnitz, davor S. Klagenfurt)

um 1835 als Unterstandshaus errichtet durch Aerar u. die angrenzenden Gemeinden; 1858 wegen Feuchtigkeit im Erdgeschoß Dachbodenausbau; 1889 übernommen u. saniert durch S. Klagenfurt; 1889 geöffnet; 1890 offiziell eröffnet; 1906 gepachtet durch S. Mallnitz; 1909 übernommen durch S. Hannover; 6.5.1910 erworben durch S. Hagen (in Winterhütte der Hagener Hütte umfunktioniert); nach 1945 verfallen; Ruine S. Mallnitz geschenkt; 1990/1991 wieder aufgebaut als Denkmal durch S. Mallnitz (mit einigen Schautafeln zur Geschichte des

Hauses und des Mallnitzer Tauerns als kleines Museum eingerichtet)

1891
Gussenbauer-Hütte
2200 m, A, im Wurtental unterhalb des Höhenweges von Mallnitz über die Feldseescharte zum Sonnblick
aufgelassen/nicht mehr AV
S. Hannover
1834 erbaut; umgebaut durch eine Jagdgesellschaft (Prof. Gussenbauer, Chiari, Walter); 1891 der S. Hannover überlassen; ab 1897 von Erhaltung Abstand genommen, da in 6 Jahren nur von 5 Touristen aufgesucht u. fast jedes Jahr vollständig ausgeraubt

1899
Rojacher-Hütte
2718 m, A, am Ostgrat des Hohen Sonnblicks bei Rauris-Bucheben
aktuell, Kategorie I
S. Rauris (davor S. Halle (Saale), davor S. Salzburg, davor DuOeAV)
1898/1899 erbaut durch Wilhelm Ritter von Arlt, dem Begründer der S. Rauris (nach Ignaz Rojacher benannt); 14.8.1899 eröffnet (1 Raum für AV-Mitglieder zur Verfügung gestellt); 1920/1921 angekauft durch S. Salzburg; mit Wirkung 1.7.1925 erworben durch S. Halle (Saale); 1984 erworben durch S. Rauris; 16.7.1994 nach Renovierung eingeweiht

1907 oder früher
Bockhartsee-Hütte
1900 m, A, am Unteren Bockhartsee bei Böckstein
aufgelassen/nicht mehr AV
S. Badgastein

1909 oder früher
Bernkogel-Hütte
Bernkogl-Unterstandshütte
2100 m, A, am Bernkogel bei Rauris
aufgelassen/nicht mehr AV
S. Rauris

1910
Duisburger Hütte
2572 m, A, am Wurtenkees südlich des Scharecks bei Flattach-Innerfragant
aktuell, Kategorie II
S. Duisburg
1909/1910; 20.8.1910 eröffnet; 1911 erweitert

1912
Hagener Hütte
2446 m, A, auf der Nassfelder Tauern-Höhe bei Mallnitz
aktuell, Kategorie I
S. Hagen
1911/1912 erbaut; 15.8.1912 feierlich eingeweiht; 1933, 2010/2011 erweitert

1920
Jamnig-Hütte
Jamnig-Haus
1757 m, A, am Manhardboden der Jamnigalm bei Mallnitz
aufgelassen/nicht mehr AV
S. Mallnitz (davor S. Villach)
1920 gepachtet als Skihütte

1922
Heiligenbluter Heim
AV-Talherberge Heiligenblut
A, in der Volksschule von Heiligenblut
aufgelassen/nicht mehr AV
S. Austria
1922 in der Volksschule von Heiligenblut eingerichtet; Juli 1922 eröffnet; 1929 aufgelassen

1926
Niedersachsen-Haus
Jubiläums-Haus auf der Riffelscharte
2471 m, A, an der Riffelscharte bei Kolm-Saigurn
aktuell, Kategorie I
S. Hannover
1925/1926 erbaut; 7.7.1926 feierlich eingeweiht; 26./27.12.1984 abgebrannt; 1986/1987 wiederaufgebaut

1927 oder früher
AV-Talherberge Golmitzen
A, auf der Golmitzen bei Heiligenblut
aufgelassen/nicht mehr AV
S. Klagenfurt

1927
Fraganter Hütte, alte
1780 m, A, in der Großfragant östlich des Sadnigs bei Flattach-Innerfragant
aufgelassen/nicht mehr AV
S. Klagenfurt
26.6.1927 Gebäudekomplex Großfragant gepachtet, ehemaliges Beamtenwohnhaus als Schutzhütte adaptiert; 31.7.1927 eingeweiht; 27.6.1929 erworben; um 1960 bereits sehr baufällig u. nicht mehr saniert (Almwirtschaft »Stille Klause« als Ersatz gepachtet)

1927
Fraganter Jugendherberge, erste
1800 m, A, in der Großfragant östlich des Sadnigs bei Flattach-Innerfragant
aufgelassen/nicht mehr AV
S. Klagenfurt
26.6.1927 Gebäudekomplex Großfragant gepachtet; 1927 Blockhaus adaptiert u. eröffnet; 27.6.1929 erworben; 1931 wegen Feuchtigkeit abgetragen

1927
Sadnig-Hütte
Asten-Hütte
1700 m, A, am Astenbach im Astental bei Mörtschach-Asten
aufgelassen/nicht mehr AV
S. Wiener Lehrer
1926/1927 Jagdschutzhütte adaptiert u. erweitert; 1.6.1927 eröffnet; 1931 erweitert; Jän. 1951 zerstört (Lawine)

1927
Talherberge Böckstein
A, in Bad Gastein-Böckstein
aufgelassen/nicht mehr AV
S. Badgastein
1927 eingerichtet in den Laboratoriumsräumen der Gewerkschaft Radhausberg; 1933 aufgelassen wegen fehlenden Bedarfs

1928
Dr.-Rudolf-Weißgerber-Hütte
Dr.-Rudolf-Weißgerber-Schutzhütte, Weißgerber-Hütte
2712 m, A, auf der Feldseescharte neben dem Weißgerber-Biwak bei Mallnitz
aufgelassen/nicht mehr AV
S. Duisburg
1928 erbaut; 1968 bereits verfallen

1928
Talherberge Mörtschach
A, im Gasthof Post in Mörtschach
aufgelassen/nicht mehr AV
S. Klagenfurt
14.11.1928 Schaffung einer kleinen Talherberge im Gasthof

1929
Holler-Stöckl
Max-Holler-Stöckl
1765 m, A, in unmittelbarer Nähe der Fraganter Hütte in der Großfragant bei Flattach-Innerfragant
aktuell, Hütte für Familien/Gruppen

Dr.-Widder-Jugendherberge

S. Klagenfurt
26.6.1927 Gebäudekomplex Großfragant gepachtet; 27.6.1929 erworben; 1929 Obersteigerhäuschen als AV-Unterkunft für Familien eröffnet (»Familienstöckl« nach Sektionsmitglied Ing. Max Holler benannt)

1930
Tal- u. Jugendgerberge Flattach
A, im Gasthof zur Post in Flattach
aufgelassen/nicht mehr AV
S. Klagenfurt
15.8.1930 Schaffung einer kleinen Talherberge im Gasthof

1932
Böseck-Hütte
2594 m, A, am Höhenweg von Mallnitz zur Feldseescharte
aktuell, Kategorie I
S. Hagen
1932 erbaut; nach 1970 einige Jahre bewartet durch S. Mallnitz; zunehmend verfallen; 1988/1989 renoviert

1932
Dr.-Hernaus-Stöckl
Dr.-F.-Hernaus-Stöckl
1765 m, A, Nebenhütte der Dr.-Widder-Jugendherberge in der Großfragant bei Flattach-Innerfragant
aktuell, Hütte für Familien/Gruppen
S. Klagenfurt
26.6.1927 Gebäudekomplex Großfragant gepachtet; 27.6.1929 erworben; 1932 unter Verwendung der Fundamente des Tischlereigebäudes errichtet u. eröffnet als AV-Unterkunft für Familien (»Familienstöckl«)

1932
Dr.-Widder-Jugendherberge
Dr.-Hans-Widder-Jugendherberge Großfragant, zweite Fraganter Jugendherberge
1770 m, A, in der Großfragant östlich des Sadnigs bei Flattach-Innerfragant

Hamburger Skihütte

aktuell, Jugendherberge/Jugendheim
S. Klagenfurt
1931/1932 erbaut als Ersatz für baufällige erste Herberge (unter Verwendung von Teilen des knapp unterhalb gelegenen Sägewerkgebäudes); 14.8.1932 feierlich eröffnet

1940
Hamburger Skihütte
Hamburger Skiheim auf der Schloßalm, Schloßalm-Haus, Schloßalpen-Haus, Schloß-Alpe
1970 m, A, auf der Schlossalm bei Hofgastein
aktuell, Kategorie II
S. Hamburg und Niederelbe (S. Hamburg)
1935/1936 erbaut durch Eduard Kunsky aus Wien; 1940 Hütte angekauft u. adaptiert durch S. Hamburg; Dez. 1940 eröffnet; 1958 Schlafplätze verdoppelt; 1987, 2010 erweitert

1955 oder früher
AV-Haus Ammererhof
Tauernhof
1650 m, A, in Kolm-Saigurn
aufgelassen/nicht mehr AV
S. Graz-St.G.V.
1897 als »Tauernhof« eröffnet (erbaut durch Anton Holleis); dann erworben durch Georg Ammerer; 1954 gepachtet durch Johann u. Aloisia Mühlthaler gemeinsam mit OeAV; 1979 erworben durch Luise Tomasek-Mühlthaler (jetzt OeAV-Vertragshaus)

1957
Sadnig-Haus
Neues Sadnig-Haus
1880 m, A, im obersten Astental bei Mörtschach-Asten
aktuell, Kategorie II
S. Großkirchheim-Heiligenblut (S. Wiener Lehrer)
1957 Neubau benützbar (als Ersatz für Sadnig-Hütte)

1964
Fraganter Schutzhaus
Neue Fraganter Hütte, Almwirtschaft Stille Klause
1810 m, A, in der Großfragant östlich des Sadnigs bei Flattach-Innerfragant
aktuell, Kategorie I
S. Klagenfurt
1964 Almwirtschaft Stille Klause gepachtet; 1966 erworben; 1967–1970 Abriss u. Neubau; 6.6.1970 feierlich eröffnet; 1994 umgebaut

1968
Dr.-Rudolf-Weißgerber-Biwak
Weißgerber-Biwakschachtel, Biwakschachtel auf der Feldseescharte
2712 m, A, auf der Feldseescharte bei Mallnitz
aktuell, Kategorie I
S. Duisburg
Aug. 1968 erbaut

1973
Otto-Umlauft-Biwak
Biwakschachtel am Hocharn
2987 m, A, am Hocharn-Westgrat bei Kolm-Saigurn
aktuell, Kategorie I
S. Klagenfurt
12.10.1973 Biwak von Hubschrauber an Ort und Stelle transportiert (in der Werkstätte der Firma Umlauft konstruiert); 1974 zu Ehren des Errichters benannt

43 Kreuzeck-Gruppe

»Die […] Kreuzeckgruppe ist in weiteren Kreisen auch heute noch ziemlich unbekannt. […] in der Kreuzeckgruppe ist durch die Errichtung der Feldnerhütte seitens der S. Villach und des Polinikhauses der S. Mölltal für Unterkunftsstätten gesorgt worden. Letztere Sektion hat auch auf den Polinik, der eine herrliche Rundschau gewährt, einen schönen Reitsteig gebaut.«

Johannes Emmer, Zeitschrift des DuOeAV 1894, 329.

1885
Feldner-Hütte
2182 m, A, am Glanzsee südöstlich des Kreuzecks bei Greifenburg
aktuell, Kategorie I
S. Steinnelke (davor S. Kärntner Oberland, davor
S. Oberdrautal (S. Spittal a. d. D), davor S. Villach)
1884/1885 erbaut durch Gau Oberdrauburg der S. Villach; 17.8.1885 eröffnet (nach Brüdern Vincenz u. Dr. Alois Feldner benannt); 1898 neugegründeter Tochtersektion S. Oberdrautal (= S. Spittal a. d. D) übergeben; 1905

Feldner-Hütte

Hugo-Gerbers-Hütte, 1984

übergegangen in den Besitz der S. Kärntner Oberland; 1905 neugegründeter Tochtersektion S. Kärntner Oberland übergeben; 1912/1913 erweitert; 1923 übernommen durch S. Steinnelke; 1931 erweitert; 23.8.1931 eingeweiht; 1966 Dachboden ausgebaut; 1984 Winterraum eingebaut; 27.6.1988 abgebrannt; 1988/1989 neu erbaut; 12.8.1990 feierlich eröffnet

1887
Polinik-Hütte
Polinik-Haus
1884 m, A, unterm Polinik auf der Stampferalm bei Obervellach
aktuell, Kategorie I
S. Mölltal
1886/1887 erbaut (auf Anregung von Prof. Dr. Karl Gussenbauer, mit dessen u. anderer Gönner finanzieller Unterstützung); 19.8.1887 eröffnet; 1926 erweitert

1907
Salzkofel-Hütte
1987 m, A, auf der Mäuerlealpe südlich des Salzkofels bei Sachsenburg
aktuell, Kategorie I
S. Steinnelke (davor S. Spittal a. d. D.)
29./30.6.1907 eröffnet durch S. Spittal a. d. Drau; 1921 übernommen durch S. Steinnelke; 1921 instand gesetzt

1927 oder früher
Talherberge Greifenburg
A, in Greifenburg
aufgelassen/nicht mehr AV
S. Steinnelke
1927 oder früher eingerichtet (um 1934 betrieb die S. Kärntner Oberland eine Talherberge in Greifenburg)

1931
Anna-Schutzhaus
1991 m, A, am Ederplan bei Görtschach
aufgelassen/nicht mehr AV
ÖTK (1931–1945 S. ÖTK)
1881 durch Maler Franz v. Defregger privat erbaut; 1888 dem ÖTK geschenkt; 1888 eröffnet; 1922 erweitert

1931
Hugo-Gerbers-Hütte
Gerbers-Hütte, Hochkreuz-Hütte
2347 m, A, unter der Kreuzscharte bei Oberdrauburg
aktuell, Kategorie I
S. ÖGV (ab 1931 AV-Sektion)
1909/1910 erbaut; 1.8.1910 feierlich eröffnet (nach Altvorstand benannt)

1934 ca.
Talherberge Greifenburg
A, in Greifenburg
aufgelassen/nicht mehr AV
S. Kärntner Oberland
1935 aufgelassen wegen fehlenden Bedarfs

1937 oder früher
Skihütte am Gaugen
1450 m, A, am Gaugen bei Greifenburg
aufgelassen/nicht mehr AV
S. Kärntner Oberland

44 Ankogel-Gruppe

»Durch den Ausbau der Tauernbahn (1909) ist die bis dahin wenig besuchte Ankogelgruppe, das letzte Gletschergebiet der Zentralalpen gegen Osten, dem Weltverkehr erschlossen worden und erfreut sich einer von Jahr zu Jahr steigenden Zahl von Verehrern. […] In jenen Hochtälern, wo keine Schutzhütten bestehen, findet der anspruchslose Bergsteiger in den Almhütten und – außerhalb der Jagdzeiten – auch in den Jagdhäusern einfache Unterkunft, Die Almleute sind durchwegs, die Jäger größtenteils sehr gastfreundlich und entgegenkommend. Meistens kann nur Heulager geboten werden. Es ist zu beachten, daß auf den höheren Almen oft erst gegen Ende des Sommers in hinreichender Menge Heu vorhanden ist.«

Robert Hüttig/Frido Kordon, Führer durch die Ankogelgruppe einschließlich Hochalmspitz-, Hafner- und Reißeckgruppe, Wien 1926, II, 18.

1880
Elend-Hütte
1665 m, A, auf der Sameralm im Großen Elend bei Malta
aufgelassen/nicht mehr AV
S. Klagenfurt
1880 erbaut durch S. Klagenfurt mit Unterstützung des Gebirgsvereins Gmünd; 8.9.1880 eröffnet; rasch verfallen (sumpfiger Untergrund); 1895 gesperrt; später als Stützpunkt während der Erbauung der Osnabrücker Hütte noch einmal genutzt

1882 oder früher
Badgasteiner Hütte
Gamskarkogel-Hütte
2465 m, A, am Gamskarkogel-Südgrat bei Bad Hofgastein
aktuell, Kategorie I
S. Badgastein (davor S. Pongau)
1829 erbaut als offene Unterstandshütte; später durch S. Pongau ausgebessert; 1883 in die Obhut der S. Badgastein übergegangen; 1933 erweitert; 27.8.1933 wiedereröffnet

1882
Villacher Hütte
2194 m, A, am Langen Boden unterhalb des Hochalmgletschers bei Malta
aktuell, Kategorie I
S. Villach
1881/1882 erbaut; 27.8.1882 eröffnet; 1902, 1930 erweitert

1888
Hannoversche Hütte
Alte Hannover'sche Hütte, alte Hannover-Hütte, Hannover-Haus, Schutzhaus am Elschesattel
2500 m, A, am Elschesattel (Etschlsattel) nächst dem Ankogel bei Mallnitz
aufgelassen/nicht mehr AV
S. Hannover
1886 Grund erworben durch S. Klagenfurt; 1886 verkauft an S. Hannover; 1887/1888 Hütte realisiert durch S. Hannover (nach den ursprünglichen Bauplänen); 4.9.1888 feierlich eröffnet; 1890, 1895 erweitert; 1897 vergebens Felsen abgesprengt, um Nässe in den Griff zu bekommen; 1895 erweitert; 1914 wegen der ungünstigen Lage abgebrochen

1894 oder früher
Gamper-Hütte
Obere Gamper-Hütte
A, am Gmeineck bei Trebesing
aufgelassen/nicht mehr AV
S. Gmünd (davor S. Klagenfurt)
um 1894 darin Übernachtungsmöglichkeit eingerichtet durch Gau Gmünd der S. Klagenfurt; bald darauf verbessert

1899
Osnabrücker Hütte, alte
2030 m, A, auf der Elendsalm nahe u. etwas oberhalb der neuen Osnabrücker Hütte bei Malta
aufgelassen/nicht mehr AV
S. Osnabrück
1897/1898 erbaut; 24.7.1899 eröffnet; März 1923 Hütte durch Lawine verschoben u. wieder aufgerichtet; Feb. 1929 zerstört (Lawine)

1904
Gmünder Hütte
1186 m, A, in der Schönau im Maltatal bei Malta-Brandstatt
aktuell, Kategorie II
S. Gmünd
1876 privat erbaut als Jagdhaus; 1903/1904 erworben durch S. Gmünd (zwei Jagdhäuser der ehemaligen Malteiner Jagdgesellschaft samt Einrichtung); 1904 adaptiert; 10.7.1904 geöffnet; 17.8.1905 eingeweiht; 1925 erweitert

1911
Arthur-von-Schmid-Haus
Arthur-Schmid-Haus, Artur-von-Schmidt-Haus
2281 m, A, am Westufer des Dössener Sees bei Mallnitz-Dössen
aktuell, Kategorie I
S. Graz-St.G.V. (S. Graz)
1909–1911 erbaut durch S. Graz; 9.7.1911 eingeweiht; 1927, 1930 erweitert

1911
Hannover-Haus, altes
2720 m, A, auf der Arnoldhöhe westlich des Ankogels bei Mallnitz

Drei Hütten-Generationen: Reste der Alten Hannover'schen Hütte, darüber die Neue Hannover'sche Hütte, oben das (alte) Hannover-Haus

aufgelassen/nicht mehr AV
S. Hannover
1909–1911 erbaut; 18.8.1911 eröffnet; 1928 erweitert; daneben Mausoleum für Förderer Prof. Johann Karl Moritz Arnold (gest. 1929) errichtet; Aug. 2014 Haus abgebrannt

1913
Gießener Hütte, alte
2230 m, A, südlich der Hochalmspitze am Gößbichl unmittelbar oberhalb der Neuen Gießener Hütte bei Malta-Koschach
aufgelassen/nicht mehr AV
S. Gießen-Oberhessen (S. Gießen)
1912/1913 erbaut; 24.8.1913 eingeweiht; 1919 Winterraum zerstört (Lawine); 1923 beschädigt (Lawine); 1931 Winterraum wieder hergestellt; 1952/1953 renoviert; 1973 renoviert; 31.3.1975 zerstört (Lawine); auf dem Keller der ehemaligen Hütte befindet sich heute nurmehr der Hubschrauberlandeplatz; in den ehemaligen Stallungen der alten Hütte sind Sauna, Ruheraum u. ein Lager untergebracht

1914
Hannover-Hütte
Neue Hannover'sche Hütte
2510 m, A, am Elschesattel (Etschlsattel) etwa 10 m oberhalb der alten Hannover-Hütte bei Mallnitz

aufgelassen/nicht mehr AV
S. Hannover
1914 erbaut als Hütte für den Wintersport (unter teilweiser Verwendung des Materials der alten Hannover-Hütte, aber kleiner)

1924 oder früher
Moritzen-Haus
Moritzen-Jagdhütte
1521 m, A, in Moritzen im Schmalzgraben bei Muhr-Hintermuhr
aufgelassen/nicht mehr AV
S. Graz (davor S. Wien)
privat erbaute Jagdhütte; (vor) 1924 Alpenvereinszimmer durch S. Wien eingerichtet; 1929 gepachtet durch S. Graz

1925
Mindener Hütte
2428 m, A, südlich der Gamskarspitze bei Mallnitz
aktuell, Kategorie I
S. Minden/Westfalen
1925 erbaut; 17.7.1925 feierlich eröffnet; 1929 erweitert; 1953 instand gesetzt; 1962 erweitert (Aufenthaltsraum); 1978 saniert u. erweitert; 1981 Abort neu erbaut

Mindener Hütte gegen Ankogel und Hochalmsattel

Kattowitzer Hütte

1926 oder früher
Skihütten der S. Hofgastein
A, in der Umgebung von Bad Hofgastein
aufgelassen/nicht mehr AV
S. Hofgastein
vier Skihütten (Almen) in der Ankogel- und/oder Goldberg-Gruppe

1927 oder früher
Rotgülden-Jagdhütte
Rotgüldensee-Hütte, Rotgilden-Hütte
1700 m, A, am Rotgüldensee bei Muhr
aufgelassen/nicht mehr AV
S. Graz-St.G.V. (S. Graz, davor S. Wien)
Jagdhütte privat erbaut; zunächst gepachtet durch
S. Wien; ab 1929 gepachtet durch S. Graz

1927 oder früher
Tal- u. Jugendherberge Mallnitz
1190 m, A, in Mallnitz
aufgelassen/nicht mehr AV
S. Mallnitz
um 1926 im Schulhaus eingerichtet

1930
Kattowitzer Hütte
2320 m, A, im Ochsenkar unter dem Großen Hafner bei
Malta
aktuell, Kategorie I
S. Kattowitz (DAV Kattowitz)
1913 Baugrund erworben; 1929/1930 erbaut; 27.7.1930
feierlich eingeweiht; um 1940 zwischenzeitlich treuhändig
geführt durch S. Graz; 1978–1980 erweitert

1931
Moos-Hütte
2320 m, A, auf der oberen Moosalm am Stapniksee bei
Reißeck-Zandlach
aktuell, Kategorie I

S. Spittal a. d. Drau (davor S. ÖGV/ÖGV)
1910 Jagdhaus übernommen u. adaptiert; 1912 renoviert;
1931 umgebaut; später verfallen; 1968–1970 erneuert
durch S. Spittal a. d. Drau

1931
Mur-Hütte
1522 m, A, in Moritzen im Schmalzgraben bei Muhr-
Hintermuhr
aufgelassen/nicht mehr AV
S. Graz-St.G.V. (S. Graz)
Rohbau (Almhütte) privat erstellt; 28.2.1930 erworben
durch S. Graz; 1930/1931 Bau fertiggestellt (als Entlastung bzw. Ersatz für Moritzen-Jagdhütte); 28.6.1931 feierlich eröffnet; 1951 zerstört (Lawine)

1931
Osnabrücker Hütte, neue
2022 m, A, auf der Elendsalm im Großelend bei Malta
aktuell, Kategorie I
S. Osnabrück
1930/1931 erbaut; 16.8.1931 feierlich eingeweiht; 1978–
1980 erweitert

1931
Reedsee-Hütte
1832 m, A, am Reedsee bei Bad Gastein
aktuell, Kategorie I
S. Badgastein
Skihütte

1931
Reisseck-Hütte
Reißeck-Hütte
2287 m, A, am Großen Mühldorfer See bei Reißeck-
Kolbnitz
aktuell, Kategorie II
S. ÖGV (ab 1931 AV-Sektion)
1908 erbaut; 2.8.1908 eröffnet; 1929 erweitert

Ali-Ianti-Biwak, 2003

Ruheraum, Sauna und Winterraum der neuen Gießener Hütte in den ehemaligen Stallungen der alten Hütte, 2007

1931
Zandlacher-Hütte
Zandlacher-Hütten
1527 m, A, am Zandlacher Boden im Rickengraben bei Kolbnitz-Zandlach
aufgelassen/nicht mehr AV
S. ÖGV (ab 1931 AV-Sektion)
bereits 1908 Jagdhütte adaptiert u. ohne Feier eröffnet; 25.8.1925 zwei Jagdhäuser erworben; Juni 1926 eröffnet

1938
Frido-Kordon-Hütte
1649 m, A, am Stubeck bei Gmünd
aktuell, Kategorie III
S. Gmünd
1937 erbaut durch Wintersportverein Gmünd; Weihnachten 1937 eröffnet; 1938 übergegangen in den Besitz der S. Gmünd (Wintersportverein mit seinem Vermögen in die S. Gmünd eingetreten); 1948 erweitert

1958 oder früher
Rotgüldensee-Hütte
1702 m, A, am Nordufer des Unteren Rotgüldensees bei Muhr
aufgelassen/nicht mehr AV
S. Graz-St.G.V.
um 1958 Baubaracke der Salzburger Elektrizitätsgesellschaft gepachtet u. adaptiert; wegen Erhöhung des Staudamms abgerissen

1958
Bergfried-Hütte
Laßnig-Hütte
1800 m, A, am Gmeineck-Südosthang bei Trebesing
aktuell, Kategorie I
S. Spittal a. d. Drau
1935 privat erbaut; 1958 übernommen; 1963 Sanitärtrakt errichtet

1964
Celler Hütte
2240 m, A, auf der Schöbernalm südlich der Celler Spitze bei Mallnitz
aktuell, Kategorie I
S. Celle
1964 erbaut; 1995 saniert

1971
Kaponig-Biwak
Kaponigtörl-Hütte
2537 m, A, über der dem Pfaffenberger See am Reißeck-Höhenweg bei Mallnitz
aktuell, Kategorie I
S. Graz-St.G.V.
1971 erbaut

1973
Ali-Ianti-Biwak
Ali-Ianti-Jubiläums-Biwak
2663 m, A, auf der Kleinelendscharte bei Bad Gastein
aktuell, Kategorie I
S. Badgastein
1973 Alu-Biwakschachtel aus alten Gondeln der Stubnerkogel-Bergbahn errichtet; bis 2003 in Verwendung; dann Neubau aus Holz

1977
Gießener Hütte
Neue Gießener Hütte
2215 m, A, über dem Gößkar-Speichersee südlich der Hochalmspitze bei Malta-Koschach
aktuell, Kategorie I
S. Gießen-Oberhessen
1976/1977 erbaut; 27./28.8.1977 eingeweiht; Winterraum etwas oberhalb der Hütte in separatem Gebäude

Südwiener Hütte

1986
Albert-Biwak
2428 m, A, in der Schmalzscharte am Tauernhöhenweg bei Hüttschlag
aktuell, Kategorie I
S. Edelweiss
1986 erbaut (benannt nach dem Niederländer Albert Knoop, der maßgeblich zum Bau beitrug)

1994
Rotgüldensee-Hütte, neue
1740 m, A, am Unteren Rotgüldensee (Stausee) bei Muhr
aktuell, Kategorie I
S. Graz-St.G.V.
1992–1994 neu erbaut (nach der Stauseeerweiterung)

2013
Hannover-Haus, neues
2566 m, A, am Etschlsattel westlich des Ankogels bei Mallnitz
aktuell, Kategorie II
S. Hannover
2012/2013 erbaut (als Ersatz für aufgegebenes altes Hannover-Haus); 2013 geöffnet; Sommer 2014 feierlich eingeweiht

45a Radstädter Tauern

»Wie […] berichtet worden ist, hat die S. Meißner Hochland in Dresden in den Radstädter Tauern am Tappenkarsee, 1762 m hoch, im oberen Kleinarltal im Pongau (Land Salzburg) eine Hütte errichtet. Der etwa 1 ½ km lange und ½ km breite Tappenkarsee, ein herrlicher Hochgebirgssee, ein Kleinod der Ostalpen, ist von einem Bergkranz umgeben […], der Wanderungen und Klettereien bietet. Die Klingspitze, das Wahrzeichen des Tappenkars, ist ein Aussichtpunkt ersten Ranges, der auch im Winter leicht und gefahrlos besucht werden kann.«
Mitteilungen des DuOeAV 1933, Nr.1, 17.

1890
Speiereck-Hütte
2066 m, A, am Großeck, einem Vorgipfel des Speierecks, bei Mauterndorf
aufgelassen/nicht mehr AV
ÖTK (1931–1945 S. ÖTK Gr. Vindobona; davor S. Lungau)
1889/1890 erbaut durch S. Lungau; 17.7.1890 eröffnet; 1924 erworben durch ÖTK Vindobona; 1929/1930 erweitert

1919
Tauriskia-Hütte
1195 m, A, auf der Unteren Gasthofalm im Flachautal bei Flachau
aufgelassen/nicht mehr AV
S. Tauriskia
1919 Hütte erworben; 7.6.1919 eröffnet; 23.8.1920 eingeweiht; 1924, 1930 erweitert

1923
Brettstein-Hütte
1740 m, A, am Radstädter Tauern in Obertauern-Wisenegg
aufgelassen/nicht mehr AV
S. Donauland
1923 gepachtet als Skihütte

1924 oder früher
Skihütte auf der Oberen Pleißlingalm
Oberpleisling-Alm
1800 m, A, auf der Oberen Pleißlingalm bei Flachau
aufgelassen/nicht mehr AV
S. Tauriskia
Skihütte

1931
Franz-Fischer-Hütte, alte
Fischer-Hütte am Zauner See, Zaunersee-Hütte
2005 m, A, beim Zaunersee bei Flachau
aufgelassen/nicht mehr AV
S. Tauriskia
1930/1931 erbaut; 1.8.1931 feierlich eröffnet; 1935 u. 1963 zerstört (Lawine)

1931
Südwiener Hütte
1802 m, A, auf der Oberen Pleißlingalm bei Untertauern
aktuell, Kategorie I
S. ÖGV (ab 1931 AV-Sektion)

Tappenkarsee-Hütte

Kleinarler Hütte

1928 erbaut; Ende Aug. 1928 eröffnet; 1932/1933 erweitert

1932 oder früher
Hafeichtalm-Skihütte
Hafeicht-Hütte, Zehenthof-Hütte
1650 m, A, auf der Hafeichtalm bei Flachau
aufgelassen/nicht mehr AV
S. Tauriskia
vor 1937 aufgelassen

1932
Höd-Hütte
1782 m, A, auf der Oberen Pleißlingalm bei Untertauern
aufgelassen/nicht mehr AV
S. ÖGV
1932 Almhütte gepachtet (zur Entlastung der Südwiener Hütte); vor 1943 aufgelassen

1932
Tappenkarsee-Hütte, erste
1777 m, A, am Südufer des Tappenkarsees in der Nähe der zweiten Tappenkarsee-Hütte bei Kleinarl
aufgelassen/nicht mehr AV
S. Meißner Hochland
1932 erbaut; 11.9.1932 eingeweiht; 23.12.1947 zerstört (Lawine)

1937
Vindobona-Haus
1730 m, A, auf der Radstädter Tauernpass-Höhe in Obertauern
aufgelassen/nicht mehr AV
ÖTK (1937–1945 S. ÖTK)
1933 Baubeschluss ÖTK Vindobona; 1934 wegen Einspruchs der S. Austria Baugrund an »Schivereinigung Vindobona« verkauft; 1934 erbaut; Okt. 1934 eröffnet; 1937 Angliederung der »Schivereinigung Vindobona« an S. ÖTK Gr. Vindobona; 1938 Skivereinigung in S. ÖTK Gr. Vindobona aufgegangen

1952
Akademiker-Hütte
1600 m, A, beim Zauchensee auf der Unterbergalm
aufgelassen/nicht mehr AV
S. ÖGV
1952 durch die Akademikergruppe der S. ÖGV gepachtet; Pacht beendet

1954
Tappenkarsee-Hütte, zweite
1820 m, A, am Tappenkarsee bei Kleinarl
aktuell, Kategorie I
S. Edelweiss
1953/1954 erbaut; 1954 eröffnet; 1984 erweitert

1958 oder früher
Kleinarler Hütte
1754 m, A, am Benkkopf bei Kleinarl
aufgelassen/nicht mehr AV
S. Niederelbe-Hamburg
Hütte erworben u. als Ski- u. Ferienheim adaptiert; jetzt privat

1958 oder früher
Stickler-Hütte
1752 m, A, südwestlich des Weißecks in Muhr-Hintermuhr
aktuell, Kategorie I
S. Graz-St.G.V.
gepachtet (als Ersatz für die 1951 zerstörte kleine Hütte im Murwinkel); 1969 Almhütte erworben; völlig umgebaut; 4.10.1970 feierlich eröffnet

Ignaz-Mattis-Hütte

1966
Franz-Fischer-Hütte, neue
2020 m, A, beim Zaunersee bei Flachau
aktuell, Kategorie I
S. Lungau (davor S. Tauriskia)
17.7.1966 eröffnet; 2013/2014 neu erbaut

45b Schladminger Tauern

»Erst der Weltkrieg war es, der durch Ausschalten der anderen, bis dahin die Besucher ablenkenden näheren und weiteren Gebiete die Aufmerksamkeit der ihre Ziele nun in bisher verschmähten Gegenden suchenden Bergsteiger auf die Schladminger Tauern wies; die hierauf folgende Einengung unserer Reichsgrenzen und die Entwertung unseres Geldes haben dann das ihrige dazu beigetragen, daß der Besuch in den letzten Jahren ganz bedeutend zunahm und nun in verstärktem Maße anhält.«

Hans Wödl, Führer durch die Schladminger Tauern, Wien 1924, 1.

1894
Grazer Hütte
1897 m, A, am Preber-Südostgrat bei Krakaudorf
aktuell, Kategorie I
S. Graz-St.G.V. (S. Graz)
1893/1894 erbaut durch S. Graz; 17.9.1894 eröffnet; 1924 erweitert

1911
Einacher Hütte
Einach-Hütte
1600 m, A, auf der Payeralpe am Gstoder
aufgelassen/nicht mehr AV
S. Murau (= S. Murtal)
1911 eröffnet durch S. Murtal

1911
Ignaz-Mattis-Hütte
Mattis-Hütte am Giglachsee, Giglachsee-Hütte
1986 m, A, am Giglachsee bei Schladming
aktuell, Kategorie I
S. Wien
1910/1911 erbaut; 2.7.1911 feierlich eröffnet; 1926 erweitert

1912
Landawirsee-Hütte
Landwierseen-Hütte
1985 m, A, am Unteren Landawirsee bei Göriach
aktuell, Kategorie I
S. Lungau (davor S. Lungau u. S. Wienerland)
1911 privat erbaut; gepachtet; 1912 offen; 1923, 1926/1927 erweitert; 1977 zerstört; 1977–1980 wiedererrichtet durch S. Lungau

1912
Untere Keinprecht-Hütte
Alte Keinprecht-Hütte, Keinprecht-Hütte, Keinbrecht-Hütte
1776 m, A, am Zinkboden bei Schladming
aufgelassen/nicht mehr AV
S. Wien
1912 Zimmer der AG Preintaler im sog. »Herrenhaus« übernommen; nach Einrichtung der Neuen Keinprecht-Hütte nur noch für Winterbesucher vorgesehen

1920
Hochwurzen-Hütte
1852 m, A, auf der Hochwurzen bei Schladming
aufgelassen/nicht mehr AV
S. Schladming
1920 als Skihütte erbaut; 3.11.1920 eröffnet; 1954/1955, 1962, 1984 erweitert; 1997 oder früher privat

1921 ca.
Keinprecht-Hütte
Obere Keinprecht-Hütte, Neue Keinprecht-Hütte, Keinbrecht-Hütte
1872 m, A, am Zinkboden nördlich der Brettscharte bei Schladming
aktuell, Kategorie I
S. Wien
im 1. Weltkrieg als Arbeiterbaracke für Bergknappen errichtet; nach Kriegsende angekauft u. adaptiert für Sommerbesucher durch S. Wien; 1979, 2002 erweitert

1925
Schladminger Hütte
Planai-Hütte, Planei-Hütte
1830 m, A, auf der Planai bei Schladming

Seekar-Haus, vor 1931

Bergsteigerheim Gössenberg

aktuell, Kategorie II
S. Schladming (davor S. Schladming u. S. Austria Skivereinigung)
1925/1926 erbaut; Dez. 1925 bereits bewirtschaftet; 5.9.1926 feierlich eröffnet; 1931/1932, 1968/1969 erweitert; 1993 Neubau

1925
Seekar-Haus
1781 m, A, auf der Hundsfeldalm nordöstlich des Radstädter Tauernpasses bei Obertauern
aufgelassen/nicht mehr AV
S. Austria
1925 Bergwerksgebäude erworben u. eröffnet durch S. Austria; 1926–1932 erweitert; 1991 verkauft

1926 oder früher
Reiteralm-Hütte
Reiteralm-Skihütte, Reiteralpe
1750 m, A, auf der Reiteralm auf der Gasselhöhe bei Forstau
aufgelassen/nicht mehr AV
S. Wien
bereits in den 1920er-Jahren einige Zeit lang Zimmer in Almhütte für Wintermonate gepachtet durch S. Wien; 1930/1931 Hütte aufgestockt durch Johann Reiter; 1931 gepachtet durch S. Wien; 20.12.1931 eröffnet

1926 ca.
Talherberge Tamsweg
A, in Tamsweg
aufgelassen/nicht mehr AV
S. Wienerland
1930 aufgelassen

1927
Breitlahn-Hütte
Breitlahnalm-Hütte
1070 m, A, im Hüttendorf Breitlahn bei Kleinsölk
aufgelassen/nicht mehr AV
S. Graz
1927 privat erbaute Jagdhütte; adaptiert; Ende Aug. 1927 eröffnet

1930
Rudolf-Schober-Hütte
Schober-Hütte
1667 m, A, auf der Grafenalpe im Jetachtal bei Krakaudorf
aktuell, Kategorie I
S. Stuhlecker (davor AG Stuhlecker, davor S. Austria Gr. Stuhlecker, davor AG Stuhlecker)
1895 erbaut; 1.9.1895 eröffnet durch AG Stuhlecker; ab 1.11.1930 S. Austria Gr. Stuhlecker; 1930/1931, 1960/1961 erweitert

1931
Bergsteigerheim Gössenberg
1200 m, A, im Gehöft Wohlfahrter in Gössenberg
aufgelassen/nicht mehr AV
S. Mistelbach (davor S. ÖGV/ÖGV)
1927 Räume gepachtet u. adaptiert; 1.12.1927 eröffnet

1931
Moar-Alm
Skihütte Moaralm, Skiheim Moaralpe
1690 m, A, knapp südlich der Radstädter Tauernpass-Höhe in Obertauern
aufgelassen/nicht mehr AV
S. Prag (davor S. Wienerland)
1931 eingerichtet

1931
Pleschnitzzinken-Hütte
Plessnitzzinken-Hütte
1927 m, A, am Nordrücken des Pleschnitzzinkens bei Pruggern
aktuell, Kategorie I

Arbeit an der von einer Lawine zerstörten Hans-Wödl-Hütte, 1936

S. Pruggern (davor S. Gröbming, davor S. Mistelbach, davor S. ÖGV)
1929 erbaut als Unterstandshütte durch ÖGV Kreuttal; 15.9.1929 eröffnet; 1939 Gr. Kreuttal der S. ÖGV in S. Mistelbach aufgenommen; 1949 erworben durch S. Gröbming; Steiggründl-Hütte abgetragen und mit dem Material Pleschnitzzinken-Hütte erweitert; 1954 eingeweiht als Selbstversorger-Hütte; 1970er-Jahre erweitert; 1993 verpachtet an S. Pruggern

1931
Steiggründl-Hütte
Steiggründl-Hütte
1700 m, A, am Anstieg zum Pleschnitzzinken bei Gössenberg
aufgelassen/nicht mehr AV
S. Gröbming (davor S. Mistelbach, davor S. ÖGV)
1930 erbaut durch ÖGV Kreuttal; 1.8.1930 eröffnet; 1939 Gr. Kreuttal der S. ÖGV in S. Mistelbach aufgenommen; 1949 erworben durch S. Gröbming; vor 1961 abgetragen

1931
Unterstandshütte am Weg zum Plessnitzzinken
1500 m, A, am Weg zum Plessnitzzinken bei Gössenberg
aufgelassen/nicht mehr AV
S. ÖGV (ab 1931 AV-Sektion)

1932 oder früher
AV-Heim Kurzengut
1202 m, A, am Fuß der Fager bei Radstadt
aufgelassen/nicht mehr AV
S. Ostmark (davor S. Radstadt)

1936
Golling-Hütte
1650 m, A, im Gollingwinkel im Steinriesental bei Schladming-Untertal
aufgelassen/nicht mehr AV
AG Preintaler (1936–1945 S. Preintaler)
1904 erbaut; 14.8.1904 eröffnet; 1924 erweitert; 1936 wird AG Preintaler zur AV-Sektion

1936
Hans-Wödl-Hütte
Wödl-Hütte
1538 m, A, am Hüttensee bei Gössenberg-Seewigtal
aufgelassen/nicht mehr AV
AG Preintaler (1936–1945 S. Preintaler)
1897 erbaut; 6.6.1897 eröffnet; 1913, 1927 erweitert; Feb. 1936 zerstört (Lawine); 1936 wiedererrichtet

1936
Preintaler-Hütte
1656 m, A, auf der Waldhornalm bei Schladming-Untertal
aufgelassen/nicht mehr AV
AG Preintaler (1936–1945 S. Preintaler)
1891 erbaut; 15.8.1891 eröffnet; 1923 erweitert; 1936 wird AG Preintaler zur AV-Sektion

1937 oder früher
Bohemia-Hütte
Wienerland-Hütte
1683 m, A, auf der Mooralm knapp südlich der Radstädter Tauernpass-Höhe, jetzt neben dem Wismeyer-Haus in Obertauern
aktuell, Kategorie III
S. Edelweiss (davor S. Prag, davor S. Wienerland)
1934 erbaut; 25.12.1934 eröffnet; 1935 erweitert; 1967 erworben durch S. Edelweiss; 1969 Hauptgebäude (Wismeyer-Haus) inklusive Verbindungsgang zum Wismeyer-Haus errichtet

1938
Kaiblingalm
Skihütte Kaiblingalm
1760 m, A, auf der Hauser Kaibling-Alm bei Haus i. Ennstal
aufgelassen/nicht mehr AV
AG Krummholz (1938–1945 S. AG Krummholz)
als Skihütte adaptiert durch AG Krummholz

1938
Krummholz-Hütte
1838 m, A, auf der Hauser Kaibling-Alm bei Haus i. Ennstal
aufgelassen/nicht mehr AV
AG Krummholz (1938–1945 S. AG Krummholz)

1952
Tal- u. Jugendherberge Tamsweg
1019 m, A, in Tamsweg
aufgelassen/nicht mehr AV

S. Lungau
1952 Schießstandgebäude gepachtet u. adaptiert; vor 1961 aufgelassen

1968
DAV-Haus Obertauern
1735 m, A, auf der Radtstädter Tauernpass-Höhe in Obertauern
aktuell, Kategorie II
DAV-Bundesverband
1968 erbaut; 1989 erweitert

1969
Wismeyer-Haus
Dipl.-Ing.-Rudolf-Wismeyer-Haus
1670 m, A, neben der Bohemia-Hütte knapp südlich der Radstädter Tauernpasshöhe in Obertauern
aktuell, Kategorie III
S. Edelweiss
1969 errichtet (inkl. Verbindungsgang zur Bohemia-Hütte) u. eröffnet als Skiheim (nach damaligem Vorsitzenden benannt); 1995, 2003, 2010/2011 erweitert

45c Rottenmanner und Wölzer Tauern

»Wenn auch diesem Teile der Niederen Tauern die himmelhohen Wände und Grate der Kalkalpen fast vollständig fehlen, so haben sie doch vor dem in den Hochregionen todesstarren, wüstenähnlichen Kalkgebirge voraus, daß das Pflanzenleben hier noch in Höhen eine Rolle spielt, wo es in der Kalkzone bereits fast erloschen ist. Und überall rieselt, rinnt, rauscht, toset und gischt das lebendige Wasser und der Gratwanderer, der von den Höhen in die Kare und Täler niederschaut, wird oft die Silbersträhne kleinerer und größerer Wasseradern oder das dunkle Auge bald kleiner Lachen, bald wirklicher Seelein und Seen erblicken, die wie funkelnde Saphire in das Smaragdgrün herrlicher Almböden gebettet sind.«

L. V. Jäckle, Führer durch die östlichen Niederen Tauern, Wien 1926, 9f.

1910
Planner-Hütte
Alte Planner-Hütte
1575 m, A, auf der Planneralm bei Donnersbach
aufgelassen/nicht mehr AV
S. Austria (davor S. Reichenstein)
1908 erbaut durch AG Reichensteiner; 1910 AG wird S. Reichenstein; 1913/1914 erweitert; 31.5.1914 feierlich eröffnet; nach Bau der Neuen Planner-Hütte Jugendherberge eingerichtet; nach dem Verlust der Neuen Planner-Hütte wieder instand gesetzt; ab 2012 S. Austria OG Reichenstein; verkauft

Edelraute-Hütte auf der Scheiblalm

1923
Hochhaide-Hütte
Hochheide-Hütte
1639 m, A, auf der Singsdorfer Alm bei Rottenmann
aufgelassen/nicht mehr AV
S. Donauland
1923 gepachtet; 1924 aufgelassen

1924 oder früher
Schöberl-Hütte
1650 m, A, am Südostabhang des Schöberlbergs bei Donnersbach
aufgelassen/nicht mehr AV
S. Stainach i. E.

1925
Edelraute-Hütte
Neue Edelraute-Hütte
1725 m, A, auf der Scheiblalm am Großen Bösenstein bei Hohentauern
aktuell, Kategorie II
S. Austria (davor S. Edelraute)
1925/1926 erbaut; 1.11.1925 Winterraum eröffnet; 1.8.1926 feierlich eröffnet; 1928/1929, 1931 erweitert

1928
Planner-Hütte
Neue Planner-Hütte
1600 m, A, auf der Planneralm neben der Alten Planner-Hütte bei Donnersbach
aufgelassen/nicht mehr AV
S. Reichenstein
1928 erbaut; um 1946 abgebrannt

Klosterneuburger Hütte

Neunkirchner Hütte

1931 oder früher
Schupfenalm-Skihütte
1300 m, A, auf der Schupfenalm am Anstieg zum Gumpeneck bei Öblarn
aufgelassen/nicht mehr AV
S. Wienerland (davor S. Reichenstein)
vor 1932 gepachtet durch S. Reichenstein; 1935 Pacht übernommen durch S. Wienerland; S. Wienerland 1938 wegen Überschuldung aufgelöst

1931
Klosterneuburger Hütte
1902 m, A, ostsüdöstlich des Hohen Zinkens bei Pölstal-Oberzeiring
aufgelassen/nicht mehr AV
S. ÖGV (ab 1931 AV-Sektion)
1929/1930 erbaut; 26.10.1930 eröffnet; 14.6.1931 feierlich eingeweiht; 1932 erweitert; 2009 verkauft

1931
Mörsbach-Hütte
1300 m, A, auf der Vorderen Mörsbachalm im Mörsbachtal bei Donnersbachwald
aktuell, Kategorie I
S. Graz-St.G.V. (S. Graz, davor DAV Prag, davor S. Reichenstein)
1926 erbaut; Frühjahr 1931 durch S. Reichenstein erworben; 1935 übernommen u. erweitert durch DAV Prag (S. Prag); 1957 an S. Graz abgetreten

1931
Neunkirchner Hütte
1525 m, A, auf der Knollialm im Talschluss des Eselsberggrabens bei Oberwölz-Winklern
aktuell, Kategorie II
S. ÖGV (ab 1931 AV-Sektion)
1925/1926 erbaut; Mai 1926 eröffnet; 1987 Erweiterung eröffnet

1931
Veppermann-Hütte
1300 m, A, auf der Vorderen Mörsbachalm nahe der Mörsbach-Hütte bei Donnersbachwald
aufgelassen/nicht mehr AV
S. Graz-St.G.V. (davor S. Prag, davor S. Reichenstein)
1926 erbaut; Frühjahr 1931 erworben durch S. Reichenstein; 1935 übernommen u. erweitert durch DAV Prag (S. Prag); 1957 an S. Graz abgetreten; nur kurzzeitig von der Mörsbach-Hütte mitverwaltet

1932 oder früher
Talherberge Oppenberg
A, in Rottenmann-Oppenberg
aufgelassen/nicht mehr AV
S. Bergheimat (= S. Wanderfreunde)

1932
Planneralm-Hütte
1600 m, A, auf der Planneralm neben der Alten Planner-Hütte bei Donnersbach
aufgelassen/nicht mehr AV
S. Reichenstein

1932
Planner-Jagdhütte
1600 m, A, auf der Planneralm neben der Alten Planner-Hütte bei Donnersbach
aufgelassen/nicht mehr AV
S. Reichenstein

1934
Schlatterer-Hütte
Schlatterer-Skihütte
1680 m, A, auf der Schlattereralm bei Oberwölz-Lachtal
aufgelassen/nicht mehr AV
S. ÖGV
1934 Hütte gepachtet u. adaptiert durch S. ÖGV Gr. Klosterneuburg; 21.10.1934 in Betrieb genommen

1951 oder früher
Storchi-Hütte
Jugendherberge Storchi-Hütte
1700 m, A, nächst dem Lachtal-Haus bei Oberwölz
aufgelassen/nicht mehr AV
S. Graz-St.G.V.

1953
Rottenmanner Hütte, alte
1561 m, A, auf der Globockenalm bei Rottenmann
aufgelassen/nicht mehr AV
S. Rottenmann
1952/1953 erste Hütte erbaut (etwa 200 m südöstlich der durch eine Lawine zerstörten Braunbauer Almhütte); 30.1.1982 zerstört (Lawine)

1957
Schupfen-Alm
1334 m, A, auf der Schupfenalm am Schupfenberg (Gumpeneck) bei Öblarn
aufgelassen/nicht mehr AV
S. Öblarn
1957 gepachtet

1958
Englitztal-Hütte, alte
Englitztal-Almhütte, Kreister-Hütte
1350 m, A, im Englitztal bei Öblarn
aufgelassen/nicht mehr AV
S. Öblarn
Almhütte gepachtet u. ausgebaut; 7.9.1958 eröffnet; um 1985 aufgelassen (dafür Glösen-Hütte = neue Englitztal-Hütte erweitert)

1959
Schönwetter-Hütte
1442 m, A, am Gumpeneck (Schönwetterberg) bei Großsölk
aufgelassen/nicht mehr AV
S. Gröbming
um 1937 Almhütte erbaut; 1958/1959 adaptiert u. gepachtet; Pacht beendet

1960
Brucker Hütte
1605 m, A, im Lachtal bei Schönberg-Lachtal
aufgelassen/nicht mehr AV
S. Bruck a. d. Mur
als Skihütte erbaut durch Oberst Graham, den stellvertretenden englische Militärkommandanten; 1960 erworben durch S. Bruck; 1966/1967 ausgebaut; 1999 verkauft an privat

Erweiterung der neuen Englitztal-Hütte, 1985

1962 oder früher
Englitztal-Hütte, neue
Glösen-Hütte, Glössen-Hütte
1350 m, A, im Rammertal bei Öblarn
aufgelassen/nicht mehr AV
S. Öblarn
um 1961 erbaut; lange Zeit parallel zur alten Englitztal-Hütte (Kreister-Hütte) betrieben; 1985 erweitert

1984
Rottenmanner Hütte, neue
1650 m, A, auf der Globockenalm bei Rottenmann
aktuell, Kategorie I
S. Rottenmann
1982–1984 erbaut (als Ersatz für alte Rottenmanner Hütte)

1994
Ferienwohnung Irdning
A, in Irdning
aufgelassen/nicht mehr AV
S. Mühldorf
Sept. 1994 erworben; 1.11.2004 verkauft

2001
Berghaus in der Walchen
985 m, A, in der Walchen bei Öblarn
aktuell, Jugendherberge/Jugendheim
S. Öblarn
1998–2000 erworben u. umgebaut; 2001 eröffnet (Jugendherberge/-heim)

45d Seckauer Tauern

»Dieser ausklingende Teil der Niederen Tauern läßt sich in zwei Gruppen zerlegen, und zwar: die Bergrunde des Liesinggrabens und seiner Seitentäler, nebst dem Zinkenstock, und in die sogenannten Gaaler Tauern. […] Leider

Triebental-Hütte

Jugendheim Sonnleitner-Hütte

fehlt fast jegliche Unterkunft. Die Herstellung kleinerer Schutzhütten würde ein herrliches Schigebiet erschließen. Außer der Hochreicharthütte auf der Stubenbachalpe unterm Hochreichart und einer Naturfreundehütte unterm Hölzlberg-Gaaler-Eck […] ist kein turistischer Stützpunkt vorhanden.«

L. V. Jäckle, Die östlichen Gruppen der Niederen Tauern, Zeitschrift des DuOeAV 1934, 134f.

1919
Stubalm-Hochreichart-Skihütte
Stubalm-Skihütte, Reichart-Hütte
1560 m, A, auf der Stubalm am Hochreichart bei Mautern
aufgelassen/nicht mehr AV
S. Bruck a. d. Mur
1919 eröffnet als Skihütte; vor 1961 Pacht aufgelassen

1925
Bergsteiger- und Schiläuferheim Hohentauern
A, in Hohentauern
aufgelassen/nicht mehr AV
S. Austria
1925 eingerichtet

1925
Triebental-Hütte, erste
Triebental-Unterkunft, Hohentauern-Unterkunft
A, im Triebental bei Hohentauern
aufgelassen/nicht mehr AV
S. Graz u. Akad. S. Graz
1925 gepachtet durch S. Graz u. Akad. S. Graz; 1928 Pacht abgelaufen

1928
Triebental-Hütte
Triebental-Herberge, Talherberge Triebental
1104 m, A, im Triebental bei Hohentauern

aktuell, Kategorie II
Akad. S. Graz
1927/1928 erbaut; 28.10.1928 feierlich eröffnet; 1929 erweitert

1930
Kraubatheck-Hütte
Goller-Hütte
A, am Kraubatheck bei Kraubath a. d. Mur
aufgelassen/nicht mehr AV
S. Leoben
Dez. 1930 als Skihütte gepachtet

1931
Hochreichart-Schutzhaus
Hochreichart-Hütte
1480 m, A, auf der Stubalm am Hochreichart bei Mautern
aufgelassen/nicht mehr AV
ÖTK (1931–1945 S. ÖTK Gr. Knittelfeld)
1930 gepachtet

1939
Fohnsdorfer Hütte
Gaalerhöhe-Haus, Gaalerhöh
1517 m, A, auf der Gaaler Höhe bei Fohnsdorf
aufgelassen/nicht mehr AV
TV Naturfreunde (1934–1938 Bergfreunde, 1938–1939 DJH, 1939–1945 S. Fohnsdorf)
1924–1927 erbaut durch TV Naturfreunde; 1927 eröffnet; 1934 übernommen durch Bergfreunde; 1938 übernommen durch Reichsverband für Deutsche Jugendherbergen; ab 1.7.1939 betreut durch S. Fohnsdorf (Okt. 1939 erworben durch DAV)

1958 oder früher
Felfer-Hütte
1250 m, A, im Allerheiligengraben bei Fohnsdorf

aufgelassen/nicht mehr AV
S. Fohnsdorf

1976 oder früher
Sonnleitner-Hütte
1215 m, A, südlich des Ringkogels bei Knittelfeld
aktuell, Jugendherberge/Jugendheim
S. Knittelfeld

46a Nockberge

»Der nördliche Teil der Nockberge, das Gebiet um Innerkrems, um die Turracherhöhe und die Fladnitz, ist in der alpinen Literatur schon öfter beschrieben worden; Hotels, bewirtschaftete Hütten und Wintermarkierungen haben das Gebiet auch für sehr verwöhnte Winterturisten erschlossen.

Der südliche Teil der Nocke aber, die Gipfel, die sich um die massive Berggestalt des Großen Rosennocks scharen, ist bis heute noch ein ziemlich unberührtes Gebiet geblieben, obwohl es an Schönheit der Natur an Eignung für lang ausgedehnte Schiwanderungen den Bergen der Turracherhöhe nicht nachsteht. Die Unterkunftsverhältnisse in dieser Bergwelt sind eben sehr einfach, der Schifahrer findet zu Übernachtungen meist nur unbewirtschaftete, jedes Komforts entbehrende Almhütten, und nur an zwei Punkten der Rosennockgruppe sind bewirtschaftete Unterkunftshäuser geschaffen worden.«

Rudolf Siber, Mitteilungen des DuOeAV 1934, Nr. 2, 34.

1893 oder früher
Pirkerkogl-Warte
671 m, A, am Pirkerkogel bei Krumpendorf a. Wörthersee
aufgelassen/nicht mehr AV
S. Klagenfurt
errichtet durch S. Klagenfurt

1894 oder früher
Predigerstuhl-Warte
Aussichtsplateau am Predigerstuhl
713 m, A, am Predigtstuhl (Predigerstuhl) bei Ebenthal
aufgelassen/nicht mehr AV
S. Klagenfurt
errichtet durch S. Klagenfurt

1906
Murauer Hütte
1583 m, A, auf der Frauenalpe bei Murau-Laßnitz
aktuell, Kategorie II
S. Murau (= S. Murtal)
1905/1906 erbaut; 22.7.1906 eröffnet; 1937 erweitert

Murauer Hütte

Esebeck-Hütte, 1976

1911
Esebeck-Hütte
1747 m, A, nördlich des Kreischbergs bei Stadl-Predlitz
aktuell, Kategorie I
S. Murau (S. Murtal)
1911 erbaut

1919
Steinhauser-Hütte
1284 m, A, am Verditz bei Winklern
aufgelassen/nicht mehr AV
S. Villach
1919 in Almhütte eingerichtet (durch Besitzer Johann Gmeiner, vulgo Steinhauser, zur Verfügung gestellt)

1920
Dr.-Josef-Mehrl-Hütte
Alte Mehrl-Hütte
1750 m, A, im Schönfeld bei Thomatal-Bundschuh
aufgelassen/nicht mehr AV
S. Wien
1920 Bergwerksbeamtenhaus gepachtet u. adaptiert (nach ehemaligem stellvertretenden Vorstand Mehrl benannt)

1920
Staudacher-Hütte
1797 m, A, am Wöllaner Nock bei Arriach
aufgelassen/nicht mehr AV
S. Villach
1920 gepachtet als Skihütte

1921 ca.
Berger-Hütte
A, auf der Gerlitzen bei Treffen a. Ossiacher See
aufgelassen/nicht mehr AV
S. Villach
Skihütte

1923
Frauenalpen-Gipfel-Hütte
Frauenalm-Gipfel-Hütte, Frauenalpe-Gipfel-Hütte, Vorgängerbau der Bernhard-Fest-Hütte
2000 m, A, auf der Frauenalpe nahe der Bernhard-Fest-Hütte bei Murau
aufgelassen/nicht mehr AV
S. Murtal (= S. Murau)
1919 Unterstand (im 1. Weltkrieg als Flugabwehrunterkunft genutzt) dem DuOeAV zur Verfügung gestellt u. von diesem der S. Murtal überlassen; 1923 hergerichtet u. eröffnet durch S. Murtal mit Unterstützung der S. Wanderfreunde

1924 oder früher
Buchholzer-Haus
Buchholzer-Hütte
1600 m, A, auf der Gerlitzen bei Treffen
aufgelassen/nicht mehr AV
S. Villach
Skihütte; ab 1933 nicht mehr gepachtet

1924 oder früher
Karneralm-Skihütte
1900 m, A, auf der Karneralm bei St. Margarethen i. Lungau
aufgelassen/nicht mehr AV
S. Wienerland
Skihütte

1925 oder früher
Karneralm-Hütte
1900 m, A, auf der Karneralm bei St. Margarethen i. Lungau
aufgelassen/nicht mehr AV
S. Lungau
Skihütte

1926
Hochrindl-Hütte
Hochrindler Jugendherberge
1585 m, A, südlich der Heidnerhöhe bei Sirnitz
aufgelassen/nicht mehr AV
S. Klagenfurt
Winter 1926/1927 erstmals gepachtet als Skihütte; 1929 Pacht beendet

1929
Gerlitzen-Hütte
Görlitzen-Hütte, Anna-Hütte
1580 m, A, am Südhang der Gerlitzen bei Treffen a. Ossiacher See
aktuell, Kategorie I
S. Villach
1890 privat erbaut; 1929 erworben durch S. Villach; 22.12.1929 eröffnet

1931
Grebenzen-Schutzhaus
Grebenzen-Hütte
1660 m, A, am Nordabhang der Grebenzen bei St. Lambrecht
aufgelassen/nicht mehr AV
ÖTK (1931–1945 S. ÖTK Gr. St. Lambrecht)
1886 zwei Zimmer in Almhütte des Stiftes gepachtet; 26.8.1886 eröffnet

1931
Millstätter Hütte
1880 m, A, am Millstätter Törl bei Millstatt a. See-Laubendorf
aktuell, Kategorie I
S. Millstatt (davor S. Spittal a. d. Drau, davor S. ÖGV/ÖGV)
1907/1908 erbaut durch Fremdenverkehrsförderungsverein Millstatt; 28.6.1908 eingeweiht; 1908 Gründung der Gr. Millstatt des ÖGV, die die Hüttenbetreuung übernimmt; 1909 erweitert; 12.5.1931 angekauft durch S. ÖGV; 1970 verkauft an S. Spittal a. d. D.; 20.11.1973 als Geschenk an die neugegründete S. Millstatt gelangt; 1985/1986 generalsaniert

1931
Winkleralm-Skihütte
1835 m, A, am Übergang Turracher Höhe – Kotalm-Hütte
aufgelassen/nicht mehr AV
S. ÖGV (ab 1931 AV-Sektion)
vor 1943 aufgelassen

1932 oder früher
Geiger-Hütte
1700 m, A, am Wöllaner Nock bei Arriach

Die als Skihütte gepachtete Hochrindl-Hütte, um 1928

Millstätter Hütte, 1994

aufgelassen/nicht mehr AV
S. Villach

1932 oder früher
Rosenik-Hütte
Rosennock-Hütte
1715 m, A, südwestlich des Roseniks (Rosennocks) bei Radenthein
aufgelassen/nicht mehr AV
S. Villach
1931 adaptiert; 1935/1936 abgebrannt

1934
Bernhard-Fest-Hütte
Bernhard-Fest-Gipfel-Hütte
1980 m, A, auf der Frauenalpe nahe dem Bauplatz der Vorgängerhütte bei Murau
aktuell, Kategorie I
S. Murau (S. Murtal)
1933/1934 erbaut; 1934 eröffnet

1935
Bauer-Hütte
1750 m, A, auf der Rosentaleralm im Winklergraben bei Ebene Reichenau
aufgelassen/nicht mehr AV
S. Klagenfurt
1935 Bauernhaus als Skihütte gepachtet (Besitzer Josef Süssenbacher) u. adaptiert; 1.12.1935 eröffnet; vor 1943 Pacht beendet

1935
Dr.-Josef-Mehrl-Hütte
Neue Mehrl-Hütte
1720 m, A, im Schönfeld bei Thomatal-Bundschuh
aktuell, Kategorie III
S. Wien
6.10.1935 feierlich eröffnet

1935
Kothalm-Skihütte
1840 m, A, auf der Kothalm bei Predlitz-Turrach
aufgelassen/nicht mehr AV
S. ÖGV
1934/1935 Hütte gepachtet u. adaptiert; eröffnet 5.1.1935; vor 1943 aufgelassen

1938 ca.
Jugendherberge Flattnitz
A, in Flattnitz
aufgelassen/nicht mehr AV
AV-Landesstelle Kärnten

1939
Wöllaner-Nock-Haus
1700 m, A, an der Südseite des Wöllaner Nocks bei Arriach
aufgelassen/nicht mehr AV
TV Naturfreunde (1934–1938 Bergfreunde, 1938–1939 DJH, 1939–1945 S. Villach)
1923–1926 errichtet durch TV Naturfreunde; 1934 übernommen durch Bergfreunde; 1938 übernommen durch Reichsverband für Deutsche Jugendherbergen; 1939 erworben durch DAV (S. Villach als treuhändige Verwalterin); 20.5.1942 Kaufvertrag zw. DAV u. S. Villach

1950
Falkert-Schutzhaus
1550 m, A, auf der Hoferalm bei Bad Kleinkirchheim-St. Oswald
aufgelassen/nicht mehr AV
S. Radenthein
1950 Bau des 1. Bauabschnitts; 19.11.1950 Betrieb aufgenommen; 1953 2. Bauabschnitt fertiggestellt

Unterkunftshaus auf der Koralpe

1964
Blockhäuser am St. Urbaner See
A, am St. Urbaner See bei Agsdorf
aufgelassen/nicht mehr AV
S. Leoben OG Trofaiach (= S. Trofaiach)
1964 Grund gepachtet (Besitz Schinegger); darauf 2 Blockhäuser errichtet; 1966–1974 fanden hier Kindersommerlager der S. Leoben Gr. Trofaiach statt; Blockhäuser verkauft u. mit dem Erlös VW-Bus für Jugendreisen erworben

1969
Neue Bonner Hütte
Bonner Hütte, Zechner-Hütte
1712 m, A, auf der Zechneralm in Rennweg-Frankenberg
aktuell, Kategorie II
S. Bonn
1962 Kaufvertrag für Almhütte; 1964 übernommen; 10.8.1969 eingeweiht

1982 oder früher
Jugendherberge Agsdorf
Agsdorf-Grete-Klinger-Jugendherberge
A, beim St.-Urban-See in St. Urban-Agsdorf
aufgelassen/nicht mehr AV
S. Trofaiach
1983 an privat verkauft

46b Lavanttaler Alpen

»Ueberall bis nahe unter dem Gipfel trifft man reichlich fliessende Quellen, die zu Bächen vereinigt in das Thal herabstürzen. […] Vor Allem aber gehört der Anblick der Koralpe zur Zeit der Frühlingspracht, wo die Saaten, Wiesen und Wälder im frischesten Grün prangen und die Obstgärten in voller Blüthe stehen – während am Gipfel oft noch Schneefelder ausgebreitet liegen – gewiss zu einer der herrlichsten Ansichten, wie sie die Alpennatur nur irgend darbieten kann.«

R. Graf, Beiträge zur Flora des Lavantthales, Jahrbuch des natur-historischen Landesmuseums von Kärnten, Klagenfurt 1953, 22f.

1874
Koralpen-Haus
Unterkunftshaus auf der Koralpe
1966 m, A, auf der Koralpe nordwestlich des Großen Speikkogels bei Wolfsberg
aktuell, Kategorie I
S. Wolfsberg (davor Comité u. DuOeAV)
1871–1874 erbaut durch ein Wolfsberger Comité mit Unterstützung durch den damaligen DAV (S. Wien) bzw. DuOeAV; 15.8.1874 feierlich eröffnet; 1875 bildet sich aus dem Comité die S. Wolfsberg; 1928 erweitert

1909
AV-Haus Gaberl
Gaberl-Haus, Stubalpen-Haus, Stubalm-Haus
1551 m, A, auf der Stubalpe bei Salla-Lederwinkel
aufgelassen/nicht mehr AV
S. Graz-St.G.V. u. Köflach (davor S. Köflach)
1907 Alpengasthaus Gaberl erworben durch S. Köflach; 1908/1909 ausgebaut; 11.7.1909 feierlich eröffnet; 1931 erweitert; 1967 eröffnet nach Umbau; 1988 verkauft an privat

1912
Wolfsberger Hütte
1850 m, A, am Karnerkögele auf der Saualpe bei Wolfsberg
aktuell, Kategorie I
S. Wolfsberg
1911/1912 erbaut; 29.6.1912 feierlich eröffnet

1926 oder früher
Jugendherberge Leoben
A, im Gymnasium in Leoben
aufgelassen/nicht mehr AV
S. Leoben
1928 aufgelassen

1926 oder früher
Jugendherberge Wolfsberg
500 m, A, in der Kaserne in Wolfsberg
aufgelassen/nicht mehr AV
S. Wolfsberg

1926
Ferialherberge Graz
A, in Graz
aufgelassen/nicht mehr AV
S. Graz
1926 erworben u. adaptiert

1926
Ferialherberge Leoben
A, in Leoben
aufgelassen/nicht mehr AV
S. Graz
1926 erworben u. adaptiert

1928 oder früher
AV-Jugendherberge St. Anton a. Radl
A, in St. Anton a. Radl
aufgelassen/nicht mehr AV
S. Graz

1931
Gleinalpen-Haus
Gleinalm-Haus
1589 m, A, am Gleinalpensattel bei Übelbach
aufgelassen/nicht mehr AV
ÖTK (1931–1945 S. ÖTK Gr. Graz)
1915 gepachtet; 1.7.1915 eröffnet

1931
Prosl-Schutzhaus
Hans-Prosl-Haus, Prosl-Haus, Mugel-Schutzhaus
1632 m, A, auf der Mugelkuppe bei Leoben
aufgelassen/nicht mehr AV
ÖTK (1931–1945 S. ÖTK Gr. Leoben)
1903/1904 erbaut (als Ersatz für Bilinsky-Hütte);
25.9.1904 eröffnet; 1931 erweitert

1931
Zirbitzkogel-Haus
Zirbitzkogel-Schutzhaus
2376 m, A, am Zirbitzkogel bei Obdach
aufgelassen/nicht mehr AV
ÖTK (ab 1931 S. ÖTK)
1870 aus Stein erbaut; 14.8.1871 eröffnet; 1885/1886 erweitert; 1891 stark beschädigt; 1895/1896 Neubau; 16.8.1896 eröffnet; verkauft an die Wehrmacht

1932
Hahnhof-Hütte
1060 m, A, am Reinischkogel bei Greisdorf
aufgelassen/nicht mehr AV
S. ÖGV
1932 Jagdhaus des Souveränen Malteser-Ritterordens

Wolfsberger Hütte, 1976

durch S. ÖGV Gr. Graz adaptiert; 10.12.1932 eröffnet; 14.5.1933 feierlich der Benutzung übergeben; vor 1946 aufgelassen; dann Berggasthaus; vor 1955 abgebrannt

1933
Baumkirchner Hütte
1450 m, A, am Steinplan bei Kleinlobming
aufgelassen/nicht mehr AV
S. ÖTK Gr. Knittelfeld (bis 1945 AV)
1933 gepachtet u. adaptiert; 17.9.1933 eröffnet

1933
Emil-Stöhr-Hütte
Hirschegger Hütte, Hirschegger Skihütte
A, am Kamm zur Bartholomäalm bei Hirschegg
aufgelassen/nicht mehr AV
S. Kirchbach (davor S. Graz-St.G.V. (S. Graz))
1933 gepachtet durch S. Graz; 1988–2001 gepachtet durch S. Kirchbach

1933
Mühlbacher Hütte
1045 m, A, am Mühlbacher Kogel bei Eisbach-Hörgas
aufgelassen/nicht mehr AV
S. ÖTK Gr. Graz
Mai 1933 eröffnet; um 1937/1938 aufgelassen

1933
Salzstiegel-Haus
1553 m, A, am Hirscheggatterl auf der Stubalpe bei Kleinfeistritz
aufgelassen/nicht mehr AV
S. ÖGV
ab 1.1.1933 als AV-Hütte geführt (nicht gepachtet, aber Übereinkommen mit Besitzern); bis 1945 in Betrieb

Kronprinz-Rudolf-Warte

1935 oder früher
Jugendherberge Köflach
A, in Köflach
aufgelassen/nicht mehr AV
S. Köflach
am Eiskelleraufbau des ehemaligen Hotels Neubauer geschaffen; 2001 abgetragen im Rahmen des Baus des Kunsthauses Köflach

1935
Brendl-Hütte
Schwanberger Brendel-Hütte
1566 m, A, nordöstlich des Wolschenecks bei Schwanberg
aufgelassen/nicht mehr AV
S. Graz-St.G.V (davor Steirischer Gebirgsverein)
1924 gepachtet durch St.G.V.; 1924/1925 adaptiert; 28.12.1928 abgebrannt; 1930 Wiederaufbau; 1935 Zusammenschluss des St.G.V. mit S. Graz

1935
Demmerkogel-Warte
671 m, A, am Demmerkogel im Sausaler Weinland bei St. Andrä-Höch
aufgelassen/nicht mehr AV
S. Leibnitz (davor S. Graz-St.G.V., davor Steirischer Gebirgsverein OG Leibnitz)
1925/1926 errichtet durch den Steirischen Gebirgsverein (als Ersatz für erste, zerstörte Warte); 1.5.1926 feierlich eröffnet u. der Ortsgruppe Leibnitz zur Betreuung übergeben; 1935 Zusammenschluss des Steirischen Gebirgsvereins mit der S. Graz; 1947 Verselbständigung der OG Leibnitz als S. Leibnitz; 1973 Warte dem Fremdenverkehrsverein übergeben; 1974 abgetragen; 1975/1976 neu errichtet

1935
Eibiswalder Hütte
1000 m, A, am Kapunerkogel bei Eibiswald
aufgelassen/nicht mehr AV
S. Graz

1935
Fürstenstand
Adolf-Hitler-Turm
754 m, A, am Plabutsch bei Graz
aktuell, Aussichtswarte
S. Graz-St.G.V (davor Steirischer Gebirgsverein)
1907 Plabutschgipfel samt vorhandenem Aussichtsturm dem Steirischen Gebirgsverein zum Geschenk gemacht; 1935 Zusammenschluss des St.G.V. mit S. Graz; in nationalsozialistischer Zeit Adolf-Hitler-Turm genannt

1935
Jugendherberge Laaken
A, in Soboth-Laaken
aufgelassen/nicht mehr AV
S. Graz

1935
Kernstock-Warte
562 m, A, auf der Hubertushöhe am von Gösting nach Straßgang führenden Kernstock-Weg in Graz
aktuell, Aussichtswarte
S. Graz-St.G.V (davor Steirischer Gebirgsverein)
1928/1929 erbaut aus Stein über Anregung des Steirischen Gebirgsvereins mit den Spenden der Eggenberger Bevölkerung; 1935 Zusammenschluss des St.G.V. mit S. Graz

1935
Rudolfs-Warte
Kronprinz-Rudolf-Warte
659 m, A, am Buchkogel bei Graz
aktuell, Aussichtswarte
S. Graz-St.G.V (davor Steirischer Gebirgsverein)
1879 Vorgängerbau durch Eisenkonstruktion ersetzt; 1935 Zusammenschluss des Steirischen Gebirgsvereins mit S. Graz; 1975, 1995 renoviert

Zirbenwald-Hütte auf der Sabathialm am Zirbitzkogel

Grünanger-Hütte

1937 oder früher
Leibnitzer Hütte
900 m, A, in St. Pongratzen a. Radlberg
aufgelassen/nicht mehr AV
S. Graz
vor 1943 aufgelassen

1938 ca.
Breitofner Jugendherberge
1720 m, A, bei Klein St. Paul-Wieting
aufgelassen/nicht mehr AV
AV-Landesstelle Kärnten

1938 ca.
Saualmer Jugendherberge
Jugendherberge Saualm, Steiner-Hütte, Sauofen
1670 m, A, am Westabhang der Saualpe bei Eberstein
aufgelassen/nicht mehr AV
DAV

1939 ca.
Hipfel-Hütte
1772 m, A, bei Wolfsberg-Rieding
aufgelassen/nicht mehr AV
S. Wolfsberg
um 1939 gepachtet; inzwischen abgetragen

1945 oder später
Remschnigg-Herberge, erste
684 m, A, Sonderraum im Gasthof Pronintsch am Remschnigg bei Eichberg-Trautenburg
aufgelassen/nicht mehr AV
S. Leibnitz
nach dem Krieg neu eingerichtet im Gasthof Pronintsch durch ÖAV, Dr. Heinz Pammer vom steirischen Jugendherbergswerk, Prof. Dr. Moser vom Landesjugendreferat u. dem Landesgut Silberberg; durch S. Leibnitz betreut; 1964 Herberge in anderes Gebäude verlegt

1952
Zirbenwald-Hütte
1610 m, A, auf der Sabathialm am Zirbitzkogel bei Obdach
aktuell, Kategorie I
S. Fohnsdorf
1920 erbaut; 1952 erworben; 24.12.1952 eröffnet

1953
Grünanger-Hütte
1575 m, A, im oberen Bärental auf der Koralpe bei Schwanberg-Garanas
aktuell, Kategorie I
S. Deutschlandsberg
1951–1953 erbaut; 16.8.1953 eröffnet

1954
AV-Jugendheim Wolfsberg
500 m, A, in Wolfsberg
aufgelassen/nicht mehr AV
S. Wolfsberg
1953/1954 erbaut; vor 1982 aufgelassen

1955 oder früher
Arbesser-Hütte
1680 m, A, auf der Sabathialm nahe der Zirbenwald-Hütte bei Obdach
aufgelassen/nicht mehr AV
S. Fohnsdorf

1955
Köhler-Hütte
1855 m, A, auf der Ofneralm südöstlich des Zirbitzkogels bei Obdach
aktuell, Kategorie I
S. Gratkorn-Gratwein
1955 Jagdhütte erworben (nach Erbauer Dir. Wilhelm Köhler benannt); 1960–1963 erweitert; 29.9.1963 eingeweiht

1956 oder früher
Dr.-Hans-Kloepfer-Jugendherberge, alte
1550 m, A, beim AV-Haus Gaberl auf der Stubalpe bei Salla-Lederwinkel
aufgelassen/nicht mehr AV
S. Köflach
im Wirtschaftsgebäude des Gaberl-Hauses eingerichtet

1961 oder früher
Linden-Hütte
1040 m, A, im Übelbachgraben bei Neuhof
aufgelassen/nicht mehr AV
S. Frohnleiten

1961
Dr.-Otto-Koren-Hütte
Köflach-Jugendheim, Dr.-Hans-Kloepfer-Jugendherberge
1550 m, A, beim AV-Haus Gaberl auf der Stubalpe bei Salla-Lederwinkel
aktuell, Jugendherberge/Jugendheim
S. Köflach
1961 von Glasfabrik Köflach u. Dir. Alois Gratzl zur Verfügung gestellte Baracke hierher transferiert; 26.11.1961 bezugsfertig; 1988/1989 erweitert; 1989 in Koren-Hütte umbenannt

1964
Remschnigg-Herberge, zweite
Grenzland-Herberge
700 m, A, östlich vom Radlpass am Remschnigg bei Eichberg-Trautenburg
aufgelassen/nicht mehr AV
S. Leibnitz
1964 Umsiedlung der Herberge in das Wirtschaftsgebäude des Anwesens (Herberge besteht aus einem Raum); 1982/1983 erweitert; 22.10.1983 feierlich eingeweiht; 1992 aufgelassen

1965
Kapuner-Hütte
1003 m, A, am Radlkamm knapp unter dem Kapunerkogel bei Eibiswald
aktuell, Kategorie I
S. Graz-St.G.V.
1963–1965 erbaut durch S. Graz-St.G.V. OG Eibiswald

1982 oder früher
Jugendheim Erwin Knoch
Jugendheim Hohenwart
1566 m, A, in Klein St. Paul
aufgelassen/nicht mehr AV
S. Görtschitztal

1988
Carl-Hermann-Notunterkunft
1420 m, A, in der Fensteralm-Hütte bei Leoben
aktuell, Kategorie I
S. Weitwanderer
1988 eingerichtet

47 Randgebirge östlich der Mur

»Neben dem Rennfeld tritt die Hochlantsch-Gruppe in die Rundschau ein, in ihr der Plankogl, der zuckerhutförmige Osser und der Kalkkopf des Hochlantsch selbst, gleich neben ihm der Grazer Wetterprophet Schöckel, auch der steirische Rigi genannt. Dann öffnet sich das Murthal; über die Mur dringt der Blick in die Ebene hinaus, ohne dass man selbst mit gutem Glase bei der 10 deutsche Meilen betragenden Luftlinie etwas anderes zu entdecken vermöchte, als die Contouren der Höhen bei Wildon etwa, und noch hie und da Silberpunkte, wo die Mur durch die Auen schimmert.«

H. v. Müllner, Aus der Gruppe des Hochschwab
und ihrer nächsten Umgebung,
Zeitschrift des Deutschen Alpenvereins 1873, 93.

1911
Ottokar-Kernstock-Haus
Neues Ottokar-Kernstock-Haus, Kernstock-Haus, Ottokar-Kernstock-Hütte
1619 m, A, am Rennfeld bei Bruck a. d. Mur
aktuell, Kategorie I
S. Bruck a. d. Mur
1911 erbaut (Nachbildung von Peter Roseggers Geburtshaus); 30.7.1911 feierlich eröffnet; 1949 abgebrannt; 1950/1951 neu erbaut; 1951 eingeweiht

1922
AV-Talherberge Spital a. Semmering
Jugend- u. Wintersportheim Spital, Talherberge u. Jugendheim Schieferhof
A, in Spital a. S.
aufgelassen/nicht mehr AV
S. Austria
1922 Jugendheim im Anbau des Bauernhauses Schieferhof eingerichtet durch die Jugendgruppe der S. Austria; im Bauernhaus selbst Talherberge

1924
Hauereck-Haus
1426 m, A, im Gebiet der Pretulalpe bei Mürzzuschlag
aufgelassen/nicht mehr AV
S. Donauland (AV Donauland)

Ottokar-Kernstock-Haus

Talherberge und Jugendheim Schieferhof in Spital am Semmering

1924 gepachtet als Skihütte; Dez. 1924 Ausschluss der »jüdischen« S. Donauland (Fortbestand als AV Donauland)

1924
Kaiser-Haus
1400 m, A, im Gebiet der Pretulalpe bei Mürzzuschlag
aufgelassen/nicht mehr AV
S. Donauland (AV Donauland)
1924 gepachtet als Skihütte; Dez. 1924 Ausschluss der »jüdischen« S. Donauland (Fortbestand als AV Donauland)

1930
Alois-Günther-Haus
Stuhleck-Haus, Stuhleckgipfel-Haus
1782 m, A, am Stuhleck bei Spital a. Semmering
aktuell, Kategorie II
S. Edelweiss (davor S. Stuhlecker, davor S. Austria Gr. Stuhlecker, davor AG Stuhlecker)
1914/1919 erbaut durch AG Stuhlecker; 8.9.1919 eingeweiht; 1924 erweitert; 1930 AG wird Gruppe der S. Austria; 1959 erworben durch S. Edelweiss; 1964 wiedereröffnet nach Umbau u. Erweiterung

1930
Karl-Lechner-Haus
Carl-Lechner-Haus, Lechner-Haus
1450 m, A, auf der Spitaler Alpe am Stuhleck bei Spital a. Semmering
aktuell, Kategorie I
S. Stuhlecker (davor S. Austria Gr. Stuhlecker, davor AG Stuhlecker)
1906/1907 erbaut durch AG Stuhlecker; 1.9.1907 eröffnet; 1930 AG wird Gruppe der S. Austria

1931
Alpkogel-Hütte
1314 m, A, nächst dem Alplkogel bei Trattenbach
aufgelassen/nicht mehr AV

Alois-Günther-Haus

ÖTK (1931–1945 S. ÖTK Gr. Neunkirchen)
1930 erbaut; Sept. 1930 eröffnet

1931
Kernstock-Hütte
Ottokar-Kernstock-Hütte, Kernstock-Haus
1262 m, A, am Masenberg bei Oberneuberg
aufgelassen/nicht mehr AV
ÖTK (1931–1945 S. ÖTK Gr. Neunkirchen)
1916 Hütte gekauft

1931
Kranichberger-Schwaig
1530 m, A, nördlich des Hochwechsels bei Trattenbach
aufgelassen/nicht mehr AV
ÖTK (1931–1945 S. ÖTK Gr. Wien)
1888 Almhütte vom Fürsterzbistum Wien gepachtet u. adaptiert; 1888 eröffnet; 1914, 1928 erweitert

1931
Rettenberg-Hütte
1050 m, A, am Nordhang des Stuhlecks bei Steinhaus a. Semmering
aufgelassen/nicht mehr AV
S. ÖTK Gr. Wien (ab 1931 AV)

Stubenberg-Haus, Bau der neuen Terrasse, 1977

1927 Austraghaus gepachtet; 1928 eröffnet; vor 1943 aufgelassen

1931
Wetterkogler-Haus
1743 m, A, am Hochwechsel bei St. Peter a. Neuwalde
aktuell, Kategorie II
S. ÖGV (ab 1931 AV-Sektion, davor AG Wetterkogler)
20.8.1899 eröffnet; 1903, 1912, 1922/1923, 1930 erweitert; 1930 Anschluss der AG Wetterkogler an ÖGV; 1934 erweitert

1932
Schiläuferheim Alpl
Alpl-Schiläuferheim
1100 m, A, in Krieglach-Alpl
aufgelassen/nicht mehr AV
S. ÖTK Gr. Waldheimat
1.12.1932 Betrieb aufgenommen

1935
Stephanien-Warte
651 m, A, am Gipfel der Platte bei Graz
aktuell, Aussichtswarte
S. Graz-St.G.V (davor Steirischer Gebirgsverein)
1839 erstmals errichtet als hölzerner Aussichtspavillon; dann erworben durch Steirischen Gebirgsverein; 1880 als Steinbau neu errichtet; 1935 Zusammenschluss des St.G.V. mit S. Graz

1935
Stubenberg-Haus
1445 m, A, am Schöcklplateau bei St. Radegund b. Graz
aktuell, Kategorie II
S. Graz-St.G.V (davor Steirischer Gebirgsverein)
1889/1890 erbaut durch Steirischen Gebirgsverein; 15.9.1890 feierlich eröffnet; 1893, 1910, 1936, 1939 erweitert; 1935 Vereinigung des Steirischen Gebirgsvereins mit S. Graz; seit 1990 unter Denkmalschutz

1935
Weizer Hütte
1408 m, A, auf der Sommeralm (Hochlantsch) bei Weiz
aufgelassen/nicht mehr AV
S. Graz-St.G.V (davor Steirischer Gebirgsverein)
17.7.1927 feierlich eröffnet; 1935 Zusammenschluss des St.G.V. mit S. Graz; ab 1937 in der Hütte auch Jugendraum

1937 oder früher
Hauereck-Hütte
1292 m, A, auf der Rattneralm bei Krieglach
aufgelassen/nicht mehr AV
ÖTK (bis 1945 S. ÖTK Gr. Waldheimat)

1938
Bärenschützklamm-Hütte
Steig-Hütte in der Bärenschützklamm, Klamm-Hütte
1050 m, A, in der Mitte der Bärenschützklamm bei Pernegg-Mixnitz
aufgelassen/nicht mehr AV
S. Mixnitz (davor S. Grazer Alpenklub)
1901 erbaut zur Beherbergung der Arbeiter während der Errichtung des Bärenschutzklammsteigs; diente dann zur Überwachung u. Instandhaltung des Steigs; ab 1.10.1938 allgemein zugänglich (Grazer Alpenklub wird AV-Sektion)

1938
Gaston-Lippitt-Hütte
Teichalm-Hütte, Teichalpen-Hütte
1200 m, A, auf der Teichalm südöstlich des Hochlantsch bei Pernegg-Mixnitz
aktuell, Kategorie II
S. Mixnitz (davor S. Grazer Alpenklub)
1935 erbaut durch Grazer Alpenklub; 25.8.1935 eröffnet; ab 1.10.1938 allgemein zugänglich (Grazer Alpenklub wird AV-Sektion)

1938
Haller-Haus
Haller-Schutzhaus
1420 m, A, auf der Steinernen Stiege am Wechsel bei Mönichkirchen
aufgelassen/nicht mehr AV
AG Haller (1938–1945 S. AG »Die Haller«)

1938
Herrgottschnitzer-Hütte
1366 m, A, am Kampstein bei St. Corona

aufgelassen/nicht mehr AV
AG Herrgottschnitzer (1938–1945 S. Herrgottschnitzer)

1938
Semmering-Schutzhaus
1000 m, A, knapp südlich der Semmering-Passhöhe bei Spital
aufgelassen/nicht mehr AV
Österr. Bergsteigervereinigung (1938–1945 S. Bergsteigervereinigung)
9.11.1925 ehemaliges Ventilatorhäuschen des Südbahntunnels gepachtet; adaptiert; 1926 eröffnet; 1931 erweitert

1939 ca.
Zdarsky-Heim
1075 m, A, in der Fröschnitz bei Spital a. Semmering
aufgelassen/nicht mehr AV
Alpiner Skiverein (um 1939–1945 S. ÖGV Gr. Alpenland)
als Bauernhof erbaut; dann als Forstgebäude genutzt; dann in einem Teil des Hauses Heim eingerichtet; 29.1.1933 eröffnet durch den Alpinen Skiverein (Wien); wohl ab 1939 S. ÖGV Gr. Alpenland

1940 oder früher
Kranner-Hütte
A, unterhalb der Göstinger Hütte am Schöckl
aufgelassen/nicht mehr AV
S. ÖTK Gr. Graz (bis 1945 AV)

1949
Jungmannschafts-Hütte auf dem Rennfeld
Jugendherberge am Rennfeld, Ersatzhütte für Kernstock-Haus
1620 m, A, am Rennfeld neben dem Neuen Kernstock-Haus bei Bruck a. d. Mur
aufgelassen/nicht mehr AV
S. Bruck a. d. Mur
1949 errichtet als Stützpunkt für den Tourismus u. den Wiederaufbau des Kernstock-Hauses; dann als Hütte für AV-Jugendgruppen zum Heim ausgebaut; 1970 abgetragen nach Sturmschaden

1951 oder früher
Jugendherberge Soboth
1070 m, A, im Gasthof Mörth in St. Jakob in der Soboth
aufgelassen/nicht mehr AV
S. Graz-St.G.V.

1951
Leopold-Wittmaier-Hütte
1480 m, A, auf der Stangelalm in den Fischbacher Alpen bei Wartberg
aktuell, Kategorie I

Jugendherberge Wittgruberhof

S. Wartberg i. Mürztal
1926–1930 erbaut durch Turnverein Wartberg; 1938 Verein aufgelöst, Hütte fiel der Waldgenossenschaft Wartberg zu; 1951 durch neu gegründete S. Wartberg übernommen; 1958 Neubau; Ende 1980er-Jahre erweitert

1955 oder früher
Schöckel-Jugendherberge
1446 m, A, am Schöckl neben dem Stubenberg-Haus bei St. Radegund b. Graz
aufgelassen/nicht mehr AV
S. Graz-St.G.V.

1976
Jugendherberge Wittgruberhof
Jugend- u. Familienstützpunkt Wittgruberhof
904 m, A, südlich der Hohen Zetz in Viertelfeistritz
aktuell, Jugendherberge/Jugendheim
S. Weiz
1. Hälfte 18. Jh. erbaut; 30.12.1975 Bauernhof erworben (Vorbesitzer Ferdinand Wittgruber); renoviert u. adaptiert

1981
Felix-Bacher-Hütte
1306 m, A, südwestlich des Plankogels bei St. Kathrein a. Offenegg
aktuell, Kategorie II
S. St. Margarethen a. d. Raab
5.8.1980 Sommeralm erworben; 1981 offen

Südliche Ostalpen

48a Ortler-Alpen

»Das gewaltige Massiv der Ortler-Alpen, ausgezeichnet durch seine hochanstrebenden Kämme und edelgeformten Spitzen, mit weitausgedehnten Firnen bedeckt, stellt sich den berühmtesten Gruppen der Westalpen ebenbürtig zur Seite. Der höchste Gipfel unserer Ostalpen und deren schönste Berggestalt, die Königsspitze, eignen dieser Gruppe, in welcher die Erhabenheit der Hochgebirgswelt zum vollsten Ausdrucke gelangt. Mit ehrfürchtiger Scheu wurde diese Eiswelt betrachtet, welche aber doch die Naturfreunde unwiderstehlich anzog; vor Allem aber reizte es den Forscherdrang, die Höhe des Ortler zu erkunden, von der abenteuerliche Sagen gingen.«

Johannes Emmer, Zeitschrift des DuOeAV 1894, 332.

Schaubach-Hütte

1875
Payer-Hütte
Rifugio Julius Payer
3029 m, I, am Tabarettakamm bei Stilfs-Sulden
aktuell, aber keine AV-Schutzhütte (Hütte der Autonomen Provinz Bozen)
Autonome Provinz Bozen, Beratungsfunktion AVS u. CAI (davor CAI, davor S. Prag)
1875 erbaut durch S. Prag; 6.9.1875 feierlich eröffnet; 1876, 1885, 1893/1894, 1908 erweitert; 1947 teilweise abgebrannt (wiedererrichtet durch CAI Mailand)

1882
Zufall-Hütte
Rifugio Nino Corsi, Rifugio Dux, Rifugio Val Martello
2265 m, I, auf der Zufallalm im Martelltal bei Martell
aktuell, aber keine AV-Schutzhütte (Hütte der Autonomen Provinz Bozen)
Autonome Provinz Bozen, Beratungsfunktion AVS u. CAI (davor CAI, davor S. Dresden)
1882 erbaut durch S. Dresden; 23.8.1882 feierlich eröffnet; 1912/1913 erweitert; im 1. Weltkrieg schwer beschädigt; dann vom CAI instand gesetzt

1884
Bergl-Hütte, erste
1909 m, I, am »Bergl« unterhalb der späteren Bergl-Hütte bei Stilfs-Trafoi
aufgelassen/nicht mehr AV
S. Hamburg
1884 erbaut durch Dr. Ferdinand Arning (Vorsitzender S. Hamburg) aus eigenen Mitteln; 1887, nach dessen Tod, Eigentumsrechte an S. Hamburg übertragen

1888
Schaubach-Hütte
Rifugio Città di Milano
2581 m, I, beim Suldenferner (Ebenwand) bei Stilfs-St. Gertraud
aktuell, aber keine AV-Schutzhütte
Autonome Provinz Bozen, Beratungsfunktion AVS u. CAI (davor CAI, davor S. Hamburg)
1875/1876 erbaut durch die AG Wilde Banda (mit finanzieller Unterstützung des DuOeAV); 6.9.1876 eröffnet (nach Alpenforscher Ernst Adolf Schaubach benannt); 1888 erworben durch DuOeAV u. zum Kaufpreis S. Hamburg überlassen; 1892, 1897 erweitert; im 1. Weltkrieg stark beschädigt; 1926 Neubau vollendet

1892
Düsseldorfer Hütte
Rifugio Alfredo Serristori alla Vertana, Zaytal-Hütte, Vertain-Hütte
2721 m, I, im Zaytal nahe der Vertainspitze bei Stilfs-St. Gertraud
aktuell, aber keine AV-Schutzhütte
Autonome Provinz Bozen, Beratungsfunktion AVS u. CAI (davor CAI, davor S. Düsseldorf)
1891/1892 erbaut durch S. Düsseldorf; 24.8.1892 feierlich eröffnet; 1893, 1894 Sturmschäden

1895
Troppauer Hütte, erste
2150 m, I, im obersten Laasertal unweit des Angelusferners bei Laas
aufgelassen/nicht mehr AV
S. Silesia
1895 erbaut; 29.8.1895 feierlich eröffnet; 1898 Dach teilweise abgedeckt (Sturm); April 1901 teilweise zerstört (Lawine); 1901 repariert; 1908 zerstört (Lawine)

Dacharbeiten an der Düsseldorfer Hütte

1897
Bergl-Hütte
Rifugio Aldo e Vanni Borletti, Rifugio Corno di Plaies
2188 m, I, am »Bergl« am Fuß des Pleißhorns bei Stilfs-Trafoi
aktuell, aber keine AV-Schutzhütte (Hütte der Autonomen Provinz Bozen)
Autonome Provinz Bozen, Beratungsfunktion AVS u. CAI (davor CAI, davor S. Hamburg)
17.8.1897 feierlich eröffnet durch S. Hamburg (als Ersatz für die zu klein gewordene erste Bergl-Hütte)

1897
Halle'sche Hütte
3133 m, I, am Eisseepass unter der Eisseespitze bei Sulden
aktuell, aber keine AV-Schutzhütte
S. Halle (Saale)
1896/1897 erbaut durch S. Halle; 21.8.1897 feierlich eröffnet; 1898/1899 erweitert; 1.8.1899 eingeweiht; 1918 abgebrannt; 2011 an ihrer Stelle Denkmal errichtet durch S. Halle (Saale) u. AVS S. Martell

1901
Ortler-Hochjoch-Hütte
Hochjoch-Hütte
3536 m, I, am Ortlerhochjoch bei Sulden
aufgelassen/nicht mehr AV
S. Berlin
1899–1901 erbaut durch S. Berlin; 28.8.1901 eröffnet; im 1. Weltkrieg zerstört; seit 1972 an dieser Stelle Bivacco Città di Cantú (Hochjoch-Biwak) des CAI

1910
Grünsee-Hütte
Höchster Hütte, Rifugio Umberto Canziani
2504 m, I, im Grünsee östlich der Hinteren Eggenspitze bei St. Gertraud i. Ultental
aufgelassen/nicht mehr AV
CAI (erbaut von S. Höchst)
1909/1910 erbaut durch S. Höchst; 10.8.1910 feierlich eingeweiht; nicht mehr benützbar, weil unter Wasser

Sektionseigene Peder-Hütte

Überetscher Hütte

1911
Monte-Vioz-Hütte
Vioz-Hütte, Rifugio Vioz, Rifugio Mantova al Vioz
3536 m, I, am Südostgrat des Monte Vioz bei Pejo
aufgelassen/nicht mehr AV
CAI (davor S. Halle (Saale))
1910/1911 erbaut; 13.7.1911 in Betrieb genommen;
2.8.1911 feierlich eingeweiht

1911
Troppauer Hütte, neue
2200 m, I, am Angelusferner im obersten Laasertal
(auf der dem Standort der ersten Troppauer Hütte
gegenüberliegenden Talseite) bei Laas
aufgelassen/nicht mehr AV
CAI (S. Silesia)
1909–1911 erbaut; 1910 Eröffnung geplant, aber mehrfach verschoben; 1911 offen; 17.6.1912 feierlich eröffnet;
1919 zerstört (Lawine)

1948
Obere Laaser Alm
Obere Alm, Laaser Hütte
2047 m, I, auf der westlichen Talseite des Laaser Tals bei Laas
aktuell, AVS-Raststätte
AVS S. Laas
1948 Almhütte erbaut mit Unterstützung des AVS; bis
1963 Benutzungsrecht einer Kammer; dann Leerstand;
1972 eingeweiht nach Instandsetzung durch AVS

1961
Wasserfall-Hütte
I, im hintersten Laaser Tal
aktuell, Sektionshütte
AVS S. Laas

1970 oder früher
Enzian-Alm
2061 m, I, im Martelltal bei Martell
aufgelassen/nicht mehr AV
AVS S. Martell
Ende der 1960er-Jahre als Skihütte adaptiert

1979
Marteller Hütte
2610 m, I, nordwestlich der Venezia-Spitze bei Martell
aktuell, AVS-Schutzhütte
AVS S. Laas, S. Lana, S. Latsch, S. Martell, S. Schlanders u. S. Untervinschgau (davor AVS S. Lana, S. Mals, S. Martell, S. Untervinschgau u. S. Vinschgau)
1975–1979 erbaut durch AVS Sektionen Lana, Mals,
Martell, Untervinschgau u. Vinschgau; 1979 eröffnet;
2006/2007 erweitert

1985
Peder-Hütte
2250 m, I, am Pederleger im Martelltal bei Martell
aktuell, Sektionshütte
AVS S. Martell
1984/1985 alte Peder-Hütte abgerissen u. an ihrer Stelle
die neue Hütte als Sektionshütte errichtet

48c Nonsberg-Gruppe

»Die Gipfelbildung ist wenig ausgeprägt: im Norden der langgestreckte Penegal, davon durch den Mendelpaß getrennt, im Süden der Rhönberg (Mt. Roen). Der Penegal trägt eine, bei der Nähe der Mendel-Grand Hotels nunmehr bedeutungslose kleine Schutzhütte des ÖTK, am Rhönberg hat die AV S Überetsch in allerjüngster Zeit ein Schutzhaus erstellt.«

Josef Moriggl, Von Hütte zu Hütte, Band 4,
Leipzig 1913, 2.

Gesellschaft vor der Mandron-Hütte, um 1910

1875
Laugen-Hütte
2400 m, I, auf der Laugenspitze bei Nals
aufgelassen/nicht mehr AV
S. Meran
9.8.1875 im Rahmen einer bescheidenen Feier eröffnet;
1894 erweitert; Inventar wiederholt entwendet; vor 1920
aufgegeben; um 1920 baufällig u. nur noch Unterstand
für Schafe

1913
Überetscher Hütte
Rifugio Oltreadige al Roen, Rifugio Roen
1775 m, I, am Rhönberg bei Kaltern
aufgelassen/nicht mehr AV
CAI (davor S. Überetsch)
1912/1913 erbaut durch S. Überetsch; 27.7.1913 eröffnet

1997
Schweigl-Hütte
1837 m, I, bei Tramin
aktuell, Sektionshütte
AVS S. Unterland Ortsstelle Tramin

49 Adamello-Presanella-Alpen

»Die Adamello-Gruppe, ein mächtiger, ungemein steil abfallender Stock aus Granit und Tonalit, der ein gewaltiges Firnplateau auf seinem Scheitel trägt, hatte die S. Leipzig als ihr erstes Arbeitsgebiet auserwählt und hier die Mandronhütte erbaut (1879) seither auch viel für Weglagen gethan, insbesondere ist der Reitweg von Bedole zur Hütte (1889) hier zu nennen.«

Johannes Emmer, Zeitschrift des DuOeAV 1894, 333f.

1879
Mandron-Hütte
Rifugio del Mandrone, Alte Mandron-Hütte, alte Leipziger
Hütte am Mandron, Centro Studi Adamello Julius Payer,
Centro Glaciologico Julius Payer
2439 m, I, neben der Neuen Mandron-Hütte bei Pinzolo
aufgelassen/nicht mehr AV
SAT (davor S. Leipzig)
1878/1879 erbaut durch S. Leipzig; Sept. 1879 eröffnet
(als Leipziger Hütte); ab 1896 (Eröffnung der neuen Mandron-Hütte) nur noch als Führer- u. Aushilfsraum in Gebrauch; 1992/1993 wiederhergestellt als Centro Glaciologico Julius Payer (betrieben vom SAT in Zusammenarbeit mit Museo Tridentino di Scienze Naturali); 1994 eröffnet

Zelte auf der Ferienwiese Laghel

Tuckettpass-Hütte gegen Presanella, eröffnet 1906

1896
Mandron-Haus
Neue Mandron-Hütte, neue Leipziger Hütte am Mandron
2435 m, I, am Fuß des Mandrongletschers bei Pinzolo
aufgelassen/nicht mehr AV
S. Leipzig
1895/1896 erbaut; 6.8.1896 feierlich eröffnet (als neue
Leipziger Hütte); um 1897 in Mandron-Hütte umbenannt; 1914 Neu- u. Umbau begonnen; Sept. 1915 durch
Kampfhandlungen zerstört

50 Gardasee-Berge

»[…] die ganze Größe der Gardasee-Pracht liegt vor uns.
Was bist du prunkend, du alter, vielbesungener Benacus!
Deine Wasser, schier so sattblau wie die des Neapeler Golfes, wiegen sich mit kräuselndem Gischte und tragen farbige Segelbarken, deine Ufer sind geschmückt mit blinkenden Städtlein und die Gewalt der Alpen schirmt dich mit
himmelhohen Felswänden, die wie schützende Schilde aus
deinen Fluten emporstreben.«

Julius Mayr, Am Fuße des Monte Baldo, Zeitschrift des
DuOeAV 1909, 178.

2008 oder früher
Ferienwiese Laghel
300 m, I, in Laghel bei Arco
aktuell, Zeltplatz
AVS
mit Versorgungsgebäude

51 Brenta-Gruppe

»Den Fuß des Gebirges hüllen dunkle Waldungen und saftige Wiesen ein, zwischen denen verborgene Wasserspiegel
aufblitzen. Die Gruppe ist bequem zugänglich. […] Eine
Schwebebahn aus den Tiefen des Etschtales zum Fuß der

Kette, vom Zambana nach Fai, ist in Bau. Im Inneren sorgen der Verschönerungsverein von Campiglio für die Anlage prächtiger Promenadenwege, die AV S Berlin, neuestens auch die AV S Bremen und die Soc. D. Alp. Tr. Für die
Erschließung der Hochregion.«

Josef Moriggl, Von Hütte zu Hütte, Band 4,
Leipzig 1913, 5.

1906
Tuckett-Hütte
Tuckettpaß-Hütte, Rifugio Tuckett
2268 m, I, unterhalb des Tuckettpasses bei Madonna di
Campiglio
aufgelassen/nicht mehr AV
CAI (davor S. Berlin)
1905/1906 erbaut durch S. Berlin; 1906 eröffnet

1912
Bremer Haus
Rifugio Tommaso Pedrotti
2491 m, I, an der Bocca di Brenta etwas oberhalb des
Rifugio Tosa
aufgelassen/nicht mehr AV
CAI (davor S. Bremen)
1911/1912 Rohbau errichtet durch S. Bremen; für Aug.
1912 Eröffnung geplant, jedoch Rechtsstreit mit SAT um
Baugrund; schließlich durch SAT eröffnet

52 Dolomiten

»Aus einzelnen, meist kleinen Gipfelstöcken oder kurzen
Zügen bestehend, bedingen die Dolomiten auch eine Individualisirung der Arbeit; die Schutzhütten dienen in der Regel
nur einem einzigen Gipfel, nicht für eine Vielzahl von Touren, und ebenso ist wenig Gelegenheit zu Wegnetzen.

Später als in anderen Gruppen entfaltete sich hier die
Bauthätigkeit des Alpenvereins. Die lokalen Sektionen
beschränkten sich auf kleinere Weganlagen und Bezeich-

Drei-Zinnen-Hütte, 1895

Ruine der im Ersten Weltkrieg zerstörten Sachsendank-Hütte

nungen auf den ›leichten‹ Bergen und Uebergängen. Die Flachlandsektionen vernachlässigten das Gebiet, das keine Gletscher hatte und nur für ›Kletterer‹ sein sollte. Erst als die ›Kletterberge‹ sozusagen mehr in Mode kamen und auch die ›Jochbummler‹ entdeckt hatten, dass gerade hier an bequemen und behaglichen Promenaden eine Ueberfülle sei, wurden die Dolomiten als Arbeitsgebiet gewählt, und so sehen wir im letzten Jahrzehnt eine ganze Reihe von fremden Sectionen hier thätig.«

Johannes Emmer, Zeitschrift des DuOeAV 1894, 337.

Schlern-Haus (rechts), vor 1900

1883
Drei-Zinnen-Hütte
Rifugio Antonio Locatelli – S. Innerkofler, Rifugio Locatelli alle tre Cime
2405 m, I, am Toblinger Riedl unter dem Paternkofel bei Sexten
aufgelassen/nicht mehr AV
CAI (davor S. Hochpustertal)
Sommer 1882 fertiggestellt (erbaut durch S. Hochpustertal); wegen Hochwasserkatastrophe im Pustertal erst 25.7.1883 feierlich eröffnet; wiederholt erweitert; im 1. Weltkrieg zerstört; 1922 durch Alpenverein Hochpustertal wiederaufgebaut

1883
Sachsendank-Hütte
Rifugio Nuvolau
2574 m, I, am Nuvolau bei Cortina d'Ampezzo
aufgelassen/nicht mehr AV
CAI (davor S. Ampezzo)
1883 erbaut durch Richard v. Meerheimb (k. sächsischer Oberst) u. der S. Ampezzo übergeben; 11.8.1883 eröffnet; im 1. Weltkrieg zerstört; dann durch CAI wiederaufgebaut

1885
Schlern-Haus
Schlern-Hütte, Schlern-Häuser, Rifugio Bolzano, Rifugio Monte Pez
2457 m, I, am Plateau unterhalb des Petz bei Seis a. Schlern
aufgelassen/nicht mehr AV
CAI (davor S. Bozen)
1884/1885 erbaut durch S. Bozen; 23.8.1885 feierlich eröffnet; um 1896/1897 erweitert; 1903 Masoner'sches Unterkunftshaus erworben u. als Schlafhaus adaptiert; 1906–1908 erweitert

1886
Tofana-Hütte, alte
Rifugio Tofana
2540 m, I, auf der Forcella Fontana Negra nahe Rifugio Cantore (Hauptgebäude) u. unweit Rifugio Giussani
aufgelassen/nicht mehr AV
CAI (davor S. Ampezzo)
1886 erbaut durch S. Ampezzo; 16.8.1886 eröffnet; erweitert; im 1. Weltkrieg beschädigt; dann adaptiert als Nebengebäude des zum Rifugio Cantore umfunktionierten Kasernenbaus (1921 eröffnet) durch CAI Cortina; dann nicht mehr in Verwendung; ab 1994 als Winterbiwak reaktiviert

Regensburger Hütte gegen Langkofel

1887
Grasleiten-Hütte
Rifugio Bergamo, Rifugio Valbona, Unterkunftshütte im Grasleitenthal
2129 m, I, im Grasleitental bei Tiers
aktuell, aber keine AV-Schutzhütte (Hütte der Autonomen Provinz Bozen)
Autonome Provinz Bozen, Beratungsfunktion AVS u. CAI (davor CAI, davor S.Leipzig)
1886/1887 erbaut durch S. Leipzig; 9.9.1887 feierlich eröffnet; 1898 erweitert; 21.8.1898 eröffnet; 1902, 1910–1912 erweitert

1887
Plose-Hütte
Rifugio Plose
2447 m, I, auf der Plose bei Brixen
aufgelassen/nicht mehr AV
CAI (davor S. Brixen)
1887 erbaut durch S. Brixen; 7.9.1887 feierlich eröffnet; wiederholt erweitert; 1907 Anbau eröffnet

1888
Regensburger Hütte
Rifugio Firenze in Cisles, Alte Regensburger Hütte, Geisler-Hütte
2039 m, I, auf der Tschislesalpe unter den Geislerspitzen bei St. Christina
aktuell, aber keine AV-Schutzhütte
Autonome Provinz Bozen, Beratungsfunktion AVS u. CAI (davor CAI, davor S. Regensburg)
1888 erbaut durch S. Regensburg; 26.8.1888 feierlich eröffnet; 1897 erweitert; 3.8.1897 feierlich eröffnet; 1902/1903, 1905, 1908 erweitert

1889
Puez-Hütte
Puz-Hütte, Rifugio Puez
2475 m, I, auf der Puezalpe bei Wolkenstein
aufgelassen/nicht mehr AV
CAI (davor S. Ladinia)
1888/1889 erbaut durch S. Ladinia; 22.6.1889 eröffnet; erweitert; 1934 durch CAI wiedereröffnet; 1982 Neubau in unmittelbarer Nähe der alten Hütte eröffnet

1891
Pfalzgau-Hütte, erste
1928 m, I, im Sorapisskar oberhalb der neuen Pfalzgau-Hütte bei Cortina d'Ampezzo
aufgelassen/nicht mehr AV
S. Pfalzgau
8.8.1891 feierlich eröffnet; Frühjahr 1895 zerstört (Lawine)

1893 oder früher
Raschötz-Hütte, erste
2200 m, I, an der Äußeren Raschötz bei St. Ulrich i. Gröden
aufgelassen/nicht mehr AV
S. Gröden
bereits 1888 Errichtungsabsicht der S. Gröden für kleine Wetter- und Windschutzhütte; 1893 »wieder vollendet und entsprechend eingerichtet«

1894
Bamberger Hütte
Alte Bamberger Hütte, Boe-Hütte, Rifugio Boe
2873 m, I, am Sellaplateau am Fuß des Piz Boè bei Corvara-Calfosch
aufgelassen/nicht mehr AV
CAI (davor S. Bamberg)
1894 erbaut durch S. Bamberg; 16.8.1894 feierlich eröffnet

1894
Langkofel-Hütte, alte
2200 m, I, im Langkofelkar bei St. Christina
aufgelassen/nicht mehr AV
Akad. S. Wien
1894 erbaut; 9.9.1894 eröffnet; 1901 zerstört (Lawine)

1895
Kronplatz-Haus
Rifugio Plan de Corones
2245 m, I, am Kronplatz unterhalb des Brunecker Hauses bei Bruneck
aufgelassen/nicht mehr AV
CAI (früher S. Bruneck)
1895 erbaut durch S. Bruneck; 12.8.1895 feierlich eröffnet

1896
Pfalzgau-Hütte, neue
Sorapiss-Hütte, Rifugio Alfonso Vandelli, Rifugio Luzzatti

Canali-Hütte

Vajolet-Hütte mit Kesselkogel

1928 m, I, beim Sorapiss-See im Sorapisskar bei Cortina d'Ampezzo
aufgelassen/nicht mehr AV
CAI (davor S. Pfalzgau = S. Mannheim)
erbaut durch S. Pfalzgau; 3.8.1896 eröffnet (als Ersatz für die zerstörte erste Pfalzgau-Hütte); nach dem 1. Weltkrieg durch CAI wiederhergestellt als Rifugio Luzzatti; 1959 abgebrannt; dann wiedererrichtet als Rifugio Alfonso Vandelli

1897
Canali-Hütte
Rifugio Treviso
1630 m, I, im Val Canali beim Alberghetto bei Tonadico
aufgelassen/nicht mehr AV
CAI (davor S. Dresden)
1896/1897 erbaut durch S. Dresden; 30.8.1897 eröffnet

1897
Contrin-Haus
Rifugio Contrin
2016 m, I, am Campo di Selva im Contrintal bei Pozza di Fassa
aufgelassen/nicht mehr AV
CAI (davor S. Nürnberg)

erbaut durch S. Nürnberg; 28.7.1897 feierlich eröffnet; 1915 im 1. Weltkrieg beschädigt; wiedererrichtet durch SAT; dann betreut durch Associazione Nazionale Alpini

1897
Pravitale-Hütte
Rifugio Pradidali, Pradidali-Hütte
2278 m, I, im Val Pravitale am Laghetto bei Tonadico
aufgelassen/nicht mehr AV
CAI (davor S. Dresden)
1896/1897 erbaut durch S. Dresden; 31.8.1897 eröffnet; 1912 erweitert

1898
Schlüter-Hütte
Franz-Schlüter-Hütte, Rifugio Genova alle Odle, Rifugio Passo poma, Kreuzkofel-Hütte
2301 m, I, am Kreuzkofeljoch bei Villnöß
aktuell, aber keine AV-Schutzhütte
Autonome Provinz Bozen, Beratungsfunktion AVS u. CAI (davor CAI, davor S. Dresden)
1896–1898 erbaut durch S. Dresden; 6.8.1898 feierlich eröffnet; 1907/1908 erweitert

1898
Vajolet-Hütte
Vajolett-Hütte, Rifugio Vajolet
I, im oberen Vajolettal bei Pera di Fassa
aufgelassen/nicht mehr AV
CAI (davor S. Leipzig)
1897/1898 erbaut durch S. Leipzig; 20.8.1898 eröffnet; 23.8.1902 Anbau eröffnet; wiederholt erweitert

1900
Kölner Hütte
Alte Kölner Hütte, Rosengarten-Hütte, Rifugio Aleardo Fronza alle Coronelle

Reichenberger Hütte an der Croda da Lago

2337 m, I, am Tschagerjoch bei Welschnofen
aktuell, aber keine AV-Schutzhütte (Hütte der Autonomen Provinz Bozen)
Autonome Provinz Bozen, Beratungsfunktion AVS u. CAI (davor CAI, davor S. Rheinland-Köln)
1899/1900 erbaut durch S. Rheinland-Köln; 29.7.1900 feierlich eröffnet; wiederholt erweitert; 1966 abgebrannt; wiederaufgebaut

1902
Pisciadusee-Hütte
Pisciadu-Hütte, Rifugio Pisciadù, Rifugio Franco Cavazza al Pisciadù
2583 m, I, beim Pisciadù-See südlich des Grödner Jochs bei Corvara-Calfosch
aufgelassen/nicht mehr AV
CAI (davor S. Bamberg)
20.8.1902 eröffnet; 3.8.1903 feierlich eingeweiht

1903
Langkofel-Hütte, neue
Rifugio Vicenza al Sasso Lungo
2253 m, I, im Langkofelkar (etwas höher als die alte Langkofel-Hütte, gegen das Plattkofelkar zu) bei St. Christina
aktuell, aber keine AV-Schutzhütte (Hütte der Autonomen Provinz Bozen)
Autonome Provinz Bozen, Beratungsfunktion AVS u. CAI (davor CAI, davor Akad. S. Wien)
1903 erbaut durch Akad. S. Wien; Sommer 1903 eröffnet; 1906 erweitert

1903
Masoner-Haus
Masoner'sches Unterkunftshaus
2454 m, I, am Plateau unterhalb des Petz bei Seis a. Schlern
aufgelassen/nicht mehr AV
CAI (davor S. Bozen)
1896 erbaut durch Kreuzwirt Christl Masoner aus Völs; 1903 erworben durch S. Bozen; 1903/1904 als Schlafhaus des Schlern-Hauses adaptiert; 1904 fertig adaptiert

1903
Raschötz-Hütte
Rifugio Rasciesa
2165 m, I, an der Äußeren Raschötz bei St. Ulrich i. Gröden
aufgelassen/nicht mehr AV
CAI (davor S. Gröden)
1903 erbaut auf eigene Kosten »für und im Namen der S. Groeden« durch Kaufmann V. Vinatzer (Ausschussmitglied S. Gröden); 24.8.1903 eröffnet

1904
Sellajoch-Haus
Rifugio Passo di Sella
2179 m, I, am Sellajoch bei Wolkenstein-Plan
aufgelassen/nicht mehr AV
CAI (davor S. Bozen)
1903 erworben durch S. Bozen; 1903 eröffnet; wiederholt erweitert

1905
Reichenberger Hütte
Alte Reichenberger Hütte, Barbaria-Hütte, Rifugio Croda da Lago, Rifugio Palmieri
2066 m, I, an der Croda da Lago am Lago Fedèra bei Cortina d'Ampezzo
aufgelassen/nicht mehr AV
CAI (davor S. Reichenberg)
1901 erbaut durch Bergführer Giovanni Barbaria aus Cortina (Barbaria-Hütte); erworben durch S. Reichenberg (1.5.1905 übernommen); 1.8.1905 feierlich eröffnet; 1913/1914 erweitert; am 22.8.1914 sollte Eröffnung stattfinden (Fest abgesagt, Hütte ab 31.7.1914 geschlossen)

1906
Bamberger Haus auf Fedaja
2042 m, I, auf der Westseite des Fedajapasses bei Penia
aufgelassen/nicht mehr AV
S. Bamberg
1905/1906 erbaut durch S. Bamberg; 6.8.1906 feierlich eröffnet; im 1. Weltkrieg zerstört

1906
Ostertag-Hütte
Rotwand-Hütte, Roda di Vaèl
2283 m, I, am Sattel des Ciampàz im oberen Vajolontal bei Vigo di Fassa
aufgelassen/nicht mehr AV
CAI (davor S. Welschnofen)
7.8.1906 eröffnet als Ostertag-Hütte (nach dem Großindustriellen u. Gönner Karl Ostertag-Siegle benannt); 1983–1985 erneuert; 2007/2008 renoviert

1907
Egerer Hütte
Seekofel-Hütte, Rifugio Biella, Rifugio Biella alla Croda del Becco
2350 m, I, am Pragser Seekofel bei Cortina d'Ampezzo
aufgelassen/nicht mehr AV
CAI (davor S. Eger und Egerland)
1907 erbaut durch S. Eger und Egerland; 16.7.1907 feierlich eröffnet

Ostertag-Hütte mit Marmolata

1908
Schutzhütte Hexenhöhle
I, in der »Hexenhöhle« bei Mazzin
aufgelassen/nicht mehr AV
S. Fassa
Mitte Juli 1908 ein Teil der Höhle als Hütte eingerichtet (mit Tür, drei Fenstern, einer Pritsche, Stroh, Decken und Proviant versehen); diente hauptsächlich den mit der Erbauung der Antermojasee-Hütte beschäftigten Arbeitern, aber auch Touristen als Stützpunkt

1911
Antermojasee-Hütte
Antermoja-Hütte, Rifugio Antermoia
2497 m, I, am Antermoja-See bei Mazzin
aufgelassen/nicht mehr AV
CAI (davor S. Fassa)
1910/1911 erbaut durch S. Fassa; 20.7.1911 eröffnet

1911
Christomannos-Haus
Hotel Savoia, Albergo-Rifugio-Savoia
2250 m, I, am Pordoijoch bei Arabba
aufgelassen/nicht mehr AV
S. Meran
1910/1911 erbaut durch S. Meran; 1.8.1911 eröffnet

1914
Ciampiedie-Hütte
Ciampedie-Haus, Rifugio Ciampiedie
1998 m, I, auf der Ciampiedie-Alm bei Vigo di Fassa
aufgelassen/nicht mehr AV
CAI (davor S. Leipzig)
1904 erbaut als Berggasthaus durch Silvio Rizzi; 6.5.1913 erworben durch S. Leipzig; 1913/1914 adaptiert (kriegsbedingt nicht mehr ganz vollendet)

1914
Vallon-Hütte
Rifugio Punta Vallon, Rifugio Franz Kostner al Vallon, Franz-Kostner-Hütte
2536 m, I, am Col de Stagn an der Ostseite der Sella bei Corvara
aufgelassen/nicht mehr AV
CAI (davor S. Bamberg)
1913/1914 erbaut durch S. Bamberg, aber wegen 1. Weltkrieg nicht mehr eröffnet; wiedererrichtet; 1988 wiedereröffnet durch CAI S. Bolzano als Rifugio Franz Kostner

1946 oder später
Schlernbödele-Almhütte
I, am Schlernbödele bei Seis a. Schlern
aufgelassen/nicht mehr AV
AVS S. Bozen
nach 2. Weltkrieg Almhütte bewirtschaftet

1955 oder früher
Seiseralm-Skihütte, erste
1900 m, I, auf der Seiseralm nächst dem Dellai-Haus bei Seis a. Schlern
aufgelassen/nicht mehr AV
AVS
vor 1960 Pachtende

1960 oder früher
Seiseralm-Skihütte, zweite
1900 m, I, auf der Seiseralm nahe der zuvor genutzten Seiseralm-Skihütte bei Seis a. Schlern
aufgelassen/nicht mehr AV
AVS S. Bozen
vor 1960 gepachtet (als Ersatz für erste Seiseralm-Skihütte)

1961
Schlernbödele-Hütte, erste
1726 m, I, am Schlernbödele am Aufstieg zu den Schlernhäusern bei Seis a. Schlern
aufgelassen/nicht mehr AV
AVS S. Bozen
1958 Grund gepachtet; 1958–1961 erbaut; 1961 eröffnet; 1984 zerstört (Lawine)

1962
Peitlerknappen-Hütte
Peitler-Knappen-Hütte
1980 m, I, auf den Gampenwiesen unter dem Gabler bei Brixen-Hinterafers
aktuell, AVS-Bergheim
AVS S. Brixen
1960–1962 erbaut

1964
Brunecker Haus am Kronplatz
2265 m, I, am Kronplatz bei Bruneck
aufgelassen/nicht mehr AV
AVS S. Bruneck
1961–1964 erbaut; 1964 eingeweiht; vor 1998 abgerissen

1965
Kalt-Loch-Hütte
I, unter dem Rosengarten bei Tiers
aktuell, Sektionshütte
S. Offenburg
1965 gemietet

1969
Puflatsch-Hütte
AVS-Jugendheim auf der Seiseralm, Dibaita
1950 m, I, auf der Puflatschalm nahe der Seiseralm bei Seis a. Schlern
aufgelassen/nicht mehr AV
AVS S. Bozen
1964–1969 erbaut; 1969 feierlich eröffnet als Jugend- u. Familienheim; 2006 verkauft; 2007 umgebaut u. unter dem Namen Dibaita privat als Schutzhaus geführt

1975
Dreischuster-Hütte
Rifugio Tre Scarperi
1626 m, I, im Innerfeldtal bei Sexten
aktuell, AVS-Schutzhütte
AVS S. Drei Zinnen
1973–1975 erbaut (nahe der abgerissenen privaten Dreischuster-Hütte); 1975 feierlich eröffnet

1978
Bergheim Zanser Alm
Bergheim Zans
1680 m, I, im hinteren Villnößtal bei Villnöß
aktuell, AVS-Bergheim
AVS
verwaltet durch AVS-Jugend; 2007 umgebaut

1983
Bergheim Landro
1400 m, I, in Landro (Höhlenstein) bei Toblach
aktuell, AVS-Bergheim
AVS
verwaltet durch AVS-Jugend

1984
Lettn-Alm
Letten-Alm

2400 m, I, unterhalb der Schlern-Häuser am Schlernplateau bei Völs am Schlern
aktuell, AVS-Bergheim
AVS
verwaltet durch AVS-Jugend

1986
Schlernbödele-Hütte, zweite
Rifugio Schlernbödele, Johann-Santner-Hütte
1693 m, I, am Schlernbödele nahe der ersten Schlernbödele-Hütte bei Seis a. Schlern
aktuell, AVS-Schutzhütte
AVS S. Bozen u. S. Schlern
1985/1986 erbaut; 15.6.1986 feierlich eingeweiht

1990
Plätzwiese
I, auf der Plätzwiese bei Prags
aktuell, Sektionshütte
AVS S. Hochpustertal Ortsstelle Niederdorf/Prags

2015 oder früher
St. Zyprianer Hütte
I, bei Tiers-St. Zyprian
aktuell, Sektionshütte
S. Geltendorf

2015
Zsigmondy-Hütte
Rifugio Zsigmondy-Comici, Zsigmondy-Comici-Hütte
2224 m, I, im Oberbachertal knapp unter der im 1. Weltkrieg zerstörten Zsigmondy-Hütte des ÖAK bei Sexten
aktuell, aber keine AV-Schutzhütte (Hütte der Autonomen Provinz Bozen)
Autonome Provinz Bozen, Beratungsfunktion AVS u. CAI (davor CAI S. Padua)
1886 Vorgängerhütte (erste Zsigmondy-Hütte) erbaut durch ÖAK; 1915 zerstört (Kriegseinwirkung); 1929 Neubau durch CAI Padua an anderer Stelle fertiggestellt (zunächst nach dem Alpinisten Emil Zsigmondy benannt, nach dem 2. Weltkrieg »Comici«, nach dem Alpinisten Emilio Comici, hinzugefügt)

56 Gailtaler Alpen

»Die [Villacher] Alpenhäuser enthielten 40 Betten in separirten Zimmern und im Schlafsaale, ausserdem Schlafstellen für weitere 20 Personen. Diese Bauten waren für die damalige Zeit epochemachend, gab es doch in den Ostalpen noch kein derartiges Alpen-Gasthaus auf einem Gipfel von mehr als 2100 Meter Seehöhe. Die Thatkraft der leitenden

Ludwig-Walter-Haus auf der Villacher Alpe (Dobratsch-Gipfelhaus)

Persönlichkeiten, die sämmtlich der Section angehörten, verdient die grösste Anerkennung. [...] Heute entsprechen die baulichen Verhältnisse allerdings den Anforderungen der Neuzeit nicht mehr ganz, und werden die Alpenhäuser umgebaut werden müssen.«

Festschrift der Section Villach des Deutschen und Oesterreichischen Alpenvereines. Zur Feier des 26jährigen Bestehens 1869–1894 herausgegeben, Villach 1895, 8.

1883
Dobratsch-Gipfelhaus
Ludwig-Walter-Haus, Walter-Haus, Bleiberg-Haus, Bleiberger Haus, Touristenhaus am Dobratsch, eines der Villacher Alpen-Häuser/Dobratsch-Häuser
2143 m, A, auf der Villacher Alpe des Dobratsch bei Bad Bleiberg
aktuell, Kategorie I
S. Villach
1809/1810 als Jagdhütte (Mühlbacher Haus) erbaut; 1870/1871 Anbau eines hölzernen Schutzhauses durch Aktiengesellschaft »Villacher Alpen-Actien-Hotel« mit Unterstützung durch S. Villach (Touristenhaus am Dobratsch/Bleiberger Haus); 1871 vollendet; Juni 1883 gepachtet auf 15 Jahre durch S. Villach; um 1900 erworben; 1906/1907 vergrößert unter Einbeziehung des Mühlbacher Hauses; 1919 umbenannt in Ludwig-Walter-Haus (nach dem ehemaligen Vorsitzenden der S. Villach); 1924, 1932 saniert; 1934 Beobachtungsturms für Wetterwarte erbaut; 1935 Umgestaltung (für Winterbetrieb); 2010 neu erbaut als Dobratsch-Gipfelhaus; 21.12.2010 eröffnet als Dobratsch-Gipfelhaus

1883
Rudolfs-Haus
Rudolf-Haus, eines der Villacher Alpen-Häuser/Dobratsch-Häuser
2134 m, A, auf der Villacher Alpe des Dobratsch bei Bad Bleiberg

Karlsbader Hütte

aufgelassen/nicht mehr AV
S. Villach
1871/1872 als Schlafhaus erbaut durch Aktiengesellschaft »Villacher Alpen-Actien-Hotel« (nach Kronprinz Rudolf benannt); Juni 1883 gepachtet auf 15 Jahre durch S. Villach; um 1900 erworben; vor 1951 für Touristenverkehr nicht mehr benützbar

1886
Orsini-Rosenberg-Hütte
1650 m, A, beim Jauken südlich der Steiner Kammern bei Dellach i. Drautal
aufgelassen/nicht mehr AV
S. Villach
26.6.1886 Almhütte überlassen der S. Villach von Fürst Heinrich Orsini-Rosenberg; 1886 adaptiert; Ende Sept. 1886 eröffnet; Besuch äußerst gering; 1897 beanspruchte die fürstliche Verwaltung wieder das Verfügungsrecht

1887
Holenia-Jagdhaus
A, nahe dem Ludwig-Walter-Haus (Dobratsch-Gipfelhaus) bei Bad Bleiberg
aufgelassen/nicht mehr AV
S. Villach
1887 gepachtet als Schlafhaus; 1932 schenkt Graf Münster die Ruine des Holenia-Jagdhauses der S. Villach

1888
Karlsbader Hütte
Leitmeritzer Hütte
2260 m, A, am Laserzkar bei Tristach
aktuell, Kategorie I
S. Karlsbad (DAV Karlsbad, davor S. Teplitz-Nordböhmen)
1888 erbaut durch S. Teplitz-Nordböhmen (v.a. mit Mitteln der Leitmeritzer Mitglieder, tatkräftige Mithilfe durch S. Lienz); 30.8.1888 eröffnet als Leitmeritzer-Hütte; 1906 Ankauf durch S. Karlsbad; 8.9.1908 Zubau eröffnet; 1923/1924, 1975 erweitert; 2012 Abschluss Erweiterung u. Sanierung

1889
Goldeck-Hütte
Goldegg-Hütte
1945 m, A, nordöstlich vom Goldeck bei Spital a. d. D.
aktuell, Kategorie I
S. Spittal a. d. Drau (davor S. Villach)
1889 erbaut durch S. Villach; 1.9.1889 eröffnet; 1898 übernommen durch S. Oberdrautal (= S. Spittal a. d. Drau); 1929 erweitert; ab 1975 generalsaniert

1898
Rauchkofel-Hütte
Lienzer Rauchkofel-Hütte, Rauchkofel-Gloriette
1910 m, A, am Rauchkofel bei Lienz
aufgelassen/nicht mehr AV
S. Lienz
1898 errichtet (bereits 1894 beschäftigte man sich mit der Errichtung einer »Gloriette«); um 1943 Dach stark verfallen

1923 oder früher
Talherberge im Widmanneum
A, in Villach
aufgelassen/nicht mehr AV
S. Villach

1925
Talherberge St. Lorenzen im Lesachtal
1128 m, A, in Salchers Gasthof Post in St. Lorenzen i. Lesachtal
aufgelassen/nicht mehr AV
S. Austria
1925 eingerichtet; 17.8.1925 festlich eröffnet

1926 oder früher
AV-Heim Wacht im Lesachtal
Talherberge Wacht
1200 m, A, im Gasthaus Zur Wacht im Lesachtal bei Maria Luggau
aufgelassen/nicht mehr AV
S. Austria
im Gasthof »Zur Wacht« des Josef Reifenzein eingerichtet

1926 ca.
AV-Heim Birnbaum im Gasthaus Edelweiß
947 m, A, im Gasthaus Edelweiß in Lesachtal-Birnbaum
aufgelassen/nicht mehr AV
S. Austria
im Gasthaus »Zum Edelweiß« der Frau Seirer eingerichtet

1926 ca.
AV-Heim Birnbaum im Gasthaus Post
Birnbaumer Wirt

947 m, A, im Gasthaus Post in Lesachtal-Birnbaum
aufgelassen/nicht mehr AV
S. Austria
bei Johann Huber d. J. (Birnbaumer Wirt, Gasthof Post)
eingerichtet

1926 ca.
AV-Heim Liesing im Lesachtal
1043 m, A, im Gasthof Leopold Salcher in Liesing
aufgelassen/nicht mehr AV
S. Austria
im Gasthof Mitterberger eingerichtet (dann Gasthof Salcher)

1926 ca.
AV-Heim St. Jakob im Lesachtal
Talheim St. Jakob
A, im Gasthof Zum Löwen in St. Jakob i. Lesachtal
aufgelassen/nicht mehr AV
S. Austria
im Hause des Adam Kofler

1927
E.-T.-Compton-Hütte
Compton-Hütte
1650 m, A, nördlich des Reißkofels bei Greifenburg-Bruggen
aktuell, Kategorie I
S. Austria (davor S. Kärntner Oberland)
bereits 1914 Vorarbeiten zum Bau durch S. Kärntner
Oberland; 1925 erworben durch S. Austria; 1925–1927
fertiggestellt; 26.6.1927 vorläufig eröffnet; 12.8.1928 feierlich eröffnet

1931 oder früher
AV-Heim Kartitsch Gasthof Post
1356 m, A, im Gasthof Post (Georg Ebner) in Kartitsch
aufgelassen/nicht mehr AV
S. Austria
im Gasthof Hueber eingerichtet (dann im Gasthof des
Georg Ebner)

1931 oder früher
AV-Heim Kartitsch Gasthof Waldruhe
1356 m, A, im Gasthof Waldruhe in Kartitsch
aufgelassen/nicht mehr AV
S. Austria

1931 oder früher
AV-Heim Obertilliach
1450 m, A, im Gasthof Josef Weiler in Obertilliach
aufgelassen/nicht mehr AV
S. Austria

Linder-Hütte des ÖTK mit Laserz-Gruppe

1931
Hochstadel-Haus
1780 m, A, an der Ostseite des Hochstadels bei
Oberdrauburg
aufgelassen/nicht mehr AV
ÖTK (1931–1945 S. ÖTK Gr. Oberdrauburg)
1887/1888 erbaut; 15.8.1888 eröffnet

1931
Kerschbaumeralm-Schutzhaus
1902 m, A, auf der Kerschbaumer Alm bei Oberdrauburg
aufgelassen/nicht mehr AV
ÖTK (1931–1945 S. ÖTK Gr. Lienz)
1926 erbaut

1931
Linder-Hütte
2683 m, A, am Spitzkofelgrat bei Lienz
aufgelassen/nicht mehr AV
ÖTK (1931–1945 S. ÖTK Gr. Lienz)
um 1883/1884 erbaut durch Ignaz Linder aus Lienz;
17.8.1884 eröffnet; 1886 erworben durch ÖTK; 1889
umgebaut; bereits vor 1943 wegen Sturmschadens nicht
benutzbar; 1959 wiedererrichtet

1938
Alpenraute-Hütte
A, bei Tristach
aufgelassen/nicht mehr AV
**AG Alpenraute (1938–1945 Kameradschaft Alpenraute der
Gruppe Lienz der S. ÖTK)**
16.9.1923 eingeweiht

1939 oder früher
Reißkofelbad-Alpenvereinsheim
AV-Herberge Reißkofelbad
986 m, A, am Südfuß des Reißkofels bei Reisach
aufgelassen/nicht mehr AV
S. Austria

Weißbriacher Hütte

Reißkofel-Biwak, 2002

1951 oder früher
AV-Heim Kartitsch
1356 m, A, Gasthof Neuwirt (Bodner) in Kartitsch
aufgelassen/nicht mehr AV
S. Austria

1951 oder früher
AV-Heim Kötschach
A, in Kötschach
aufgelassen/nicht mehr AV
S. Austria

1951 oder früher
Talherberge Mattling
A, im Gasthaus Wurzer in Lesachtal-Mattling
aufgelassen/nicht mehr AV
S. Austria

1951 oder früher
Talherberge St. Lorenzen im Lesachtal
1128 m, A, im Gasthaus Alpenrose in St. Lorenzen i. Lesachtal
aufgelassen/nicht mehr AV
S. Austria

1961 oder früher
AV-Heim Liesing im Lesachtal
A, im Gasthaus Kristler in Liesing
aufgelassen/nicht mehr AV
S. Austria

1970
Weißbriacher Hütte
Weißbriach-Hütte, Napaln-Alm, Napal-Alm
1567 m, A, auf der Napalnalm südlich des Kumitsch bei Weißbriach
aktuell, Kategorie I
S. Hermagor

1970 Almhütte der Nachbarschaft Weißbriach gepachtet; 1982 abgebrannt; 1984 neu errichtet

1975
Reißkofel-Biwak
Reißkofel-Unterstandshütte
1799 m, A, an der Westseite des Reißkofels bei Dellach i. Gailtal
aktuell, Kategorie I
S. Obergailtal-Lesachtal (davor S. Austria)
1975 erbaut

57a Karnischer Hauptkamm

»Wie wenige Alpenfreunde und Bergsteiger kannten vor dem Weltkriege die lange Kette des Karnischen Kammes, wußten überhaupt etwas von dem Vorhandensein und von der örtlichen Lage der sanften, grünen und der schroffen, wild gezackten Bergeshäupter, die tief da drunten zwischen Kärnten und Italien in den südlichen Himmel wachsen? […] Freilich besaß die A.-V.-S. Austria am Wolayersee eine Schutzhütte, die sich in trauter Anlehnung an stolzragende Gipfel in den klaren Fluten eines prächtigen Sees spiegelte, doch der Hüttenpächter wurde von Alpenwanderern nur selten in seinem beschaulichen Dasein gestört. Und auch die alte Naßfeldhütte der ehemaligen A.-V.-S. Gailtal sah nur Besuch aus dem eigenen Lande.«

Eduard Pichl, Führer durch die Karnische Hauptkette unter Berücksichtigung der südlichen Lienzer Dolomiten und östlichen Gailtaler Alpen, Wien 1929, III.

1887
Nassfeld-Hütte, erste
Alte Naßfeld-Hütte
1550 m, A, oberhalb der alten Straße auf der Auernigseite des Gailtaler Nassfelds, östlich der Passhöhe bei Tröpolach
aufgelassen/nicht mehr AV

S. Gailtal

1887 erbaut durch S. Gailtal (mit Hilfe eines namhaften Geldbetrags, der von einem Hamburger Kaufmann für den Bau einer Hütte »am Naßfeld« gestiftet worden war; allerdings meinte er das Gasteiner Nassfeld!); 21.7.1887 feierlich eröffnet; um 1912 bereits in sehr schlechtem Zustand; dann abgebrannt; am 29.9.1913 als bewirtschaftete Hütte geschlossen; dann noch als offene Unterstandshütte in Verwendung; im 1. Weltkrieg abgebrannt

1891
Helm-Hütte
Rifugio Elmo
2433 m, I, auf dem Helm-Gipfel bei Sillian
aufgelassen/nicht mehr AV
Gemeinde Sexten (davor Land Südtirol, davor Finanzwache, davor S. Sillian)
1889–1891 erbaut samt Aussichtsterrasse am Dach durch S. Sillian; 20.7.1891 feierlich eröffnet; enteignet und als Zollgebäude genutzt (Dachterrasse abgetragen); nach 1945 zunehmender Verfall; 1999 Übergabe an Land Südtirol; 2013 Ruine verkauft an Gemeinde Sexten (Erhaltung des direkt an der Grenze gelegenen, geschichtsträchtigen Gebäudes geplant, Umgestaltung – eventuell zu einem Dokumentationszentrum/Museum – diskutiert)

1897
Wolayersee-Hütte
Eduard-Pichl-Hütte, Pichl-Hütte am Wolayersee
1960 m, A, am Wolayersee bei Lesachtal-Birnbaum
aktuell, Kategorie I
S. Austria (davor S. Obergailtal)
1896/1897 erbaut; 10.8.1897 feierliche eröffnet (als Wolayersee-Hütte); 1908 abgetreten an S. Austria; Juni 1915 zerstört; 1922/1923 wiedererrichtet (als Eduard-Pichl-Hütte eingeweiht); 1929/1930 erweitert; im 2. Weltkrieg zerstört; 1949/1950 wiedererrichtet; um 1985 erweitert; 2002 rückbenannt

1914
Nassfeld-Hütte, zweite
Neue Naßfeld-Hütte
A, unterhalb der alten Straße am Gailtaler Nassfeld knapp unterhalb der 1. Nassfeld-Hütte am Fuß des Auernig bei Tröpolach
aufgelassen/nicht mehr AV
S. Gailtal
1913/1914 erbaut durch S. Gailtal (als Ersatz für desolate erste Nassfeld-Hütte); 1.8.1914 eingeweiht; 12.3.1916 zerstört (Lawine)

Eduard Pichl (sitzend) vor der Akademiker-Hütte

1918
Nassfeld-Notunterkunft
Baracke
A, am Gailtaler Nassfeld bei Tröpolach
aufgelassen/nicht mehr AV
S. Villach (davor S. Gailtal)
1920 Offiziersbaracke aus dem Weltkrieg angekauft u. als Notunterkunft adaptiert durch S. Gailtal; 1926 Anschluss der S. Gailtal als Gau Gailtal an S. Villach; 1926 Baracke abgerissen

1921
Akademiker-Hütte
Akademiker-Hütte am Wolayersee
1978 m, A, auf der Ostseite des Frauenhügels oberhalb der Wolayersee-Hütte bei Lesachtal-Birnbaum
aufgelassen/nicht mehr AV
S. Austria
1921 beschädigte Kriegsbaracke notdürftig hergerichtet durch Mitglieder der Austria-Bergsteigerschaft u. der Akad. S. Wien; 1921 benützt; 1925, 1932 verbessert u. eingerichtet (als Unterkunft der Bergsteigerschaft u. als Ausweichquartier für Wolayersee-Hütte); im 2. Weltkrieg zerstört

1925
Raudenscharten-Hütte
2298 m, A, in der Raudenscharte bei Liesing-Obergail
aufgelassen/nicht mehr AV
S. Austria
als Militärbaracke errichtet; 1925 instand gesetzt, adaptiert u. eröffnet durch S. Austria; im 2. Weltkrieg zerstört

1925
Talherberge Mauthen
AV-Herberge Mauthen
707 m, A, im Gasthof Planner in Kötschach-Mauthen
aufgelassen/nicht mehr AV

Alte Porze-Hütte

Parkplatznot vor der vierten Nassfeld-Hütte, 1962

S. Austria
1925 in Planners Gasthof eingerichtet (um eine billige Talunterkunft zu schaffen); 15.8.1925 festlich eröffnet

1925
Torkar-Hütte
Torkarl-Hütte
2467 m, A, südöstlich der Torkarspitze bei St. Lorenzen i. Lesachtal
aufgelassen/nicht mehr AV
S. Austria
im 1. Weltkrieg erbaut als Militärbaracke; 1925 instand gesetzt u. adaptiert; 17.8.1925 eröffnet; im 2. Weltkrieg zerstört

1926 oder früher
AV-Heim Plöcken-Haus
AV-Talherberge Plöcken-Haus
1215 m, A, nördlich des Plöckenpasses bei Kötschach-Mauthen
aufgelassen/nicht mehr AV
S. Austria

1926
Porze-Hütte
Alte Porze-Hütte
1813 m, A, an der Nordseite des Tilliacher Jochs unterhalb der Neuen Porze-Hütte bei Obertilliach
aufgelassen/nicht mehr AV
S. Austria
1926 mit Material einer Kriegsbaracke erbaut; Sept. 1926 eröffnet; Feb. 1931 zerstört (Lawine)

1926
Stranig-Hütte
A, auf der Straniger Alm bei Kirchbach-Stranig
aufgelassen/nicht mehr AV
S. Villach

1926 gepachtet für Wintersaison, aber noch nicht adaptiert, daher nur als Unterschlupf untertags tauglich; bereits 1927 Pacht beendet

1927 oder früher
Rattendorfer Zollhaus
A, in Rattendorf bei Hermagor
aufgelassen/nicht mehr AV
S. Villach

1927 oder früher
Tilliacher Hütte
A, bei Ober- u. Untertilliach
aufgelassen/nicht mehr AV
S. Austria
um 1926/1927 ehemalige Kriegsbaracke adaptiert

1927
Hochweißstein-Haus
1868 m, A, auf der Johanniseben unter dem Hochalpljoch bei St. Lorenzen i. Lesachtal
aktuell, Kategorie I
S. Austria
1926–1928 erbaut (um die Bestrebungen des AV Donauland, im Frohntal eine Hütte zu errichten, zu vereiteln); 1927 eröffnet; 9.7.1928 eingeweiht; 1949/1950 Neubau; 1975, 2009/2010 umgebaut

1927
Nassfeld-Hütte, dritte bzw. vierte
1513 m, A, am Gailtaler Nassfeld bei Tröpolach
aufgelassen/nicht mehr AV
S. Hermagor (davor S. Villach)
1926/1927 erbaut durch S. Villach (= 3. Nassfeld-Hütte); 3.7.1927 feierlich eröffnet; 1927 Übernahme der Naßfeldkirche (erbaut durch Kriegsbesatzung); 1927 Übernahme des Heldengrabs (errichtet durch Schwarzes Kreuz); Mai 1945 Hütte abgebrannt; 1948 neu erbaut durch S. Her-

magor (= 4. Nassfeld-Hütte); 25.11.1948 provisorische Inbetriebnahme; 1952 Bau vollendet; 15.1.1968 abgebrannt

1927
Reiterkar-Hütte
2220 m, A, südöstlich der Reiterkarspitze bei Untertilliach
aufgelassen/nicht mehr AV
S. Austria
1927 fertiggestellt (ursprünglich sollte sie auf einem benachbarten Platz in einer ehemaligen Kriegsbaracke eingerichtet werden, die jedoch bereits in einem zu schlechten Zustand war); 10.7.1928 eröffnet; im 2. Weltkrieg zerstört

1927
Steinkar-Hütte
2520 m, A, an der Steinkarspitze bei Maria Luggau
aufgelassen/nicht mehr AV
S. Austria
1927 ehemalige Kriegsbaracke adaptiert; 9.7.1927 eröffnet; im 2. Weltkrieg zerstört (abgebrannt)

1928
Talherberge Kötschach
AV-Herberge Kötschach bzw. Mauthen
707 m, A, im Gasthof Semmelrock in Kötschach-Mauthen
aufgelassen/nicht mehr AV
S. Austria
1928 im Bahngasthof des Anton Semmelrock eingerichtet (um den wachsenden Bedürfnissen zu entsprechen)

1930
Obstansersee-Hütte
Obstanzersee-Hütte
2300 m, A, am Obstansersee bei Kartitsch
aktuell, Kategorie I
S. Austria
1930 erbaut; 13.7.1930 eröffnet; 1980 Neubau; 2003 erweitert; 2006 Nebengebäude angekauft

1931 oder früher
AV-Heim Mauthner Alpe
A, oberhalb von Kötschach-Mauthen
aufgelassen/nicht mehr AV
S. Austria
im Gebäude des Johann Huber

1931 oder früher
AV-Heim Mautneralm
1750 m, A, bei Kötschach-Mauthen
aufgelassen/nicht mehr AV
S. Austria

1931 oder früher
AV-Heim Nostra bei Birnbaum
1038 m, A, am Weg zur Wolayersee-Hütte bei Lesachtal-Birnbaum
aufgelassen/nicht mehr AV
S. Austria
im Hause der Maria Zobernig eingerichtet

1931 oder früher
AV-Heim Obere Bischofalm
A, ober Würmlach bei Kötschach-Mauthen
aufgelassen/nicht mehr AV
S. Austria
im Winter Skihütte mit AV-Schloss, im Sommer bewirtschaftet durch Besitzer

1931 oder früher
AV-Heim Sittmoos im Lesachtal
891 m, A, in Sittmoos bei Kötschach-Mauthen
aufgelassen/nicht mehr AV
S. Austria
im Hause des Hans Kofler in Sittmoos eingerichtet

1931 oder früher
AV-Heim Untere Bischofalm
A, ober Würmlach bei Kötschach-Mauthen
aufgelassen/nicht mehr AV
S. Austria

1931
Porze-Hütte
Neue Porze-Hütte
1942 m, A, nordöstlich der Porze bei Obertilliach
aktuell, Kategorie I
S. Austria
1931 erbaut (als Ersatz für die zerstörte Alte Porze-Hütte); dann zerstört bzw. verfallen; Notbiwak; 1976 Neubau; wiederholt erweitert

1932 oder früher
AV-Heim Untere Valentinalm
1200 m, A, auf der Unteren Valentinalm bei Kötschach-Mauthen
aufgelassen/nicht mehr AV
S. Austria

1936 oder früher
Hochgränten-Hütte
2430 m, A, am Hochgräntensee bei Kartitsch-Hollbruck
aufgelassen/nicht mehr AV
S. Austria
eine der Baracken adaptiert als bescheidener Unterstand durch S. Austria

Eiskar-Biwak

Mitterkar-Biwak, 1994

Zollnersee-Hütte in Bau, 1975

1936
Viktor-Hinterberger-Hütte
Hinterberger-Hütte
2418 m, A, am Füllhornssattel etwas unterhalb der neuen Sillianer Hütte bei Sillian
aufgelassen/nicht mehr AV
S. Sillian (davor S. Austria)
1936 erbaut durch S. Austria; 16.8.1936 eröffnet; 1981 erworben durch S. Sillian; 1988 abgetragen (nach Bau der neuen Sillianer Hütte)

1970
Nassfeld-Haus, fünftes
Nassfeld-Hütte
1513 m, A, am Gailtaler Nassfeld bei Tröpolach
aufgelassen/nicht mehr AV
S. Hermagor
1969/1970 erbaut durch S. Hermagor; Jän. 1970 Inbetriebnahme; 4.7.1970 feierlich eingeweiht; 2000 verkauft u. als Hotel privat weitergeführt

1976 oder früher
Eiskar-Biwak
Eiskar-Hüttl, Eiskar-Hütte
2100 m, A, unter der Kellerwand am Kunkkopf nahe der Oberen Valentinalm bei Kötschach-Mauthen
aufgelassen/nicht mehr AV
S. Austria
Biwak in einer Weltkriegskaverne (eine Zeit lang betreut durch S. Austria Gr. Kötschach)

1976 oder früher
Garnitzenklamm-Hütte
Garnitzenklamm-Unterstandshütte, Garnitzen-Hütte
894 m, A, in der Mitte der Garnitzenklamm bei Hermagor
aktuell, offener Unterstand
S. Hermagor

1976
Mitterkar-Biwak
Mitterkar-Hütte
1973 m, A, nordwestlich der Steinkarspitze bei Untertilliach
aktuell, Kategorie I
S. Austria
1976 erbaut; 2009 erneuert

1976
Zollnersee-Hütte
Dr.-Steinwender-Hütte
1750 m, A, nahe dem Zollner See bei Weidenburg bei Kötschach-Mauthen
aktuell, Kategorie I
S. Obergailtal-Lesachtal (davor S. Austria)
1975/1976 errichtet (nach dem Leiter der Ortsgruppe Kötschach-Mauthen benannt); 1993/1994 generalsaniert; 10.7.1994 wiedereröffnet; 2006 erworben durch S. Obergailtal-Lesachtal

1977
Filmoor-Standschützen-Hütte
Standschützen-Hütte, Biwak Stuckensee-Filmoor

Triglav-Hütte gegen den Pihavec

2350 m, A, südöstlich der Großen Kinigat bei Kartitsch
aktuell, Kategorie I
S. Austria
1976/1977 erbaut; 14.8.1977 eingeweiht; 1991 umgebaut; 1999/2000 daneben Baracke als kleines Schlafhaus aufgestellt; 2007 neues Schlafhaus erbaut; 2014 Hütte erweitert

1978
Letterspitz-Biwak
Letterspitz-Notunterkunft
2080 m, A, bei Liesing
aufgelassen/nicht mehr AV
S. Austria
veräußert

1986
Sillianer Hütte, neue
2447 m, A, westlich der Hochgrubenspitze bei Sillian
aktuell, Kategorie I
S. Sillian
1984–1986 erbaut; 31.8.1986 feierlich eröffnet

58 Julische Alpen

»Weitaus für den Alpinisten interessanter sind die Julischen Alpen, die aus Dachsteinkalk aufgebaut, den durch diesen bedingten landschaftlichen Charakter aufweisen und den nördlichen Kalkalpen ähnlich, wie diese schroffe und wilde Gipfelformen, zackige Kämme und Steilwände zeigen. Auch dieses Gebiet ist jedoch – ebenfalls seiner entfernten Lage wegen – noch nicht so gewürdigt, wie es verdient wäre.«

Johannes Emmer, Zeitschrift des DuOeAV 1894, 346.

1875
Mangart-Hütte
Manhart-Hütte, Rifugio Giuseppe Sillani, alte Koča na Mangrtu
1919 m, Slowenien, nahe dem Mangart am sog. »Glatten Felsen« (glad rob) bei Raibl (Cave del Predil)
aufgelassen/nicht mehr AV
CAI (davor S. Villach)
1874/1875 erbaut; 15.8.1875 feierlich eröffnet; 1881 durch Brandlegung beschädigt; 27.10.1882 durch Föhnsturm zerstört; 1883 wiederhergestellt; 1911 erweitert; im 1. Weltkrieg »alles Bewegliche« zum Ausbau von Schützengräben u. Unterständen nördlich von Flitsch verwendet; wiederaufgebaut als Rifugio Giuseppe Sillani durch CAI; 9.7.1922 eingeweiht; im 2. Weltkrieg zerstört; 1956 wiedererrichtet als Koča na Mangrtskem sedlu; 1981 geschlossen

1877
Maria-Theresien-Hütte
Maria-Theresia-Hütte, Triglav-Hütte, Dom planika, Alexandrov dom
2408 m, Slowenien, unter dem Kleinen Triglav zwischen dem Kermatal und der Mulde von Belopolje bei Mojstrana
aufgelassen/nicht mehr AV
Slowen. AV (davor S. Krain, davor ÖTK, davor S. Krain)
1877 erbaut durch S. Krain; 8.9.1877 Eröffnung geplant, aber wegen Witterung verschoben; Sept. 1877 eröffnet; 1880 an ÖTK verkauft (1.8.1880 übernommen); Juni 1903 durch DuOeAV zurückgekauft; 1911 neu gebaut; nach dem 1. Weltkrieg an Jugoslawien gefallen

Seisera-Hütte gegen Balitzengrat

1880
Wischberg-Hütte
Traufwand-Hütte
1908 m, I, an der südöstlichen Abdachung der Kastreinspitze unter dem Wischberg (Jôf Fuârt) bei Raibl (Cave del Predil)
aufgelassen/nicht mehr AV
S. Villach
1880 erbaut; 1.8.1880 eröffnet (Bau angeregt durch Sektionsobmann Findenegg); nach 1901 wegen Feuchtigkeit aufgelassen (an anderer Stelle Findenegg-Hütte errichtet)

1881
Baumbach-Hütte
622 m, Slowenien, im Trentatal bei Mojstrana
aufgelassen/nicht mehr AV
S. Küstenland (Club Alpinisti Triestini)
1881 erworben durch S. Küstenland; 10.7.1881 feierlich eröffnet (nach Dichter des »Zlatorog« u. Sektionsmitglied Baumbach benannt)

1887
Deschmann-Haus
Deschmann-Hütte, Triglav-Hütte, Staniceva Koza, Stanicev Dom
2332 m, Slowenien, nordöstlich der Kredariza am Triglav bei Mojstrana
aufgelassen/nicht mehr AV
Slowen. AV (davor S. Krain)
1886/1887 erbaut durch S. Krain; 31.7.1887 feierlich eröffnet; 1888 zu Ehren des Obmanns Karl Deschmann benannt; 1894/1895, 1905 erweitert; nach dem 1. Weltkrieg an Jugoslawien gefallen

1894
Canin-Hütte
Rifugio Ruggero Timeus Fauro
1810 m, I, südöstlich des Canin bei Bovec (Flitsch)
aufgelassen/nicht mehr AV
CAI (davor S. Küstenland, davor S. Görz)
1893/1894 erbaut durch S. Görz; 20.8.1894 feierlich eröffnet

1896
Seisera-Hütte
1010 m, I, im Seiseratal (Val Saisera) am Fuße des Montasch (Jôf di Montasio) bei Tarvis (Tarvisio)
aufgelassen/nicht mehr AV
S. Villach
erbaut durch S. Villach; 26.7.1896 feierlich eröffnet; im 1. Weltkrieg niedergebrannt »um dem Feinde einen Unterschlupf zu nehmen«

1901
Voss-Hütte
Voß-Hütte, Mojstrovka-Hütte, Erjavceva koca
1523 m, Slowenien, auf einem Hügel knapp unter der Höhe des Mojstrovka-Passes (Werschetzsattel/Vršič-Pass) bei Kranjska Gora (Kronau)
aufgelassen/nicht mehr AV
Slowen. AV (davor S. Neuland, davor Slowen. AV; davor S. Krain)
1900/1901 erbaut, 14.7.1901 eröffnet durch S. Krain (nach dem Botaniker Wilhelm Voss benannt); nach dem 1. Weltkrieg an Jugoslawien gefallen; um 1942 vorübergehend durch S. Neuland übernommen, jedoch so gut wie gar nicht genutzt, da von Zöllnern belegt

1902
Findenegg-Hütte
Hermann-Findenegg-Hütte, neue Wischberg-Hütte, Rifugio Guido Corsi, Corsi-Hütte
1854 m, I, südöstlich des Wischbergs (Jôf Fuârt) bei Raibl (Cave del Predil)
aufgelassen/nicht mehr AV
CAI (davor S. Villach)
1902 erbaut (Ersatz für aufgelassene Wischberg-Hütte); 3.8.1902 feierlich eröffnet (nach Obmann Hermann Findenegg benannt); im 1. Weltkrieg abgetragen durch Militär (Material zum Bau der Scotti-Hütte am Wischberggipfel verwendet); 1925 Findenegg-Hütte als Scorsi-Hütte wiederaufgebaut durch CAI

1903
Triglavseen-Hütte
Koca pri Triglavskih jezerih
1683 m, Slowenien, beim Doppelsee (Dvojno jezero) im Sieben-Seen-Tal an der Südseite des Triglav bei Bohinjska Bistrica (Wochein Feistritz)
aufgelassen/nicht mehr AV

Slowen. AV (davor S. Krain, davor ÖTK)
1880 erbaut durch ÖTK; 2.8.1880 eröffnet; Juni 1903 erworben durch DuOeAV u. S. Krain übergeben; 1914 Neubau; nach dem 1. Weltkrieg an Jugoslawien gefallen

1914
Hubertus-Hütte
946 m, Slowenien, im Uratatal bei Mojstrana
aufgelassen/nicht mehr AV
Slowen. AV (davor S. Krain)
1914 erworben durch S. Krain; nach dem 1. Weltkrieg an Jugoslawien gefallen

59 Karawanken und Bachergebirge

»Ihr landschaftlicher Charakter entspringt aus dem Grundzuge, vom Süden sanft aufzusteigen und bis hoch hinauf bematte Rücken zu besitzen, nach Norden aber in steilen Wänden abzustürzen. Diese Erscheinung, welche sogleich auf der einen Seite wildromantische Partien, auf der andern sanfte, leicht zu begehende Lehnen erwarten lässt, tritt in dem ausgedehnten Gebirge nun in den verschiedenartigsten Variationen auf. […] Sämmtliche Höhen der Karawanken sind anerkanntermassen eminente Aussichtspunkte, sowohl in die Umgebung als auch in die Weite.«
Ludwig Jahne, Führer durch die Karawanken, um 1896, 3.

1885
Bertha-Hütte
Alte Berta-Hütte
1610 m, A, auf der Jepiza-Alpe am nordwestlichen Abhang des Mittagskogels bei Greuth
aufgelassen/nicht mehr AV
S. Villach
1885 erbaut durch S. Villach; Ende Aug. 1885 fertiggestellt u. geöffnet; 4.7.1886 feierlich eingeweiht (benannt nach der Frau des verdienstvollen Mitglieds Anton Moritsch); 15.10.1920 zerstört (Brandlegung)

1886
Stou-Hütte
967 m, A, am Ausgang des Bärentals am Fuß des Hochstuhls bei Feistritz
aufgelassen/nicht mehr AV
S. Klagenfurt
1886 Jagdhütte gepachtet u. adaptiert; ab 24.8.1886 geöffnet; 1906 Pachtende

Reger Betrieb auf der Klagenfurter Hütte, vor 1909

1892
Golica-Hütte
Kahlkogel-Hütte, Spodnja Koca na Golici
1582 m, Slowenien, am Südabhang der Golica (Kahlkogel) bei Jesenice (Aßling)
aufgelassen/nicht mehr AV
Slowen. AV (davor S. Krain)
28.8.1892 feierlich eröffnet durch S. Krain; 14.9.1902 nach Erweiterung eröffnet; nach dem 1. Weltkrieg an Jugoslawien gefallen

1903
Valvasor-Haus
Valvasor-Hütte, Valvasorjev dom pod Stolom, Valvasorjeva Koca
1180 m, Slowenien, südwestlich des Hochstuhls bei Žirovnica (Scheraunitz)
aufgelassen/nicht mehr AV
Slowen. AV (davor S. Krain)
1883 Bergwerksgebäude erworben u. adaptiert durch ÖTK; 1903 durch DuOeAV erworben; ab 8.11.1903 unter Verwaltung der S. Krain; nach dem 1. Weltkrieg an Jugoslawien gefallen

1906
Klagenfurter Hütte
1664 m, A, auf der Matschacher Alm bei Feistritz
aktuell, Kategorie I
S. Klagenfurt
1905/1906 Grund gepachtet u. Hütte erbaut durch den Gau Karawanken der S. Klagenfurt; 16.9.1906 eröffnet; wiederholt erweitert; 1934 Hütte übergeben an S. Klagenfurt (die den Grund erworben hatte); 18.5.1943 abgebrannt; 1950–1952 wiedererrichtet; 5.10.1952 feierlich eröffnet; 1981/1982 erweitert

Bleiburger Hütte

1912
Ursulaberg-Haus
Ursulska Koca
1696 m, Slowenien, am Gipfel des Ursulabergs (Uršlja gora) bei Windischgrätz (Slovenj Gradec)
aufgelassen/nicht mehr AV
Slowen. AV (davor S. Klagenfurt, davor S. Cilli)
1910 altes Steinhaus samt Grund übernommen durch S. Cilli (Geschenk Graf Thurn); S. Cilli sieht sich nicht über die Durchführung der notwendigen Baumaßnahmen aus; 1911 Haus übernommen durch S. Klagenfurt Gau Karawanken; 1911/1912 Aus- bzw. Neubau; 14.7.1912 feierlich eröffnet; 1918 letztmalig als Hütte der S. Klagenfurt Gau Karawanken geöffnet; nach dem 1. Weltkrieg an Jugoslawien gefallen; 29.8.1942 abgebrannt

1925
Berta-Hütte, zweite
Neue Berta-Hütte
1567 m, A, auf der oberen Ferlacher Alm am Großen Mittagskogel bei Ledenitzen
aufgelassen/nicht mehr AV
S. Villach
1925 erbaut (als Ersatz für alte Berta-Hütte); 27.9.1925 eröffnet; 1945 zerstört (Brandstiftung)

1930
Bärentaler Jugendherberge
Jugendherberge Bärental
1080 m, A, im Bärental bei Feistritz
aufgelassen/nicht mehr AV
S. Klagenfurt
1930 erbaut; 28.9.1930 feierlich eingeweiht; 20.4.1944 abgebrannt

1931
Hann-Warte
A, beim Rainer-Schutzhaus am Hochobir bei Eisenkappel
aufgelassen/nicht mehr AV
ÖTK (1931–1945 S. ÖTK Gr. Wien)
errichtet durch die meteorologische Gesellschaft; 10.10.1891 feierlich eröffnet

1931
Rainer-Schutzhaus
2047 m, A, am Hochobir bei Eisenkappel
aufgelassen/nicht mehr AV
ÖTK (1931–1945 S. ÖTK)
1845 erbaut als Knappenhaus; 1878 übernommen durch ÖTK Eisenkappel; 17.8.1878 eröffnet; 1891 renoviert; 1906 erworben; 1906/1908 Neubau; 12.7.1908 neues Haus eröffnet; 1944 zerstört

1933
Bleiburger Hütte
2111 m, A, bei der Kniepsquelle auf der Petzen bei St. Michael-Petzen
aufgelassen/nicht mehr AV
S. Klagenfurt
1932/1933 erbaut (initiiert u. Bau begonnen durch Ing. Drugowitsch, u.a. mit Unterstützung seiner Wiener Burschenschaft, durch S. Klagenfurt vollendet); 21.10.1933 eröffnet; 15.7.1934 feierlich eingeweiht; 24.6.1943 abgebrannt

1939
Koschuta-Haus
1279 m, A, am Nordhang des Koschuta bei Zell-Pfarre
aufgelassen/nicht mehr AV
TV Naturfreunde (1934–1938 Bergfreude, 1938/1939 DJH, 1938–1945 DAV bzw. S. Klagenfurt)
1930/1931 erbaut durch TV Naturfreunde; 17.7.1932 eröffnet; nach Verbot der Naturfreunde übernommen durch Bergfreunde; 1938 übernommen durch Reichsverband für Deutsche Jugendherbergen; 1939 erworben durch DAV; 15.1.1943 erworben durch S. Klagenfurt

1957
Mittagskogel-Hütte
1566 m, A, beim Platz der ehemaligen Berta-Hütte auf der oberen Ferlacher Alm
aktuell, Jugendherberge/Jugendheim
S. Villach
von Herrschaft Liechtenstein der S. Villach übergeben als Ersatz für zerstörte Berta-Hütte; 1956/1957 adaptiert; 7.7.1957 eröffnet; dann Jugend-Bergheim (Hütte der AV-Jugend Villach)

1963
Berta-Hütte, dritte
1567 m, A, beim Platz der ehemaligen Berta-Hütte auf der oberen Ferlacher Alm bei Ledenitzen
aktuell, Kategorie I
S. Villach
1961–1963 erbaut; 4.7.1963 feierlich eröffnet

60 Steiner Alpen

»Die Steiner Alpen sind das Arbeitsgebiet der S. Cilli, welche hier die Korosiča- und Okrešelhütte besitzt, deren zeitgemässe Umgestaltung im Zuge ist. Bedeutsam waren hier die schwierigen Wegbauten der genannten Sektion, wie jene über den Steinersattel und Rinkafall-Okrešelhütte, auch hat sie im Logarthale durch Gewährung eines Darlehens die Entstehung eines Touristenhauses ermöglicht.«
Johannes Emmer, Zeitschrift des DuOeAV 1894, 348.

1882
Koroschitza-Hütte
Korošica-Hütte, Ko a na Korošici
1807 m, Slowenien, am Plateau östlich der Ojstrica bei Luče (Leutsch)
aufgelassen/nicht mehr AV
Slowen. AV (davor S. Cilli, davor S. Graz)
1876 erbaut durch Steirischen Gebirgsverein (angeregt durch Dr. Joh. Frischauf, unterstützt durch S. Austria); 1881 abgebrannt; 1882 wiedererrichtet durch S. Graz (angeregt durch Dr. E. Glantschnigg, Obmann des Sannthaler Alpenclubs, ausgeführt mit Unterstützung durch S. Marburg, Sannthaler Alpenclub u. bischöfliche Herrschaft Oberburg); 1884 der S. Cilli ins Eigentum übergeben; nach dem 1. Weltkrieg an Jugoslawien gefallen

1886
Okrešel-Hütte
Ogrezel-Hütte, Okreschel-Hütte
1377 m, Slowenien, an der Rinka auf der letzten Talstufe des Logartals (Logarska Dolina) bei Solčava (Sulzbach)
aufgelassen/nicht mehr AV
Slowen. AV (davor S. Cilli)
um 1875 erbaut durch Steirischen Gebirgsverein (unterstützt durch S. Austria u. ÖTK); Ende 1886 der S. Cilli ins Eigentum übergeben; 1894 erweitert; 8.9.1894 feierlich eröffnet; nach dem 1. Weltkrieg an Jugoslawien gefallen

1896
Logartal-Haus
Planinski dom v Logarski, Aleksandrov dom

Zois-Hütte

757 m, Slowenien, im Logartal (Logarska Dolina) bei Solčava (Sulzbach)
aufgelassen/nicht mehr AV
Slowen. AV (davor S. Cilli)
1896 erworben durch S. Cilli; 1914 Neubau; nach dem 1. Weltkrieg an Jugoslawien gefallen

1897
Zois-Hütte
Cojzova koca
1791 m, Slowenien, am Kankersattel bei Kokra (Kanker)
aufgelassen/nicht mehr AV
Slowen. AV (davor S. Krain)
29.8.1897 feierlich eröffnet durch S. Krain (nach krainischen Naturforschern Karl u. Sigismund Freiherren von Zois benannt); nach dem 1. Weltkrieg an Jugoslawien gefallen

Außeralpine Gebiete

Gebiete außerhalb der Ostalpen (Österreich)

»Südöstlich von Wien, zwischen dem Leithaflusse und dem Neusiedlersee erstreckt sich ein reich bewaldeter niedriger Höhenzug, das Leithagebirge […] im nördlichen Teile bildet der von einer Aussichtswarte gekrönte Steinerwegberg (441 m) die höchste Erhebung […] Der Aussichtsturm, die ›Franz-Josefs-Warte‹, wurde von der Sektion ›Leithagebirge‹ des ÖTK. im Jahre 1889 errichtet. Von ihrer Höhe genießt man eine prächtige Rundschau, aus welcher besonders der Blick auf den Neusiedlersee und auf die ungarische Tiefebene, dann auf den Alpenkranz mit Wechsel, Raxalpe, Schneeberg, Unterberg, Reisalpe und die Berge des Wienerwaldes sowie auf die kleinen Karpathen mit der Ruine Ballenstein hervorgehoben seien.«

Karl Ronniger, Försters Turistenführer in Wiens Umgebung, V. Teil, Gesäuse und Alpenvorland, 19. Auflage Wien 1924, 505–507.

1877
Gisela-Warte
929 m, A, am Lichtenberg bei Linz
aktuell, Aussichtswarte
S. Linz (davor ÖGV/S. ÖGV Gr. Linz, davor S. Linz)
1856 privat errichtet (benannt nach Tochter Kaiser Franz Josefs); dann übernommen durch den Verschönerungsverein Linz; 1877 erworben durch S. Linz; 1881 wegen Baumwachstums in Holz aufgestockt; 7.8.1881 feierlich eröffnet; 1917 morscher Holzaufbau abgetragen; 1921 erworben durch ÖGV Gr. Linz; 1921–1923 renoviert (Unterkunft eingebaut: siehe »Gisela-Haus«); 1939 Rückkauf der Warte durch S. Linz (im Zuge der Eingliederung der Gr. Linz des S. ÖGV); 1959/1960 erneuert u. aufgestockt (mit zusätzlichen 2 gemauerten Stockwerken versehen); 6.11.1960 eröffnet; 2009 nach Sanierung unter Denkmalschutz gestellt

1879
Herberge am Lichtenberg
Unterkunftshaus am Lichtenberg, Nächtigungsgelegenheit auf der Kunödt
A, auf der Kuhenödt nahe der Gisela-Warte am Lichtenberg bei Linz
aufgelassen/nicht mehr AV
S. Linz
1879 im Nebenhaus des Gasthauses »Zur Giselawarte« Nächtigungsmöglichkeit eingerichtet (Stube mit Nebenkammer gemietet); nach kurzer Zeit mangels Publikumszuspruchs aufgelassen; ab 1892/1893 neuerlich 2 Räume zur Schaffung eines Unterkunftshauses angemietet; bis 1906 in Sektionsberichten angeführt

1890
Studentenherberge Linz
A, im Hotel Krebs in Linz
aufgelassen/nicht mehr AV
S. Linz
1890 Studentenherberge zur Förderung des Jugendwanderns u. -bergsteigens eingerichtet; 11 Jahre in Betrieb

1931
Brandstetterkogel-Hütte
Viktoria-Adelheid-Schutzhütte, Viktoria-Adelheid-Hütte
532 m, A, Brandstetterkogel bei Grein a. d. Donau
aufgelassen/nicht mehr AV
ÖTK (1931–1945 S. ÖTK Gruppe Strudengau)
1925/1926 erbaut; Aug. 1926 eröffnet (nach Herzogin von Sachsen-Coburg und Gotha benannt)

1931
Donau-Warte
450 m, A, am Braunsdorfer Berg bei Krems-Stein in Niederösterreich
aufgelassen/nicht mehr AV
ÖTK (1931–1945 S. ÖTK Gr. Krems-Stein)
1884 errichtet durch ÖTK Krems; 6.7.1884 feierlich eingeweiht; wiederholt wegen Baufälligkeit gesperrt; 1989 generalsaniert

1931
Elisabeth-Warte
Kaiserin-Elisabeth-Warte
749 m, A, am Plattenberg bei St. Peter in der Au in Oberösterreich
aktuell, Aussichtswarte
S. St.Peter in der Au (davor S. ÖGV, davor ÖTK)
1898–1900 aus Stein erbaut durch ÖTK Sankt Peter-Seitenstätten (als Ersatz für hölzernen Vorgängerbau von ca. 1870); 23.9.1900 feierlich eröffnet (gemeinsam mit einer Schutzhütte, die jetzt schon lange nicht mehr existiert); 26.9.1926 übernommen durch ÖGV Linz; ab 1932 betreut durch S. ÖGV Gr. Westwien); 1976 übergeben an ÖAV S. Sankt Peter; 1979 saniert

1931
Ferdinand-Warte
Ferdinands-Warte, Erzherzog-Franz-Ferdinand-Warte
370 m, A, auf der Hohen Wand in der Wachau bei
Mautern a. d. Donau in Niederösterreich
aufgelassen/nicht mehr AV
ÖTK (1931–1945 S. ÖTK Gr. Krems-Stein)
1890 erbaut durch ÖTK; 1960 erworben durch Stadt
Mautern

1931
Gisela-Haus
Unterkunftshütte in der Gisela-Warte
929 m, A, am Lichtenberg bei Linz
aufgelassen/nicht mehr AV
S. Linz (davor S. ÖGV/ÖGV Gr. Linz)
1921–1923 im Zuge der Renovierung der Gisela-Warte
Gemeinschaftslager eingerichtet durch ÖGV Linz;
26.8.1923 Warte u. Lager feierlich eröffnet; etwas später
in den Turm der Warte sogar 2 Zimmer (»Stübchen«) zu
Nächtigungszwecken eingebaut (daher die Bezeichnung
»Gisela-Haus«, auch von Skiläufern genutzt); 1939 erworben mitsamt der Warte durch S. Linz (gleichzeitig
mit Eingliederung der Gr. Linz der S. ÖGV); (die Warte
besteht immer noch: siehe Gisela-Warte)

1931
Gobel-Warte
AV-Aussichtswarte
484 m, A, am Gobel auf der Bockmauer bei Grein in
Oberösterreich
aufgelassen/nicht mehr AV
ÖTK (1931–1945 S. ÖTK Gr. Strudengau)
1894 errichtet aus Eisen; 24.6.1894 feierlich eröffnet;
1926, 1988/1989 renoviert

1931
Jauerling-Warte
Kaiser-Jubiläums-Warte, Jubiläums-Warte
959 m, A, am Jauerling
aufgelassen/nicht mehr AV
S. Krems (davor ÖTK/1931–1945 S. ÖTK Gr. Wachau)
1842 erste hölzerne Warte errichtet; 24.7.1898 5-stöckiger
Turm eröffnet durch ÖTK Wachau; Feb. 1949 zusammengebrochen (Sturmschaden); 1950/1951 Wiederaufbau
durch S. Krems u. ÖTK; 1951 eröffnet; 1974 Sturmschaden; 1976 abgetragen; 1984–2000 neu errichtet durch
Verein Aussichtswarte Jauerling; 8.6.2001 eröffnet

1931
Kamptal-Warte
351 m, A, am Heiligenstein am Manhartsberg bei
Langenlois in Niederösterreich

Gisela-Warte am Lichtenberg bei Linz

aufgelassen/nicht mehr AV
ÖTK (1931–1945 S. ÖTK Gr. Langenlois)
1897 errichtet; 8.9.1897 feierlich eröffnet; 1913, 1951,
1980er-Jahre renoviert

1931
Leithagebirgs-Warte
Kaiser-Franz-Josef-Warte, Franz-Josef-Warte
441 m, A, auf dem Steinerwegberg (Kaisereiche) im
Leithagebirge bei Mannersdorf in Niederösterreich
aufgelassen/nicht mehr AV
ÖTK (1931–1945 S. ÖTK)
1888/1889 erbaut durch ÖTK Leithagebirge (anlässlich
des 40-jährigen Regierungsjubiläums Kaiser Franz Josefs);
18.8.1889 feierlich eröffnet

1931
Lobauer Hütte
155 m, A, an der unteren Alten Donau bei Wien-Kaisermühlen
aktuell, Sektionshütte
S. ÖGV (ab 1931 AV-Sektion)
Badehütte; Badehütte der S. ÖGV Gr. Lobauer bzw.
Gr. Baden

Eröffnung der Braunberg-Hütte

Buschberg-Hütte

1931
Rasocher-Haus
Stauffer-Hütte
559 m, A, am Jauerling (Burgstock) bei Maria Laach-Oberndorf
aufgelassen/nicht mehr AV
S. ÖGV (ab 1931 AV-Sektion)
Bauernhaus privat als Unterkunftshaus ausgebaut; ab 1926 gepachtet durch ÖGV

1931
Starhemberg-Warte
564 m, A, am Schloßberg bei Dürnstein in der Wachau in Niederösterreich
aufgelassen/nicht mehr AV
ÖTK (1931–1945 S. ÖTK Gr. Krems-Stein)
1882 errichtet aus Holz durch ÖTK Krems-Stein; 16.7.1882 feierlich eröffnet (nach dem damaligen Grundbesitzer Camillo Heinrich Fürst v. Starhemberg benannt); 15.8.1895 neuer Steinbau (Ersatz für schadhaften Holzbau) eröffnet; nach 1. Weltkrieg boshaft beschädigt; 1925, 1987/1988 saniert

1931
Weigl-Warte
mit Schutzhaus
723 m, A, am Sandl in der Wachau in Niederösterreich
aufgelassen/nicht mehr AV
ÖTK (1931–1945 S. ÖTK Gr. Krems-Stein, davor ÖAK)
1881 hölzerne Warte mit Schutzhausfunktion (Sandl-Turm) errichtet durch ÖAK Rossatz; 1892 nach Auflösung der ÖAK-Sektion durch ÖTK übernommen; Neubau aus Stein; 8.9.1901 feierlich eröffnet (nach August Weigl, ehemaligem Vorstand des ÖTK Krems-Stein, benannt); nach 1. Weltkrieg bis 1925 wiederhergestellt; 1990 gesperrt; 22.3.1993 nach Generalsanierung feierlich wiedereröffnet

1933
Jugend-Berg- u. Skiheim Lichtenberg
Sepp-Wallner-Haus
630 m, A, am Lichtenberg bei Linz
aufgelassen/nicht mehr AV
S. TK Linz (davor S. ÖTK Gr. Linz)
1933 gepachtet; 1960 aufgelassen

1935
Braunberg-Hütte
902 m, A, am Braunberg (Witzelsberg) bei Lasberg
aktuell, Kategorie II
S. Freistadt i. Mühlviertel
1935/1936 erbaut; eröffnet 21.9.1935; 9.8.1936 feierlich eingeweiht; um 1960 erweitert

1935
Buschberg-Hütte
480 m, A, am Buschberg in den Leiser Bergen bei Mistelbach
aktuell, Kategorie III
S. Mistelbach
1935 erbaut; 23.6.1935 feierlich eingeweiht; 1978 Zubau Schau- u. Gastraum des Naturparks Leiserberge; 1992 diese Räumlichkeiten erworben durch S. Mistelbach

1937 oder früher
Badehütte am Silbersee
A, bei Kritzendorf bei Klosterneuburg in Niederösterreich
aufgelassen/nicht mehr AV
S. ÖTK Gr. Waldheimat

1937 oder früher
Badehütte Klosterneuburg
Badehütte Klosterneuburg der S. Germanen
A, an der Donau in Klosterneuburg
aufgelassen/nicht mehr AV
S. Germanen

1937 oder früher
Badehütte Klosterneuburg
Badehütte Klosterneuburg des Gebirgsvereins
A, an der Donau in Klosterneuburg
aufgelassen/nicht mehr AV
S. ÖGV

1937
Paddlerheim Wien-Nußdorf
AV-Paddlerheim Wien, Bootshaus I
150 m, A, an der Kammerschleuse (Handelskai) 300 m stromaufwärts des Marchhart-Bootshauses bei Wien-Nußdorf
aufgelassen/nicht mehr AV
S. Edelweiss Paddlergruppe (= ÖAV-Paddelklub Edelweiss; davor Paddlergruppen der S. Austria u. S. ÖGV)
1937 errichtet durch S. ÖGV Paddlergruppe u. S. Austria Paddlergruppe (steht den beiden Gruppen je zur Hälfte zur Verfügung); 23.5.1937 eröffnet; 1945 in den letzten Kriegstagen abgebrannt; um 1953 Grundstück gepachtet durch S. Edelweiss Paddlergruppe (Paddelklub Edelweiss); 1954 erworbene Baracke als provisorisches Bootshaus des Paddelklubs Edelweiss eingerichtet; 27.5.1954 provisorisches Bootshaus eröffnet (bis 1957 genutzt); 1953–1957 daneben endgültiges Bootshaus (= Bootshaus I) errichtet; 27.6.1957 feierlich eröffnet; bereits 1957 Abbruchbescheid wegen Vergrößerung des Notwasserwerks Nußdorf; neues Bootshaus errichtet (siehe Marchhart-Bootshaus)

1943 oder früher
Wurzbachtaler Hütte
Badehütte
A, bei Klosterneuburg
aufgelassen/nicht mehr AV
S. ÖGV

1949
Nebelstein-Hütte
1015 m, A, am Nebelstein bei Harmannschlag
aktuell, Kategorie II
S. Waldviertel
1947–1949 erbaut; 1.5.1949 eröffnet

1951
Jahn-Hütte
A, am Jauerling bei Maria Laach-Oberndorf
aufgelassen/nicht mehr AV
S. Krems
1951 übernommen durch S. Krems (davor vom ehemaligen Deutschen Turnverein Spitz betreut); 1956 an Spitzer Turnverein übergeben

Nebelstein-Hütte

1952
Sternstein-Warte
1125 m, A, auf dem Sternstein bei Leonfelden
aktuell, Aussichtswarte
S. Linz
22.10.1899 eröffnet (erbaut durch Gemeinde Leonfelden); ab 1901 betreut durch Verschönerungsverein Leonfelden; 1926 renoviert; 1952 gepachtet durch S. Linz; 1993 generalsaniert; 2009 Erneuerungsarbeiten; vorübergehend war im Unterbau eine kleine Herberge eingerichtet

1955
Jugend- u. Talherberge Leonfelden, erste
749 m, A, am Hauptplatz in Bad Leonfelden
aufgelassen/nicht mehr AV
S. Linz
1955 errichtet

1961
Marchhart-Bootshaus
Dipl.-Ing.-M.-Marchhart-Bootshaus, Bootshaus II
150 m, A, am Handelskai am rechten Ufer der Donau in Wien
aktuell, Bootshaus/Sektionshütte
S. Edelweiss Paddlergruppe (= ÖAV-Paddelklub Edelweiss)
1958–1961 erbaut durch S. Edelweiss Paddelgruppe (= Paddelklub Edelweiss) als Ersatz für Bootshaus I (= Paddlerheim Wien-Nußdorf); Ende 1959 provisorisch in Betrieb genommen; 11.5.1961 feierlich eröffnet

1972
Tal- u. Jugendherberge Sonnenhof
620 m, A, in Zwettl-Innerschlag
aufgelassen/nicht mehr AV
S. Linz
1972 errichtet

Helfenberger Hütte, 1994

1973
Helfenberger Hütte
840 m, A, in Oberafiesl im Böhmerwaldgebiet bei Haslach
aktuell, Kategorie II
S. Rohrbach
1970 Grundkauf mit Häusl in der Oed; kompletter Neubau (1971 Dachgleiche); 1973 eröffnet; 1985 Zubau fertiggestellt

1976 oder früher
Jugend- u. Talherberge Leonfelden
Bad Leonfeldner Hütte
749 m, A, am Nordwald-Kammerweg in Bad Leonfelden
aufgelassen/nicht mehr AV
S. Linz
Gebäude beim Tennisplatz erworben (als Ersatz für erste Talherberge); 2011 Herberge von S. Linz OG Bad Leonfelden verkauft an privat

Gebiete außerhalb der Ostalpen (Deutschland)

»Mit ihren abwechslungsreichen Felsrevieren stellt die Sächsische Schweiz einen für Europa einzigartigen Klettergarten dar. Schon um 1900 wurde das mehr als 200 Gipfel zählende Felsengebiet im Bielatal als ein ›Übungsfeld der Wandkletterei und damit zur Vorschule für Kletterfahrten in die Dolomiten‹ bezeichnet. […] Die bergsteigerischen Anforderungen stehen hier denen in den alpinen Regionen nicht nach.«

Dieter Weber, in: Dieter Gutmann/Dieter Weber, Sächsische Schweiz, 2. Auflage Leipzig 1989, S. 25, 27.

1904 ca.
Semler-Hütte
Carl-Semler-Hütte
635 m, D, am Südhang des Hohenbergs bei Etzelwang-Neutras in Bayern
aktuell, Sektionshütte
S. Nürnberg
um 1904 im an den Südhang des Hohenbergs verlegten Alpenpflanzengarten errichtet; 1922 umgebaut; nach 2. Weltkrieg einige Lager eingerichtet (jedoch Hauptzweck als Wachthütte für den Alpenpflanzengarten); 1957 Hütte nach Carl Semler benannt (ab 1911 für Pflege zuständig, 1955 verstorben)

1909
Zweibrückener Hütte, erste
225 m, D, im Sommergarten der Brauerei Buchheit nahe der jetzigen Gustl-Groß-Hütte in Zweibrücken in Rheinland-Pfalz
aufgelassen/nicht mehr AV
S. Zweibrücken
5.6.1909 feierlich eingeweiht; 14.3.1945 zerstört (Bombe)

1911
Hagener Hütte am Ettelsberg
Ettels-Hütte
776 m, D, am Ettelsberg bei Willingen in Nordrhein-Westfalen
aktuell, Mittelgebirgshütte
S. Hagen
1911 erbaut; 11. auf 12.11.1911 erster Übernachtungseintrag; 7.12.1951 neu eingeweiht (nach Umbau)

1920
Lauen-Hütte
Lauen-Häusle
D, auf der Schwäbische Alb bei Meßstetten in Baden-Württemberg
aufgelassen/nicht mehr AV
S. Tübingen
1920 erbaut als Skihütte; 1939 verkauft; um 2000 abgerissen

1920
Oskar-Schuster-Hütte
D, am Guten Bier unter den Schrammsteinen bei Bad Schandau-Postelwitz in der Sächsischen Schweiz in Sachsen
aufgelassen/nicht mehr AV
Akad. S. Dresden
1920 Ruine einer Steinbruchschmiede adaptiert; 1920 eingeweiht; 1945 enteignet; dann durch eine Bergsteigergruppe der »Sektion Touristik« des mitteldeutschen Wanderer- und Bergsteigerverbandes genutzt; dann auch durch DDR-Grenzpolizei genutzt

1922
Friedrich-Schlott-Hütte
Heim der Freien Deutschen Jugend
D, in Altenberg-Rehefeld im Erzgebirge in Sachsen
aufgelassen/nicht mehr AV
S. Dresden
1922 erworben durch S. Dresden; 1945 enteignet; einige Zeit als Heim der Freien Deutschen Jugend genutzt (DDR)

1922
Kirnitzschtal-Hütte
Kirnitzschtal-Jugendhütte
D, in Sebnitz-Kirnitzschtal in der Sächsischen Schweiz in Sachsen
aufgelassen/nicht mehr AV
S. Dresden
1922 erhält die Jugendgruppe der S. Dresden die Hütte; 1945 enteignet; dann als Wanderhütte (DDR) weitergeführt

1924 oder früher
Jugendheim Schopfloch
D, in Schopfloch auf der Schwäbischen Alb in Baden-Württemberg
aufgelassen/nicht mehr AV
S. Schwaben

1924
Dr.-Wittig-Hütte
Sosaer Hütte
D, in Eibenstock-Sosa im Erzgebirge in Sachsen
aufgelassen/nicht mehr AV
S. Zwickau
1923/1924 erbaut; 1924 eingeweiht

1924
Kas-Alm
Kasalm
D, am Almgelände Samerberg bei Mühldorf
aufgelassen/nicht mehr AV
S. Mühldorf
1922 Pachtvertrag für größere der beiden Kasalmen abgeschlossen; ab Herbst 1924 genutzt

1924
Sektionshütte Pfarrkirchen
Sektionshütte am Reichenberg
D, am Reichenberg in Pfarrkirchen-Reichenberg in Bayern
aufgelassen/nicht mehr AV
S. Pfarrkirchen
1924 Sektionshütte vollendet

1924
Unterstand beim Kalbenstein
D, beim Kalbenstein bei Karlstadt in Bayern
aufgelassen/nicht mehr AV
S. Würzburg
1924 erbaut durch Lenz (Mitglied der S. Würzburg); 1931 erweitert

1925 oder früher
Schifahrerheim Polderhof
D, im Polderhof in Altenberg-Schellerhau im Erzgebirge in Sachsen
aufgelassen/nicht mehr AV
Akad. S. Dresden
vor 1926 Räume im Polderhof, einem von Sektionsmitglied Petzold erworbenen Haus, gemietet und adaptiert; dann bald zu klein (daher Pusch-Hütte errichtet)

1925 oder früher
Skihütte im fränkischen Jura
D, im fränkischen Jura in Bayern
aufgelassen/nicht mehr AV
S. Gunzenhausen

1925 oder früher
Stahrenfels-Hütte
D, bei Hersbruck in Bayern
aufgelassen/nicht mehr AV
S. Wanderfreunde Nürnberg
Skihütte

1925
Hütte am Kastalusberg
Hütte am Kastlberg
D, am Kastlberg bei Reichertshofen in Bayern
aufgelassen/nicht mehr AV
S. Ingolstadt
1925 erbaut auf Ansuchen der S. Ingolstadt durch den Gastwirt Josef Müller; abgebrannt; 1931 wiedereröffnet; entwickelte sich dann zu einem Gasthof für Pilger

1925
Schönbrunner Hütte
Berghütte Schönbrunn, Schönbrunn-Berghütte
720 m, D, bei Bühl-Neusatz (Im Schönbrunn 3) in Baden-Württemberg
aktuell, Mittelgebirgshütte
S. Ettlingen (davor S. Mannheim, davor S. Karlsruhe)
1924/1925 erbaut durch S. Karlsruhe u. Skiclub Karlsruhe; 1925 eingeweiht; 1950 verkauft Skiclub seinen Anteil an S. Karlsruhe; Juli 1976 erworben durch S. Mannheim; Juli 2015 erworben durch S. Ettlingen; 1.8.2015 übernommen

Schönbrunner Hütte, um 1960

1925
Warte am Kastalusberg
Kastlberg-Warte
D, am Kastlberg bei Reichertshofen in Bayern
aufgelassen/nicht mehr AV
S. Ingolstadt
9.8.1925 eröffnet (Aussichtsturm mit 4 Stockwerken)

1926 oder früher
Skihütte bei Jena
D, bei Jena in Thüringen
aufgelassen/nicht mehr AV
Akad. S. Jena
Skihütte

1926 oder früher
Talherberge Kuhfels
D, am Kuhfels in der Hersbrucker Schweiz bei Illschwang in Bayern
aufgelassen/nicht mehr AV
S. Juraland
Skihütte

1926
Hanselberg-Hütte
Ludwig-Hanisch-Hütte, Hanslberg-Hütte, Jugendherberge Hanslberg
415 m, D, auf dem Hanslsberg bei Bad Abbach in Bayern
aktuell, Sektionshütte
S. Regensburg
1926 eingeweiht

1926
Kreuzberg-Hütte
710 m, D, am Galgenberg (Kreuzberg) bei Nenningen auf der Schwäbischen Alb in Baden-Württemberg
aktuell, Mittelgebirgshütte
S. Hohenstaufen-Göppingen
4.7.1926 eröffnet

1926
Pusch-Hütte
Oskar-Pusch-Hütte
D, unweit des Polderhofs in Altenburg-Schellerhau im Erzgebirge in Sachsen
aufgelassen/nicht mehr AV
Akad. S. Dresden
1926 erbaut als Skihütte; 1926 eingeweiht (nach langjährigem Vorsitzenden Oskar Pusch benannt); nach 1945 enteignet; 1952 abgebrannt

1926
Sektionshütte Krippen
Krippener Hütte, ASD-Hütte, Hütte der Klettervereinigung in Krippen, Bruchholz-Hütte, Edelweiß-Hütte, Heinz-Janello-Hütte, Wanderquartier Heinz Janello
160 m, D, oberhalb der Carolahöhe in Bad Schandau-Krippen in Sachsen
aktuell, Mittelgebirgshütte
Akad. S. Dresden (davor S. Dresden Klettervereinigung)
1926 erbaut durch Klettervereinigung der S. Dresden (KVSD); 4.7.1926 eingeweiht; 1945 enteignet u. übergeben an Einheitstouristenbewegung Dresden; 1947 an Rat der Stadt Dresden, Volksbildungswesen (Bruchholz-Hütte); zeitweise Nutzung durch die Grenztruppen der DDR; 1951–1958 Nutzung der Hütte durch Dynamo Elbe Dresden; 1958–1966 Nutzung als Wanderhütte (Edelweiß-Hütte) bzw. Wanderquartier »Heinz Janello« (Janello-Hütte, nach 1951 erschossenem Grenzer benannt); 11.5.1966 gepachtet durch Technische Universität Dresden; 17.8.1994 erworben durch Akad. S. Dresden; 1994 umbenannt in ASD-Hütte; 1995 Beginn Renovierung

1927 oder früher
Paderborner Hütte
D, im Eggegebirge in Nordrhein-Westfalen
aufgelassen/nicht mehr AV
S. Paderborn

1928
Eierhauck-Hütte
Skihütte am Eierhauck
D, am Eierhauck in der Rhön
aufgelassen/nicht mehr AV
S. Würzburg
1928 gepachtet als Winterhütte; um 1934 nur noch für Tagesbesuche geeignet

1928
Hütte beim Kalbenstein
D, beim Kalbenstein bei Karlstadt in Bayern
aufgelassen/nicht mehr AV

S. Würzburg
1928 Grundstück mit Hütte des TV Naturfreunde (erbaut in den 1920er-Jahren) erworben durch S. Würzburg; 1939 Hütte abgerissen

1928
Klettergarten-Hütte
D, unter dem Kalbenstein bei Karlstadt in Bayern
aufgelassen/nicht mehr AV
S. Würzburg
1928 Holzhütte erworben (Vorbesitzer TV Naturfreunde Karlstadt); 1939 abgerissen

1928
Rothwasser-Hütte
Rotwasser-Hütte, Retwasser-Hütte, Jugendherberge Junger Kumpel
D, in Altenberg-Schellerhau im Erzgebirge in Sachsen
aufgelassen/nicht mehr AV
S. Wettin
1928 erbaut; 1945 enteignet; dann als Jugendherberge »Junger Kumpel« (DDR) geführt

1929 oder früher
Jugendherberge Burg Hohenzollern
D, bei Hechingen
aufgelassen/nicht mehr AV
S. Baar

1929 oder früher
Kletterheim in Hausen, erstes
D, in Hausen bei Nideggen, Eifel
aufgelassen/nicht mehr AV
S. Düsseldorf
in den 1920er-Jahren altes Bauernhaus angemietet; 1937 Pacht beendet

1930 oder früher
Marktredwitzer Haus
Hütte im Steinwald
D, im Steinwald im Fichtelgebirge bei Windischeschenbach in Bayern
aufgelassen/nicht mehr AV
S. Marktredwitz

1930
Gebirgsheim Roter-Hammer-Hof
Hof Roter Hammer
D, bei Oberwiesenthal im Erzgebirge in Sachsen
aufgelassen/nicht mehr AV
S. Jung-Leipzig
1930 für die Skiabteilung als Gebirgsheim gepachtet

1930
Schlappenreuther Hütte
Jugendheim Schlappenreuth
D, in Scheßlitz-Schlappenreuth am Rand der Fränkischen Schweiz in Bayern
aufgelassen/nicht mehr AV
S. Lichtenfels
1930–1945 genutzt

1931 ca.
Jugendherberge Burg Monschau
D, in der Burg Monschau in Monschau in der Eifel in Nordrhein-Westfalen
aufgelassen/nicht mehr AV
S. Aachen
1931 oder kurz davor 2 Räume in der Burg adaptiert

1931
Bootshaus Thalkirchen
D, in München-Thalkirchen a. d. Isar in Bayern
aktuell, Bootshaus/Sektionshütte
S. München Faltbootabteilung (= FASM)
1931 erworben u. 2 Gastzimmer eingerichtet; dient zur Einstellung von Booten u. für Zusammenkünfte der Faltbootabteilung

1931
Hütte an der Elbe
Unterkunftshaus in der Sächsischen Schweiz
225 m, D, auf der Haide am Elbe-Ufer zwischen Wehlen u. Rathen in Sachsen
aufgelassen/nicht mehr AV
S. ÖTK Gr. Dresden (1931–1945 AV)
1923/1924 erbaut; Juni 1924 eröffnet

1932
AV-Haus Ransbrunnen
D, bei Pirmasens im Wasgau in Rheinland-Pfalz
aufgelassen/nicht mehr AV
S. Pirmasens
25.5.1932 eingeweiht (Pacht)

1932
Hütte an der Haselstaude
Die Haselstaude, Schi- u. Wanderhütte an der Haselstaude
400 m, D, bei Schweinfurt in Bayern
aktuell, Mittelgebirgshütte
S. Schweinfurt
1932 erbaut; 28.8.1932 festlich eröffnet

Edelweiß-Hütte am Malberg

1933
Edelweiß-Hütte
Malberg-Hütte
444 m, D, am Malberg bei Schrobenhausen in Bayern
aktuell, Sektionshütte
S. Schrobenhausen
1925 Grund erworben u. Hütte erbaut durch »Alpenverein Edelweiß«; 1933 Anschluss an S. Schrobenhausen

1934 oder früher
Kletterheim Burg Hausen
D, in Heimbach-Hausen bei Nideggen in der Eifel in Nordrhein-Westfalen
aufgelassen/nicht mehr AV
S. Aachen, S. Düsseldorf u. S. Rheinland-Köln (davor S. Aachen u. S. Rheinland-Köln)
31.3.1955 aufgegeben

1934
AV-Haus an der Kahle
Sauerland-Hütte der S. Essen, Alpenhaus
650 m, D, auf der Kahle im Rothaargebirge bei Kirchhundem-Oberhundem im Sauerland in Nordrhein-Westfalen
aufgelassen/nicht mehr AV
S. Essen
1934 erbaut (maßstabgetreue Wiederholung der Neuen Essener Hütte); seit Spätsommer 2007 privat

1934
Friedrichshorst
D, in Medebach-Titmaringhausen im Sauerland in Nordrhein-Westfalen
aufgelassen/nicht mehr AV
S. Mülheim a. d. R.
1934 gepachtet als Wander- u. Skihütte

1934
Jura-Hütte in Kaider
D, in Bad Staffelstein-Kaider in Oberfranken in Bayern
aufgelassen/nicht mehr AV
S. Coburg
1934 gepachtet

1934
Landheim Oberheukelbach
Jugendlandheim Oberheukelbach, Vereinsheim der S. Barmen
390 m, D, in Oberheukelbach bei Kierspe in Nordrhein-Westfalen
aktuell, Sektionshütte
S. Barmen
1934 Kotter aus dem 17. Jh. erworben u. adaptiert; 11.11.1934 eingeweiht; um 1955 instand gesetzt

1935 oder früher
Hütte an den Greifensteinen
Kletterheim Greifensteine
D, an den Greifensteinen im Erzgebirge südlich von Chemnitz in Sachsen
aufgelassen/nicht mehr AV
S. Chemnitz

1935
AV-Heim Oberreifenberg, erstes
650 m, D, am Kapellenberg bei Schmitten-Oberreifenberg im Taunus in Hessen
aufgelassen/nicht mehr AV
S. Frankfurt a. M.
1935 gepachtet; 13.10.1935 eingeweiht; nach 4 Jahren erworben; 1942 für Kinderlandverschickung beschlagnahmt; nach Kriegsende Rückgabe an ursprünglichen Eigentümer

1935
Harpprecht-Haus
Theodor-Harpprecht-Haus
800 m, D, bei Lenningen-Schopfloch auf der Schwäbischen Alb in Baden-Württemberg
aktuell, Mittelgebirgshütte
S. Schwaben
1935 fertiggestellt u. eröffnet (nach dem Alpinisten Theodor Harpprecht, Gründer der S. Schwaben, benannt); 1963 Anbau eingeweiht

1935
Harreis-Hütte
Himmelreich-Haus
D, am Rand des Dachauer Moores bei Dachau
aufgelassen/nicht mehr AV

Alpenvereinshaus an der Kahle

Harpprecht-Haus, um 1975

TV Naturfreunde (1933–1935 Gemeinde Dachau, 1935–1945 S. Oberland)
1921 erbaut u. eröffnet durch TV Naturfreunde Dachau; 1922 erweitert; 1933 übernommen durch Gemeinde Dachau; ab März 1935 vorübergehend betreut u. gepachtet durch die S. Oberland Gr. Dachau (bis Ende 1937 als Jugendherberge geführt)

1935
Schwarzwald-Heim am Falkenschrofen
D, am Falkenschrofen im oberen Gottschlägtal im Schwarwald bei Ottenhofen in Bayern
aufgelassen/nicht mehr AV
S. Mannheim
1935 eröffnet; um 1935/1936 erweitert

1935
Skiunterkunft Reußendorf
D, in Reußendorf (Rhön) in Bayern
aufgelassen/nicht mehr AV
S. Würzburg
1935 gepachtet als Skihütte (1937 als Ersatz ein Haus in Oberweißenbrunn gepachtet)

1935
Würgauer Haus
440 m, D, in Scheßlitz-Würgau am Rand der Fränkischen Schweiz in Bayern
aktuell, Mittelgebirgshütte
S. Bamberg
1935 erbaut; 1967 erweitert; 2005 generalsaniert

1936 oder früher
Teufelssteiner Hütte
Teufelsteiner-Hütte

D, im Steinbachtal im Erzgebirge bei Breitenbrunn-Erlabrunn in Sachsen
aufgelassen/nicht mehr AV
S. Aue i. Erzgebirge

1937 oder früher
Turmzimmer
D, bei Heppenheim am Rande des Odenwaldes in Hessen
aufgelassen/nicht mehr AV
S. Starkenburg

1937
Kletterheim in Hausen bzw. Abenden (Notquartiere)
D, in Heimbach-Hausen bzw. Nideggen-Abenden in der Eifel in Nordrhein-Westfalen
aufgelassen/nicht mehr AV
S. Düsseldorf
nach Pachtende des alten Kletterheims (1937) vorübergehende Notquartiere in Hausen u. Abenden

1937
Skiunterkunfthütte Oberweißenbrunn
D, in Bischofsheim-Oberweißenbrunn a. d. Rhön in Bayern
aufgelassen/nicht mehr AV
S. Würzburg
1937 gepachtet als Ersatz für Skiunterkunft Reußendorf

1937
Torfhaus-Hütte
820 m, D, in Torfhaus im Oberharz in Niedersachsen
aufgelassen/nicht mehr AV
S. Hannover u. S. Braunschweig
1937 erbaut; 1937 eröffnet; ab 1.4.2006 privat; abgerissen

Torfhaus-Hütte

Geisingberg-Skihütte, 1942/1943 erworben durch die S. Meißen

1940 oder früher
Ostrauer Hütte
Hütte in Ostrau, Kurt-Schlosser-Hütte
D, über dem Zahnsgrund in Bad Schandau-Ostrau in Sachsen
aufgelassen/nicht mehr AV
S. Meissner Hochland
1936–1940 erbaut durch S. Meißner Hochland (unter wesentlicher Mitarbeit des Widerstandskämpfers Kurt Schlossers); 1945 enteignet; in DDR-Zeiten als Wanderhütte (Kurt-Schlosser-Hütte) geführt

1940
Faltes-Hütte
Klettergarten-Hütte, neue
180 m, D, unterhalb der Felswände des Kalbensteins (Edelweiß) bei Karlstadt in Bayern
aktuell, Mittelgebirgshütte
S. Würzburg
1939/1940 Hütte erbaut (nach Initiator u. technischem Bauleiter Heribert Faltenbacher, vulgo Faltes, benannt); 1994 erweitert

1942 ca.
Geisingberg-Skihütte
D, am Geisingberg bei Altenberg im östlichen Erzgebirge in Sachsen
aufgelassen/nicht mehr AV
S. Meißen
1942/1943 erworben

1944
Geislinger Hütte
Hütte am Albuch
702 m, D, am Albuch bei Treffelhausen auf der Schwäbischen Alb in Baden-Württemberg
aktuell, Mittelgebirgshütte

S. Geislingen a. d. Steige
1944 erbaut

1945 oder später
Emil-Klöden-Hütte
D, in Weigendorf-Högen in Bayern
aufgelassen/nicht mehr AV
S. Frankenland (S. Turnverein Nürnberg)
um 1995 Nutzungsende wegen Eigenbedarf des Eigentümers

1948
Malepartus-Hütte, erste
860 m, D, nahe der Wolfswarte am Bruchberg im Nationalpark Harz in Niedersachsen
aufgelassen/nicht mehr AV
S. Hildesheim
1872 Schuppen erbaut; um 1923 Hütte namens »Malepartus« als Skihütte adaptiert durch Ski-Klub-Hildesheim (SKH); 1929 abgebrannt; wieder aufgebaut; 1.8.1948 Anschluss SKH an S. Hildesheim als Skigruppe; instand gesetzt; 1954, 1970 erweitert; 1988 Pacht beendet

1948
Skiunterkunft in der »Muna«
D, am Fuß des Kreuzbergs bei Wildflecken in Bayern
aufgelassen/nicht mehr AV
S. Würzburg
1948 in der Munitionsanstalt (»Muna«) großer Raum gemietet; bestand nur kurz

1948 oder später
Hohenstein-Hütte
D, im Süntel südlich des Hohensteins bei Hessisch Oldendorf im Weserbergland in Niedersachsen
aktuell, Mittelgebirgshütte
S. Hamburg und Niederelbe (davor S. Hameln, S. Bremen u. S. Minden, davor S. Hameln)

Hohenstein-Hütte, um 1967

Uli-Wieland-Hütte, um 1970

1949
Angfeld-Hütte
Hirtenberg-Hütte
500 m, D, am Hirtenberg bei Sulzbach-Rosenberg am Rand der Fränkischen Alb in Bayern
aktuell, Mittelgebirgshütte
S. Sulzbach-Rosenberg
19.10.1949 Kauf einer Hütte am Hirtenberg beschlossen; 1974 Jubiläum 25 Jahre Angfeld-Hütte gefeiert; 1977/1978 umgebaut; 2000/2001 erweitert; 7.7.2001 eingeweiht

1949
Enzian-Alm
Enzian-Almhütte
800 m, D, am Weiherberg nahe der Wasserkuppe in der Rhön in Hessen
aufgelassen/nicht mehr AV
S. Fulda
Sept. 1949 Baubude erworben u. adaptiert; 2.10.1949 eröffnet

1949
Erika-Alm
D, auf der Harbacher Hute bei Milseburg
aufgelassen/nicht mehr AV
S. Fulda
Anfang 1949 kleines Hüttchen erworben

1949
Skiläuferstützpunkt im Kurhaus Unterstmatt
D, in Unterstmatt im Nordschwarzwald bei Bühl in Baden-Württemberg
aufgelassen/nicht mehr AV
S. Heidelberg
1949 eingerichtet im Kurhaus Unterstmatt; bis 1951 in Betrieb

1949
Uli-Wieland-Hütte
550 m, D, in Blaubeuren-Weiler unterhalb der Günzelburg auf der Schwäbischen Alb in Baden-Württemberg
aktuell, Mittelgebirgshütte
S. Ulm
1949 erbaut; 31.7.1949 eingeweiht

1950
Jurahütte Wattendorf
Jura-Hütte
490 m, D, bei Wattendorf am Rande der Fränkischen Schweiz in Bayern
aktuell, Mittelgebirgshütte
S. Coburg
1950 erbaut

1950 oder später
Hirschensteiner Hütte
D, am Hirschenstein im Bayerischen Wald bei Deggendorf in Bayern
aufgelassen/nicht mehr AV
S. Deggendorf
ab 1950 Jagdhütte des Rudolf Schwannberger adaptiert; ab 1957 oder 1963 für private Zwecke benötigt (Ersatz: Zimmer im alten Landshuter Haus)

1951
Fritz-Hasenschwanz-Hütte
Streitberger Hütte, Fürther Hütte bei Streitberg, Hütte in der Fränkischen Schweiz
D, bei Streitberg in der Fränkischen Schweiz in Bayern
aktuell, Mittelgebirgshütte
S. Fürth
24.6.1951 eingeweiht; 1954 umbenannt nach dem 1952 verunglückten ehemaligen Vorsitzenden Hasenschwanz; 2014 nach Renovierung wiedereröffnet

Oberküpser Wander- und Jugendheim, um 1960

Kanstein-Hütte, um 1975

1951
Schönbrunner Hütte
Schönbrunner Hütte der S. Heidelberg
520 m, D, bei Bühl-Neusatz im Nordschwarzwald in Baden Württemberg
aufgelassen/nicht mehr AV
S. Heidelberg
1951 eröffnet; existiert nicht mehr

1952
Edelweiß-Hütte
650 m, D, bei Weißenstadt-Weißenhaid im Fichtelgebirge in Bayern
aktuell, Mittelgebirgshütte
S. Hof
1951 Grund in der Gemeinde Weißenhaid gepachtet; 1951/1952 erbaut; 8.6.1952 feierlich eingeweiht; 1953 Grund erworben; 1959 erweitert

1952
Hütte Oberküps
Oberküpser Wander- u. Jugendheim
D, in Ebensfeld-Oberküps auf der Fränkischen Alb in Bayern
aktuell, Sektionshütte
S. Lichtenfels
18. Jh. als Bauernhaus erbaut; adaptiert; 7.9.1952 feierlich eingeweiht; Jän. 1993 Brandschaden; 1993 generalsaniert u. wiedereröffnet

1952
Kanstein-Hütte
195 m, D, bei Salzhemmendorf-Ahrenfeld im Weserbergland in Niedersachsen
aktuell, Mittelgebirgshütte
S. Hannover
1952 erbaut; 1952 feierlich eingeweiht

1952
Röthenbacher Hütte
479 m, D, oberhalb von Etzelwang-Lehenhammer in der Fränkischen Schweiz in Bayern
aktuell, Mittelgebirgshütte
S. Röthenbach
1949–1952 erbaut; 8.6.1952 feierlich eröffnet

1952
Schorndorfer Hütte
780 m, D, am Kalten Feld bei Schwäbisch Gmünd-Degenfeld auf der Schwäbischen Alb in Baden-Württemberg
aktuell, Mittelgebirgshütte
S. Schorndorf
1950 erbaut; 1952 erworben durch S. Schorndorf; 2012 generalsaniert

1952
Schwarze Hütte
D, am Rand der Lüneburger Heide in Sottrum-Hellwege in Niedersachsen
aufgelassen/nicht mehr AV
S. Bremen
1952 gepachtet (Jugendtreff); 1962 Pachtende

1952
Thalheimer Hütte
D, am Mühlberg oberhalb Happurg-Thalheim bei Hersbruck in Bayern
aktuell, Sektionshütte
S. Nürnberg
1925 erbaut durch AG Die Lahntaler; 1952 erworben; 1956 umgebaut

Gustl-Groß-Hütte

1953
Edries-Hütte
Rösterkopf-Hütte, Skihütte am Rösterkopf
D, am Rösterkopf im Hunsrück in Rheinland-Pfalz
aktuell, Sektionshütte
S. Trier
1950–1953 erbaut auf gepachtetem Grundstück (Staatsforst); 1953 eröffnet

1954
Felsberg-Hütte
254 m, D, bei Lautertal-Reichenbach im Odenwald in Hessen
aktuell, Mittelgebirgshütte
S. Darmstadt-Starkenburg (S. Darmstadt, davor S. Darmstadt u. S. Starkenburg)
7.8.1950 erworben durch S. Darmstadt u. S. Starkenburg; 1950–1954 adaptiert; ab 1973 S. Darmstadt Alleineigentümerin

1954
Gustl-Groß-Hütte
Zweibrückener Hütte, zweite
D, im Sommergarten der Brauerei Buchheit (Buchheits Gaade) in Zweibrücken in Rheinland-Pfalz
aktuell, Sektionshütte
S. Zweibrücken
1954 erbaut; 27.11.1954 feierlich eingeweiht (benannt nach Gustl Groß, unter dessen u. Helmut Hofmanns Regie der Steinbau realisiert worden war)

1954
Jugend-Übernachtungsheim Aicha
420 m, D, in Aicha
aufgelassen/nicht mehr AV
S. Ansbach

Elberfelder Sauerland-Hütte, eine Mittelgebirgshütte des DAV

1954 in einem Neubau (Besitzer Eberle) einen Raum eingerichtet; 1963 Miete beendet

1955 oder früher
Bauernkamp
Ski- u. Wanderhütte Bauernkamp, Ski- u. Wanderhütte Teutoburger Wald
368 m, D, bei Schlangen im Naturpark Teutoburger Wald/Eggegebirge in Nordrhein-Westfalen
aufgelassen/nicht mehr AV
S. Paderborn
vor 1955 eröffnet; vor 1982 aufgelassen

1955 ca.
Elberfelder Sauerland-Hütte
Sauerland-Hütte
740 m, D, am Kahlen Asten im Rothaargebirge im Sauerland in Nordrhein-Westfalen
aktuell, Mittelgebirgshütte
S. Wuppertal (davor S. Elberfeld)
Mitte 1950er-Jahre erworben

1955
Ebinger Haus
Kletterhütte Hausen
640 m, D, über Hausen im Donautal auf der Schwäbischen Alb in Baden-Württemberg
aktuell, Mittelgebirgshütte
S. Ebingen
1953–1955 erbaut; 2014 umgebaut

Enzian-Hütte in der Rhön, um 1970

Kletterheim Blens, um 1980

1955
Kölner Eifelhütte
Eifelheim Blens, Kölner Hütte
195 m, D, in Heimbach-Blens (St. Georgstraße 4) bei Nideggen in der Eifel in Nordrhein-Westfalen
aktuell, Mittelgebirgshütte
S. Rheinland-Köln
16. Jh. erbaut; 8.10.1955 eröffnet; 2010–2012 saniert

1955
Krefelder Eifelheim
225 m, D, in Heimbach-Hausen (Am Müllenberg Nr. 25) bei Nideggen in der Eifel in Nordrhein-Westfalen
aktuell, Mittelgebirgshütte
S. Krefeld
1955 ehemaliges Behelfsheim erworben u. adaptiert; 1981 erweitert

1956 ca.
Enzian-Hütte
Enzian-Hütte in der Rhön, Enzian-Alm
760 m, D, am Weiherberg nahe der Enzian-Almhütte in der Rhön in Hessen
aktuell, Mittelgebirgshütte
S. Fulda
bis 1956 errichtet als Kletter- u. Skihütte

1956
Enzian-Hütte
Enzian-Hütte in der Fränkischen Schweiz
478 m, D, im Kleinziegenfelder Tal bei Stadelhofen in der Fränkischen Schweiz in Bayern
aktuell, Sektionshütte
S. Hof
1956 erbaut

1956
Kletterheim Blens
Eifelheim Blens, Aachener Hütte, Aachener Kletterheim
220 m, D, in Heimbach-Blens (Odenbachstraße 42) bei Nideggen in der Eifel in Nordrhein-Westfalen
aktuell, Mittelgebirgshütte
S. Aachen
1955 Baracke erworben u. Grund gepachtet u. instand gesetzt; 1956 eröffnet; 1968–1971 Neubau; 8.5.1971 eröffnet

1957
Achtal-Hütte
Achental-Hütte
D, im Achtal bei Blaubeuren-Weiler auf der Schwäbischen Alb in Baden-Württemberg
aufgelassen/nicht mehr AV
S. Neu-Ulm
24.8.1956 erworben; 19.5.1957 eingeweiht; 1958/1959 erweitert; nach 1985 verkauft

1957
AV-Zimmer im alten Landshuter Haus
D, auf der Oberbreitenau bei Bischofsmais nordöstlich von Deggendorf
aufgelassen/nicht mehr AV
S. Deggendorf
1957 AV-Zimmer im alten Landshuter Haus (ehemals Greilhof) eingerichtet (neben anderen Vereinen); 1965 abgebrannt

1957
Düsseldorfer Eifelhütte
222 m, D, in Nideggen-Abenden (Hausener Gasse 5) in der Eifel in Nordrhein-Westfalen
aktuell, Mittelgebirgshütte
S. Düsseldorf
1938 Grundstück erworben; Okt. 1957 festlich eröffnet; 1982/1983 erweitert

1957
Rudolf-Keller-Haus
400 m, D, bei Lemberg-Langmühle im Pfälzer Wald in Rheinland-Pfalz
aktuell, Mittelgebirgshütte
S. Pirmasens
1954 Grund erworben; 1955/1956 erbaut; 3.5.1957 eingeweiht

1957
Werkmann-Haus
756 m, D, bei Bad Urach-Sirchingen auf der Schwäbischen Alb in Baden-Württemberg
aktuell, Sektionshütte
S. Schwaben
1956/1957 erbaut; 1957 feierlich eingeweiht (nach Sektionsmitglied Karl Werkmann benannt)

1957 oder später
Karl-Vorbrugg-Hütte
Heidenheimer Hütte
650 m, D, am Eingang des Magentals bei Steinenkirch auf der Schwäbischen Alb in Baden-Württemberg
aktuell, Mittelgebirgshütte
S. Brenztal
2010 renoviert

1958 oder früher
Ramshalden-Hütte
Ramshalde
1035 m, D, in Breitenau-Fahrenberg in Baden-Württemberg
aktuell, Mittelgebirgshütte
S. Freiburg i. Breisgau
historisches Haus adaptiert

1958
AV-Haus Oberreifenberg
AV-Heim Oberreifenberg, zweites
654 m, D, neben dem ehemaligen AV-Heim am Kapellenberg bei Schmitten-Oberreifenberg in Hessen
aufgelassen/nicht mehr AV
S. Frankfurt a. M.
1956–1958 erbaut (bereits 1948 Baubestrebungen auf sektionseigenem Grund bei Feldbergkastell, aber nie realisiert); 2010 Haus verkauft an privat

1958
Hans-Putschky-Haus
Rabenecker Hütte
390 m, D, am nördlichen Hang des Wiesenttals bei Waischenfeld-Rabeneck in der Fränkischen Schweiz in Bayern

Düsseldorfer Eifelhütte

aktuell, Mittelgebirgshütte
S. Bayreuth
1957/1958 erbaut

1958
Lüdenscheider Hütte »Am Sterl«
Lüdenscheider Hütte
415 m, D, am Sterl bei Herscheid-Wellin in Nordrhein-Westfalen
aufgelassen/nicht mehr AV
S. Lüdenscheid
1935 erbaut; 1958 angemietet u. adaptiert; 1969 Mietvertrag abgelaufen

1958
Würzburger Bergbund-Hütte
835 m, D, am Himmeldunk bei Bischofsheim a. d. Rhön in Bayern
aktuell, Mittelgebirgshütte
S. Bergbund Würzburg
1958/1959 erbaut; Juli 1959 eingeweiht; 1961–1968 Neubau; 2005–2008 umgebaut

1959
Ossi-Bühler-Hütte
Egloffsteiner Hütte
D, in Egloffstein-Dietersberg in der Fränkischen Schweiz in Bayern
aktuell, Sektionshütte
S. Nürnberg
1957–1959 erbaut; 20.6.1959 eingeweiht

1960 oder früher
Gedächtnis-Hütte
810 m, D, bei Lenningen-Schopfloch neben dem Harpprecht-Haus auf der Schwäbischen Alb in Baden-Württemberg
aktuell, Mittelgebirgshütte

Haus Rohren, um 1962

Rheydter Hütte im Naturschutzpark Nordeifel, um 1960

Schwenninger Hütte, um 1970

S. Schwaben
1946–1968 Umbau des ehemaligen Abstellgebäudes des Harpprecht-Hauses in ein Bergsteigerheim (zum Gedenken an die im Krieg u. am Berg gestorbenen Kameraden benannt); bereits vor 1961 genutzt

1960
Haus Rohren
AV-Haus Rohren/Eifel, Aachener Haus
540 m, D, in Monschau-Rohren in der Eifel in Nordrhein-Westfalen
aktuell, Mittelgebirgshütte
S. Aachen
17.6.1960 eingeweiht

1960
Rheydter Hütte
378 m, D, in Hürtgenwald-Kleinhau im Naturschutzpark Nordeifel in Nordrhein-Westfalen
aktuell, Mittelgebirgshütte
S. Bergfreunde Rheydt
1958–1960 erbaut; 9.–10.1960 feierlich eingeweiht

1960
Stuttgarter Albhaus
Haus Schlattenhöhe
758 m, D, auf der Schlatterhöhe der Schwäbischen Alb bei Schopfloch in Baden-Württemberg
aktuell, Mittelgebirgshütte
S. Stuttgart
1958–1960 erworben u. erbaut; 1960 eingeweiht; 1983 Erweiterung fertiggestellt; 2006 erweitert; 2008–2010 saniert

1960
Werschenrege
Werschenrege-Hütte
820 m, D, in Werschenrege
aufgelassen/nicht mehr AV
S. Bremen
1960 erbaut; 1972 verkauft

1960
Wetzlarer Hütte
Arborn-Hütte
539 m, D, am Knoten bei Arborn im Westerwald in Hessen
aktuell, Mittelgebirgshütte
S. Wetzlar
1960 erbaut; 2009 renoviert

1961
Hochwald-Hütte
Hütte im Greisinger Hochwald, Ödwies-Hütte
910 m, D, auf der Rusel in der Nähe der Hölzernen Hand bei Deggendorf im Bayerischen Wald in Bayern
aktuell, Mittelgebirgshütte
S. Deggendorf
1961 Haus gemietet; 1964 gepachtet; 1996 erworben

Kletterheim Aicha auf der Fränkischen Alb, 1978

1961
Poggenpohl-Hütte
253 m, D, nahe dem Naturschutzgebiet Poggenpohlsmoor bei Oldenburg in Niedersachsen
aktuell, Mittelgebirgshütte
S. Oldenburg
1961 erbaut

1962
Hütte an der Teufelsley
Teufelsley-Hütte, Koblenzer Eifelhütte
D, bei Adenau in der Eifel in Nordrhein-Westfalen
aktuell, Sektionshütte
S. Koblenz
1962 erbaut; 1975 erweitert

1962
Schwenninger Hütte
Hütte Nußbach
800 m, D, im Hintertal bei Triberg-Nußbach im Schwarzwald in Baden-Württemberg
aktuell, Mittelgebirgshütte
S. Baar
1961/1962 erbaut; 27.4.1962 feierlich eröffnet

1963 oder früher
Theresien-Hütte
Waldhaus Theresienhöhe
D, auf der Theresienhöhe in Mainburg im Hallertauer Hügelland in Bayern
aktuell, Vereinslokal ohne Übernachtungsmöglichkeit
S. Mainburg
jetzt Gaststätte und Vereinslokal ohne Übernachtungsmöglichkeit

1963
Moosberg-Hütte
Hütte im Solling
465 m, D, in Silberborn im Solling im Weserbergland in Niedersachsen
aktuell, Mittelgebirgshütte
S. Weserland
1960–1963 erbaut; 29.9.1963 feierlich eingeweiht

1966
Kletterheim Aicha
Jugend- und Kletterheim Aicha, Ansbacher-Kletterheim
420 m, D, in Wellheim-Aicha auf der Fränkischen Alb in Bayern

Mülheimer Eifelhütte, um 1970

aktuell, Mittelgebirgshütte
S. Ansbach
1963–1966 erbaut; 26.6.1966 feierlich eingeweiht

1967
Mülheimer Eifelhütte
185 m, D, in Nideggen-Abenden (Commweg 3A) in der Eifel in Nordrhein-Westfalen
aktuell, Mittelgebirgshütte
S. Mülheim a. d. Ruhr
altes Fachwerkhaus (um 1800 erbaut) adaptiert; 1967 eröffnet

1968 ca.
Mittelfranken-Hütte
Gasseldorf-Wanderheim
320 m, D, in Ebermannstadt-Gasseldorf in der Fränkischen Schweiz in Bayern
aktuell, Mittelgebirgshütte
S. Mittelfranken
wohl 1967 ehemaliges Bahnhofsgebäude gepachtet; bald genutzt; dann erworben u. umgebaut; 12.5.1974 feierlich eingeweiht

1968 ca.
Rosenstein-Hütte
683 m, D, am Rosenstein der Schwäbischen Alb bei Heubach in Baden Württemberg
aktuell, Sektionshütte
S. Schwäbisch Gmünd
1966/1967 Forsthütte gepachtet u. adaptiert; um 1968 geöffnet

1968
Steinwald-Hütte
D, im Steinwald bei Erbendorf-Pfaben im Oberpfälzer Wald in Bayern
aktuell, Mittelgebirgshütte
S. Weiden
1965 Grund erworben; 1965–1968 erbaut; Christi Himmelfahrt 1968 eingeweiht; 1997 renoviert

1969
Ludwigshafener Hütte
Reinighof-Hütte
237 m, D, am Reinighof bei Bruchweiler-Bärenbach in Rheinland-Pfalz
aktuell, Mittelgebirgshütte
S. Ludwigshafen
1969 eröffnet; 1984 erweitert

1970 oder früher
Dortmunder Sauerland-Hütte
479 m, D, in Olsberg-Bruchhausen im Sauerland in Nordrhein-Westfalen
aktuell, Mittelgebirgshütte
S. Dortmund

1970 oder früher
Jugendherberge Ödwies
D, bei Deggendorf im Bayrischen Wald in Bayern
aufgelassen/nicht mehr AV
S. Deggendorf

1970
Wagenthal-Hütte
715 m, D, im Wagenthal im Fichtelgebirge bei Warmensteinach in Bayern
aktuell, Sektionshütte
S. Bayreuth
1970 übernommen; ab 1982 ausgebaut

1971
Duisburger Eifelhütte
230 m, D, in Heimbach-Hausen (Nikolaus Straße) bei Nideggen in der Eifel in Nordrhein-Westfalen
aktuell, Mittelgebirgshütte
S. Duisburg
1967–1971 erbaut; 22.5.1971 feierlich eingeweiht; 1972 erweitert

1971
Kaiserslauterer Hütte
Lautrer Hütte, Rauhberg-Hütte
332 m, D, bei Dahn im Pfälzer Wald in Rheinland-Pfalz
aktuell, Mittelgebirgshütte
S. Kaiserslautern
1969–1971 erbaut; 16.5.1971 feierlich eröffnet

1972
Bärenloch-Hütte
D, bei Herrieden in Bayern
aktuell, Sektionshütte
S. Herrieden (S. Ansbach Gr. Herrieden)
1972 erbaut; 15.10.1972 eingeweiht; erweitert

1972
Hütte Tinghausen
Lüdenscheider Hütte in Tinghausen
350 m, D, in Lüdenscheid-Tinghausen am Rand des Naturparks Ebbegebirge in Nordrhein-Westfalen
aktuell, Mittelgebirgshütte
S. Lüdenscheid
1972 gepachtet u. adaptiert; 5.8.1972 mit Picknick eröffnet

1972
Laufer Hütte
500 m, D, östlich von Betzenstein in der Fränkischen Schweiz in Bayern
aktuell, Mittelgebirgshütte
S. Lauf a. d. P.
1972 erworben; wiederholt erweitert (zuletzt 2012)

1972
Wittener Hütte
480 m, D, in Langenbach im Oberwesterwald in Rheinland-Pfalz
aktuell, Mittelgebirgshütte
S. Witten
1971 erworben; 1971/1972 renoviert; 28.10.1972 feierlich eröffnet

1974
Sepp-Ruf-Hütte-Silbernaal
Silbernaal-Hütte
469 m, D, an der Harz-Hochstraße bei Clausthal-Zellerfeld im Harz in Niedersachsen
aktuell, Mittelgebirgshütte
S. Hamburg und Niederelbe (S. Hamburg)
10.3.1973 ehemaliges Werkswohnhaus der Preussag-AG erworben; adaptiert; 15.6.1974 eröffnet

1974
Sylvan-Hütte
D, neben der Gaststätte Forsthaus Sylvan bei Esselbach-Steinmark im Spessart in Bayern
aktuell, Sektionshütte
S. Main-Spessart
1973/1974 ehemaliges Waldarbeitergehöft adaptiert; 4.4.1974 eingeweiht

Bärenloch-Hütte, 1974

1975
Eifelheim »Zu den Felsen«
203 m, D, bei Heimbach-Blens bei Nideggen in der Eifel in Nordrhein-Westfalen
aufgelassen/nicht mehr AV
S. Holland (= Nederlandse Bergsport Vereniging)
seit 1975 gemietet durch S. Holland (bis 1996 Sektion des ÖAV)

1976
Arnberg-Hütte
350 m, D, bei Buchen im Odenwald in Baden-Württemberg
aktuell, Mittelgebirgshütte
S. Buchen (davor S. Heidelberg)
1964 erbaut; 1976 gepachtet; 1987 erworben; 1987/1988 erweitert; 1990 Gr. Buchen der S. Heidelberg in S. Buchen umgewandelt; 1999 Hütte erweitert

1976
Kreuzbach-Hütte
465 m, D, in Clausthal-Zellerfeld im Harz in Niedersachsen
aufgelassen/nicht mehr AV
S. Bremen
1976 erbaut; 2015 verkauft an privat

1977 ca.
Kajak-Hütte
Boots-Hütte
D, in Landsberg in Bayern
aktuell, Bootshaus/Sektionshütte
S. Landsberg
um 1977 Bürobaracke erworben und in Landsberg aufgestellt durch S. Landsberg Kajakabteilung

1978
Hesselberg-Hütte
Schutzhütte Hesselberg
555 m, D, am Hesselberg bei Ehingen in Bayern
aktuell, Mittelgebirgshütte
S. Hesselberg
1978 erbaut

1978
Leitsberg-Haus
Leitsberg-Hütte
D, westlich oberhalb des Trubachtals bei Gräfenberg-Thuisbrunn in Bayern
aktuell, Sektionshütte
S. Mittelfranken
in den 1950er-Jahren errichtet durch den Touren- und Wintersportklub »Die Klammspitzler«; 1978 der S. Mittelfranken übergeben

1979
Wachtfels-Hütte
D, am Wanderweg Vorra-Artelshofen in der Hersbrucker Schweiz
aufgelassen/nicht mehr AV
S. Schwabach
1979 Holzhaus erworben

1979
Wiedenbach-Hütte
370 m, D, in Bühlertal (Wiedenbachweg Nr. 29) im Schwarzwald in Baden-Württemberg
aktuell, Mittelgebirgshütte
S. Heidelberg
Feb. 1978 Bauernhaus erworben; 1978/1979 adaptiert; 1988 erweitert

1984
Hersbrucker Hütte
505 m, D, bei Betzenstein-Hetzendorf in Bayern
aktuell, Sektionshütte
S. Hersbruck
um 1950 erbaut; 1984 erworben u. adaptiert; dann Nebengebäude adaptiert; 1999–2002 generalsaniert

1985 oder früher
Düsselbacher Hütte
359 m, D, bei Velden in der Hersbrucker Schweiz in Bayern
aktuell, Mittelgebirgshütte
S. Schwabach
1980 Bahnwärterhaus besichtigt; 1980 oder danach gepachtet u. adaptiert; 1985 erworben

1985
Haus Egerland
510 m, D, in Hiltpoltstein-Almos in der Fränkischen Schweiz in Bayern
aktuell, Mittelgebirgshütte
S. Eger und Egerland
1984 Haus erworben; 13.7.1985 feierlich eröffnet

1986
Bruchhauser Hütte
450 m, D, in Olsberg-Bruchhausen im Sauerland in Nordrhein-Westfalen
aufgelassen/nicht mehr AV
S. Bochum
um 1850 erbaut; 1986 gepachtet; 30.6.2004 Pachtende; 2015 abgebrannt

1986
Dortmunder Sauerland-Hütte
Bruchhausener Hütte, Neue Sauerland-Hütte
479 m, D, an den Steinen in Olsberg-Bruchhausen im Sauerland in Nordrhein-Westfalen
aktuell, Mittelgebirgshütte
S. Dortmund
1986 erbaut

1986
Erich-Kürsten-Hütte
2 m, D, beim Monte Pinnow am Gelände des Sektionsklettergartens in Sande in Niedersachsen
aktuell, Sektionshütte
S. Wilhelmshaven
1985/1986 erbaut (Eigentum); 28.6.1986 eingeweiht

1986
Holledauer Hütte
445 m, D, bei Pfaffenhofen im Holledauer Hügelland in Bayern
aufgelassen/nicht mehr AV
S. Pfaffenhofen-Asch (S. Pfaffenhofen)
1986 erbaut u. eröffnet durch S. Pfaffenhofen-Asch; seit 2015 nur noch Vereinsheim mit Landgaststätte ohne Übernachtungsmöglichkeiten

1988
Koblenzer Hütte
D, in Koblenz-Ehrenbreitstein in Rheinland-Pfalz
aktuell, Sektionshütte
S. Koblenz
28.5.1988 feierlich eingeweiht

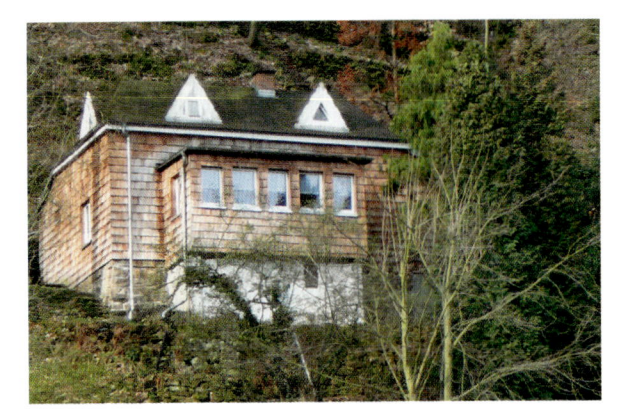

Sektionshütte Obervogelsang (Sedlitzer Hütte), 2010

1988
Malepartus-Hütte, zweite
Hütte in Oderbrück
807 m, D, in Braunlage-Oderbrück im Nationalpark Harz in Niedersachsen
aktuell, Mittelgebirgshütte
S. Hildesheim
1986–1988 erbaut; 12.8.1988 eingeweiht

1988
Sandkästle
D, in Bühl-Sand im Nordschwarzwald in Baden-Württemberg
aktuell, Sektionshütte
S. Offenburg
1988 erworben

1989
Mainzer Hütte im AV-Haus
Franz-Winkler-Heim
D, im Obergeschoß des AV-Hauses in Mainz-Mombach in Rheinland-Pfalz
aktuell, Sektionshütte
S. Mainz
1987 Franz-Winkler-Heim erworben; 1988/1989 adaptiert (im Obergeschoß Übernachtungsmöglichkeit eingerichtet, die den Namen »Mainzer Hütte« erhält); April 1989 feierlich eingeweiht

1990
Sedlitzer Hütte
Sektionshütte Obervogelgesang
167 m, D, in Obervogelsang in der Sächsischen Schweiz in Brandenburg
aktuell, Mittelgebirgshütte
S. Sedlitzer Bergfreunde
seit 1983 durch Sedlitzer Bergfreunde genutzt; seit 1990 AV-Sektion

Waltershäuser Hütte

1990
Waltershäuser Hütte
Trockenberg-Hütte
797 m, D, am Trockenberg bei Waltershausen in Thüringen
aktuell, Mittelgebirgshütte
S. Waltershausen-Gotha (davor Betriebssportgemeinschaft Chemie Waltershausen Sektion Wintersport)
1953 Holzbaracke aufgestellt; 1958 abgebrannt; 1958–1960 Neubau; 15.10.1960 feierlich eingeweiht; ab 1990 S. Waltershausen-Gotha

1991
Bielatal-Hütte
380 m, D, in Ottomühle bei Rosenthal-Bielatal in der Sächsischen Schweiz in Sachsen
aktuell, Mittelgebirgshütte
S. Sächsischer Bergsteigerbund
1956 erbaut; 1991 erworben durch S. Sächsischer Bergsteigerbund (SBB)

1991
Hohnsteiner Hütte
Zittau-Hütte Hohnstein
D, in Hohnstein in der Sächsischen Schweiz in Sachsen
aktuell, Sektionshütte
S. Zittau
1989 erbaut; 28.4.1990 eingeweiht; 1991 S. Zittau neu gegründet (Zittauer Bergsteigergemeinschaft e.V.)

1991
Jonsdorfer Hütte
Bergsteiger-Hütte
452 m, D, in Jonsdorf im Zittauer Gebirge in Sachsen
aktuell, Mittelgebirgshütte
S. Zittau
um 1967 eröffnet; 1991 S. Zittau neu gegründet (Zittauer Bergsteigergemeinschaft e.V.); 1999 Grund erworben; 2006/2007 erweitert

Saupsdorfer Hütte

Dessauer Hütte, 2010

1994 ca.
Saupsdorfer Hütte
SSB-Hütte Saupsdorf
285 m, D, in Saupsdorf-Räumicht im Nationalpark Sächsische Schweiz in Sachsen
aktuell, Mittelgebirgshütte
S. Sächsischer Bergsteigerbund
1993 Räumichtmühle (1818 erbaut) erworben; 2013 umgebaut; steht unter Denkmalschutz

1994
Hütte Stützerbach
Hütte Breiter Grund, Sektionshütte Breiter Grund
790 m, D, im Breiten Grund bei Stützerbach in Thüringen
aktuell, Sektionshütte
S. Altenburg
1993 gepachtet; 31.12.1994 eingeweiht

1995
Teufels Backofen
D, im Gebiet des Blautals bei Seißen in Baden-Württemberg
aktuell, Sektionshütte
S. Neu-Ulm
1993–1995 erbaut; 5.3.1995 eröffnet

1998 oder früher
Dürener Hütte
350 m, D, in der Burg Nideggen in Nideggen bei Düren in der Eifel in Nordrhein-Westfalen
aktuell, Mittelgebirgshütte
S. Düren
im Pförtnerhaus der Burg eingerichtet

1998
Hütte am Dicken Berg
Hütten am Dicken Berg
D, bei Steinbach-Hallenberg in Thüringen
aktuell, Sektionshütte
S. Inselberg
1996 drei kleine Hütten (erbaut 1955) gepachtet; 1997/1998 renoviert u. adaptiert

1998
Rudolf-Baumbach-Hütte
469 m, D, bei Friedelshausen in Thüringen
aktuell, Mittelgebirgshütte
S. Meiningen
Mitte 1960er Jahre erbaut als Winterstützpunkt des Straßenbauamtes Meiningen; Juni 1998 gepachtet (Erbpacht)

1999
Dessauer Hütte
Papstdorfer Hütte
288 m, D, in Gohrisch-Papstdorf in der Sächsischen Schweiz in Sachsen
aktuell, Mittelgebirgshütte
S. Bergfreunde Anhalt Dessau u. S. Leipzig
1996–2001 Scheune umgebaut durch S. Bergfreunde Anhalt Dessau u. S. Leipzig; ab 1999 gemeinschaftlich betrieben u. genutzt

1999
Vogtland-Hütte
748 m, D, an der Bahnlinie im Schönecker Wald bei Schöneck beim Naturpark Vogtland in Sachsen
aktuell, Mittelgebirgshütte
S. Plauen-Vogtland
um 1900 erbaut; 1997–1999 ehemalige Thomas-Münzer-Baude adaptiert

2000
Basislager Brocken
560 m, D, in Schierke am Fuß des Brockens im Nationalpark Harz in Sachsen-Anhalt

aktuell, Mittelgebirgshütte
S. Wernigerode
2000 fertiggestellt

2001
Hochsauerland-Haus
620 m, D, in Heinrichsdorf im Sauerland in Nordrhein-Westfalen
aktuell, Mittelgebirgshütte
S. Hochsauerland
2001 erworben; 2002 erneuert

2002
Greizer Erzgebirgs-Hütte
603 m, D, bei Schönheide-Wilzschhaus im Tal der Zwickauer Mulde im Erzgebirge in Thüringen
aktuell, Mittelgebirgshütte
S. Greiz
2000 ehemaliges Bahnwärterhäuschen erworben u. adaptiert; 29.6.2002 feierlich eingeweiht

2002
Nordpark-Hütte
Kletterheim Emscherpark
35 m, D, im Landschaftspark Duisburg in Nordrhein-Westfalen
aktuell, Kletterheim
S. Duisburg
ehemalige Reparaturwerkstatt adaptiert; Ende 2002 in Betrieb genommen (im Stil einer Selbstversorgerhütte betrieben)

2003
Hütte Weidmannsruh
Wanderheim Weidmannsruh
732 m, D, bei Floh-Seligenthal im Thüringer Wald in Thüringen
aktuell, Mittelgebirgshütte
S. Beckum
1907 privat erbaut; 2003 erworben

2004
BSV-Hütte Rathen
Sektionshütte Rathen
D, beim Elbufer-Radweg bei Rathen in Sachsen
aktuell, Sektionshütte
S. Bergsportverein Leipzig-Mitte (seit 2004 DAV-Sektion)
1976–1978 erbaut; ab 1978 regelmäßig genutzt; um 1996 erweitert

2006
Heubach-Haus
D, im Vereinsgelände Heubach bei Groß Umstadt-Heubach im Odenwald in Hessen
aktuell, Sektionshütte
S. Darmstadt-Starkenburg u. S. Offenbach
2005 Vereinsgelände erworben; 11.6.2005 Schlüsselübergabe; 1.3.2006 Gelände offiziell eröffnet; 2012–2015 umgebaut

2007
Schweppermanns-Burg
420 m, D, in Kastl-Pfaffenhofen in Bayern
aktuell, Sektionshütte
S. Amberg
2007 mittelalterliche Burganlage erworben durch den Vorsitzenden der S. Amberg

2008
Karl-Stein-Hütte
D, im Gebiet der Weißen Brüche nahe der Elbe zwischen Rathen u. Wehlen am Rand des Nationalparks Sächsische Schweiz in Sachsen
aktuell, Mittelgebirgshütte
S. Leipzig
um 1922/1923 erbaut; 2007 übernommen durch S. Leipzig; 2007/2008 adaptiert; 2008 eröffnet

2011
Edelweiß-Hütte
D, in Weißenohe bei Forchheim in Bayern
aktuell, Sektionshütte
S. Forchheim OG HTV Edelweiß Weißenohe
2002–2010 erbaut durch HTV Edelweiß Weißenohe; 11.6.2011 offiziell eingeweiht

2012 oder früher
Humboldt-Hütte
Alexander-von-Humboldt-Hütte
D, bei Königstein in Sachsen
aktuell, Sektionshütte
S. Alexander von Humboldt

2012
Helenenstein-Hütte
D, am Helenenberg bei Rothenstein-Oelknitz in Thüringen
aktuell, Sektionshütte
S. Jena
1932 erbaut durch TV Naturfreunde Jena; 6.10.2012 feierlich übernommen durch S. Jena; 2015 erworben

2015
Falkenberg-Haus
482 m, D, am Falkenberg bei Vorra-Artelshofen in der Hersbrucker Schweiz in Bayern
aktuell, Sektionshütte

Falkenberg-Haus

S. Erlangen
1926 erbaut durch TV Naturfreunde Nürnberg; 1.1.2015 übernommen durch S. Erlangen

Weitere europäische Gebiete außerhalb der Ostalpen

»Im Quellgebiet des Flüßchens Andlau, 940 m über dem Meeresspiegel, ist die Hütte ideal gelegen. Im Sommer sind es die herrlichen Wälder der Vogesen, die zu Waldspaziergängen, aber auch zu großen Touren einladen. Im Winter kann man Skiwanderungen unternehmen und auf den Pisten am Champ du Feu sich in Slalom und Abfahrt beweisen. Die Hohwaldhütte ist aber nicht nur Unterkunftsstätte und Ausgangspunkt für sportliche Betätigungen, sie ist zentraler Treffpunkt und damit Kommunikationszentrum der Bergfreunde.«

Peter Neuber, in: Deutscher Alpenverein Sektion Bergfreunde Saar. Festschrift zur Einweihung der neuen Hohwaldhütte am 1. Juli 1984, 1.

1874
Schneeberg-Hütte, erste
Unterkunftshaus/-hütte am Krainer Schneeberg
Slowenien, in der Nova-Kracina-Mulde südöstlich unterhalb der Kuppe des Krainer Schneebergs (Snežnik) in den Dinarischen Alpen (Slowenien)
aufgelassen/nicht mehr AV
S. Küstenland
18.7.1874 feierlich eröffnet; nach Einrichtung der zweiten Schneeberg-Hütte noch eine Zeit lang als Notunterkunft genutzt

Stefanie-Warte der S. Küstenland am Abgrund über den Grotten von St. Canzian (Škocjan)

1884
Hainberg-Haus
752 m, Tschechien, am Hainberg bei Asch
aufgelassen/nicht mehr AV
S. Asch
1884 erbaut; 2.8.1884 feierlich eröffnet

1885
Stefanie-Warte
Slowenien, am Abgrund 150 m über dem Rudolfs-Dom der Grotten von St. Canzian/Škocjan bei Divača (Slowenien)
aufgelassen/nicht mehr AV
S. Küstenland
1885/1886 erbaut; 1886 vollendet (nach Kronprinzessin Erzherzogin Stefanie benannt, die die Warte bereits am 17.9.1885 bestieg); in der Umgebung der benachbarten Grotten wurden weitere (bescheidenere) Warten errichtet

Eröffnung des Tillenberg-Hauses, 1926

Dr.-Franz-Merziger-Hütte, um 1970

1888
Schneeberg-Hütte, zweite
Schneeberg-Herberge, Touristen-Herberge in der Leskova Dolina
804 m, Slowenien, in Leskova Dolina am Krainer Schneeberg in den Dinarischen Alpen (Slowenien)
aufgelassen/nicht mehr AV
S. Küstenland
1888 Touristen-Unterkunft im Erdgeschoß des der Herrschaft Schneeberg eigentümlichen Wohnhauses eingerichtet; 1889 eröffnet

1926
Tillenberg-Haus
900 m, Tschechien, am Tillenberg bei Eger (Tschechien)
aufgelassen/nicht mehr AV
S. Eger und Egerland (DAV Eger)
1925/1926 erbaut; 1926 eingeweiht; 1943 zerstört

1928
Bergheim Gottesgab
1020 m, Tschechien, in Gottesgab (Boží Dar) in Böhmen
aufgelassen/nicht mehr AV
S. Karlsbad (DAV Karlsbad)
1928 ehemaliges Wandervogelheim erworben durch DAV Karlsbad; 1928/1929 adaptiert; Nov. 1928 eröffnet; 1929 Dachboden ausgebaut; 12./13.10.1929 feierlich eröffnet; 1931 erweitert

1928
Blisanenberg-Hütte
Privathütte am Blisanenberg, Blisanberg-Sektionshütte
Polen, am Blisanberg an der Haffküste (Elbinger Höhen) bei Dörbeck (Próchnik, Polen)
aufgelassen/nicht mehr AV
S. Elbing
1928 eröffnet

1931
Skiheim Petzer
Skiheim in Petzer-Abrahamshäuser
Tschechien, im Ortsteil Abrahamshäuser von Petzer (Pec pod Sněžkou) im Aupatal am Fuß der Schneekoppe im östlichen Riesengebirge (Tschechien)
aufgelassen/nicht mehr AV
S. Breslau
15.12.1931 eröffnet

1935 oder früher
Keilberg-Hütte
Ski- & Wanderheim am Keilberg
970 m, Tschechien, am Nordhang des Keilbergs/Klínovec im Erzgebirge bei Stolzenhain/Háj u Loučné (Tschechien)
aufgelassen/nicht mehr AV
S. Chemnitz

1943 oder früher
Aussichtsturm auf dem Wotsch
AV-Aussichtswarte
Slowenien, am Wotsch/Boč bei Pöltschach/Poljčane
aufgelassen/nicht mehr AV
S. ÖTK

1943 ca.
Böhmische Hütte Stolzenhain
Mittelgebirgshütte Stolzenhain
Tschechien, in Stolzenhain bei Böhmisch Wiesenthal (Loučná pod Klínovcem, Tschechien)
aufgelassen/nicht mehr AV
S. Chemnitz

1957
Dr.-Franz-Merziger-Hütte
Merziger-Hütte, Auberge du Schantzwasen, Vogesen-Hütte
1096 m, Frankreich, am Südostabhang des Tanet in den Vogesen im Elsass (Frankreich)

aufgelassen/nicht mehr AV
S. AS Saarbrücken
1948/1949 Ferme Schantzwasen gepachtet; 1950 Umbau abgeschlossen; 27.5.1952 erworben; 1953–1955 abgerissen u. neu errichtet; 6.3.1955 eingeweiht als Dr.-Franz-Merziger-Hütte; ab 1957 ASS wieder AV-Sektion; wiederholt erweitert; dann verkauft an privat (DAV-Vertragshaus)

1963
Hohwald-Hütte
Refuge Hohwald
940 m, Frankreich, am Hochfeld am Champ du Feu in der Gemeinde Le Hohwald in den Vogesen im Elsass (Frankreich)
aktuell, Mittelgebirgshütte
S. Bergfreunde Saar (S. Turnersektion Saar)
1961–1965 erbaut; bereits 1963 eingeweiht; 1.7.1984 nach Erweiterung/Neubau eingeweiht

1975
Tuk-Hut
Tukhut
250 m, Belgien, in Sy bei Hamoir in den Ardennen (Belgien)
aufgelassen/nicht mehr AV
S. Holland (= Nederlandse Bergsport Vereniging)
1975 erbaut durch S. Holland (bis 1996 Sektion des ÖAV), 1980 abgebrannt, 1983 wieder aufgebaut

1984
Lenker-Hütte
1600 m, Schweiz, bei Lenk-Pöschenried im Simmertal in den Berner Alpen (Schweiz)
aktuell, Sektionshütte
S. Offenburg
1984 gemietet

1988
Chavee-Hut
Chaveehut
250 m, Belgien, in der Rue de la Chávée in Maillen südöstlich von Namur (Belgien)
aktuell, Mittelgebirgshütte
S. Flandern (= Vlaamse Bergsportvereniging)
1988 eröffnet

Außereuropäische Gebiete

»Das Schutzgebiet [Kiautschou] ist 551 Quadratkilometer gross und hat zur Zeit ausser einer Garnison von 2200 Mann 1225 europäische, 207 japanische und etwa 120000 chinesische Einwohner. […] Von den Bergzügen ist für den Naturfreund der Lauschan bei weitem der wichtigste und interessanteste, nicht nur wegen seiner Höhe und Ausdehnung, sondern weil er die grösste Zahl von landschaftlich schönen Punkten und ausserdem die Möglichkeit zu mehrtägigen Wanderungen bietet. […] Die das Gebirge durchziehenden Bäche sind durchweg mit wüstem Geröll und riesigen Blöcken angefüllt, so dass beim Wandern nur mühsam vorwärts zu kommen ist. […] Das Gebirge ist im wesentlichen nur in der Nähe der reizvoll gelegenen Tempel bewaldet, indessen darf man sich darunter nicht den Baumbestand des Harzes, auch nicht den Schutzwald unserer heimischen Hochgebirge, sondern nur einen dünnen Bestand von Kiefern, der mit der strauchartigen Schantungeiche durchsprengt ist, vorstellen.«

Jahresbericht des Bergvereins Tsingtau. Zweigverein des D. u. Oe. Alpenvereins für 1905, Tsingtau 1906, 3-5.

1899
Irene-Baude, erste
740 m, China, am Hoffnungspass bei Lauting im Lauschan-Gebirge bei Tsingtau (Qingdao) in der heutigen Provinz Shandong (China)
aufgelassen/nicht mehr AV
S. Tsingtau
28.3.1899 Grundsteinlegung; 1899 (spätestens im Herbst) in Betrieb; ab Ende 1899 Bergverein Tsingtau AV-Sektion

1903
Irene-Baude, zweite
Ta tschuan tsy
740 m, China, am Hoffnungspass nahe der ersten Irene-Baude bei Lauting im Lauschan-Gebirge bei Tsingtau (Qingdao) in der heutigen Provinz Shandong (China)
aufgelassen/nicht mehr AV
S. Tsingtau
13.7.1902 Grundsteinlegung; 14.3.1903 feierlich eröffnet; 1906 saniert; 1908 Kulihaus erbaut u. Hütte verbessert

1905 oder früher
Rasthaus in Teng yau
China, in Teng yau bei Tsingtau (Qingdao) in der heutigen Provinz Shandong (China)
aufgelassen/nicht mehr AV
S. Tsingtau
1905 oder davor gemietet; Pferde können untergestellt werden (nur Rastplatz, keine Übernachtung); mit

Tourist mit einer Gruppe Einheimischer vor einer Herberge der S. Tsingtau, 1909

1.1.1907 aufgelassen wegen fehlender Notwendigkeit für die Zukunft

1905 oder früher
Rasthaus in Tschiu schui
China, in Tschiu schui bei Tsingtau (Qingdao) in der heutigen Provinz Shandong (China)
aufgelassen/nicht mehr AV
S. Tsingtau
1905 oder davor gemietet; Pferde können untergestellt werden (nur Rastplatz, keine Übernachtung); mit 1.1.1907 aufgelassen wegen fehlender Notwendigkeit für die Zukunft

1905
Tempel Waldfrieden
600 m, China, bei Pei tschiu schui miau bei Tsingtau (Qingdao) in der heutigen Provinz Shandong (China)
aufgelassen/nicht mehr AV
S. Tsingtau
1905 zwei Fremdenräume des Tempels auf 25 Jahre gemietet (mit Übernachtung: an Naturfreunde, die es vorziehen, in möglichster Abgeschlossenheit und doch nicht zu fern von der Mitwelt ruhige Urlaubs- und Erholungstage zu verbringen, vermietet)

1912 oder früher
Unterkunft im Tempel Hua yen
China, im Lauschan-Gebirge bei Tsingtau im Gebiet in der heutigen Provinz Shandong (China)
aufgelassen/nicht mehr AV
S. Tsingtau
Zimmer im Tempel gemietet u. mit Betten, Decken, Moskitonetzen, Waschgeschirr sowie einigen Tellern ausgestattet

1912 oder früher
Unterkunft im Tempel Tai tsching kung
China, im Lauschan (Kiautschou) bei Tsingtau im Gebiet in der heutigen Provinz Shandong (China)
aufgelassen/nicht mehr AV
S. Tsingtau
Zimmer im Tempel gemietet u. mit Betten, Decken, Moskitonetzen, Waschgeschirr sowie einigen Tellern ausgestattet

Außereuropäische Gebiete **253**

Hütte Lo Valdés, um 1935

1912 oder früher
Unterkunft im Tempel Tschi pan schy miau
Ming tau kuan
China, im Lauschan (Kiautschou) bei Tsingtau im Gebiet in der heutigen Provinz Shandong (China)
aufgelassen/nicht mehr AV
S. Tsingtau
Zimmer im Tempel gemietet u. mit Betten, Decken, Moskitonetzen, Waschgeschirr sowie einigen Tellern ausgestattet

1914
Hannover-Haus am Kilimandscharo
1350 m, Tansania, am Fuß des Kilimandscharos in Altmoschi (Tansania)
aufgelassen/nicht mehr AV
S. Hannover
1913/1914 Errichtung auf ca. 4900 m geplant (auf einem Platz zwischen den beiden Haupterhebungen Kibo und Mawensi); 1914 jedoch tiefer, in Altmoshi errichtet; Einweihung geplant (Dr. W. Arning, als Sektionsvertreter zur Einweihung bereits unterwegs, geriet in Kriegsgefangenschaft); diente wegen Kriegsausbruchs zunächst als Lazarett

1932
Refugio Lo Valdés
Hütte Lo Valdés, Valdes-Hütte, Refugio Alemán Lo Valdés, Cabaña El Volcan
1950 m, Chile, am Fuße des Vulkans San José knapp 80 km von Santiago (Chile)
aufgelassen/nicht mehr AV
Club Alemán Andino – DAV Chile (davor S. Chile – Deutscher Ausflugverein)
1931/1932 erbaut; 1932 feierlich eingeweiht; 1936 erweitert (Schutzhütte, Ferienheim u. Skiheim)

1935
Refugio de los Azules
Skihütte Los Azules
2300 m, Chile, im Skigebiet Potrero Grande (Chile)
aufgelassen/nicht mehr AV
Club Alemán Andino – DAV Chile (davor S. Chile – Deutscher Ausflugverein)
1935 erbaut auf ca. 2300 m Seehöhe u. eröffnet durch S. Chile; nun Ruine

1937
Refugio de la Parva Alemana
Schutzhütte La Parva, Parva-Hütte
2200 m, Chile, beim Cerro Parva ca. 50 km von Santiago (Chile)
aufgelassen/nicht mehr AV
Club Alemán Andino – DAV Chile (davor S. Chile – Deutscher Ausflugverein)
1937 eröffnet durch S. Chile; nun Ruine

1937
Refugio de las Totorillas
Skihütte Las Totorillas
Chile, im Skigebiet Potrero Grande (Chile)
aufgelassen/nicht mehr AV
Club Alemán Andino – DAV Chile (davor S. Chile – Deutscher Ausflugverein)
Hütte diente ursprünglich den Vaqueros (Kuhhirten) als Quartier; 1936 erworben durch S. Chile; 1936/1937 instand gesetzt u. adaptiert; 1937 geöffnet (auch als Skiheim für die AV-Jugend genutzt); nun Ruine

1940
Dr.-Hans-Kinzl-Hütte
2500 m, Peru, in der Nähe von Matucana in den Peruanischen Anden (Peru)
aufgelassen/nicht mehr AV
S. Peru
1940 erworben; 1940 eingeweiht (nach dem Geographen u. AV-Funktionär Hans Kinzl benannt)

Abbildungsverzeichnis

Alpenverein Südtirol: 10, 141 li. & re., 147 re., 148, 159 re., 204 li., 206 li.

Deutscher Alpenverein, München: 23, 33, 34, 35 re. u., 36, 37 re. o. & u., 39 re., 41, 43, 49, 55, 56, 58 li. & re., 59, 61 li. & re. o., 63 re. u., 65, 66, 69 o. & u., 70, 76 li., 85 li. & re., 123, 132, 136, 143 re., 185 re., 188 li., 218 li., 232, 234–245, 247 li. & re., 248 li. & re., 250 li., 251 re.

Österreichischer Alpenverein, OeAV Museum/Archiv: 8, 9, 12, 14 u., 15 re., 17 u., 19, 26, 31, 32 li., 35 re. o. & Mitte, 37 li., 39 li., 40, 45 li. & re., 47 o. & u., 48 li. & re., 50–54 li. & re., 57 re., 61 re. u., 62 li. u. & re., 63 li. & re. o., 64, 67, 71, 72, 74, 75, 76 re., 77, 78 re., 79 re., 81, 82, 87, 88 li. & re., 89, 90, 92, 93, 95 li. & re., 96–98, 100 li. & re., 101–107, 109 o. & u., 110, 111, 113 li. & re., 114 li., 115, 117, 118 li. & re., 119 u., 120, 121, 122 li. & re., 124, 125 u., 126, 128–130, 131 li. & re., 133, 134 li. & re., 137, 138 li. & re., 143 li., 144, 146 li., 147 li., 149–153, 155 re. o. & u., 157, 158, 160–162 li. & re., 164–166, 167 li., 169 li. & re., 171–173 li., re. & u., 175–177 li. & re., 179, 180 li. & re., 182–184, 185 li., 186, 187, 188 re., 189–191 o. & u., 193 li. & re., 194, 195, 197 li. & re., 199 li., re. & u., 200–203, 204 re., 205, 206 re., 207–211, 213–215, 218 re., 220 li. u. & re., 221–225, 228 li. & re., 229, 230, 253, 254.

ÖAV Abteilung Hütten, Wege und Kartografie: 84, 99, 108, 216 li. & re.

ETH-Bibliothek Zürich, Bildarchiv, Public Domain Mark: 14 o., 17 o., 35 li., 131 re., 139, 142, 155 li., 167 re., 168.

ÖNB AKON: 62 li. o., 78 li., 79 li., 80, 88 re., 114 re., 119 o., 125 o., 227.

Vorarlberger Landesbibliothek. Sammlung Risch-Lau 222446, Creative Commons: 32 re.

Jakub Cejpek, Budweis: 140.

Volker Dietz, S. Gießen-Oberhessen: 181 re.

Heiko Kunath, S. Dresden: 146 re.

Anton Lafenthaler, Gastein: 181 li.

Sepp Lederer, S. Obergailtal: 220 li. o.

Paul Ohnmacht, Innsbruck: 28, 57 li.

Julian Wienert, Dresden: 159 li.

S. Austria. Festschrift 1932, 40 & 88: 91, 217.

S. Günzburg: 18.

S. Hannover. Festschrift 1925, 109: 21.

S. Küstenland. Festschrift 1892, 237: 250 re.

S. Mariazellerland: 112.

S. Pforzheim: 135.

S. Steyr. Festschrift 1899, 9: 25.

Illustrirte Zeitung, Bd. 89 Nr. 2311, Leipzig/Berlin 15.10.1887, 384: 13.

Kurbetriebe Oberstdorf, www.oberstdorf.de/alpininfo/huetten/schutzhuetten/rappenseehuette.html: 27.

Moderne Kunst. Illustrierte Zeitschrift, Jg. 15 Heft 22, 1902, 275: 15 li.

Holger Neuwirth/Friedrich Bouvier, Ingenieurkunst und Eisenarchitektur, http://bks.tugraz.at/neuweb/webego/eisen/eisen2.html: 196

Albrecht Penck, Friedrich Simony. Leben und Wirken eines Alpenforschers. Ein Beitrag zur Geschichte der Geographie in Österreich, in: Geographische Abhandlungen VI, Heft 1, Wien 1896, Taf. XXI („Hôtel Simony' Schutzhöhle im Wildkar"): 7.

Waldheimat. Monatsschrift für den Böhmerwald 4/1927, 69: 251 li.

Vorsatz (Graphik „Gebirgsgruppen Ostalpen"): Werner Beer 2016, Beschriftung Michael Guggenberger 2016.

Nachsatz (Graphik „Schutzhütten in Südtirol, Trentino und Belluno"): Florian Trojer 2011, bearbeitet Michael Guggenberger 2016.

Register der Hüttennamen

Aachener Haus 242
Aachener Hütte 139
Aachener Hütte (Kletterheim) 240
Achtal-Hütte, Achental-Hütte 240
Ackerl-Hütte, (Alte) 76, 76*
Ackerl-Hütte, (Neue) 76
Adam-Biwak, Toni- 93
Adamek-Hütte 92
Admont, Jugendherberge 101
Admonter Haus 99
Adolf-Hitler-Turm 196
Adolf-Kögler-Haus/-Hütte 115
Adolf-Nossberger-Hütte 171
Adolf-Pichler-Hütte 146
Adolf-Sotier-Haus 55
Adolf-Witzenmann-Haus 145
Adolf-Zoeppritz-Haus 51
Aggenstein-Hütte 36
Agsdorf, Jugendherberge/Agsdorf-Grete-Klinger-Jugendherberge 194
Ahornalm-Hütte/Ahorn-Alm 105
Aiblinger Hütte 70
Aicha, Jugend-Übernachtungsheim 239
Aicha, Kletterheim/Jugend- und Kletterheim Aicha 243, 243*
Akademiker-Hütte 183
Akademiker-Hütte (am Wolayersee) 217, 217*
Akademiker-Hütte, Ersatz-Hütte für 154
Akademiker-Schihütte 154
Akademiker-Skihütte Saalbach/Akademiker-Hütte 152
Albert-Appel-Haus 98
Albert-Biwak 182
Albert-Link-Hütte 63
Albuch, Hütte am 236
Aldo e Vanni Borletti, Rifugio 203
Aleardo Fronza alle Coronelle, Rifugio 209
Aleksandrov dom 225
Alexander-von-Humboldt-Hütte 249
Alexandrov dom 221
Alfonso Vandelli, Rifugio 208
Alfredo Serristori alla Vertana, Rifugio 202
Ali-lanti-Biwak/Ali-lanti-Jubiläums-Biwak 181, 181*
Almbrüder-Hütte 122
Almesbrunnberg, altes Touristenquartier 122
Almesbrunnberg, Touristenheim bzw. Touristenunterkunft 122
Almtaler-Haus 95
Alois-Günther-Haus 199, 199*
Alois-Huber-Haus 62
Alp, Alpe 40
Alpel-Haus 50
Alpeltal-Hütte 83
Alpenblume, Berggasthaus 32
Alpenfreunde-Hütte (am Krummbachstein) 115
Alpenhaus (S. Essen) 234
Alpenhof, Haus 44
Alpenraute-Hütte 215

Alpenrose-Hütte 111
Alpenrosen-Hütte/Alpenrose-Hütte 153
Alpensöhne-Hütte 56
Alpkogel-Hütte 199
Alpl, Schiläuferheim 200
Alpl-Haus 50, 50*
Alpschwend-Hütte 154
Altes Höfle 39
Altes Wäldele, (Skihütte) 39
Amberger Hütte 143
Ammererhof, AV-Haus 176
Amstettner Hütte, alte 117
Amstettner Hütte, neue 118, 118*
Anbauer-Hütte 112
Anderle-Biwak, Uwe- 106
Anger-Hütte/-Alpe, (Skihütte) 39
Anger-Hütte, (Alte) 49, 49*
Anger-Hütte, (Neue) 51
Angfeld-Hütte 237
Anhalter Hütte 46
Anich-Hütte 145
Ankel-Alm/Skihütte Ankl-Alm 67, 67*
Annaberger Haus/Hütte 119
Anna-Hütte 192
Anna-Schutzhaus 177
Ansbacher Hütte 46
Ansbacher Skihütte 40
Ansbacher-Kletterheim 243
Antermoja-Hütte/Antermojasee-Hütte/Rifugio Antermoia 211
Antonio Locatelli - S. Innerkofler, Rifugio 207
Anton-Karg-Haus 74
Anton-Renk-Hütte 139
Anton-Schosser-Hütte 105
Anton-Zimmermann-Hütte 115
Appel-Haus 98
Araburg-Aussichtsturm 120
Arbesser-Hütte 197
Arborn-Hütte 242
Arnberg-Hütte 245
Arnspitz-Hütte/Arnspitzen-Hütte 51
Arntalalm, Talherberge 165
Arthur-von-Schmid-Haus/Arthur-Schmid-Haus 178
Artweger-Hütte 98
Arzmoos-Alm 65
Aschaffenburger Biwak 159
Aschauer Haus 153
Aschbach-Hütte, größere 55
Aschbach-Hütte, kleinere 55
Aschenbrenner-Hütte, Ludwig- 58
Ascher Hütte 132, 133*
ASD-Hütte 232
Aspach-Hütte, (größere) 55
Aspach-Hütte, (kleinere) 55
Asten-Hütte 175

Aste-Reitbichl-Hütte/Aste-Reitbihel-Hütte 57
Au, Hütte/Bergheim Au-Argenzipfel 33
Auenalp-Hütte/Skihütte Auenalpe/Auen-Hütte 40, 40*
Augsburger Biwak(schachtel) 49
Augsburger Hütte, erste 46
Augsburger Hütte 46, 47*
August-Schuster-Haus 59
Au-Häusl 89
Aulendorfer Hütte 134
Austria-Dörfl 166
Austria-Hütte 92
Azules, Refugio de los/Skihütte Los Azules 254
Babenstuber-Hütte, alte 75
Babenstuber-Hütte, neue 76
Bad Kissinger Hütte 36
Bad Leonfeldner Hütte 230
Badehütte Klosterneuburg (des ÖGV), Badehütte 229
Badener Hütte 161, 162*
Badgasteiner Hütte 178
Baier-Alm 55
Baier-Alm/Baieralm-Hütte 54
Balderschwang, Jugendheim 41
Bamberger Haus auf Fedaja 211
Bamberger Hütte (= Tribulaun-Hütte der Naturfreunde) 26, 146
Bamberger Hütte, (Alte) 208
Bamberger Hütte, (Neue) 152
Barbaria-Hütte 211
Bärenbad-Hütte/-Alphütte 74
Bärenbadkogel-Hütte 152
Bärenfleck-Hütte 72
Bärenloch-Hütte 245, 245*
Bärenschützklamm-Hütte 200
Bärentaler Jugendherberge 224
Barmen, Vereinsheim der Sektion 234
Barmer Haus/Heim 162
Barmer Hütte, alte 164
Barmer Hütte, (Neue) 164
Bärnbadkogel-Hütte 152
Barth-Hütte, (Hermann-von-) 38
Bartler-Kaser 83
Bauer-Hütte 193
Bauernkamp, (Ski- u. Wanderhütte) 239
Baumbach-Hütte 222
Baumbach-Hütte, Rudolf- 248
Baumgartner-Haus 113
Baumkirchner Hütte 195
Baumoos-Alm 66
Baumoos-Alm 71, 66*
Bayer-Alm 55
Bayerländer-Skihütte 69
Bayreuther Hütte 58
Becher-Haus 143, 143*
Beck, Bergheim 42
Beimpold-Hütte 76
Beisselsteine, Unterkunftshütte beim sog. 46
Belvedere, Aussichtspavillon 54
Benediktenwand-Hütte 62, 62*
Bergamo, Rifugio 208
Berger-Haus, Hans- 76

Berger-Hütte 192
Berger-Hütte, Dr.-Erich- 153
Bergfried, Haus 58
Bergfried-Hütte 181
Bergländer-Heim am Brunnenkopf 59
Bergländer-Heim am Pürschling 59, 58*
Bergler-Hütte 90
Bergl-Hütte, erste 202
Bergl-Hütte 203
Bergmoos-Alpe 38
Bergsteiger-Hütte 247
Berliner Hütte 18, 155, 155*
Bernadein-Hütte/-Jagdhütte 51
Berndorfer Hütte 120
Bernhard-Fest-Hütte/-Gipfel-Hütte 193
Bernhard-Fest-Hütte, Vorgängerbau der 192
Bernhuber-Hütte 122
Bernkogel-Hütte/Bernkogl-Unterstandshütte 174
Berta-Hütte, (Alte)/Bertha-Hütte 223
Berta-Hütte, zweite bzw. Neue 224
Berta-Hütte, dritte 225
Bertgen-Hütte 82
Bettelwurf-Hütte 53, 53*
Bezold-Hütte 78
Biberacher Hütte 44
Bicchiere, Rifugio 143
Bielatal-Hütte 247
Bielefelder Hütte, (Alte) 144
Bielefelder Hütte, (Neue) 147
Biella (alla Croda del Becco), Rifugio 211
Birkach, Alpe bzw. Bergheim 42
Birkhofer-Hütte 54
Birkkar-Hütte 55
Birnbaum im Gasthaus Edelweiß, AV-Heim 214
Birnbaum im Gasthaus Post, AV-Heim/Birnbaumer Wirt 214
Bischofalm, AV-Heim Obere 219
Bischofalm, AV-Heim Untere 219
Biwak-Höhle (südwestl. der Welser Hütte) 99
Blairs Hôtel 14
Blankenstein-Almhütte 68
Blankenstein-Hütte 70
Blässe-Alm 39
Blaueis-Hütte, alte 80
Blaueis-Hütte, Ersatzhütte für alte bzw. Nebenhütte der neuen 84
Blaueis-Hütte, neue 84
Bleckenau-Skihütte 60
Bleckstein-Haus 67
Bleckwand-Hütte 103
Bleiberger Haus/Bleiberg-Haus 213
Bleiburger Hütte 224, 224*
Blens, Eifelheim (= Kletterheim Blens) 240
Blens, Eifelheim (= Kölner Eifelhütte) 240
Blens, Kletterheim 240, 240*
Blesse, Alpe 39
Blisanenberg-Hütte/Privathütte am Blisanenberg/Blisanberg-Sektionshütte 9, 251
Blöckenau, Skihütte 60
Bochumer Hütte 153
Bockhartsee-Hütte 174

Register der Hüttennamen **257**

Böckstein, Talherberge 175
Bodenschneid-Haus 70, 71*
Boe-Hütte/Rifugio Boe 208
Bohemia-Hütte 186
Böhmische Hütte Stolzenhain 251
Bolzano, Rifugio 207
Bonner Hütte, (Alte) 165
Bonner Hütte, Neue 194
Bonn-Matreier Hütte 163
Bootshaus I (=Paddlerheim Wien-Nußdorf) 229
Bootshaus II (= Marchhart-Bootshaus) 229
Boots-Hütte (in Landsberg) 245
Borletti, Rifugio Aldo e Vanni 203
Böseck-Hütte 175
Bosruck-Hütte/Skihütte Bosruckalpe 101
Brandenburger Haus 10, 138, 138*
Brandstetterkogel-Hütte 226
Bräualm-Hütte 87
Bräuhaus, Touristenunterkunft im alten 92
Bräu-Kaser 87
Braunauer Hütte 104
Braunberg-Hütte 228, 228*
Brauneck-Alm/-Alpe 65
Brauneck-Gipfelhaus/-Gedächtnis-Hütte/-Hütte 68
Brauneck-Skihütte, (erste) 68
Brauneck-Skihütte, (zweite) 68
Braunschweiger Hütte 136
Breitenkopf-Hütte 52, 52*
Breiter Grund, Hütte bzw. Sektionshütte 248
Breitlahn-Hütte/Breitlahnalm-Hütte 185
Breitofner Jugendherberge 197
Bremer Haus 206
Bremer Hütte 144
Brendl-Hütte 196
Brennauer-Haus, Dr.-Thomas- 154
Breslauer Hütte 136, 136*
Bressanone, Rifugio 157
Brettstein-Hütte 182
Brezina-Haus, Sepp- 127
Brixen im Thale, Berg- u. Skiheim 154
Brixener Haus 154
Brixner Hütte, alte/Brixener Hütte, alte 157
Brixner Hütte, neue 158
Brocken, Basislager 248
Bruchhauser Hütte/Bruchhausener Hütte 246
Bruchholz-Hütte 232
Brucker Hütte 189
Brucker Skihütte 170
Brunecker Haus am Kronplatz 212
Brunn, Hütte in 94
Brunn-Alm 112
Brunnalm-Hütte/Jagdhütte auf der Brunnalm 94
Brunnenkogel-Haus 145
Brunnenkopf-Hütte/-Häuser 59
Brunnenkopf-Hütte, Untere 59
Brünner Hütte 92
Brünnstein-Haus 62
Brunnstein-Hütte 56
Brunntal-Hütte 49

BSV-Hütte Rathen 249
Bubenreuther Hütte 172
Bubenreuther Hütte, Neue 154
Buchberg-Hütte 126
Buchholzer-Haus/-Hütte 192
Buchstein-Haus/-Hütte 102
Bühl-Alm, (Skihütte) 41, 41*
Bühler-Hütte, Ossi- 241
Burg Hohenzollern, Jugendherberge 233
Burgberg, Jugendbildungsstätte 43
Bürger-Alm, (Skihütte) 107
Bürgeralm-Hütte 119
Burgerhof-Warte 120
Buschberg-Hütte 228, 228*
Busch-Hütte, Martin- 140
C.-v.-Stahl-Haus 80
Calciati al Tribulaun, Rifugio Cesare 143
Campaccio, Rifugio Chiusa al 148
Canali-Hütte 209, 209*
Canin-Hütte 222
Canisfluh-Hütte 32
Canziani, Rifugio Umberto 203
Cap. d'Annunzio 157
Carl-Hermann-Notunterkunft 198
Carl-Lechner-Haus 199
Carlsbader Hütte, erste 136
Carl-Semler-Hütte 230
Carl-von-Stahl-Haus 80
Casseler Hütte 164
Cavazza al Pisciadù, Rifugio Franco 210
Celler Hütte 181
Cervino, Rifugio 148
Cesare Calciati al Tribulaun, Rifugio 143
Chavee-Hut 252
Chemnitzer Hütte, (Alte) 155, 155*
Chemnitzer Hütte, (Neue) 138
Chiusa al Campaccio, Rifugio 148
Christomannos-Haus 211
Ciampiedie-Hütte/-Haus/Rifugio Ciampiedie 211
Cima libera, Rifugio 144
Cisles, Rifugio Firenze in 208
Città di Milano, Rifugio 202
Clara-Hütte 160, 160*
Coburger Hütte 51
Cojzova koca 225
Colle Tasca, Rifugio Verona al 138
Comperdell, Skihütte auf (S. ÖTK) 133
Comperdell-Hütte (= Kölner Haus) 133
Compton-Hütte, (E.-T.-) 215
Contrin-Haus/Rifugio Contrin 209
Corno di Fana, Rifugio 165
Corno di Plaies, Rifugio 203
Coronelle, Rifugio Aleardo Fronza alle 209
Corsi, Rifugio Nino 202
Corsi-Hütte/Rifugio Guido Corsi 222
Cremona alla Stua, Rifugio 142
Croda da Lago, Rifugio 211
Croda del Becco, Rifugio Biella alla 211
Dachsteinblick 93

Dachsteinsüdwand-Hütte 93
Dachsteinwarte-Hütte 93
Daimer-Hütte 156
Damberg-Warte, erste u. zweite 24, 25, 25*, 104
Damböck-Haus 113, 113*
Dante alla Stua, Rifugio 142
Danziger Hütte 18
Darmstädter Hütte 133
Defregger-Haus 163
Demmerkogel-Warte 196
Deschmann-Haus/-Hütte 222
Dessauer Hütte 248, 248*
Deutsch-Wagramer Hütte 126
Diaz, Rifugio Maresciallo Armando 136
Dibaita, Schutzhütte 212
Dicken Berg, Hütte bzw. Hütten am 248
Dienten-Hütte/Dientener Hütte/Unterkunftshaus am Dientensteig 80
Diessener Hütte 60
Dipl.-Ing.-M.-Marchhart-Bootshaus 229
Dipl.-Ing.-Rudolf-Wismeyer-Haus 187
Dirnbacher-Hütte, (Wolfgang-) 116
Dittes-Hütte 45
Dittes-Hütte, Wirtschaftsgebäude zur 45
Dobratsch-Gipfelhaus/Touristenhaus am Dobratsch 213, 213*
Dobratsch-Häuser 213
Döllacher Jugendheim 170
Dominicus-Hütte 156
Don Bosco, Haus 33
Donaulände, AV-Haus 127
Donauland-Hütte/Jugendherberge Donauland 108
Donau-Warte 226
Dortmunder Hütte 146
Dortmunder Sauerland-Hütte 244
Dortmunder Sauerland-Hütte, neue 246
Douglass-Hütte/Douglaß-Hütte, alte 15*, 128, 128*
Douglass-Hütte, neue 130
Dr.-Erich-Berger-Hütte 153
Dr.-F.-Hernaus-Stöckl 175
Dr.-Franz-Merziger-Hütte 251, 251*
Dr.-Hans-Kinzl-Hütte 21, 254
Dr.-Hans-Kloepfer-Jugendherberge, alte 198
Dr.-Hans-Kloepfer-Jugendherberge 198
Dr.-Hans-Widder-Jugendherberge Großfragant 175
Dr.-Heinrich-Hackel-Hütte 89, 89*
Dr.-Hernaus-Stöckl 175
Dr.-Josef-Mehrl-Hütte 191
Dr.-Josef-Mehrl-Hütte 193
Dr.-Obersteiner-Biwakschachtel 93
Dr.-Otto-Koren-Hütte 198
Dr.-Otto-Schutovits-Haus 110
Dr.-Rudolf-Weißgerber-Biwak 176
Dr.-Rudolf-Weißgerber-Hütte/-Schutzhütte 175
Dr.-Steinwender-Hütte 220
Dr.-Thomas-Brennauer-Haus 154
Dr.-Widder-Jugendherberge 175, 175*
Dr.-Wittig-Hütte 231
Dreischuster-Hütte 212
Drei-Zinnen-Hütte 19*, 207, 207*

Dresdner Hütte, (Alte) 141, 142*
Dresdner Hütte, (Neue) 27, 142
Duffner, Skiunterkunft im Berggasthof 69
Duisburger Eifelhütte 244
Duisburger Hütte 174
Dümler-Hütte 97, 97*
Durchamer Alm, Skihütte 66
Dürener Hütte 248
Durhamer Alm 66
Dürrenstein-Hütte/Dürrnstein-Hütte 117
Düsselbacher Hütte 246
Düsseldorfer Eifelhütte 240, 241*
Düsseldorfer Hütte 202, 203*
Dux, Rifugio 202
E.-T.-Compton-Hütte 215
Ebinger Haus 239
Ebner Alm, Turistenunterkunft 139
Ebneralp-Hütte/Holzhütte auf der Ebner Alm 139
Eckbauer-Hütte 116
Eckbert-Hütte 81
Ecker-Alm 78
Edel-Hütte, (Karl-von-) 156
Edelraute-Hütte, (Alte)/Edelraut-Hütte 157
Edelraute-Hütte, (Neue) 187, 187*
Edelsberg, Unterstandshütte auf dem/Edelsberg-Pavillon 35
Edelweißer-Hütte 91
Edelweiß-Haus 48
Edelweiss-Haus Königsleiten 154
Edelweiß-Hütte 238
Edelweiß-Hütte 249
Edelweiß-Hütte (= Sektionshütte Krippen) 232
Edelweiß-Hütte (=Bürgeralm-Hütte) 119
Edelweiß-Hütte (=Malberg-Hütte) 234, 234*
Edelweiss-Hütte am Schneeberg 116
Edmund-Graf-Hütte 134
Edmund-Probst-Haus 36
Edries-Hütte 239
Eduard-Pichl-Hütte 217
Egerer Hütte 211
Egerland, Haus 246
Egerland-Hütte 88
Eggenalm-Haus 87
Eggerberg, Unterkunftshütte 165
Egghof-Kaser 147, 147*
Egloffsteiner Hütte 241
Ehrenbach-Alm 152
Eibenstock-Hütte 86
Eibiswalder Hütte 196
Eichelwang, Jugendherberge 76
Eichert-Hütte 122
Eierhauck-Hütte/Skihütte am Eierhauck 232
Eifelheim „Zu den Felsen" 245
Eifelheim Blens (= Kletterheim Blens) 240
Eifelheim Blens (= Kölner Eifelhütte) 240
Eifelheim, Krefelder 240
Eifelhütte, Düsseldorfer 240, 241*
Eifelhütte, Koblenzer 243
Eifelhütte, Kölner 240
Eifelhütte, Mülheimer 244, 244*

Register der Hüttennamen **259**

Einacher Hütte/Einach-Hütte 184
Eisbruggjoch-Hütte 157
Eisensteinhöhle-Haus 123
Eisenstein-Hütte 119
Eisernen Tor, Aussichtsturm am 124
Eisernes-Tor-Schutzhaus 124
Eisjöchl-Hütte 137
Eiskar-Biwak/-Hütte/-Hüttl 220, 220*
El Volcan, Cabaña 254
Elbe, Hütte an der 233
Elberfelder Hütte 171
Elberfelder Sauerland-Hütte 239, 239*
Elend-Hütte 178
Elisabeth-Schutzhaus, Kaiserin- 143
Elisabeth-Warte, (Kaiserin-) 226
Ellmauer Haltspitze, Unterstandshütte auf der 75
Elmgruben-Hütte/Elm-Jagdhaus 94
Elmo, Rifugio 217
Elschesattel, Schutzhaus am 178
Emil-Klöden-Hütte 236
Emil-Stöhr-Hütte 195
Emscherpark, Kletterheim 249
Engeratsgund-Alm 42
Englitztal-Almhütte 189
Englitztal-Hütte, alte 189
Englitztal-Hütte, neue 189, 189*
Ennstaler-Hütte 100, 100*
Enzian-Alm/-Almhütte (am Weiherberg), erste 237
Enzian-Alm (am Weiherberg), zweite 240
Enzian-Alm (im Martelltal) 204
Enzian-Hütte am Kieneck 120, 120*
Enzian-Hütte (an der Rumer Spitze) 56
Enzian-Hütte (in der Fränkischen Schweiz) 240
Enzian-Hütte (in der Rhön) 240, 240*
Enzinger-Schutzhaus, Johann- 126
Erfurter Hütte 57, 57*
Erich-Hütte 80, 81*
Erich-Kürsten-Hütte 9, 246
Erich-Sulke-Hütte 28, 154
Erika-Alm 237
Erinnerungs-Hütte 52
Erjavceva koca 222
Erlanger Hütte 139
Ernst-Rieger-Hütte 132
Ernst-Seidel-Haus/-Talherberge 93
Erwin Knoch, Jugendheim 198
Erzgebirgs-Hütte, Greizer 249
Erzherzog-Franz-Ferdinand-Warte 227
Erzherzogin-Marie-Valerie-Haus 173
Erzherzog-Johann-Hütte 26, 170
Erzherzog-Johann-Warte 119
Erzherzog-Karl-Franz-Josef-Haus 144
Erzherzog-Otto-Schutzhaus 113, 113*
Erzherzog-Rainer-Hütte 11, 12, 167
Esebeck-Hütte 191, 191*
Eselschuster-Hütte/Eslschuster-Hütte 98
Essener Hütte, (Alte) 137
Essener Hütte, erste Neue 163
Essener Hütte, zweite Neue 163

Essener und Rostocker Hütte/Essen-Rostocker Hütte 162
Esterberg-Alm 64, 65
Ettels-Hütte 230
Eugen-Oertel-Hütte 69
Fahrenberg-Pavillon 61
Fahrenboden 118
Falbersbach-Hütte 112, 112*
Falkenberg-Haus 249, 250*
Falken-Hütte 55, 55*
Falkensteiner-Hütte 127
Falkert-Schutzhaus 193
Faltes-Hütte 236
Farnboden-Hütte/-Skihütte 118
Farrenberg-Pavillon 61
Fauro, Rifugio Ruggero Timeus 222
Feggen-Kaser 84
Feichtau-Hütte 105, 105*
Feichten-Alm 86
Feldkircher Haus/Hütte 130
Feldner-Hütte 176, 177*
Feldseescharte, Biwakschachtel auf der 176
Felfer-Hütte 190
Felix-Bacher-Hütte 201
Felsberg-Hütte 239
Ferdinand-Fleischer-Biwakschachtel 108, 108*
Ferdinand-Fleischer-Hütte 107
Ferdinand-Warte, (Erzherzog-Franz-) 227
Feuchtau-Hütte 105
Feuchten-Alm 86
Feuchter-Hütte 97
Feuchtwanger Hütte 159
Feuerkogel, AV-Haus bzw. AV-Ferienheim am 103
Feuerstein-Hütte 143
Fidelitas-Hütte 136
Fiderepass-Hütte 41
Filmoor-Standschützen-Hütte 220
Findenegg-Hütte 222
Finstermünz-Alm (erste Hütte) 68
Finstermünz-Alm (zweite Hütte) 68
Finstermünz-Alm/Kleine Finstermünz-Almhütte 66
Finstermünz-Almhütte, Große 72
Firenze in Cisles, Rifugio 208
Firstalm, Untere 67
First-Hütte 33
Fischer-Hütte 12, 113, 114*
Fischer-Hütte, Franz- (= Oberreintal-Hütte) 52
Fischer-Hütte, alte Franz-/ (alte) Fischer-Hütte am Zauner See 182
Fischer-Hütte, neue Franz- 184
Flaggerscharten-Hütte 148
Flattach, Tal- u. Jugendgerberge 175
Flattnitz, Jugendherberge 193
Fleischer-Biwak, (Ferdinand-) 108
Fleischer-Hütte, (Ferdinand-) 107
Fohnsdorfer Hütte 190
Fölzalm-Hütte 107
Forcella di Neves, Rifugio Giov. Porro alla 155
Forcella Val Fredda, Rifugio 164
Forcella Vallaga, Rifugio 148
Forcher-Mayr-Hütte, Hanns- 165

260 Register der Hüttennamen

Forchheimer Biwak bzw. Biwakschachtel 140
Forstamts-Hütte 52
Fotschertal-Jugendherberge 146
Fozeben-Skihütte 122
Fraganter Hütte, alte 174
Fraganter Jugendherberge, erste 175
Fraganter Jugendherberge, zweite 175
Fraganter Schutzhaus/Neue Fraganter Hütte 176
Franco Cavazza al Pisciadù, Rifugio 210
Fränkischen Schweiz, Hütte in der 237
Franz Kostner al Vallon, Rifugio/Franz-Kostner-Hütte 212
Franz-Eduard-Matras-Haus 82
Franz-Eduard-Matras-Warte 125
Franz-Fischer-Hütte (= Oberreintal-Hütte) 52
Franz-Fischer-Hütte, alte 182
Franz-Fischer-Hütte, neue 184
Franziska-Warte 121
Franz-Josef-Schutzhaus, Kaiser- 150
Franz-Josef-Warte, (Kaiser-) 227
Franz-Josef-Warte, Kaiser- 125
Franz-Karl-Warte 119, 119*
Franz-Krebs-Schutzhaus 125
Französach-Alm 166
Franz-Ritzengruber-Hütte 119
Franz-Schlüter-Hütte 209
Franz-Senn-Hütte 141
Franz-Winkler-Heim 247
Frassen-Hütte/-Haus 45
Frauenalpen-Gipfel-Hütte/Frauenalpe- bzw. Frauenalm-Gipfel-Hütte 192
Frederick-Simms-Hütte/Frederic-Richard-Simms-Hütte 46
Freiburger Hütte, (Alte) 44, 45*
Freiburger Hütte, (Neue) 44
Freiburger Hütte, Jugend- u. Winterheim bei der 45
Freien Deutschen Jugend, Heim der 27, 231
Freilassinger Hütte 91
Freilassinger Skihütte 90
Freisinger Hütte am Setzberg/Freising-Hütte 72
Freisinger Hütte im Längental 72
Freschen-Haus/-Hütte 31
Frido-Kordon-Hütte 181
Friedl-Mutschlechner-Haus 165
Friedrich-August-Warte, König- 162
Friedrich-Schlott-Hütte 27, 231
Friedrichshafener Hütte/Friedrichshafner Hütte 133
Friedrichshafner Skihütte/Hüttchen 32
Friedrichshorst 234
Friesenberg-Haus 158
Frischmann-Hütte 139
Fritz-Hasenschwanz-Hütte 237
Fritz-Hintermayr-Hütte 154
Fritz-Pflaum-Hütte 75, 75*
Fritz-Putz-Hütte 60
Fronza alle Coronelle, Rifugio Aleardo 209
Funtensee, Forstdiensthütte nahe dem 77
Funtensee-Haus, (neues) 80
Funtensee-Hütte, erste bzw. alte 77
Funtensee-Hütte, zweite/altes Funtensee-Haus 79, 79*
Fürstenstand 196

Fürst-Hütte, Karl- 166
Fürther Hütte bei Streitberg 237
Fürther Hütte, (Alte) 164
Fürther Hütte, (Neue) 163
Furtschagl-Haus 156
Furx-Haus/Alpe Furx 32
Füssener Hütte 42
Gaalerhöh/Gaalerhöhe-Haus 190
Gaberl, AV-Haus/Gaberl-Haus 194
Gablonzer Hütte 93
Gaisberg-Hütte/Bergsteigerheim bzw. Wintersport-Hütte am Gaisberg 124
Gamper-Hütte, (Obere) 178
Gamsecker-Hütte 115
Gams-Hütte 158, 158*
Gamskarkogel-Hütte 178
Gamsscharte, Unterstand in der 159
Gänsebichljoch-Hütte 164
Garfreschen-Hütte 132
Garnitzen-Hütte/Garnitzenklamm-Hütte/-Unterstandshütte 220
Gasseldorf-Wanderheim 244
Gaston-Lippitt-Hütte 200
Gaudeamus-Hütte, (Alte) 74
Gaudeamus-Hütte, neue 75
Gauen-Hütte 130
Gauermann-Hütte 121
Gaugen, Skihütte am 177
Gebirgsvereins-Haus auf der Hinteralm 111
Gedächtnis-Hütte 241
Geier-Hütte 97
Geiger-Hütte 192
Geisingberg-Skihütte 236, 236*
Geisler-Hütte 208
Geislinger Hütte 236
Geitner-Haus, (Kaspar-) 121
Gemeindealpe, Schutzhaus auf der 118
Genova alle Odle, Rifugio 209
Georg-Orth-Hütte 128
Gepatsch-Haus 135
Geraer Hütte 156
Gerbers-Hütte, (Hugo-) 177
Gerlitzen-Hütte 192
Gernot-Röhr-Biwak 172
Gernrauhkopf, Proviant-Hütte unterm 79
Gerstbrein-Hütte 112
Gfallwand-Hütte 136
Gfieder-Warte 121
Gießener Hütte, alte 30, 179
Gießener Hütte, (Neue) 30, 181, 181*
Giglachsee-Hütte 184
Giogo Lungo, Rifugio 161
Giov. Porro alla forcella di Neves, Rifugio 155
Gisela-Haus/Unterkunftshütte in der Gisela-Warte 25, 227
Gisela-Warte 10, 25, 226, 227*
Giuseppe Sillani, Rifugio 221
Gleinalm-Haus/Gleinalpen-Haus 195
Gleiwitzer Hütte 169
Glockenkarkopf, Hütte auf dem 157
Glockner-Biwak 170

Register der Hüttennamen **261**

Glockner-Haus, (Alpincenter) 28, 168, 168*
Glockner-Hütte 13, 24, 167
Glockner-Warte 165
Gloggnitzer Hütte 113
Glorer Hütte 169
Glösen-Hütte/Glössen-Hütte 189
Glungezer-Hütte 150, 150*
Gmunden, Talherberge 106
Gmundener Hütte 105
Gmünder Hütte 178
Gmundner Hütte 105
Gobel-Warte 227
Gofer-Hütte 101
Goiserer Hütte 103
Goldeck-Hütte/Goldegg-Hütte 214
Golica-Hütte/Spodnja Koca na Golici 19, 223
Goller-Hütte 190
Golling, Jugendherberge 80
Golling, Tal- u. Jugendherberge 83
Golling-Hütte 186
Golmitzen, AV-Talherberge 174
Göppinger Hütte 45, 45*
Göring-Haus, Hermann- 140
Görlitzen-Hütte 192
Gössenberg, Bergsteigerheim 185, 185*
Gössnitzkopf-Biwak 172, 172*
Gottesgab, Bergheim 251
Gowilalm-Hütte 100
Grabneralm-Haus/Grabner-Alm 102
Grabs-Bergheim 130
Gradensee-Hütte 171
Grafenbergalm-Hütte 70
Graf-Hütte, (Edmund-) 134
Graf-Meran-Haus 110, 110*
Gran Pilastro, Rifugio 159
Grasalm-Hütte/Schutzhütte Grashüttenalm 94
Grasleiten-Hütte/Unterkunftshütte im Grasleitenthal 208
Grat-Hütterl (= Höllentalgrat-Hütte) 51
Gratlspitz-Hütte 151
Graz, Ferialherberge 195
Grazer Akademiker-Hütte 98
Grazer Hütte 184
Grebenzen-Schutzhaus/-Hütte 192
Greifenburg, Talherberge (S. Steinnelke) 177
Greifenburg, Talherberge (S. Kärntner Oberland) 177
Greifensteine, Kletterheim/Hütte an den Greifensteinen 234
Greisinger Hochwald, Hütte im 242
Greizer Erzgebirgs-Hütte 249
Greizer Hütte 156
Grenzland-Herberge 198
Grete-Klinger-Heim 102
Grete-Klinger-Jugendherberge, Agsdorf- 194
Gries-Alm 82
Griesenerkar-Hütte 75
Griesscharte-Biwak 158
Gritsch-Haus, Hermann- 148
Grobgestein-Hütte 91
Grobgstein-Hütte 8, 91, 91*
Grohmann-Hütte 142

Großherzog-Adolf-Haus 55
Groß-Hütte, Gustl- 239, 239*
Grössingeralm-Hütte 100
Großtiefental-Alm 64, 64*
Gruberscharten-Biwak/ÖGV-Biwakschachtel in der Gruberscharte 170
Grünanger-Hütte 197, 197*
Grünau, Jugendherberge 96
Grünbacher-Almhütte 80
Grünberg-Hütte 105
Grünberg-Hütte 158
Grünberg-Warte 105
Grünburger Hütte 105
Gründ-Hütte 68, 69*
Grünsee-Alm 66
Grünsee-Hütte 167
Grünsee-Hütte 203
Grüntalkogel-Hütte 120
Grünten-Haus 40
Grünten-Pavillon 36
Grutten-Hütte 75
Gsengalm-Hütte 91, 90*
Gubener Hütte 145
Guben-Schweinfurter Hütte 145
Guffert-Hütte 58
Guggen-Alm , (Skihütte) 68
Guido Corsi, Rifugio 222
Guido-Lammer-Biwak 140
Gumbertsberger-Hütte 87
Gumpertsberger-Hütte 87
Günther-Haus, Alois- 199, 199*
Günther-Messner-Biwakschachtel 158
Günzburger Hütte 18, 18*
Gunzesried, erstes Talheim 42
Gunzesried, zweites Talheim 43
Gussenbauer-Hütte 16, 174
Gustav-Jäger-Warte 126
Gustl-Groß-Hütte 239, 239*
Guttenberg-Haus 92
Gwechenberg-Hütte/-Alm 90
Habach-Hütte 161
Habsburg-Haus 114
Habsburg-Warte 124
Hackel-Hütte, Dr.-Heinrich- 89, 89*
Häderle 43
Hafeichtalm-Skihütte/Hafeicht-Hütte 183
Hagener Hütte 174
Hagener Hütte am Ettelsberg 230
Hagentaler-Hütte 126
Hagerer-Hütte 95
Hagspiel/Hagspieler Bauernhaus 38
Hahnhof-Hütte 195
Hainberg-Haus 250
Haindlkar-Hütte, (Erste) 100
Haindlkar-Hütte, (Alte) 100
Haindlkar-Hütte, (Neue) 102
Hainfelder Hütte 121
Haldensee-Haus 43, 43*
Halleranger-Haus, altes 53, 54*

Halleranger-Haus 55
Halleranger-Selbstversorgerhütte 57
Haller-Haus/-Schutzhaus 200
Halle'sche Hütte 203
Hallstatt, Tal- und Jugendherberge 93
Halter-Hütte 118
Haltspitz-Hütte 75
Hamburger Skihütte/Skiheim 176, 176*
Hammer, DAV-Haus bzw. Hütte/Hammer-Hütte 73
Hanauer Hütte 46
Hannover-Haus, altes 178, 179*
Hannover-Haus, neues 182
Hannover-Haus (am Kilimandscharo) 254
Hannover-Hütte, alte/Alte Hannover'sche Hütte/(erstes) Hannover-Haus 178, 179*
Hannover-Hütte, (Neue)/neue Hannover'sche Hütte 179, 179*
Hanns-Forcher-Mayr-Hütte 165
Hann-Warte 224
Hans-Berger-Haus 76
Hanselberg-Hütte/Hanslberg-Hütte/Jugendherberge Hanslberg 232
Hans-Mertel-Hütte 55
Hans-Nemecek-Hütte 127
Hans-Nemecek-Hütte/-Diensthütte 116
Hans-Prosl-Haus 195
Hans-Putschky-Haus 241
Hans-Wödl-Hütte 186, 186*
Harlosanger-Hütte 152
Harpprecht-Haus, (Theodor-) 234, 235*
Harpprecht-Haus, Theodor- 161
Harreis-Hütte 234
Hartlesanger-Hütte 152
Haselstaude, Hütte bzw. Schi- u. Wanderhütte an der 233
Hasenschwanz-Hütte, Fritz- 237
Hauereck-Haus 198
Hauereck-Hütte 200
Hauersee-Hütte/-Notunterkunft/Unterkunft am Hauersee 139
Haunleiten, Oberländerhof 73
Häuselalm-Hütte 107
Hausen, erstes Kletterheim in 233
Hausen, Kletterheim Burg 234
Hausen, Kletterhütte (=Ebinger Haus) 239
Hausen bzw. Abenden (Notquartiere), Kletterheime in 235
Hausersberg, Skihütte 42
Haushamer Alm, (Skihütte) 69
Häuslalm-Hütte 107
Häusl-Hütte 168
Hausstatt-Alm 62
Hechenblaikener-Hof/Unterkunft Hechenblaiken/Hechenbleicken-Haus 153
Hechleit-Alm 74
Hegerberg-Hütte 126
Heidelberger Hütte 131, 131*
Heidenheimer Hütte 241
Heilbronner Hütte, (Alte) 138
Heilbronner Hütte, (Neue) 134
Heiligenbluter Heim/AV-Talherberge Heiligenblut 174
Heimgarten-Hütte/-Hüttchen/Hütte am Heimgarten 60
Heinrich-Hueter-Hütte 129
Heinrich-Kiener-Haus 88

Heinrich-Schwaiger-Haus 169
Heinz-Janello-Hütte/Wanderquartier Heinz Janello 232
Heiterwand-Hütte 46
Heldendank-Hütte 110
Helenenstein-Hütte 249
Helfenberger Hütte 230, 230*
Helm-Hütte 25, 217
Hemmersuppen-Alm 86
Hemmerwald-Alm 147
Henaralm-Haus/Gebirgsvereins-Haus auf der Henaralpe 98
Hermann-Findenegg-Hütte 222
Hermann-Göring-Haus 140
Hermann-Gritsch-Haus 148
Hermann-Notunterkunft, Carl- 198
Hermann-Rudolf-Hütte 123, 123*
Hermannskogel-Warte 124
Hermann-von-Barth-Hütte 38
Hernaus-Stöckl, (Dr.-F.-) 175
Herrgottschnitzer-Haus/-Hütte 123
Herrgottschnitzer-Hütte 200
Hersbrucker Hütte 246
Hersfelder Hütte 145
Herzer-Hütte 107
Herzogstand-Häuser/-Haus 61
Herzogstand-Pavillon 25, 61, 61*
Hesselberg-Hütte/Schutzhütte Hesselberg 246
Heß-Hütte 101
Heubach-Haus 249
Heutal-Hütte/Skihütte im Heutale 86
Hexenhöhle, Schutzhütte 211
Hexenseehütte 133
Hildesheimer Hütte 143, 144*
Himmelreich-Haus 234
Hindelang, Jugendbildungsstätte 44
Hinteralm, Gebirgsvereins-Haus auf der 111
Hinteralm, Waldfreunde-Skihütte auf der 112
Hinteralm-Haus/-Hütte/AV-Haus Hinteralm (= Wiener-Lehrer-Hütte) 109
Hinteralm-Hütte (= Donauland-Hütte) 108
Hinteralm-Hütte (= Peter-Moser-Hütte) 111, 109*
Hinteralm-Hütte (des ÖGV, erste) 110
Hinteralm-Hütte (des ÖGV, zweite) 110
Hinteralm-Hütte (des ÖGV, dritte) 111
Hinteralm-Hütte (des ÖGV, vierte) 111
Hinterbärenbad-Alm 75
Hinterbärenbad-Hütte/Unterkunftshütte Hinterbärenbad 74
Hinterbärenbad-Hütte, (Neue) 74
Hinterberger-Hütte, (Viktor-) 220
Hintereggger-Hütte/Hintereggeralm-Hütte 95
Hinterkaiserfelden-Almhütte/-Alm 74
Hintermayr-Hütte, Fritz- 154
Hinterreute, Berghaus 44
Hipfel-Hütte 197
Hirschbichl, AV-Talherberge 81
Hirschbichl, Bergheim/Hirschbichl-Herberge/Hirschbühel, Unterkunftshaus 82
Hirschegger Hütte/Skihütte 195
Hirschensteiner Hütte 237
Hirtenberg-Hütte 237

Hirzegger-Hütte 96
Hirzer-Hütte 148
Hitler-Turm, Adolf- 196
Hochalm-Haus 54
Hochalm-Hütte 51
Hochälpele-Hütte 31
Hocharn, Biwakschachtel am 176
Hochberg-Hütte 32
Hochberneck-Skihütte 118
Hochdirn-Hütte 105
Hocheck-Hütte 79
Hocheder-Hütte 143
Hochfeiler-Hütte 159
Hochferner-Biwak 158
Hochgall-Hütte 164
Hochgang-Haus 20, 140
Hochgränten-Hütte 219
Hochgrat, Unterstandshütte am 36, 36*
Hochgründeck-Haus/Hochgrindeck-Haus 88, 88*
Hochhaide-Hütte/Hochheide-Hütte 187
Hochjoch-Hospiz, (Altes) 137, 137*
Hochjoch-Hospiz, (Neues) 139
Hochjoch-Hütte 203
Hochkar-Schutzhaus/Hochkar-Haus 117
Hochkogel-Hütte 154
Hochkönig-Haus/Unterstandshäuschen am Hochkönig 82
Hochkopf-Hütte 73
Hochkreuz-Hütte 177
Hochland-Hütte 54
Hochlecken-Haus 103, 103*
Hochlienz, Sporthotel 172
Hochmölbing-Hütte 97
Hochreichart-Schutzhaus/-Hütte 190
Hochries, Skihütte in der 87
Hochries-Hütte, alte/Hochries-Skihütte/Hochriß-Gipfelhütte 85
Hochries-Hütte, neue/Hochries-Haus 87
Hochries-Seitenalm 85
Hochrindl-Hütte/Hochrindler Jugendherberge 192, 193*
Hochsauerland-Haus 249
Hochschober-Hütte 171, 171*
Hochsengs-Biwak 106
Hochstadel-Haus 215
Hochstein-Hütte 165
Höchster Hütte 203
Hochstubai-Hütte 146
Hochstubai-Hütte, Unterstandshütte am Weg zur 146, 146*
Hochtausing-Haus 97
Hoch-Tenn-Hütte 169
Hochvogel-Hütte 34
Hochwald-Hütte 242
Hochwandler-Hütte 123
Hochweißstein-Haus 218
Hochwilde-Haus 140
Hochwurzen-Hütte 184
Höd-Hütte 183
Hof-Alm/Hofalm-Hütte 100
Hofgastein, Skihütten der Sektion 154
Hofmanns-Hütte 28, 167, 167*
Hofpürgl-Hütte 92, 92*

Hogerer-Hütte 95
Hohen Dirn, Skihütte auf der 105
Hohen Freschen, Touristenhaus am 31, 32*
Hohen Schilling, Jagdhütte am 107
Hohenschwand, Alpe 44
Hohenstein, Unterkunftshaus auf dem 120
Hohenstein-Hütte 236, 237*
Hohentauern, Bergsteiger- und Schiläuferheim 190
Hohentauern-Unterkunft 190
Hohenwart, Jugendheim 198
Hohenzollern-Haus 138
Hohe-Wand-Hütte/Waldfreunde-Hütte auf der Hohen Wand 123
Hohlrieder-Alm 152
Hohnsteiner Hütte 247
Hohwald-Hütte/Refuge Hohwald 252
Holenia-Jagdhaus 214
Holledauer Hütte 246
Höllentalanger-Hütte/Höllental-Hütte 50
Höllentaleingangs-Hütte/Höllentalklamm(eingangs)-Hütte 51
Höllentalgrat-Hütte 51
Höller-Hütte 15, 136
Holler-Stöckl, (Max-) 175
Holl-Haus, (Theodor-Karl-) 96
Holzgauer Haus 37
Holzpoint-Alm 70
Hopfgartner Hütte 152
Höribachhof, Jugendherberge 103
Hörndl-Hütte 58
Hörner-Haus 37, 37*
Horn-Hütte, Michl- 59
Hörnle-Hütte 58
HTG-Reitbichl-Hütte 57
Hua yen, Unterkunft im Tempel 253
Huber-Haus, Alois- 62
Hubertus-Haus 121
Hubertus-Hütte 223
Hueter-Hütte, (Heinrich-) 129
Hugo-Gerbers-Hütte 177, 177*
Humboldt-Hütte, (Alexander-von-) 249
Hündlealm-Hütte/Hündle-Hütte 38
Igler-Hütte 117
Ignaz-Mattis-Hütte 184, 184*
Illinger Alm 104
Immenstadt, Skihütte bei 38
Ingolstädter Haus 82, 82*
Ingolstädter Hütte 35, 35*
Innergschlöss-Alm 163
Innerst, Talherberge 149
Innsbrucker Hütte 145
Irdning, Ferienwohnung 189
Irene-Baude, erste 252
Irene-Baude, zweite 9, 252
Ischler Hütte 96
Jagasprung, Aussichtskanzel 164
Jäger-Häusl 56
Jäger-Warte, Gustav- 126
Jahn-Hütte 115
Jahn-Hütte 229
Jamnig-Hütte/-Haus 174

Jamtal-Hütte/Jamthal-Hütte 131
Janello-Hütte, Heinz- 232
Jauerling-Warte 227
Jauringalm-Hütte/Jauring-Alm 108
Jena, Skihütte bei 232
Jochberg, AV-Jugendheim 154
Jochberg, Berghütte bei 152
Johann-Enzinger-Schutzhaus 126
Johannes-Hütte/Johanns-Hütte (an der Pasterze) 167
Johannes-Hütte/Johanns-Hütte (auf der Dorfer Alm) 160
Johann-Hütte (auf der Adlersruhe), 170
Johannis-Hütte (an der Pasterze) 167
Johannis-Hütte (auf der Dorfer Alm) 160
Johann-Santner-Hütte 212
Jonsdorfer Hütte 247
Josef-Leitner-Warte 25, 124
Josef-Pixner-Biwak 28, 28*, 141
Josefs-Warte 125
Joven-Alm/-Alpe 76
Jubiläumsaussicht (am Geyerstein) 115
Jubiläumsgrat-Hütte 51
Jubiläums-Haus auf der Riffelscharte 174
Jubiläums-Hütte 71, 72*
Jubiläums-Hütte (= Willi-Merkl-Gedächtnishütte) 40
Jubiläums-Warte (am Geyerstein) 115
Jubiläums-Warte (am Grünberg) 105
Jubiläums-Warte (am Jauerling) 227
Jugendherberge Bregenz 32
Julius Payer, Centro Glaciologico/Centro Studi Adamello Julius Payer 205
Julius Payer, Rifugio 202
Julius-Seitner-Hütte 119, 119*
Junger Kumpel, Herberge 27, 233
Jura, Skihütte im fränkischen 231
Jura-Hütte in Kaider 234
Jurahütte Wattendorf 237
Kaarl-Hütte 112
Kaerlinger-Haus 80
Kahle, AV-Haus an der 234, 235*
Kahlkogel-Hütte 223
Kaiblingalm, (Skihütte) 186
Kaindl-Hütte 168
Kaiser-Franz-Josef-Schutzhaus 150
Kaiser-Franz-Josef-Warte 125
Kaiser-Franz-Josef-Warte 227
Kaiser-Haus 199
Kaiserin-Elisabeth-Schutzhaus 143
Kaiserin-Elisabeth-Warte 226
Kaiserjoch-Haus 47
Kaiser-Jubiläums-Warte (am Jauerling) 227
Kaiser-Karl-Schutzhaus 144
Kaiserkogel-Hütte 119
Kaiserslauterer Hütte 244
Kaisertal-Hütte 76
Kajak-Hütte (in Landsberg) 245
Kalbenstein, Hütte beim 232
Kalbenstein, Unterstand beim 231
Kallbrunner-Alm 82
Kalser Tauern-Haus 170

Kaltenberg-Hütte 134
Kalt-Loch-Hütte 212
Kammersteiner-Hütte 124
Kampbühel-Hütte 95
Kampenwand-Hütte 85, 85*
Kampl-Hütte 108
Kampl-Hütte 112
Kamptal-Warte 227
Kampthaler-Hütte 127
Kandler-Haus, (Otto-) 120
Kanstein-Hütte 238, 238*
Kaponig-Biwak/Kaponigtörl-Hütte 181
Kappl, Bergsteigerheim in 134
Kapuner-Hütte 198
Karg-Haus, (Anton-Karg-) 74
Karl-Fürst-Hütte 166
Karl-Haus/Kaiser-Karl-Schutzhaus 144
Kärlinger-Haus 80
Karl-Krahl-Schutzhaus 97
Karl-Lechner-Haus 199
Karl-Ludwig-Haus 114
Karl-Merkenschlager-Haus 83
Karl-Müller-Hütte 130
Karlsbader Hütte (= Leitmeritzer Hütte) 214, 214*
Karlsbader Hütte, erste 136
Karlsruher Hütte, (Alte) 136
Karlsruher Hütte, (Neue) 139
Karl-Stein-Hütte 249
Karl-von-Edel-Hütte 156
Karl-von-Stahl-Haus 80
Karl-Vorbrugg-Hütte 241
Karneralm-Hütte 192
Karneralm-Skihütte 192
Kartitsch Gasthof Post, AV-Heim 215
Kartitsch Gasthof Waldruhe, AV-Heim 215
Kartitsch, AV-Heim 216
Karwendel-Haus 54, 54*
Karwendel-Hütte 53
Kas-Alm 231
Kasberg-Hütte (=Ahornalm-Hütte) 105
Kasberg-Hütte/-Schwaig (= Sepp-Huber-Hütte) 104
Käser-Alm 41
Kaser-Alm/Kaseralm-Hütte 67
Kasimir-Haus 39
Kaspar-Geitner-Haus 121
Kasseler Hütte/Kasseler Rieserferner-Hütte 164, 164*
Kasseler Hütte, (Neue)/Kasseler Stillupp-Hütte 158
Kastalusberg/Kastlberg, Hütte am 231
Kastalusberg, Warte am/Kastlberg-Warte 232
Kathrein-Hütte 133
Kattowitzer Hütte 180, 180*
Kaufbeuren, Skihütte 39
Kaufbeurer Haus 36, 37*
Kaunergrat-Hütte 137
Kehlstein-Haus 84
Keilberg-Hütte/Ski- & Wanderheim am Keilberg 251
Keinbrecht-Hütte (s. Keinprecht-Hütte) 184
Keinprecht-Hütte, (Obere bzw. Neue) 184
Keinprecht-Hütte, (Untere bzw. Alte) 184

Register der Hüttennamen **265**

Kelchalpen-Haus/Berghaus Kelchalpe /-alm 153
Kelheimer Hütte 72
Keller-Haus, Rudolf- 241
Kellerjoch-Hütte, alte 149
Kellerjoch-Hütte, (Neue) 149
Kemptner Hütte/Kemptener Hütte 36
Kemptner Skihütte/Kempter Skihütte 37, 37*
Kenzen-Hütte 1 60
Kenzen-Hütte 2 60
Kernstock-Haus am Rennfeld, (Neues Ottokar-) 198
Kernstock-Haus am Rennfeld, Ersatzhütte für (Ottokar-) 201
Kernstock-Hütte /-Haus (am Masenberg) 199
Kernstock-Warte 196
Kernstock-Warte, Ottokar- 120
Kerschbaumeralm-Schutzhaus 215
Kesselkopf, Hütte am 160
Kesselwandjoch-Haus 138
Kieler Wetterhütte/Kieler Hütte 134
Kienalkopf-Hütte 81
Kienthaler-Hütte 114, 114*
Kilimandscharo, Hannover-Haus am 9, 20, 21*, 254
Kink-Hütte, Max- 95
Kinzl-Hütte, (Dr.-)Hans- 21, 254
Kirchdorfer Hütte 105
Kirchsteiger Alm 148
Kirchstein-Hütte 71
Kirnitzschtal-Hütte/-Jugendhütte 231
Kitzbüheler Hütte/Skihütte 152, 153*
Klagenfurter Hütte 223, 223*
Klammeingangs-Hütte 51
Klamm-Hütte (in der Bärenschützklamm) 200
Klara-Hütte 160
Klausenberg, Skihütte am 86
Klausner Hütte 148
Kleinarler Hütte 183, 183*
Kleinwalsertal, Berghaus 44
Klesheim-Warte 125
Klettergarten-Hütte (= Faltes-Hütte), neue 236
Klettergarten-Hütte (unterm Kalbenstein) 233
Klinger-Jugendherberge, Agsdorf-Grete- 194
Klinke-Hütte, (Alpines Bildungszentrum) 102, 102*
Kloaschau-Alm 73
Kloben-Hütte/Skihütte Klobentörl 113
Klöden-Hütte, Emil- 236
Kloepfer-Jugendherberge, alte Dr.-Hans- 198
Kloepfer-Jugendherberge, Dr.-Hans- 198
Klosterneuburg, Badehütte (S. Germanen) 228
Klosterneuburger Hütte 188, 188*
Klostertaler Umwelt-Hütte/Klostertaler Hütte 132
Kniekogel, Wetterschutzhütte am 104
Knoch, Jugendheim Erwin 198
Knorr-Hütte 49
Kobinger-Hütte 152
Koblenzer Eifelhütte 243
Koblenzer Hütte 246
Koch-Hütte 147
Köflach, Jugendherberge 196
Köflach-Jugendheim 198
Kohlberg-Hütte 113

Köhler-Hütte 197
Köllensperger-Haus 84
Kölner Eifelhütte 240
Kölner Haus (auf Komperdell) 133
Kölner Hütte, (Alte) 209
Kölner Hütte (=Kölner Eifelhütte) 240
Komperdell-Hütte (= Kölner Haus) 133
Komperdell-Skihütte/Komperdell-Hütte (S. ÖTK) 133
Komperdell-Skihütte (S. Rheinland-Köln) 133
König-Friedrich-August-Warte 162
Konrad-Schuster-Biwak 57
Konstanzer Hütte, alte 133
Konstanzer Hütte, neue 135
Koralpen-Haus/Unterkunftshaus auf der Koralpe 194, 194*
Kordon-Hütte, Frido- 181
Koren-Hütte, Dr.-Otto- 198
Körner-Hütte 144
Körner-Hütte, (Theodor-) 92
Koroschitza-Hütte/Koroŝica-Hütte/Koča na Korošici 225
Koschuta-Haus 224
Kostner al Vallon, Rifugio Franz/Franz-Kostner-Hütte 212
Kotalm-Hütte 70, 70*
Kothalm-Skihütte 193
Kötschach, AV-Heim 216
Kötschach, Talherberge/AV-Herberge Kötschach bzw. Mauthen 219
Krahl-Hütte, (Karl-) 97
Krainer Schneeberg, Unterkunftshaus bzw. -hütte am 250
Krainsberg-Alm, Untere 70
Krainsberger Alm, Untere 70
Krampen, Schiheim bzw. Schiläuferheim 111
Kranabethsattel-Hütte/Kranabetsattel-Hütte 103
Kranichberger-Schwaig 199
Kranner-Hütte 201
Kranzberg-Hütte 49
Kranzler-Hütte 72
Kraubatheck-Hütte 190
Krebs-Schutzhaus, Franz- 125
Krefelder Eifelheim 240
Krefelder Hütte 169, 169*
Kreister-Hütte 189
Kremser Hütte 117
Kreuzbach-Hütte 245
Kreuzberg-Hütte 232
Kreuzeck, AV-Jugendherberge 52
Kreuzeck-Haus/-Hütte 51
Kreuzkofel-Hütte 209
Kreuzspitze, Biwak-Unterstand unter der 60
Krimml, AV-Haus 163
Krimmler Tauern-Hütte 157
Krimpenbach-Alm/Hütte bzw. Skihütte Krimpenbachalm 145
Krinner-Kofler-Hütte, alte 56
Krinner-Kofler-Hütte, neue 57
Krippen, Sektionshütte bzw. Hütte der Klettervereinigung in 232
Krippenau-Hütte 93
Krippener Hütte 232
Kronplatz, Brunecker Haus am 212
Kronplatz-Haus 208
Kronprinz-Rudolf-Warte 196, 196*
Krottekopf-Hütte, erste 61

Krottenkopf-Hütte/-Haus 61
Krottenkopf-Pavillon/Schutzhütte am Krottenkopf-Gipfel 60
Krummholz-Hütte 186
Kübelgrund-Hütte 132
Kufstein, Jugendherberge 76, 76*
Kuhfels, Talherberge 232
Kühroint-Hütte, alte/erster Kühroint-Kaser/Jungmannschafts- u. Jugendhütte Kühroint 83
Kühroint-Hütte , Neue/zweiter Kühroint-Kaser 84
Kuhwild-Alm 152
Kunödt, Nächtigungsgelegenheit auf der 226
Kürsinger-Hütte, dritte 161
Kürsinger-Hütte, zweite 160
Kürsten-Hütte, Erich- 246
Kurt-Maix-Biwak 170
Kurt-Schlosser-Hütte 236
Kurzengut, AV-Heim 186
Kutatsch-Hütte 110
La Parva Alemana, Refugio de/Schutzhütte La Parva 254
Laaken, Jugendherberge 196
Laaser Hütte 204
Lackenhofer-Hütte 114, 115*
Laghel, Ferienwiese 206, 206*
Lago di Pausa, Rifugio 159
Lago Rodella, Rifugio 148
Lakaboden-Hütte 114
Laliderspitzen-Biwak/-Biwakschachtel 57, 57*
Laliderwand-Biwakschachtel 56
Lambacher Hütte 96
Lammer-Biwak, Guido- 140
Lamprechtsofen, Höhlengaststätte bzw. Gasthaus/Lamprechtsofenhöhlen-Touristenhaus 77
Lamsen-Hütte 54
Lamsenjoch-Hütte, erste 54
Lamsenjoch-Hütte, zweite 54
Lanau, Talherberge 110
Landawirsee-Hütte 184
Landro, Bergheim 212
Landsberger Hütte 39
Landshuter Europa-Hütte/Hütte 156
Landshuter Haus, AV-Zimmer im alten 240
Landwierseen-Hütte 184
Längenberg-Alm/Skihütte Längenbergalm/Winterhütte Längenberg 64
Längenberg-Hütte 70
Längental-Alm 72
Längental-Hütte (= Längenberg-Hütte) 70
Längental-Hütte (= Freisinger Hütte im Längental) 72
Langkofel-Hütte, alte 208
Langkofel-Hütte, neue 210
Langtalereck-Hütte 139
Lank-Hütte 32, 32*
Lanzenbach-Haus 38
Lappach-Alm 42
Larcher-Alm 63
Larcher-Alm 65
Lärchfilzalm-Skihütte 153
Las Totorillas, Refugio de/Skihütte Las Totorillas 254
Laßnig-Hütte 181

Lauen-Häusle/-Hütte 230
Laufener Hütte 89
Laufer Hütte 245
Laugen-Hütte 205
Lausitzer Hütte/Lausitzer Wetterschutzhütte 157
Lautrer Hütte 244
Lechner-Haus, (Karl-) 199
Lehnerjoch-Hütte 140
Leibnitzer Hütte 197
Leipziger Hütte am Mandron, alte 205
Leipziger Hütte am Mandron, neue 206
Leistalm-Hütte 99
Leistalm-Hütte/Leist-Alm 94
Leithagebirgs-Warte 227
Leitmeritzer Hütte 214
Leitsberg-Haus/-Hütte 246
Leixl-Hütte, Otto- 152
Lenggrieser Hütte 71
Lenker-Hütte 252
Lenkjöchl-Hütte/Unterkunftshütte auf dem Lenkjöchl 161
Lenzenberg-Hütte 42
Leoben, Ferialherberge 195
Leoben, Jugendherberge 194
Leobner Hütte/Leobener Hütte 107, 107*
Leonfelden, erste Jugend- u. Talherberge 229
Leonfelden, Jugend- u. Talherberge 230
Leopold-Eichelseher-Hütte 116
Leopold-Wittmaier-Hütte 201
Leo-Spannkraft-Glockner-Biwakschachtel 170
Lerchfilzalm-Skihütte/Lerchfilz-Hochalm 153
Lesach-Hütte 172
Leskova Dolina, Touristen-Herberge in der 251
Letten-Alm 212
Letterspitz-Biwak/-Notunterkunft 221
Lettn-Alm 212
Leutkircher Hütte 47, 47*
Lichtenberg , Herberge bzw. Unterkunftshaus am 226
Lichtenberg, Jugend-Berg- u. Skiheim 228
Liegeret-Alm, Jugend-Bergheim 81
Lienz, erste Talherberge 171
Lienz, Talherberge/Jugendherberge 171
Lienzer Hütte 171
Lienzer Rauchkofel-Hütte 214
Liesing im Lesachtal, AV-Heim 215
Liesing im Lesachtal, AV-Heim 216
Liezener Hütte 96
Ligeret-Alm/-Hütte 81
Lilienfelder Hütte 121, 121*
Lindauer Hütte 128
Lindauer Hütte, Jugendherberge bei der 130
Linden-Hütte 198
Linder-Hütte 215, 215*
Lindkogler-Hütte 121
Link-Hütte, Albert- 63
Linz, Studentenherberge 226
Linzer Haus Wurzeralm 98
Linzer Hütte 88
Linzer Tauplitz-Haus 99
Lippitt-Hütte, Gaston- 200

Register der Hüttennamen **267**

Lizumer Hütte 149, 149*
Lo Valdés, Refugio (Alemán) bzw. Hütte 21, 254, 254*
Lobauer Hütte 227
Locatelli - S. Innerkofler bzw. Locatelli alle tre Cime, Rifugio Antonio 207
Lodner-Hütte 136
Lofer, Sektionshaus in 77
Lofer-Alm (S. ÖTK) 87
Loferer Alm, Skihütte 87
Logartal-Haus/Planinski dom v Logarski 225
Logham-Alm, (Skihütte) 68
Lorea-Hütte 48, 48*
Los Azules, Refugio de/Skihütte Los Azules 9, 254
Losenstein, Tal- u. Jugendherberge 106
Loser-Hütte 94, 95*
Lübecker Hütte 144
Lüdenscheider Hütte („Am Sterl") 241
Lüdenscheider Hütte in Tinghausen 245
Ludwig-Aschenbrenner-Hütte 58
Ludwig-Hanisch-Hütte 232
Ludwig-Haus, (Karl-) 114
Ludwig-Plötz-Haus 72
Ludwigsburger Hütte 140
Ludwigshafener Hütte 244
Ludwig-Walter-Haus 213, 213*
Lugauer-Hütte 127
Luitpold-Haus 34
Lünersee-Hütte, (alte)/Unterkunfshütte am Lünersee 128
Lustenauer Hütte 32
Luzzatti, Rifugio 208
Mädelegabel, Unterkunftshütte an der 33
Madlener-Haus 131, 131*
Madrisa-Hütte 129
Magdeburger Hütte, (Alte) 142
Magdeburger Hütte, (Neue) 53
Mahdtal-Haus 41
Mainzer Hütte, (Alte) 168
Mainzer Hütte, Neue 169
Mainzer Hütte (im AV-Haus) 247
Mairalm-Hütte 106
Maisäß-Häuschen 130
Maix-Biwak, Kurt- 170
Malepartus-Hütte, erste 236
Malepartus-Hütte, zweite 247
Mallnitz, Tal- u. Jugendherberge 180
Mallnitzer Tauernhaus 8, 173, 173*
Mandling-Skihütte 122
Mandrone, Rifugio del 205
Mandron-Haus 206
Mandron-Hütte, (Alte) 205, 205*
Mandron-Hütte, Neue 206
Mangart-Hütte/alte Koča na Mangrtu 221
Manhart-Hütte 221
Mannheimer Hütte 128
Mantova al Vioz, Rifugio 204
Marburg-Siegener-Hütte 148
Marchbachjoch-Hütte 153
Marchfelder-Hütte 126
Marchhart-Bootshaus, (Dipl.-Ing.-M.-) 229

Maresciallo Armando Diaz, Rifugio 136
Maria Schnee, AV-Kapelle 136
Maria-Theresia-Hütte/Maria-Theresien-Hütte 221
Marie-Valerie-Haus, Erzherzogin- 173
Markbachjoch-Hütte 153
Marktredwitzer Haus 233
Marteller Hütte 204
Martin-Busch-Hütte 140
Martin-Moser-Hütte 112
Martinsberg-Hütte/Unterkunftshaus Martinsberg 53
Masoner-Haus/Masoner'sches Unterkunftshaus 210
Matras-Haus 82
Matras-Warte, (Franz-Eduard-) 125
Matschwitz, Haus 130
Mattis-Hütte, (Ignaz-) 184
Mattling, Talherberge 216
Mauthen, Talherberge bzw. AV-Herberge 217
Mauthner Alpe, AV-Heim 219
Mautneralm, AV-Heim 219
Max-Blanc-Hütte 97
Max-Holler-Stöckl 175
Max-Kink-Hütte 95
Maxlrainer-Alm, Obere 69
Max-Schaarschmidt-Hütte 70
Mayr-Hütte, (Otto-) 36
Mayr-Hütte, Winterhütte der Otto- 40
Mazia, Rifugio di 136
Mehrl-Hütte, Alte (Dr.-Josef-) 191
Mehrl-Hütte, Neue (Dr.-Josef-) 193
Meiler-Hütte, Alte 50, 51*
Meiler-Hütte, (Neue) 51
Meißner Haus/Meissner-Haus 149
Melch-Alm, Untere 152
Memminger Hütte 47
Meraner Hütte 148
Meran-Haus, (Graf-) 110
Merkenschlager-Haus, Karl- 83
Merkl-Gedächtnishütte, Willi- 40
Mersi-Hütte 56
Mertel-Hütte, (Hans-) 55
Merziger-Hütte, (Dr.-Franz-) 251
Michlbauer-Hütte/Michelbauern-Hütte 110
Michl-Horn-Hütte 59
Miesbacher Hütte, erste 66
Miesbacher Hütte 69
Millstätter Hütte 192, 193*
Mindelheimer Hütte, alte 37
Mindelheimer Hütte, neue 43
Mindener Hütte 179, 180*
Ming tau kuan 254
Missen, Haus bzw. Bergheim 43
Mittagskogel-Hütte 224
Mittelfranken-Hütte 244
Mittenwalder Hütte 53
Mitteralm 71
Mitterkar-Biwak/-Hütte 220, 220*
Mitterndorf, Talherberge 98
Mitterndorfer Hütte 94
Mittersill, Hütte bei 163

Mittersill, Talherberge 162
Moar-Alm (bei Lenggries) 68
Moar-Alm, (Skihütte)/Skiheim Moaralpe (in Obertauern) 185
Mödlinger Hütte 100, 100*
Mojstrovka-Hütte 222
Molln, AV-Heim 106
Mondsee, Jugendherberge 103
Monschau, Jugendherberge Burg 233
Montarso, Rifugio 143
Monte Pez, Rifugio 207
Monte Re, Rifugio Principe di Piemonte al 137
Monte Spico, Rifugio 157
Monte-Vioz-Hütte 9, 204
Moosalm-Hütte, Obere 101
Moos-Alpe 38
Moosbach, Jugendherberge 40
Moosberg-Hütte 243
Moos-Hütte 65
Moos-Hütte 180
Moravia-Hütte 171
Moritzen-Haus/-Jagdhütte 179
Mörsbach-Hütte 188
Mörtschach, Talherberge 175
Moser-Hütte, (Martin-) 112
Moser-Hütte, Peter- 111
Mugel-Schutzhaus 195
Mühlbach, Ski- und Bergsteigerheim 89
Mühlbacher Hütte 195
Mühlbauer-Hütte 108
Mühlleiten-Hütte 122
Mühltal-Alm/Mühltaler Alm 63
Mülheimer Eifelhütte 244, 244*
Müller-Hütte, alte bzw. kleine 143
Müller-Hütte 144
Müller-Hütte, Karl- 130
Muna, Skiunterkunft in der 236
Münchner Haus 50, 50*
Murauer Hütte 191, 191*
Mur-Hütte 180
Mürzzuschlag, Jugendherberge 113
Mürzzuschlag, Studentenherberge 21, 112
Mürzzuschlager Hütte 111
Musauer Alm 41
Mutschlechner-Haus, Friedl- 165
Muttekopf-Hütte 46
Napal-Alm/Napaln-Alm 216
Naschberg-Hütte 153
Nassfeld-Hütte, erste bzw. Alte 216
Nassfeld-Hütte, zweite bzw. Neue 217
Nassfeld-Hütte, dritte bzw. vierte 218, 218*
Nassfeld-Haus/-Hütte, fünfte(s) 220
Nassfeld-Notunterkunft 217
Naturbrücke, Haus bei der 38
Nauderer Hütte/Skihütte 139
Naviser Hütte 150
Nebelhorn-Haus/Unterkunftshaus am Nebelhorn 36
Nebelstein-Hütte 229, 229*
Nemecek-Hütte, Hans- 116
Neuburger Hütte 143

Neugersdorfer Hütte 157
Neuland-Hütte 68
Neumarkter Hütte 158
Neunkirchner Hütte 188, 188*
Neureut-Hütte 61, 61*
Nevesjoch-Hütte/Neveserjoch-Hütte/Rifugio Neves 155
Niederaudorfer Waldalm 66
Niederbreitenbach, Vereinsheim 58
Niederelbe-Hütte 134, 134*
Niederkaseralm, Hütte auf der 86
Niederkaser-Hütte/-Alm 85
Niedernißl-Hütte 54
Niedersachsen-Haus 174
Nino Corsi, Rifugio 202
Nördlinger Hütte 53
Nordpark-Hütte 249
Nordwiener Hütte 126
Noris-Hütte 39, 39*
Noßberger-Hütte am Gradensee, (Adolf-) 171
Nostra bei Birnbaum, AV-Heim 219
Nürnberger Hütte 142
Nußbach, Hütte 243
Nuvolau, Rifugio 207
Oberaudorfer Alm, (Skihütte) 66
Oberbergmoos-Hütte/-Skihütte 40
Obere Alm (= Obere Laaser Alm) 204
Obere Eck-Alpe, Skiheim/Obere Egg-Alpe 37
Obere Laaser Alm 204
Oberen Arzmoos, Sektionshütte am 73
Oberettes-Hütte 141, 141*
Oberheukelbach, Landheim bzw. Jugendlandheim 234
Oberiss-Alm 144
Oberküps, Hütte/Oberküpser Wander- u. Jugendheim 238, 238*
Oberland-Hütte/Skihütte Oberland 153
Oberlanzenbach-Alpe 43
Obernberg, Jugend- und Seminarhaus bzw. AV-Jugendheim 147, 147*
Oberpleisling-Alm 182
Oberreifenberg, erstes AV-Heim 234
Oberreifenberg, zweites AV-Heim bzw. AV-Haus 241
Oberreintal-Hütte 52
Obersberg, Waldfreunde-Hütte am 112
Oberstdorf, Talherberge 38
Oberstdorf, Talherberge 41
Obersteiner-Biwakschachtel, Dr.- 93
Oberst-Klinke-Hütte 102
Obersulzbach-Hütte 162
Obersulzbachthal, Unterstandshütte im 160
Obertauern, DAV-Haus 187
Obertilliach, AV-Heim 215
Obervogelgesang, Sektionshütte 247, 247*
Oberwalder-Hütte 169
Oberweißenbrunn, Skiunterkunfthütte 235
Oberzalim-Hütte 128
Obstansersee-Hütte/Obstanzersee-Hütte 219
Oderbrück, Hütte in 247
Odle, Rifugio Genova alle 209
Ödwies, Jugendherberge 244
Ödwies-Hütte 242

Register der Hüttennamen **269**

Okreschel-Hütte/Okrešel-Hütte/Ogrezel-Hütte 225
Olperer-Hütte 14*, 155, 155*
Oltreadige al Roen, Rifugio 205
Oppenberg, Talherberge 188
Orsini-Rosenberg-Hütte 214
Orth-Hütte, Georg- 128
Ortler-Hochjoch-Hütte 8*, 9, 203
Ortler-Hütte 123
Oskar-Pusch-Hütte 232
Oskar-Schuster-Hütte 230
Osnabrücker Hütte, alte 178
Osnabrücker Hütte, neue 180
Ossi-Bühler-Hütte 241
Ostertag-Hütte 211, 211*
Ostertal-Hütte 42
Ostler-Hütte 37
Ostmark-Hütte 108
Ostpreußen-Hütte 82
Ostrauer Hütte/Hütte in Ostrau 236
Ostwand-Hütte/-Lager 83
Ötscher-Schutzhaus 118
Otto-Haus 113
Otto-Kandler-Haus 120
Ottokar-Kernstock-Haus am Rennfeld, (Neues) 198, 199*
Ottokar-Kernstock-Haus am Rennfeld, Ersatzhütte für 201
Ottokar-Kernstock-Hütte (am Masenberg) 199
Ottokar-Kernstock-Warte 120
Otto-Leixl-Hütte 152
Otto-Mayr-Hütte 36
Otto-Mayr-Hütte, Winterhütte der 40
Otto-Reinhardt-Hütte 48
Otto-Schwegler-Hütte 42
Otto-Umlauft-Biwak 176
Paar-Hütte, (Peter-) 111
Paddlerheim Wien-Nußdorf 229
Paderborner Hütte 232
Pala Bianca, Rifugio Pio XI. alla 136
Palmieri, Rifugio 211
Papstdorfer Hütte 248
Partenkirchen, AV-Jugendherberge 52
Parva Alemana, Refugio de la/Schutzhütte La Parva 254
Parva-Hütte 254
Passauer Hütte 77
Passo di Sella, Rifugio 211
Passo poma, Rifugio 209
Passo Ponte di Ghiaccio, Rifugio 157
Patscherkofel-Haus/-Schutzhaus 150, 150*
Paul-Preuß-Hütte 103
Pauls-Hütte 78
Payer, Centro Glaciologico Julius/Centro Studi Adamello Julius Payer 205
Payerbacher Hütte 123
Payer-Hütte 17, 17*, 202
Peder-Hütte 204, 204*
Pedrotti, Rifugio, Tommaso 206
Peilsteiner-Hütte 115
Peilstein-Haus 125
Peilstein-Warte 25, 124, 125*
Peilstein-Warte, Unterstandshütte unter der 126

Peißenberger Hörnle-Hütte 60
Peitlerknappen-Hütte 212
Penken-Hütte/Skihütte am Penken 158
Pepi-Stiegler-Haus 172
Peter-Anich-Hütte 145
Peter-Moser-Hütte 111
Peter-Paar-Hütte 111
Peter-Wiechenthaler-Hütte 81
Petrarca all'Altissima, Rifugio 137
Petzer, Skiheim/Skiheim in Petzer-Abrahamshäuser 251
Pfaffennieder-Hütte 144
Pfälzer Hütte 129
Pfalzgau-Hütte, erste 208
Pfalzgau-Hütte, neue 208
Pfannhorn-Hütte 165
Pfarrkirchen, Sektionshütte 231
Pfeis-Hütte 56, 56*
Pfelders, Bergheim bzw. AVS-Hütte 141, 141*
Pfeningberger-Haus, Rudolf- 147
Pfiffinger Alm 148
Pflaum-Hütte, Fritz- 75, 75*
Pförnermoos-Hütte/Jagdhütte am Pförner Moos 65
Pforzheimer Hütte, (Alte)/Museum Chamanna Pforzheim 8, 10*, 135, 135*
Pforzheimer Hütte, (Neue) 145
Pfrontner Hütte 36
Philipp-Reuter-Hütte 163
Philipp-Reuter-Hütte, Kleine 163
Picco della Croce, Rifugio 159
Pichl, AV-Talherberge 88
Pichler-Hütte 97
Pichler-Hütte, (Adolf-) 146
Pichl-Hütte am Wolayersee, (Eduard-) 217
Pichlmayrgut, AV-Heim 93
Pimperl-Hütte 98
Pio XI. alla Pala Bianca, Rifugio 136
Pirkerkogl-Warte 191
Pisciadu-Hütte/Pisciadusee-Hütte/Rifugio Pisciadù 210
Pixner-Biwak, Josef- 141
Plan de Corones, Rifugio 208
Plan, Rifugio 137
Planai-Hütte/Planei-Hütte 184
Planferner-Hütte 137
Planika, Dom 221
Planneralm-Hütte 188
Planner-Hütte, (Alte) 187
Planner-Hütte, (Neue) 187
Planner-Jagdhütte 188
Platt-Hütte 50
Plätzwiese 213
Plauener Hütte 157
Pleisl-Alm 43
Pleißlingalm, Skihütte auf der Oberen 182
Plenk-Alm 87
Pleschnitzinken-Hütte/Plessnitzinken-Hütte 185
Plessnitzinken, Unterstandshütte am Weg zum 186
Plöcken-Haus, AV-Heim bzw. AV-Talherberge 218
Plose-Hütte/Rifugio Plose 208
Plösner-Alm/Plösen-Alm 163

Poggenpohl-Hütte 243
Poguschsattel, erste Skihütte am 111
Poguschsattel, zweite Skihütte am 111
Pölcher-Alm 87
Polderhof, Schifahrerheim 231
Polinik-Hütte/-Haus 177
Polten-Alm 154
Porro alla forcella di Neves, Rifugio Giov. 155
Porze-Hütte, (Alte) 218, 218*
Porze-Hütte, (Neue) 219
Potsdamer Hütte 145
Präbichl, Jugendherberge 107
Pradidali-Hütte/Rifugio Pradidali 209
Prager Hütte, erste bzw. „alte" 160
Prager Hütte, (Alte) 161
Prager Hütte, (Neue) 161, 161*
Pramesberger-Rast 104
Pravitale-Hütte 209
Predigerstuhl-Warte/Aussichtsplateau am Predigerstuhl 191
Preiner Gscheid, Unterstandshütte am 116
Preintaler-Hütte 186
Preßburger Hütte 102
Preuß-Hütte, Paul- 103
Priel-Schutzhaus 97, 97*
Priener Hütte 22, 86
Principe (di Piemonte) al Monte Re, Rifugio 137
Prinz-Luitpold-Haus 34, 35*
Probstalm-Hütte 68
Probst-Haus 36
Prochenberg, erste Aussichtswarte am 116
Prochenberg, zweite Aussichtswarte am 117
Prochenberg-Hütte 25, 117, 117*
Prochenberg-Hütte, Ausssichtsplattform der 25, 116
Proksch-Hütte, (Rudolf-) 126
Propstalm-Hütte/Propst-Alm 68
Prosl-Schutzhaus/-Haus, (Hans-) 195
Puez-Hütte/Rifugio Puez 208
Puflatsch-Hütte 212
Pühringer-Hütte 96, 97*
Pürschling-Häuser 59
Purtscheller-Haus 79, 79*
Pusch-Hütte, (Oskar-) 232
Putschky-Haus, Hans- 241
Putz-Hütte, Fritz- 60
Puz-Hütte (s. Puez-Hütte) 208
Pyhrgas, Unterstandshöhle am 102
Pyramidenspitz-Hütte 75
Raaz-Alphütte 48
Rabenecker Hütte 241
Rabennest 38
Radlsee-Hütte/-Haus 20, 148, 148*
Radstadt, AV-Talherberge 88
Radstädter Hütte 88, 88*
Rainer-Hütte, (Erzherzog-) 12, 167
Rainer-Schutzhaus 224
Ramol-Haus 138, 139*
Ramshalden-Hütte/Ramshalde 241
Ransbrunnen, AV-Haus 233
Ranzenbach, AV-Heim u. Jugendherberge 124, 124*

Rappensee-Hütte 27, 35, 39*
Rasass, Rifugio 135
Raschötz-Hütte, erste 208
Raschötz-Hütte/Rifugio Rasciesa 210
Rasocher-Haus 228
Rastkogel-Hütte 149
Rathen, Sektionshütte 249
Rattendorfer Zollhaus 218
Rau-Alm 64
Rauchkofel-Gloriette 214
Rauchkofel-Hütte 157
Rauchkofel-Hütte 214
Raudenscharten-Hütte 217
Rauh-Alm, (Skihütte) 64
Rauh-Alm, (Winterhütte) 64
Rauhalm-Hütte 64
Rauhberg-Hütte 244
Rauhekopf-Hütte/Rauhenkopf-Hütte 136
Rauhjoch-Biwak 141
Rauhkopf-Hütte (im Krottental) 69
Rauz, AV-Talherberge bzw. Jugend- u. Talherberge/Talherberge Rauzalpe 48
Ravensburger Haus 43
Ravensburger Hütte 45
Raxgmoa-Hütte 114
Reedsee-Hütte 180
Regensburger Hütte, (Alte) 208, 208*
Regensburger Hütte, (Neue) 145, 146*
Regina Elena, Rifugio 143
Reichart-Hütte 190
Reichenau, Talherberge 113
Reichenbach, Haus 44
Reichenberg, Sektionshütte am 231
Reichenberger Hütte, (Alte) 211, 210*
Reichenberger Hütte, (Neue) 162, 162*
Reichenhaller Haus/Hütte 85
Reichenstein-Hütte 99, 100*
Reindl-Alm 72
Reinhardt-Hütte, Otto- 48
Reinighof-Hütte 244
Reintalanger-Hütte 51
Reisalpen-Schutzhaus/Reisalpen-Haus 121, 122*
Reisseck-Hütte 180
Reißkofelbad-Alpenvereinsheim/AV-Herberge Reißkofelbad 215
Reißkofel-Biwak/-Unterstandshütte 216, 216*
Reißtaler-Hütte 26, 115
Reitbichl, Aste 57
Reitbichl-Hütte 57
Reiteralm-Hütte/-Skihütte/Reiteralpe 185
Reiterkar-Hütte 219
Remschnigg-Herberge, erste 197
Remschnigg-Herberge, zweite 198
Rennfeld, Jugendherberge bzw. Jungmannschafts-Hütte am 201
Reserve-Hütte (auf der Hinteralm) 110
Resi-Tant, Bergheimat 116
Rettenberg-Hütte 199
Retwasser-Hütte (s. Rothwasser-Hütte) 233
Reußendorf, Skiunterkunft 235
Reute, Bergheim bzw. Alpe 43

Register der Hüttennamen **271**

Reuter-Hütte, Kleine Philipp- 163
Reuter-Hütte, Philipp- 163
Reutlinger Hütte, (Neue) 133, 134*
Reutlinger Skihütte 134
Reuttener Hütte, alte 48
Reuttener Hütte 48
Rheinland-Pfalz-Biwak 140, 140*
Rheydter Hütte 242, 242*
Richter-Hütte 156
Rieder Hütte, alte 103
Rieder Hütte, (Neue) 104, 104*
Rieder-Alm 71
Rieger-Hütte, Ernst- 132
Riemann-Haus 78, 78*
Riesen-Hütte, (Skihütte) 85
Rieserferner-Hütte, (Alte) 164
Rieserferner-Hütte, Neue (S. Kassel) 164
Rieserferner-Hütte (AVS) 165
Ries-Hütte 123
Riezlern, Talherberge bzw. Tal- u. Jugendherberge 39
Riffelscharte, Jubiläums-Haus auf der 174
Riffelsee-Hütte 140
Riffler-Hütte 156
Ringseer Hütte 73
Rinnen, Alpenvereinsheim 48
Rinnen, Berghaus 49
Rinnen, Talherberge 48
Rinner-Hütte 98
Rinnerkogel-Hütte 98
Rinnhofer-Hütte 109
Risserkogel-Hütte/Risserkogl-Hütte 63, 63*
Ritter-Biwak, Roland- 49
Ritter-Hütte, Robert- 130
Ritzengruber-Hütte, (Franz-) 119
Robert-Ritter-Hütte 130
Roda di Vaèl, Rifugio 211
Roen, Rifugio 205
Rofan-Hütte 58
Röhr-Biwak, Gernot- 172
Rohren, Haus/AV-Haus Rohren/Eifel 242, 242*
Rojacher-Hütte 174
Roland-Ritter-Biwak 49
Roma (alle Vedrette Giganti), Rifugio 164
Rosegger-Warte 122
Rosengarten-Hütte 209
Rosenheimer Hütte 85, 85*
Rosenheimer Skihütte 85
Rosenik-Hütte/Rosennock-Hütte 193
Rosenstein-Hütte 244
Roßalm-Hütte 94
Roßberg-Hütte/-Alm 90
Roß-Hütte/-Alm 94
Roßhütten-Alm/-Alpe 94
Roßkogel-Hütte 146
Roßstein-Alm 69, 69*
Roßwild-Alm 152
Rösterkopf-Hütte/Skihütte am Rösterkopf 239
Rostocker Hütte u. Essener Hütte 162
Roter-Hammer-Hof, Gebirgsheim 233

Rotgilden-Hütte (=Rotgülden-Jagdhütte) 180
Rotgülden-Jagdhütte (Rotgüldensee-Hütte) 180
Rotgüldensee-Hütte 181
Rotgüldensee-Hütte, neue 182
Rothbleisskopf-Hütte/Unterstandshütte am Rothbleisskopf 132
Röthenbacher Hütte 238
Röthenstein-Alm 65
Rothwasser-Hütte 27, 233
Rotmoos-Alm/Skihütte Rotmoosalpe 60
Rottach-Alm 66
Rottenburger Haus 43
Rottenmanner Hütte, alte 189
Rottenmanner Hütte, neue 189
Rotwand-Haus, Erstes bzw. Altes 63, 63*
Rotwand-Haus, (Neues) 63
Rotwand-Hütte (am Niederleger) 56
Rotwand-Hütte (am Sattel des Ciampàz) 211
Rotwandl-Hütte, erste 56
Rotwandl-Hütte 56
Rotwasser-Hütte (s. Rothwasser-Hütte) 233
Rudolf-Baumbach-Hütte 248
Rudolf-Haus 213
Rudolf-Hütte, (Hermann-) 123
Rudolf-Keller-Haus 241
Rudolf-Pfeningberger-Haus 147
Rudolf-Proksch-Hütte 125, 125*
Rudolf-Schober-Hütte 185
Rudolfs-Haus 213
Rudolfs-Hütte, alte/Rudolphs-Hütte 166
Rudolfs-Hütte, neue 28, 166, 167*
Rudolfs-Warte, (Kronprinz-) 196
Ruf-Hütte-Silbernaal, Sepp- 245
Ruggero Timeus Fauro, Rifugio 222
Ruperti-Haus 82
Ruperti-Haus 89
Russegger-Filzbauern-Haus 90
Rüsselsheimer Hütte 138
Saalbacher Hütte/Alpenvereinsherberge 152
Saalbacher Skihütte, Neue 154
Saalfeldner Hütte 81
Saarbrücker Hütte 132
Sachsendank-Hütte 207, 207*
Sächsischen Schweiz, Unterkunftshaus in der 233
Sadnig-Haus, (Neues) 176
Sadnig-Hütte 175
Salm-Hütte, erste 11
Salm-Hütte, dritte 168, 169*
Salm-Hütte, vierte 170
Salzburger Hütte 170
Salzkofel-Hütte 177
Salzstiegel-Haus 195
Samer-Alm 89
Samoar-Hütte, (Alte)/Alte Sammoar-Hütte 138, 138*
Samoar-Hütte, (Neue)/Neue Sammoar-Hütte 140
Sandkästle 247
Santner-Hütte, Johann- 212
Sarotla-Hütte 128, 129*
Sasso Lungo, Rifugio Vicenza al 210
Sasso Nero, Rifugio (Vittorio Veneto al) 156

272 Register der Hüttennamen

Sattel-Alm 65
Sattelberg-Haus 146
Saualmer Jugendherberge/Jugendherberge Saualm 197
Sauerland-Hütte (S. Essen) 234
Sauerland-Hütte, Dortmunder 244
Sauerland-Hütte, Elberfelder 239, 239*
Sauerland-Hütte, neue Dortmunder 246
Saulgauer Hütte 130
Sauofen 197
Saupsdorfer Hütte 10, 248, 248*
Saurücken, Wetterschutzhütte am 104
Savoia, Hotel/Albergo-Rifugio-Savoia 211
Schaarschmidt-Hütte, Max- 70
Schantzwasen, Auberge du 251
Schapbach-Holzstube/Schappach-Holzstube 80
Scharling-Heim/Unterkunft in Scharling 70
Scharnitz-Alm, Hintere/Skihütte Scharnitzalm 67
Scharwand-Hütte/-Alm, vordere 92
Schattwald, Haus 43
Schaubach-Hütte 202, 202*
Scheiben-Hütte/Hütte auf der Scheibe 22, 113
Scheibwald-Hütte 115
Schellenberg-Alm 65
Schermer-Hütte 99
Schieferhof, Talherberge u. Jugendheim 198, 199*
Schiestl-Haus 107
Schindlberg-Alm/Skihütte Schindelbergalm 67
Schladming, Jugendherberge 21, 93, 93*
Schladminger Hütte 184
Schladming-Klaus, Talherberge 93
Schlappenreuther Hütte/Jugendheim Schlappenreuth 233
Schlattenhöhe, Haus 242
Schlatterer-Hütte/-Skihütte 188
Schlegel-Alm 81
Schlernbödele, Rifugio 212
Schlernbödele-Almhütte 212
Schlernbödele-Hütte, erste 212
Schlernbödele-Hütte, zweite 212
Schlern-Haus/-Häuser /- Hütte 207, 207*
Schlierseer Hütte 68
Schloßalm-Haus/Schloß-Alpe/Schloßalpen-Haus 176
Schlosser-Hütte, Kurt- 236
Schlott-Hütte, Friedrich- 231
Schluimes, alte Unterstandshütte im 144
Schluimes, Unterstandshütte im 147
Schlüter-Hütte, (Franz-) 209
Schmalzgruben-Alpe 38
Schmid-Haus, Arthur-von- 178
Schmidt-Zabierow-Hütte/Schmidt-Hütte 77
Schmittenhöhe, Haus/Hütte bzw. Unterkunftshaus auf der 151
Schnabelberg-Warte 117
Schnee-Alm 108
Schneealpen-Haus 110, 111*
Schneeberger-Hütte 109
Schneeberg-Hütte, erste 250
Schneeberg-Hütte/-Herberge, zweite 251
Schneeberg-Hütte (Projekt) 12
Schneefernereck-Hütte/Schirmhütte am Schneefernereck 49
Schneelahner Hütte 73

Schneeschuh-Hütte (des ÖGV) 110
Schneeschuh-Hütte Hinteralm (= Wiener-Lehrer-Hütte) 109
Schneespitz-Hütte 142
Schnepfegg, AV-Heim/Schnepfegg-Selbstversorgerhütte 33, 31*
Schober-Hütte, (Neue) 104
Schober-Hütte, (Rudolf-) 185
Schober-Hütte, alte 103
Schöberl-Hütte 187
Schöckel-Jugendherberge 201
Schöllkopf-Hütte, Walter- 133
Schönauer Hütte 58
Schönbrunner Hütte (bei Bühl-Neusatz)/Berghütte Schönbrunn 231, 232*
Schönbrunner Hütte (S. Heidelberg) 238
Schönfeld, H.T.G.-Alm am 67
Schönfeld-Alm, (Untere) 64
Schönfeld-Alm (S. TAK) 65
Schönfeld-Alm (S. Miesbach) 65
Schönfeld-Alm (S. Schliersee) 68
Schönfeld-Hütte 71
Schönjöchl-Hütte/Schönjöchel-Hütte 132
Schönwetter-Hütte 189
Schopfloch, Jugendheim 231
Schöpfl-Schutzhaus 125
Schöpfl-Warte 125
Schorndorfer Hütte 238
Schosser-Hütte, Anton- 105
Schöttlkarspitze, Pavillon auf der 54
Schragl-Hütte 95
Schranzberg-Haus 150
Schrittwieser-Hütte 111
Schröcken am Hochtannberg 44
Schuhbräu-Alm 67
Schupfen-Alm 189
Schupfenalm-Skihütte 188
Schüsselkar-Biwak 52
Schuster-Biwak, Konrad- 57
Schuster-Haus, August- 59
Schuster-Hütte, Oskar- 230
Schutovits-Haus, Dr.-Otto- 110
Schuttannen, Jugend- u. Rettungsheim 33
Schwaben-Haus (auf der Tschengla) 129
Schwaiger-Alm, (Skihütte) 66
Schwaiger-Haus, (Heinrich-) 169
Schwaiger-Kaser 83
Schwanberger Brendel-Hütte 196
Schwand-Alpe 42
Schwarzberg-Alpe 40
Schwarze Hütte 238
Schwarzen Grat, Aussichtspavillon am 34
Schwarzenberg-Hütte (im Ostrachtal) 42
Schwarzenberg-Hütte (südlich des Wiesbachhorns) 14, 15*, 168
Schwarzenstein-Hütte 156
Schwarzwaldeck-Haus 123
Schwarzwald-Heim am Falkenschrofen 235
Schwarzwasser-Alm 41
Schwarzwasser-Hütte/-Skihütte/Schwarzwasseralm-Hütte 37, 37*
Schwegler-Hütte, Otto- 42
Schweigl-Hütte 205

Register der Hüttennamen **273**

Schweinfurter Hütte   145
Schwenninger Hütte   243, 242*
Schweppermanns-Burg   249
Sedlitzer Hütte   247, 247*
Seeberg-Hütte   106
Seeberg-Hütte der Jugend   107
Seebertal-Hütte   137
Seebichl-Haus   173, 173*
Seehaus, Jugendherberge   99
See-Hütte, (Alte)   115
Seekar-Alm/-Alpe   66
Seekar-Haus   185, 185*
Seekar-Hütte   71
Seekofel-Hütte   211
Seelaalm , Unterstandshütte an der   47
Seelacken-Alm   68
Seelealp, Unterstandshütte an der   47
Seethaler-Hütte   93
Seewald-Hütte   56
Seisera-Hütte   222, 222*
Seiseralm-Skihütte, erste   212
Seiseralm-Skihütte, zweite   212
Seiseralm, AVS-Jugendheim auf der   212
Seitner-Hütte, (Julius-)   119
Selber Haus (Arzl-Wald), (Altes)   140
Selber Haus, (Neues)   141
Sellajoch-Haus   211
Semler-Hütte, (Carl-)   230
Semmering-Schutzhaus   201
Senn-Hütte, Franz-   141
Sepp-Brezina-Haus   127
Sepp-Huber-Hütte   104, 105*
Sepp-Ruf-Hütte-Silbernaal   245
Sepp-Sollner-Hütte   60
Sepp-Stahrl-Talherberge/-Hütte/-Zeltlagerplatz   106
Sepp-Wallner-Haus   228
Serristori alla Vertana, Rifugio Alfredo   202
Sesvenna-Hütte   135
Setzberg-Alm   72
Setzberg-Hütte   72
Siegerland-Hütte   145
Sieglalm-Hütte/Sigl-Hütte   70
Sigriz-Alm   72
Silbernaal-Hütte   245
Silbersee, Badehütte am   228
Sillani, Rifugio Giuseppe   221
Sillianer Hütte, alte   165, 165*
Sillianer Hütte, neue   221
Simbacher Hütte   154
Simms-Hütte, (Frederic-)   46
Simony, Hôtel   7*, 8, 91
Simony-Hütte   13*, 91
Simony-Warte   93
Sina-Warte   124
Sittmoos im Lesachtal, AV-Heim   219
Soboth, Jugendherberge   201
Soiern-Haus, (Oberes)   55
Soiern-Haus, Unteres   55
Soin-Hütte   7

Sölden-Hütte   89
Solling, Hütte im   243
Sollner-Hütte, Sepp-   60
Solstein-Haus   54
Solstein-Hütte, (alte)   53
Sonklar-Hütte, alte   155
Sonklar-Hütte, neue   157, 157*
Sonneberger Hütte   79
Sonneck-Hütte   41
Sonnenhalde, Haus   43
Sonnenhof, Tal- u. Jugendherberge   229
Sonnenjoch-Hütte   152
Sonnleitner-Hütte (am Harlassanger)   152, 152*
Sonnleitner-Hütte, (Jugendheim)   190*, 191
Sonnschien-Hütte   107
Sonthofer Hof   40
Sorapiss-Hütte   208
Sosaer Hütte   231
Sotier-Haus, Adolf-   55
Sottel-Alm   65
Spannagel-Haus   158
Spannkraft-Glockner-Biwakschachtel, Leo-   170
Sparbacher-Hütte   116
Spechtensee-Hütte   99
Speckbacher-Hütte, (Alte)   116
Speckbacher-Hütte, (Neue)   116
Speiereck-Hütte   182
Spertental, Skihütte im   153
Spindeleben-Warte   117
Spital a. Semmering, AV-Talherberge   198
Spital am Pyhrn, Tal- und Jugendherberge   100
Spital, Jugend- u. Wintersportheim   198
Spitzing-Hütte   71
Spitzingsee, DAV-Haus   73
Spitzingsee, Skihütte am   67
Spitzingsee-Hütte   71
Spitzstein-Haus   86
SSB-Hütte Saupsdorf   248
St. Anton a. Radl, AV-Jugendherberge   195
St. Bartholomä, Proviant-Hütte bei   78
St. Jakob im Lesachtal, AV-Heim/Talheim St. Jakob   215
St. Johann, Talhaus bzw. Vereinsheim   89
St. Lorenzen im Lesachtal, Talherberge   214
St. Lorenzen im Lesachtal, Talherberge   216
St. Pöltner Hütte/St. Pöltener Hütte   166, 166*
St. Urbaner See, Blockhäuser am   194
St. Zyprianer Hütte   213
Stadler-Hütte   163
Stahl-Haus, Carl-von   80
Stahrenfels-Hütte   231
Stahrl-Talherberge, Sepp-   106
Stainacher Hütte   98
Ställen-Alm   42
Standschützen-Hütte   220
Staniceva Koza/Stanicev Dom   222
Starhemberg-Warte   228
Starkatsgund, Skihütte bzw. Alpe   38, 34*
Starkenburger Hütte   144
Starnberger Hütte, (alte)   58, 58*

274 Register der Hüttennamen

Statzer-Haus 88
Staudacher-Hütte 192
Staufen-Haus 85
Staufen-Stube 88
Stauffer-Hütte 228
Staufner Haus 36
Stefanie-Warte 250, 250*
Stegreith, Talherberge 100
Steibis, Berg- und Skiheim 43
Steibis, Schiheim 40
Steiggründl-Hütte/Steiggründel-Hütte 186
Steig-Hütte in der Bärenschützklamm 200
Steinberg, Haus bzw. Vereinsheim in 58
Steinbergalm-Hütte 77
Steinberg-Hütte 153
Steinbergjoch-Hütte 152
Steiner-Hütte 197
Steinhauser-Hütte 191
Steinhofberg-Hütte/AV-Jugendhütte am Steinhofberg 123
Stein-Hütte, Karl- 249
Steinkar-Hütte 219
Steinsee-Hütte 48
Steinwald, Hütte im 233
Steinwald-Hütte 244
Steinwender-Hütte, (Dr.-) 220
Steirersee-Hütte 22, 94
Stephanien-Warte 200
Sternstein-Warte 229
Sterzinger Haus 147
Sterzinger Hütte 159, 159*
Stettiner Hütte 137
Steyr, Jugendherberge bzw. Studentenherberge 105
Steyrersee-Hütte 94, 95*
Stickler-Hütte 183
Stiegler-Haus, Pepi- 172
Stille Klause, Almwirtschaft 176
Stoanwandler-Hütte/Stoawandler-Hütte 123
Stoderzinken-Hütte 92
Stöffl-Hütte 148
Stöhr-Haus 79, 80*
Stöhr-Hütte, (Emil-) 195
Stoißer Alm/Alpe 85
Stolzenhain, Mittelgebirgshütte/Böhmische Hütte Stolzenhain 251
Storchi-Hütte, (Jugendherberge) 189
Stou-Hütte 223
Stranig-Hütte 218
Straßburger Hütte 128
Straubinger Haus 87
Streitberger Hütte 237
Stripsen-Alm (=Stripsenjoch-Skihütte) 74
Stripsenjoch-Haus/-Hütte 74
Stripsenjoch-Skihütte 74
Stripsenkopf-Windschutzhütte bzw. Pavillon am 25, 75
Strussing-Alm-Skihütte 90
Stua, Rifugio Cremona bzw. Dante alla 142
Stubalm-Haus 194
Stubalm-Hochreichart-Skihütte/Stubalm-Skihütte 190
Stubalpen-Haus 194
Stubenberg-Haus 10, 200, 200*

Stuckensee-Filmoor, Biwak 220
Stüdl-Hütte, alte 13*, 24, 167
Stüdl-Hütte, (Neue) 28, 170
Stuhleckgipfel-Haus/Stuhleck-Haus 199
Stuiben-Hütte, erste/Unterkunfthütte am Stuiben 34
Stuiben-Hütte/-Skihütte/-Alpe 52
Stuiben-Pavillon 33, 33*
Sturzhahn-Hütten 97
Stuttgarter Albhaus 242
Stuttgarter Hütte 46
Stützerbach, Hütte 248
Sudelfeld (S. Kelheim), Hütte am 72
Sudelfeld, Skihütten am 64
Sudelfeldkopf-Skihütte 64
Sudetendeutsche Hütte 166
Südwiener Hütte 182, 182*
Sulke-Hütte, Erich- 154
Sulzenau-Hütte 145
Sunken-Hütte/-Diensthütte 59
Sylvan-Hütte 245
Ta tschuan tsy 252
Tai tsching kung, Unterkunft im Tempel 253
Talherberge Winklern 171
Tamsweg, Tal- u. Jugendherberge 186
Tamsweg, Talherberge 185
Tannheimer Hütte 36
Tappenkarsee-Hütte, erste 183
Tappenkarsee-Hütte, zweite 183, 183*
Taschach-Haus, (Neues) 137
Taschach-Hütte, (Alte) 135
Tasch-Hütte 96
Taubenstein-Haus 71
Tauern-Haus, (Mallnitzer) 173, 173*
Tauernhof 176
Tauern-Hütte, Krimmler 157
Tauplitz, AV-Heim 96
Tauplitz-Haus, Linzer 99
Tauplitz-Hütte 22, 95
Tauriskia-Hütte 9, 182
Tegelberg-Häuser 59, 59*
Tegernseer Hütte 62, 62*
Teichalm-Hütte/Teichalpen-Hütte 200
Teichenecksattel, Skihütte am 101
Teisendorfer Hütte 84
Teng yau, Rasthaus in 252
Teplitzer Hütte, alte bzw. erste 142
Teplitzer Hütte, (Neue)/Teplitzer Schutzhaus 143, 143*
Teplitzer Hütte (= Glorer Hütte) 169
Terzer-Haus 118, 118*
Teufels Backofen 248
Teufelsley-Hütte/Hütte an der Teufelsley 243
Teufelssteiner Hütte/Teufelsteiner-Hütte 235
Teufelstein-Hütte/Teufelsstein-Hütte 126
Teutoburger Wald, Ski- u. Wanderhütte 239
Thalheimer Hütte 238
Thalkirchen, Bootshaus 233
Theodor-Harpprecht-Haus 161
Theodor-Harpprecht-Haus 234
Theodor-Karl-Holl-Haus 96, 96*

Theodor-Körner-Hütte 92
Theresien-Hütte/Waldhaus Theresienhöhe 243
Thonhofer-Hütte 110
Thüringer Hütte, (Alte) 162
Thüringer Hütte, Neue 163
Tiefrasten-Hütte/Tiefenrasten-Hütte 159
Tilisuna-Hütte 128
Tillenberg-Haus 251, 251*
Tilliacher Hütte 218
Tinghausen, Hütte 245
Tofana-Hütte, alte/Rifugio Tofana 207
Tollinger-Hütte, Vinzenz- 150
Tölz, erste Jugendherberge 65
Tölz, Jugendherberge u. Talunterkunft 65
Tölzer Hütte 55
Tommaso Pedrotti, Rifugio 206
Toni-Adam-Dr.-Obersteiner-Biwak/Toni-Adam-Biwak 93
Torfhaus-Hütte 235, 236*
Torkar-Hütte/Torkarl-Hütte 218
Torrenerjoch-Hütte 80
Totalp-Hütte 130, 130*
Totorillas, Refugio de las/Skihütte Las Totorillas 254
Trains-Alm 66
Traufwand-Hütte 222
Traunkirchnerkogel-Haus 106
Traunsteiner Hütte, (Alte) 79
Traunsteiner Hütte, Neue 83
Traunsteiner Skihütte/Hütte 86, 87*
Traunstein-Haus 106, 106*
Tre Cime, Rifugio Locatelli alle 207
Tre Scarperi, Rifugio 212
Treubund-Haus 151
Treviso, Rifugio 209
Tribulaun-Hütte, (Alte)/Rifugio Cesare Calciati al Tribulaun 143
Tribulaun-Hütte/-Haus (der Naturfreunde) 26, 146
Triebental-Hütte, erste/Triebental-Unterkunft 190
Triebental-Hütte/-Herberge/Talherberge Triebental 190, 190*
Triestingtaler-Hütte 127
Triglav-Hütte (zw. Kermatal u. Belopolje- Mulde) 221, 221*
Triglav-Hütte (nordöstl. der Kredarica) 222
Triglavseen-Hütte/Koca pri Triglavskih jezerih 222
Trinkstein-Haus 157
Trockenbach-Alm 66
Trockenberg-Hütte 247
Trofaiach, Talheim 102
Trofaiach-Jugendherberge 102
Trögl-Hütte/Trögel-Hütte 52
Troppauer Hütte, erste 202
Troppauer Hütte, neue 204
Trostberger Hütte, erste 86
Trostberger Hütte 87
Tschengla-Haus/-Hütte 129
Tschi pan schy miau, Unterkunft im Tempel 254
Tschiu schui, Rasthaus in 253
Tsingtau, Jugendherberge 52
Tübinger Hütte 131, 132*
Tuckett-Hütte/Tuckettpaß-Hütte/Rifugio Tuckett 206, 206*
Tuk-Hut 9, 252
Tulbingerkogel-Warte 126

Tulfer Hütte 149
Tulln, Bootshaus in 127
Turmzimmer (bei Heppenheim) 235
Türnitzer Hütte 120
Tutzinger Hütte 62, 62*
Tuxerjoch-Haus 157
Tuxer-Joch-Haus 150
Übeltalferner-Hütte 142
Überetscher Hütte 205, 204*
Uli-Wieland-Hütte 237, 237*
Ulmer Hütte 46
Ulmer Skizunft, Skihütte der 38
Umberto Canziani, Rifugio 203
Umlauft-Biwak, Otto- 176
Unterberg-Alm 67
Unterberg-Haus 122
Untere Ziehen-Alpe 41
Unterriß-Hütte/-Alm 70
Untersberg-Haus 15, 78
Untersberg-Skihütte 82
Unterstmatt, Skiläuferstützpunkt im Kurhaus 237
Unterwilhams, Alte Schule 43
Urlinger-Warte 118
Ursulaberg-Haus/Ursulska Koca 19, 224
Uwe-Anderle-Biwak 106
Vajolet-Hütte/Rifugio Vajolet/Vajolett-Hütte 209, 209*
Val Martello, Rifugio 202
Valbona, Rifugio 208
Valdés, Refugio (Alemán) Lo/Valdes-Hütte 254, 254*
Valentinalm, AV-Heim Untere 219
Valepp-Alm 63
Valerie-Haus 173
Valico, Casa del 140
Valles Bressanone, Rifugio 157
Vallon-Hütte/Rifugio Punta Vallon 212
Valser Hütte 157
Valvasor-Haus/-Hütte/Valvasorjeva Koca/Valvasorjev dom pod Stolom 223
Vandelli, Rifugio Alfonso 208
Vedretta di Ries (= Kasseler Hütte), Rifugio 164
Vedretta di Ries (= Kasseler Hütte), Rifugio 165
Vedretta pendente, Rifugio 143
Vedretta Piana, Rifugio 142
Vedrette Giganti, Rifugio Roma alle 164
Veitschalm-Hütte/Veitschalpen-Hütte, erste 110, 109*
Veitschalm-Hütte/Veitschalpen-Hütte, zweite 111
Venediger-Warte, (Obere) 165
Veppermann-Hütte 188
Vereinsalpe 55
Vernagt-Hütte 137
Verona al Colle Tasca, Rifugio 138
Verpeil-Hütte 137
Vertain-Hütte 202
Vertana, Rifugio, Alfredo Serristori alla 202
Vetta d'Italia, Rifugio 157
Vicenza al Sasso Lungo, Rifugio 210
Viktor-Hinterberger-Hütte 220
Viktoria-Adelheid-Schutzhütte/-Hütte 226
Villacher Alpen-Häuser 213

Villacher Hütte 178
Vindobona-Haus 183
Vinzenz-Tollinger-Hütte/-Jugendheim 150
Vioz-Hütte/Rifugio Vioz 204
Vipiteno, Rifugio 159
Vittorio Veneto al Sasso Nero, Rifugio 156
Vogesen-Hütte 251
Vogtland-Hütte 248
Voisthaler-Hütte 108
Volcan, Cabaña El 254
Volkzeiner-Hütte 165
Vollsporn-Hütte 130
Von-Schmidt-Zabierow-Hütte 77, 77*
Vorbrugg-Hütte, Karl- 241
Vorderkaiserfelden-Hütte/Unterstandshütte auf der Vorderkaiserfeldenalpe 74, 74*
Voss-Hütte 222
Wacht im Lesachtal, AV-Heim/Talherberge Wacht 214
Wachtberg-Alm 170
Wachtfels-Hütte 246
Wagenthal-Hütte 244
Wagramer Hütte 126
Waidhofen, Studentenherberge der Sektion 117
Walchen, Berghaus in der 189
Waldegger-Hütte 122
Wäldele, Berghaus 44
Waldfreunde-Hütte am Obersberg 112
Waldfreunde-Hütte auf der Hohen Wand 123
Waldfreunde-Skihütte auf der Hinteralm 112
Waldfrieden, Tempel 253
Wäldle, Bauernhaus im 37
Wallmann-Poidl-Rast 104
Wallner-Haus, Sepp- 228
Walser-Hus/-Haus 44
Waltenberger-Haus, altes 33
Waltenberger-Haus, neues 35, 35*
Walter-Brenninger-Biwak 159, 159*
Walter-Haus, (Ludwig-) 213
Walter-Schöllkopf-Hütte 133
Waltershäuser Hütte 247, 247*
Wangenitzsee-Hütte 171, 171*
Wängle, Jugendherberge 41
Wank-Alm/-Alpe/Wankalm-Hütte 42
Wank-Haus/Wank-Huber-Haus 62, 63*
Warnsdorfer Hütte 161
Warnsdorf-Krimml, AV-Jugendhütte der Sektion 164
Warscheneck-Schutzhaus 97
Wasser-Alm 84
Wasserburger Hütte 73
Wasserfall-Hütte 204
Watschöd 68
Wattendorf, Jurahütte 237
Watzmann-Haus 78, 78*
Watzmann-Hocheck-Unterstandshütte 79
Watzmann-Lagerhütte 83
Watzmann-Ostwand, Biwakschachtel 83
Watzmann-Ostwand-Biwak 83
Watzmann-Ostwand-Hütte 83
Watzmann-Südspitze-Biwak 83

Waxenstein, Talherberge im Gasthof 71
Waxenstein-Hütte 52
Weertal-Hütte/Skihütte im Weertal 149
Wegscheid-Alm 76
Weidener Hütte (in Innerst) 149
Weidener Hütte (Nafing-Hütte) 149
Weidmannsruh, Hütte bzw. Wanderheim 249
Weigl-Warte 228
Weikert-Hütte 111
Weilheimer Hütte 61
Weißbach, Ferienwiese 84, 84*
Weißbriacher Hütte/Weißbriach-Hütte 216, 216*
Weißenburger Hütte 72
Weißfluh-Jugendhütte 33
Weißgerber-Biwakschachtel, (Dr.-Rudolf-) 176
Weißgerber-Hütte, (Dr.-Rudolf-) 175
Weißkugel-Hütte 136
Weißtannen, Skihütte 32
Weitlahner Alm 165
Weizer Hütte 200
Welser Hütte, erste 94
Welser Hütte, zweite 94
Welser Hütte, dritte 95
Welser Hütte, vierte 99, 99*
Weltin-Hütte 63, 63*
Wendelins-Hütte 33
Wendelstein, Skihütte am 67
Werfener Hütte 90
Werkmann-Haus 241
Werry-Hütte 158
Werschenrege/Werschenrege-Hütte 242
Westfalen-Haus 144
Wetterkogler-Haus 200
Wetterschutzhütte am Kampl 110
Wetzlarer Hütte 242
Widder-Jugendherberge, Dr.-Hans- 175
Widmanneum, Talherberge im 214
Wiechenthaler-Hütte, (Peter-) 81
Wiedenbach-Hütte 246
Wiedhag-Alpe 40
Wieland-Hütte, Uli- 237, 237*
Wienerland-Hütte 186
Wiener-Lehrer-Hütte /-Haus 109
Wiener-Neustädter Hütte 50
Wien-Nußdorf, Paddlerheim/AV-Paddlerheim Wien 9, 229
Wiesbadener Hütte 131
Wiesenalm-Jagdhütte 117
Wies-Hütte, (Jugendherberge) 32
Wild-Alm, (Bayerische) 73
Wildegg, AV-Jugendherberge bzw. Schutzhaus u. Jugendheim 126, 126*
Wildensee-Hütte 95
Wildfeld-Alm, (Untere) 73
Wildkar-Hütte/-Refuge 8, 91
Wildkogel-Haus 151, 151*
Wildseeloder-Hütte 151, 151*
Wilhelm-Eichert-Hütte 122, 122*
Willers-Alpe, (AV- bzw Touristenzimmer auf der) 35, 35*
Willi-Merkl-Gedächtnishütte 40

Wimbachgries-Hütte/-Alm 26, 82
Windberg-Hütte (S. Donauland) 108
Windberg-Hütte (S. Mürzzuschlag) 108
Winkel-Alm 75
Winkelmoos-Hütte/-Alm, ehemalige (S. München) 86
Winkelmoos-Hütte/-Alpe (s. Winklmoos-Hütte der S. München) 87
Winkleralm-Skihütte 192
Winkler-Heim, Franz- 247
Winkler-Hütte /- Almhütte 56
Winklerner Alm/Skihütte 172
Winklerner Hütte/Alm 172
Winklmoos-Alm/Winkelmoos-Alpe (S, Bayerland) 86
Winklmoos-Alm/Winkelmoosalm-Hütte/Winkelmoos-Alpe (S. Oberland) 87
Winklmoos-Hütte (S. München) 87
Winklmoos-Hütte/Winkelmoos-Alpe (= Traunsteiner Skihütte) 86
Winnebachsee-Hütte 144
Wirts-Alm 38
Wirtsalm, Skihütte 88
Wirtsalm, Untere 152
Wirtsalm-Hütte 154
Wischberg-Hütte 222
Wischberg-Hütte, neue 222
Wismeyer-Haus, (Dipl.-Ing.-Rudolf-) 187
Wittener Hütte 245
Wittgruberhof, Jugendherberge bzw. Jugend- u. Familienstützpunkt 201, 201*
Wittig-Hütte, Dr.- 231
Witzenmann-Haus, (Adolf-) 145
Wödl-Hütte, (Hans-) 186
Woeckel-Warte 139
Wolayersee-Hütte 217
Wolfgang-Dirnbacher-Hütte 116
Wolfratshauser Hütte/Wolfratshausener Hütte 47, 48*
Wolfsberg, AV-Jugendheim 197
Wolfsberg, Jugendherberge 194
Wolfsberger Hütte 194, 195*
Wöllaner-Nock-Haus 193
Wormser Hütte 133
Wotsch, Aussichtsturm bzw. AV-Aussichtswarte am 251
Würgauer Haus 235
Württemberger Haus 48
Wurzbachtaler Hütte 229
Würzburger Bergbund-Hütte 241
Würzburger Hütte/Würzburger Vernagt-Hütte 137
Wurzener-Alm 95
Wurzeralm (Linzer Haus) 98
Wurzeralm-Skihütte/-Hütte 95
Ybbstaler-Hütte 117
Zalim-Hütte 128
Zandlacher-Hütte/-Hütten 181
Zans, Bergheim/Bergheim Zanser Alm 212
Zaunersee-Hütte, (alte) 182
Zaytal-Hütte 202
Zdarsky-Heim 201
Zechner-Hütte 194
Zehenthof-Hütte 183
Zehetner-Alm, (Obere) 153
Zehner-Kaser, (Skihütte) 82

Zeller-Hütte 98, 98*
Zeppezauer-Haus 15, 78
Zettersfeld-Jugendheim 172
Zimmermann-Hütte, (Anton-) 115
Z'Innerst, Hütte 149
Zirbenwald-Hütte 197, 197*
Zirbitzkogel-Haus/-Schutzhaus 195
Zittauer Hütte 157
Zittau-Hütte Hohnstein 247
Zittel-Haus 173, 173*
Zoeppritz-Haus, Adolf- 51
Zois-Hütte 225, 225*
Zoll-Hütte 147
Zollnersee Hütte 220, 220*
Zsigmondy-Comici-Hütte/Rifugio Zsigmondy-Comici 213
Zu den Felsen, Eifelheim 245
Zufall-Hütte 202
Zugspitze, Windschutzhütte auf der bzw. Schirmhütte am Westgipfel der 50
Zweibrückener Hütte, erste 230
Zweibrückener Hütte, zweite 239
Zwickauer Hütte 137
Zwiesel-Hütte 61, 61*
Zwieselstein, Talhütte bzw. Talherberge 138
Zwölferhorn-Hütte 103

Der Autor

Michael Guggenberger, Mag. phil., Innsbruck, geb. 1971, Archäologe und Historiker. Archivar im Österreichischen Alpenverein, davor freiberufliche zeitgeschichtliche Tätigkeiten, Ausgrabungen und langjährige Mitarbeit als Restaurator und Archäologe am Tiroler Landesmuseum Ferdinandeum sowie am Institut für Klassische Archäologie der Universität Innsbruck.